홍암 나철과 대종교의 독립투쟁사

대종교인 119인의 항일투쟁 이력서

홍암 나철과 대종교의 독립투쟁사

- 대종교인 119인의 항일투쟁 이력서

초판 1쇄 인쇄 2025년 01월 03일
초판 1쇄 발행 2025년 01월 10일

지 은 이 정운현
발 행 인 한정희
발 행 처 역사인
편 집 김한별 김지선 한주연 양은경
마 케 팅 하재일 유인순
출판번호 제 406-2010-000060호
주 소 경기도 파주시 회동길 445-1 경인빌딩 B동 4층
전 화 031-955-9300 팩 스 031-955-9310
홈페이지 www.kyunginp.co.kr
이 메 일 kyungin@kyunginp.co.kr

ISBN 979-11-86828-34-2 03910
값 29,000원

홍암 나철과 대종교의 독립투쟁사

대종교인 119인의 항일투쟁 이력서

― 정운현 지음 ―

역사인

일러두기

1. 교질(教秩)은 대종교인의 교력(教歷)을 뜻하는 말로 아래로부터 참교(參教)-지교(知教)-상교(尙教)-정교(正教)-사교(司教) 순으로 5단계다. 초창기에는 교주를 도사교(都司教)라고 불렀으나 지금은 총전교(總典教)라고 부른다.

2. 교호(教號)란 종단의 영도자나 원로에게 붙이는 존칭으로, 신형(神兄)은 대종사, 철형(哲兄)은 종사에게 사용한다. 또 도형(道兄)은 사교(司教) 교질자인 총전교, 대형(大兄)은 정교(正教) 교질자에게 사용한다.

3. 독립유공자에게 수여하는 훈장은 건국훈장으로 대한민국장(1등급)-대통령장(2등급)-독립장(3등급)-애국장(4등급)-애족장(5등급) 순으로 5개 등급이며, 그 아래 건국포장과 대통령 표창이 있다.

4. 대한제국 군대의 장교 계급 가운데 위관은 참위(參尉·소위)-부위(副尉·중위)-정위(正尉·대위), 영관은 참령(參領·소령)-부령(副領·중령)-정령(正領·대령)으로 불렀다.

5. 이 책에서는 '독립운동'을 '독립투쟁', '항일투쟁'과 혼용하였으며, 3.1운동 '3.1혁명'으로 표기하였다. 또 을사조약, 을사보호조약은 '을사늑약'으로, 한일합방, 한일합병, 한일병합 등은 '한일병탄'으로 표기하였다.

| 목차 |

| 책을 펴내며 |

묻히고 잊힌 역사의 뒤안길에서

근년에 대종교가 몇 차례 세간에 화제가 됐었다. 우선 2021년 3월 민주당 민형배 의원 등 12명이 교육기본법 개정안을 제출한 것이 첫 번째다. 이들은 현행법에서 '홍익인간(弘益人間)'을 교육이념으로 규정한 것은 표현이 지나치게 추상적이라며 이를 삭제하고 대신 "민주시민으로서 사회통합 및 민주국가의 발전에 이바지할 수 있도록 한다"는 내용을 넣자고 주장했다. 홍익인간은 고조선의 건국이념이자 대한민국 교육의 기본이념이다.

그러자 대종교를 비롯해 민족종교 60개 단체에서 들고 일어났다. 대종교는 박민자 총전교 명의의 입장문을 내 "홍익인간은 초종교적인 개념으로 대한민국 뿌리 정신"이라면서 "우리 교육의 지향점이 홍익인간을 빼고 무엇을 생각할 수 있다는 말인가"라고 따졌다. 한국교원단체총연합회(교총)가 전국 유·초·중·고등학교 교원 873명을 대상으로 설문 조사한 결과 응답자의 73.4%가 해당 개정안에 대해 반대한다고 답했다.

대종교 등 민족단체는 규탄 기자회견을 열고 "배달 민족의 뿌리를 부정하는 12명의 의원은 국민 앞에 공식 사과하고 법안 발의를 철회하라"고 요구했다. 각계에서 반대가 잇따르자 법안을 발의했던 의원들은 결국 꼬리를 내렸다. 대표발의자 민형배 의원은 "사려 깊지 못해 염려를 끼쳐드려 사과드린다"며 "교육기본법 개정안 발의를 철회한다"고 밝혔다.

두 번째로 작년에 국가보훈부는 훈격이 낮게 평가된 분들의 훈격을 상향 조정할 계획을 밝혔다. 이에 보훈부는 역사학계, 법조계, 언론계 등의 전문가 17명으로 '독립운동 훈격 국민공감위원회'를 구성하여 논의 끝에 나철 선생을 비롯해 김상옥 의사, 박상진 의사, 이상룡 선생, 이회영 선생, 최재형 선생, 헐버트 박사 등 일곱 분을 조정 대상자로 결정하였다.

앞서 문재인 정부는 3등급이었던 유관순 열사, 2등급이었던 여운형 선생과 홍범도 장군 등 세 분의 훈격을 새로 상향 조정하여 모두 1등급(건국훈장 대한민국장)을 추서한 바 있다. 그간 독립유공자 서훈 문제를 둘러싸고 가짜 유공자 등 논란이 끊이지 않았는데 몇몇 인사들에 대한 훈격이 적절치 않다는 지적도 줄기차게 나왔었다.

민족대표 33인 가운데 손병희 선생과 만해 한용운, 남강 이승훈은 1등급, 나머지 서명자는 2등급을 받았다. 반면 대종교의 경우 나철 대종사와 김교헌, 서일, 윤세복 종사 등 4명은 모두 3등급을 받았다. 대종교 인사들이 상대적으로 저평가된 셈이다. 특히 대종교를 중광하여 수많은 독립유공자를 배출한 홍암 나철의 경우 오래전부터 훈격을 상향해야 한다는 주장이 제기됐었다.

대종교 지도자 네 분의 훈격 상향 못지않게 중차대한 일이 또 있다. 중국에 있는 3종사의 유해를 봉환해오는 일이다. 길림성 연길 화룡현 청파호 들판에 나철 대종사와 김교헌, 서일 종사 등 세 분의 묘소가 있다. 타국에 있다 보니 관리도 제대로 되지 않을뿐더러 후손의 도리도 아니다. 그간 대종교에서는 여러 차례에 걸쳐 유해봉환을 추진했으나 여태 성사되지 못했다.

3종사 유해봉환은 안중근 의사의 경우와는 사안이 다르다. 안 의사는 아직 유해를 찾지 못한 상황이어서 봉환 자체가 불가능하다. 반면 대종교 3종사의 경우 묘소가 엄연히 존재한다. 우리 정부의 의지와 중국 정부의 협조만 있으면 언제라도 세 분의 유해를 모셔올 수 있다. 최근 대종교는 3종사 유해봉환을 위해 보훈부에 재차 촉구하는 한편 자체적으로도 방안을 모색하고 있다.

대종교는 한배검(단군)을 숭앙하는 종교집단으로, 국운이 기울던 1909년 홍암 나철이 중광(重光·다시 빛냄)하였다. 교세가 커지면서 일제의 탄압이 심해지자 본부(총본사)를 백두산 아래 중국 화룡현으로 옮겼다. 대종교는 그곳에서 포교 활동을 하면서 수많은 독립운동가를 양성하였다. 홍암의 뒤를 이은 2대 종사 김교헌, 종사 서일, 3대 종사 윤세복 모두 항일투쟁에 헌신하였다. 특히 서일은 북로군정서를 이끌며 청산리전투에서 대승을 거두었다.

일제하 대종교는 명실공히 항일세력의 본거지로서 항일투쟁의 최전선에 서 있었다. 천도교가 국내에서 활동했다면 대종교는 중국에서 무장투쟁과 임시정부를 주도했다고 할 수 있다. 상식대로라면 대종교와 천도교는 해방된 조국에서 영웅적 대접을 받아야 마땅했다. 그러나 현실은 그와 정반대였고, 대종교는 마침내 세인의 기억에서 잊혔다. 대종교의 항일투쟁사를 기록, 복원하는 일은 민족사의 복원이자 숙제이다.

대종교는 교단의 활동 기록이 거의 남아 있지 않다. 교단이 기록을 부실하게 관리해서가 아니라 일제 총독부 때문이다. 1909년 대종교가 중광한 이래 일제는 대종교를 줄곧 감시했으며, 특히 1942년 소위 '임오교변' 당시 교인 탄압은 물론 교단의 기록을 대거 강탈해갔다. 이로 인해 대종교인이 분명함에도 이 책에서 다루지 못한 인물이 적지 않다. 우사 김규식, 노백린·양세봉·

지청천 장군, 손기정 선수, 시인 이상화 등이 그들이다.

끝으로 이 책은 대종교 총본사에서 펴낸 〈대종교 중광 60년사〉(2017년 수정판)를 기본으로 하였다. 아울러 한국 독립운동사를 비롯해 대종교 전문 연구자인 김동환, 조준희, 신운용, 이숙화, 조남호 선생 등의 논문과 저서를 두루 참조하였다. 대종교 총본사 전리(典理)이자 청년회장 민인홍 씨는 집필에 필요한 자료 조사에 큰 도움을 주었음을 밝혀둔다.

2024년 6월

일산 우거에서

정운현

제 1 부

대종교 중광과 항일투쟁사

· 나철의 대종교 중광과 일제의 탄압

· 대종교의 항일투쟁과 고난의 시간들

01

나철의 대종교 중광과 일제의 탄압

외세의 각축장 된 구한말 국내 상황

근대 조선은 열강의 각축과 봉건세력의 붕괴로 정세가 몹시 혼란했다. 1875년 일본의 정탐선 운양호가 조선 근해의 해안 측량을 구실로 강화도를 침범하였다. 이에 조선 수군은 포격으로 맞섰고, 이를 구실로 일본은 이듬해 병자수호조약(일명 강화도조약)을 강제로 체결하였다. 부산, 인천, 원산 등 3개 항 개항을 골자로 한 이 조약은 한일간에 맺어진 최초의 불평등 조약으로 기록되고 있다. 이 조약을 근거로 일본이 조선에 진출하자 전통적으로 조선에 영향력을 행사해오던 청국 역시 조선에 본격 진출하였다. 이로써 조선은 일본과 청국의 각축장이 되고 말았다.

1882년 구식 군대의 차별대우에 반발하여 이들이 임오군란을 일으켰다. 고종의 친정으로 권세에서 밀려나 있던 대원군은 이를 기화로 민씨 정권을 무너뜨리고 다시 권좌에 복귀하였다. 이는 대원군을 미는 청국과 민씨 정권을 후원하던 일본과의 대결로 귀결되었다. 이어 1884년에 일어난 갑신정변이 실패로 끝나자 청국과 일본은 함께 이 땅에서 물러갔다. 1894년에 발생한 동학혁명을 계기로 청일전쟁이 발생하였는데, 이 전쟁에서 일본이 승리하면서 일본은 조선에서 우월권을 확보하고서 점차 대륙진출의 야욕을 드러내기 시작했다. 그러자 러시아가 프랑스, 독일 등과 합세하여 일본을 견제하고 나서자 조선에서는 친러파가 생겨났다.

친미, 친러세력의 등장으로 위협을 느끼게 된 일본은 이듬해(1895년) 8월 경복궁을 급습하여 민비(명성황후)를 살해하는 을미사변을 일으켰다. 청일전쟁에서 일본의 승리로 청국이 조선에서 최종적으로 물러난 데 이어 1904년 러일전쟁에서 다시 일본이 승리하게 되자 마침내 조선은 일본 세력의 독무대가 되었다. 이후 일본은 그들의 마스터플랜에 따라 조선을 순차적이고도 조직적으로 침략하였다. 국제적으로도 그 누구의 방해도 받지 않았으며, 조선 내에서의 반대 세력은 그들의 막강한 무력 앞에서 별다른 위세를 떨치지 못했다.

1905년 일본은 조선의 외교권을 박탈하는 을사늑약(소위 '을사보호조약')을 강제로 체결하였다. 이에 항의하여 충정공 민영환은 자결로 반대하였고, 전국에서 의병이 궐기하였으나 역사의 시계를 뒤로 돌릴 수는 없었다. 급기야 고종은 네덜란드 헤이그에서 열리는 만국평화회의에 특사를 파견하여 일본의 부당함을 호소하려 했다. 그러나 특사들은 일본의 방해로 소기의 성과를 거두지 못했고, 이는 오히려 일제에 탄압의 구실만 제공하였다. 일제는 헤이그 특사 파견을 구실로 고종을 왕위에서 쫓아냈다. 이제 남은 것은 조선을 통째로 집어삼키는 일뿐이었다.

엘리트 관리 출신 나철의 구국운동

홍암(弘巖) 나철(羅喆)은 1863년 12월 2일 전남 보성에서 태어났다. 본관은 나주(羅州), 자는 문향(文鄕), 호는 홍암(弘巖), 당호는 일지당(一之堂)이다. 본명은 두영(斗永)인데 1900년 인영(寅永)으로 개명했다가 대종교 중광 이후 '철(喆)'이라는 외자 이름을 썼다. 대종교 교단에서는 홍암대종사(弘巖大宗師)라고 부른다.

그는 어려서부터 총명하고 지혜가 뛰어났다고 한다. 당시 호남의 석학 왕석보(王錫輔) 문하에서 한학을 수학한 후 20세 때 청운의 꿈을 안고 한양으로 올라왔다. 얼마 뒤 그는 당대의 세도가이자 대학자인 운양(雲養) 김윤식(金允植)의 식객으로 들어가 식견을 넓히면서 입신의 기회를 도모하였다.

29세 때인 1891년 6월 과거에 장원급제하였다. 그해 11월 승정원 기거주(起居注)가 되었고, 이후 병조사정(兵曹司正)을 거쳐 1893년 승문원 권지부정자(權知副正字)에 임명되었다. 그러나 그는 보름 만에 관직을 내놓았고 고종은 세 번이나 반려했다가 결국 윤허했다고 한다. 1895년 징세서장(徵稅署長·현 세무서장)에 다시 임명되었으나 끝내 취임하지 않았다. 이후 고향으로 내려와 10년간 입산수도를 하였는데, 이때부터 평생 베옷을 입고 지냈다고 한다. 앞날이 보장된 엘리트 관리 출신의 그가 관직을 마다하고 낙향한 것은 무엇 때문이었을까.

위에서 언급했듯이 구한말 조선의 국운은 풍전등화와도 같았다. 1875년 운양호사건 이래 동학혁명, 청일전쟁, 을미사변, 러일전쟁 등을 겪으면서 조선의 국운은 쇠망의 길로 접어들었다. 조선을 놓고 청국, 일본, 러시아는 각축을 벌였으나 조선의 정객들은 권력 쟁탈에만 눈이 멀어 국가의 안위와 민생은 안중에도 없었다. 이런 상황에서 편안히 관직에 앉아 국록을 먹는 것은 글 배운자의 도리가 아니요, 나아가 민족 앞에 죄짓는 일이었다. 당시 나철의 생각이 바로 그러했다. 결국 나철은 관직을 포기하고 장차 구국운동의 길을 걷기로 작심했다.

1904년 그는 호남 출신의 지사(志士)들을 모아 유신회(維新會)라는 비밀단체를 조직하여 구국운동에 나섰다. 을사늑약 체결 직전인 1905년 6월, 그는 오기호(吳基鎬, 후에 吳赫으로 개명)·이기(李沂)·홍필주(洪弼周) 등과 함께 일본으로 건너갔다. 그해 9월 미국 뉴햄프셔주 포츠머스에서 개최되는 러-일 강화회의에 참석하여 한국의 독립을 보장받고자 함이었다.

그는 또 일본 정객들에게 "동양 평화를 위하여 한국·일본·청국 3국은 상호 친선동맹을 맺고 한국에 대하여는 선린의 교의로써 부조(扶助)하라"는 내용의 의견서를 전달하였다. 그의 이런 주장은 안중근 의사의 '동양평화론'보다 4년이나 앞선다. 다만 그가 수용한 동양평화론은 일본의 선의를 믿은 채 일제의 '아시아연대론'의 본질을 파악하지 못했다는 지적도 있다.

그러나 그가 혼신을 다했던 외교 투쟁도 모두 허사로 돌아가고 말았다. 일본의 방해로 미국 방문이 좌절된데다 일본의 정객들은 그의 의견을 깡그리 무시하였다. 결국 그는 도쿄의 궁성 앞에서 3일간 단식투쟁을 하면서 한국이 주권국가임을 선언하고 일본의 침략행위를 규탄하였다. 1905년 루스벨트 미국 대통령의 주선으로 체결된 포츠머스 조약의 결과 일본은 한국에서 정치·경제·군사상 우월권을 갖게 되었고, 러시아는 이를 인정하게 되었다.

네 차례 방일 외교 투쟁과 영문명함

그해 11월경 이토 히로부미(伊藤博文)가 한국으로 건너가 모종의 협약을 새로 체결할 것이라는 소식이 일본의 여러 신문에 보도되었다. 나철은 평소 친분이 두터웠던 외무대신 박제순(朴齊純)에게 "목이 잘리더라도 협약에 동의하지 말라"는 내용의 급전을 치고는 귀국을 서둘렀다. 귀국해 망국 조약을 저지할 요량이었다. 그러나 귀국이 예상보다 늦어져 이듬해 1월 24일 귀국했을 때 을사늑약은 이미 체결된 지 한참 뒤였다. 자신이 믿고 기대했던 박제순이 매국 조약에 가담한 을사오적의 한 사람이라는 사실을 알고는 치를 떨었다.

羅 라

喆 철

나철의 영문 명함

나철의 외교 투쟁은 여기서 멈추지 않았다. 그는 1906년 5월과 10월에 2차, 3차로 다시 일본으로 건너갔다. 일본의 고위 정객들을 만나 '을사보호조약' 폐기와 함께 동양 평화를 위해 동양 3국이 힘을 모아 서양 세력을 막아야 한다고 역설하였다. 일본 외무성이 작성한 1906년 '요시찰 외국인' 기밀문서에 따르면, 그해 11월 14일 나철과 그의 동료들이 일본 도쿄의 태영관(太榮館)에 머물렀다는 기록이 나온다. 이 문서에는 그들이 두 달 가까이 일본에 체류하면서 23원 50전으로 과자를 샀다는 내용까지 상세히 기록돼 있다.

그중에서 특별히 눈여겨 볼만한 것은 나철이 접촉한 일본 정치인들에 대한 기록이다. 그는 일본 우익의 거두이자 흑룡회의 간부였던 우치다 료 헤이(內田良平)를 비롯해 마쓰무라 류노스케(松村雄之進), 도야마 미쓰루(頭山滿) 등 일본 정계의 실세들과 회동을 가졌다. 이들은 메이지 유신으로 몰락한 무사 계급을 규합해 현양사(玄洋社)라는 극우단체를 만들었는데 당시 일본 정계에서 발언권이 셌다. 이들은 이토 히로부미와는 정치적 라이벌 관계에 있었는데, 나철은 이들을 이용하려 했던 것 같다.

당시 한국 측에서 일본을 직접 방문해 외교적으로 문제를 풀어보고 노력했던 시도는 단 한 번도 없었다. 정부의 고관대작은 물론 조야를 통틀어 아무도 없었다. 오직 나철과 그의 일행들 뿐이었다. 나철은 무려 4차에 걸쳐 방일 외교 투쟁을 벌였다.

특히 그는 영문명함까지 만든 적이 있다. 1905년 러-일을 중재하여 포츠머스 조약을 체결케 한 루스벨트 미국 대통령에게 항의하러 갈 때 쓰려고 제작해두었는데 일제가 여권을 발급해주지 않아 미국행은 성사되지 못했다. 가로 6.5cm, 세로 10.5cm 크기의 흰색 명함에는 한글(라철), 한자(羅喆) 이름과 함께 'La Chul'이라고 쓴 영문 이름도 함께 새겨져 있다. 국내 최초의 영문명함으로 알려진 이 영문명함은 현재 대종교 총본사에 몇 점 보관돼 있다.

나철의 방일 외교 투쟁은 일본 측의 비협조로 별다른 성과를 거두진 못했다. 어쩌면 민간의 일개인이 나서서 추진하기에는 애초부터 무리한 일이었는지도 모른다. 청일전쟁과 러일전쟁에서 승리한 일본에게 한국은 지배의 대상이었지 외교의 대상이 아니었다. 그런 상황에서도 그는 국권 수호 및 회복을 위해 네 차례에 걸쳐 방일 외교 투쟁을 벌였다. 이는 우리 독립운동사에서 민간인 최초의 구국 외교로 높이 평가받아 마땅하다.

비밀결사 조직해 을사오적 처단 나서

방일 외교교섭에 실패한 나철은 1907년 2월 오기호 등 동지들과 비밀결사 조직인 '자신회(自新會)'를 조직하였다. 이들은 김동필(金東弼)·박대하(朴大夏)·이홍래(李鴻來) 등과 거사를 도모하고 결사대를 모집하였다. 또 김인식(金寅植)·김영채(金永采)·이광수(李光秀)·이용태(李容泰) 등은 경비를 마련하였는데, 이기(李沂)·윤주찬(尹柱瓚) 등도 이에 가담했다. 이기는 자신회의 취지서를 짓고, 나철은 애국가와 동맹서를, 윤주찬과 이광수는 한국 및 일본 정부, 통감부, 일본군 사령부 그리고 각국 영사관에 보내는 공문과 포고문 작성을 담당하였다.

이기가 작성한 '취지서(趣旨書)'에 의하면, 단체명인 '자신(自新)'은 "남이 새로워지기를 기다리는 것이 아니라 우리 자신이 새로워진다"는 뜻으로, 신사상을 토대로 힘을 모아 신세계를 세우는 것을 단체 설립 목적으로 삼았다. 이러한 목적을 위해 자신회는 먼저 을사오적을 처단하고 이어 애국계몽운동을 추진하여 국권을 회복하고자 하였다. 취지서와 포고문은 독립 의지와 함께 '토적복수(討賊復讐·적을 토벌하고 원수에게 복수함)'를 천명하였다.

1차로 매국노 처단을 위한 거사 자금 조달에 착수하였다. 우선 부인들의 패물을 먼저 처분한 다음 뜻있는 사람들을 대상으로 모금하였다. 내부대신을 지낸 이용태로부터 1,700원, 해주 군수를 지낸 정인국(鄭寅國)으로부터 300원, 농상공부 주사를 지낸 윤주찬으로부터 1,000원을 각각 모금하였다. 이 돈 가운데 600원으로 권총 50여 정을 비밀리에 구입하고 나머지 돈은 동지 규합 등 기타 거사비용에 쓰기로 하였다. 2월 초 200여 명의 회원을 규합한 나철은 참간장(斬奸狀·간신의 목을 베는 글)을 발표해 매국노 처단을 공식화하였다.

당초에 거사는 정월 초 1일(양력 2월 13일)을 기하여 입궐하는 오적들을 도상

(途上)에서 일망타진하기로 계획하였다. 그러나 1차 계획은 일본군의 경비 강화로 무산되었다. 이후로도 몇 차례 연기되었다가 마침내 3월 25일에 가서야 비로소 거사를 실행하게 되었다. 거사 전날(3.24) 나철은 을사오적 처단 격려문을 발표했다. 그 내용은 아래와 같다.

> "여러분, 오늘의 이 일은 한국의 독립을 유지하는 둘도 없는 바른길이요, 우리 2천만 민중의 살고 죽는 문제입니다. 여러분이 정말 자유를 사랑한다면 決死의 각오로 힘써 주시오. 이 5적을 베어서 내부의 병통을 제거한다면 우리들과 우리들의 자손은 길이 독립된 나라에서 살 수 있습니다. 그 성공하느냐가 오늘에 있고 그 실패하느냐가 오늘에 있습니다. 사느냐가 여러분에게 있고 죽느냐가 여러분에게 있습니다. 인영이 부족한 몸으로 이 의거를 주창하면서 오늘 줄줄이 흐르는 눈물을 거두고 방울방울 떨어지는 피를 씻으며 心膽을 기울이고 엎디어, 이 의거를 우리 血性있고 智勇있는 여러분의 가슴 앞에 제출합니다. 여러분 각기 순결한 애국심을 격려하여 빨리 흉악한 매국적을 베어서 우리나라를 높이 이 세계상에 독립하게 하여 주시오. 그런다면 인영은 18지옥에 들어가서 恒河沙의 온갖 고통을 당하더라도 한량없이 기쁘겠습니다. 부디부디 힘써 주시오."

자신회에서 정한 처단 대상자와 거사 책임자는 아래와 같다.

- 참정대신 박제순 : 오기호 인솔 결사대
- 내부대신 이지용 : 김동필 인솔 결사대
- 군부대신 권중현 : 이홍래 인솔 결사대
- 학부대신 이완용 : 박대하 인솔 결사대

- 법부대신 이재극 : 서태운 인솔 결사대

- 전 군부대신 이근택 : 이용채 인솔 결사대

결사대는 단총을 휴대하고 당일 오전 10시에 각자 지정된 장소에서 입궐하는 오적을 기다렸다. 10시경 참정대신 박제순이 광화문 앞에 이르렀을 때 오기호는 결사대원에게 거사를 지시하였다. 그런데 대원이 잠시 주저하는 동안에 박제순이 문 안으로 들어가는 바람에 실패하고 말았다. 11시경 서태운은 대원 10여 명을 데리고 서대문 밖에서 법부대신 이재극을 기다렸다. 그러나 경계가 엄중하여 총 한 발도 쏘지 못한 채 이재극을 통과시키고 말았다.

이홍래는 대원들과 함께 중서(中署) 사동(寺洞)에서 군부대신 권중현을 기다리고 있었다. 11시 30분경 권중현이 인력거를 타고 나타나자 단총을 쏘았으나 권중현을 명중시키지 못하고 부상을 입히는 데 그쳤다. 현장에서 이홍래와 대원 강상원은 일경에 체포되었다. 이로 말미암아 일경의 경계가 갑자기 삼엄해져서 거사 계획에 차질을 빚게 되었다. 용산 쪽에서 오던 내부대신 이지용을 남대문 밖에서 기다리고 있던 김동필을 비롯해 각 방면에 배치돼 있던 결사대는 모두 즉시 철수하였다. 이로써 결사대의 매국노 처단 거사는 실패하고 말았다.

결사대의 면면, 전직 대신에서 농민까지

대한제국 정부는 이 사건을 '정부 전복을 위한 내란'으로 단정하였다. 현장에서 체포된 자들은 전부 평리원으로 이송하고 진상 파악에 나섰다. 거사 주모자인 나철과 오기호는 이광수와 김영채에게 다시 거사를 일으킬 것을 부탁하고는 '자신회' 관련 문건을 가지고 평리원(平理院)에 가서 자수하였다. 이로써 나철 일행의 매국노 처단의 거사는 전모가 드러났다. 애국적 충정에서 추진한 거사였으나 준비 부족에다 여건마저 좋지 않아 결국 수포로 돌아가고 말았다.

그해 7월 4일 내려진 평리원 판결에서 관련자 30여 명은 최고 10년에서 5년의 유배형(流配刑)을 선고받고 지도(智島), 진도(珍島), 철도(鐵島) 등으로 유배되었다. 나철은 최고형인 10년 유배형을 받고 전남 신안의 지도(智島)로 정배(定配)되었다. 그의 유배는 오래가지 않았다. 평리원 검사 이준(李儁)의 은사(恩赦) 건의를 받은 고종이 이듬해(1908년) 10월 그를 특사로 풀어주었다. 자유의 몸이 된 나철은 11월 또다시 일본으로 건너갔는데, 이것이 제4차 방일이었다. 나철은 1905년 6월 1차 방일부터 네 차례에 걸쳐 방일 구국 외교를 펼쳤다.

일본 경무당국이 1907년 4월 17일 작성한 소장(訴狀)에는 가담자들의 신상이 자세히 나와 있다. 그 가운데 몇 사람의 신분과 행적을 살펴보면 다음과 같다. 나철과 함께 거사를 도모했던 오기호를 비롯해 김인식, 윤주천은 대한제국 정부의 주사(主事) 출신이었다. 거액의 자금을 댄 이용태는 내부대신과 궁내부 특진관을 지낸 고관 출신이었으며, 정인국과 서창보는 전직 군수였다. 또 이광수는 통훈대부 정3품 출신이었으며, '자신회' 취지서를 작성한 이기는 당시 한성사범학교 교관이었다. 그 외 대다수는 평민 출신의 농민이었다.

가담자들은 이후에도 항일투쟁을 이어갔다. 정인국은 이기와 함께 7년 유배형을 받았으나 순종 즉위 후 특사로 풀려났다. 이후 그는 1910년 사망 때까지 의병 활동을 하였으며 1996년 건국훈장 독립장이 추서되었다. 이기 역시 사망할 때까지 계속 항일구국운동을 벌였으며 1968년 건국훈장 독립장이 추서되었다. 진도에서 1년간 유배 생활을 한 이광수는 1919년 3.1혁명에 참가한 공로로 1990년 건국훈장 애족장이 추서되었다. 이홍래는 만주로 망명하여 대종교가 조직한 정의단과 북로군정서 등에서 활동하였으며, 1963년 건국훈장 독립장이 추서되었다. 서창보 역시 만주로 망명하여 독립운동에 참가하였으며, 3·1혁명 때도 일익을 담당한 공로로 1990년 건국훈장 애족장이 추서되었다.

안중근보다 2년 앞선 최초의 의열투쟁

반면 내부대신 출신 이용태의 행보는 이들과 달랐다. 1905년 11월 규장각 학사에 임명된 그는 을사늑약 체결을 무효화하고 매국 조약에 찬성한 적신(賊臣)들을 극형에 처할 것을 주장하는 상소를 올렸다. 1907년 2월 궁내부 특진관에 임명된 그는 나철 등의 을사오적 처단 거사 때 거액의 자금을 제공한 일로 그해 4월 경무청 고문부(顧問部)에 체포되었다. 이후 평리원 평결로 10년 유배형에 처해져 그해 7월부터 1908년 3월까지 전라남도 지도(智島)에서 유배생활을 했다. 유배에서 풀려난 후에도 그는 애국 계몽단체인 기호흥학회 찬무원(贊務員) 등을 지내며 민족진영에 몸담았다.

1910년 한일병탄(소위 '한일합병') 후 그는 친일로 돌아섰다. 대한제국의 고관 출신인 그는 병탄 직후 '조선귀족령'에 따라 남작 작위를 받았다. 작위 수여 소식을 듣고 총독부 기관지 〈매일신보〉(1910.10.11.)에 기고한 '서작자(敍爵者)의 희열(喜悅)'에서 그는 "기쁜 마음에 집으로 돌아와 신발도 벗지 않고 환하게 웃으며 자리에 오르는 모양이 실로 손발로 춤을 추며 어찌할 바를 몰랐다"고 썼다. 작위에 이어 이듬해 1월 은사공채 2만5,000원을 받았으며, 2월 총독 관저에서 열린 작기본서봉수식(爵記本書捧受式)에도 참석했다. 이후 한국병합기념장과 다이쇼(大正)

천황 즉위 기념 대례기념장을 받고 정5위에 서임되었다. 1922년 그가 사망하자 남작 작위는 양자 이중환(李重桓)이 이어받았다.

나철 등의 매국노 처단 거사는 실패하였다. 그러나 이들의 거사 계획이 알려지면서 국민들의 항일의식 각성에 큰 자극제가 되었다. 을사늑약 체결에 분노한 민중들은 이완용(李完用)에 대해 암살 위협과 함께 그의 집에 두 차례나 불을 질렀다. 1907년 7월 20일 순종 즉위식이 공표되자 반일 단체 회원들은 덕수궁 인근에 있던 이완용의 자택으로 몰려가 다시 불을 질렀다. 이날 화재로 가재도구와 고서적은 물론 조상들의 신주까지 몽땅 불탔다.

그로부터 2년 뒤인 1909년 12월 22일, 이완용은 명동성당에서 치러진 벨기에 국왕 추도식에 참석한 후 인력거를 타고 가다가 평북 선천 출신의 이재명(李在明) 의사의 공격을 받았다. 허리와 어깨 등을 세 번이나 찔려 중상을 입었으나 급히 병원으로 옮겨 수술을 받고 겨우 목숨을 건졌다.

이보다 두 달 앞선 1909년 10월 26일에는 안중근(安重根) 의사가 하얼빈에서 이토 히로부미를 처단하였다. 그간 최초의 의열투쟁은 1908년 3월 전명운·장인환 의사가 미국 샌프란시스코에서 친일 미국 외교관 스티븐스를 저격한 사건을 꼽아왔다. 나철 등의 매국노 처단 거사는 이보다도 1년, 안중근 의사의 거사보다 2년 반이나 앞선다. 따라서 나철 일행의 거사는 우리 독립투쟁사에서 최초의 항일 의열투쟁이라고 할 수 있다.

두 도인(道人)과의 운명적 만남

1905년 6월 1차 방일 때 나철은 이토가 한국과 모종의 협약을 추진한다는 보도를 접하고 귀국을 서둘렀다. 이듬해 1월 24일 서대문역(현 서울역)에 도착한 그는 세종로 방향으로 걸어가고 있었다. 그때 한 노인이 백발을 휘날리며 급히 걸어오더니 문득 그의 앞에서 발길을 멈추고 "그대가 나인영(나철의 초명)이 아닌가?" 하고 물었다. 나철이 "그렇다"고 답하자 그 노인은 "나의 본명은 백전(伯佺), 호는 두암(頭岩)이며, 나이는 90인데 백두산에 계신 백봉신형(白峯神兄)의 명을 받고 나공(羅公)에게 이것을 전하러 왔노라"고 하면서 백지에 싼 물건을 건네주고는 서대문 쪽으로 홀연히 사라졌다.

백주 노상에서 그는 초면의 노인에게 얼떨결에 무엇인지도 모르는 물건을 건네받았다. 귀가 후에 이를 펴보았더니 그 속에는 〈삼일신고(三一神誥)〉와 〈신사기(神事記)〉가 각 한 권씩 들어 있었다. 그 무렵 나철은 풍전등화 같은 국운을 되살리려 동분서주하고 있었다. 그래서 이런 물건에 관심을 가질 여유가 없어서 책장 한구석에 방치하였다. 그러나 낯선 사람과의 기이한 만남은 여기서 끝나지 않고 이후에도 계속됐다.

1908년 10월 고종의 특사로 유배에서 풀려난 나철은 11월에 정훈모(鄭薰模) 등과 함께 다시 일본으로 건너갔다. 국권 수호를 위해 일본 정부와 다시 교섭하기 위해서였다. 그는 도쿄 시내 청광관(清光舘)에 숙소를 정하고 일본 정부 요로의 인사들을 만나 외교 담판을 할 요량이었다. 얼마 뒤인 12월 5일(음력 11.12) 아침, 한 노인이 그의 숙소 옆방에서 나오더니 〈단군교포명서(檀君敎佈明書)〉, 〈고본신가집(古本神歌集)〉, 〈입교의절(入敎儀節)〉 〈봉교절차(奉敎節次)〉 등의 책자를 건네주었다. 그리고는 아래와 같은 말을 남긴 후 곧장 떠났다.

> "나의 성명은 두일백(杜一白)이오, 호는 미도(彌島)이며 나이는 69세인데 백전도사(伯佺道士) 등 32인과 함께 백봉신사(白峯神師)에게 사사(師事)하고 갑진 10월 초 3일에

백두산에서 회합하여 일심계(一心戒)를 같이 받고 이 포명서를 발행한 것이니 귀공(貴公)의 금후(今後) 사명은 이 포명서에 대한 일이니 명심하시오"

지난번에 이어 또다시 이국땅에서 이같은 기이한 일을 겪게 되자 나철은 몹시 당황스러웠다. 그러나 당장은 일본과의 외교교섭이 급선무였다. 그는 일경의 감시를 피하기 위해 개평관(盖平舘)으로 숙소를 옮겼다. 12월 9일 밤, 앞서 만났던 두옹(杜翁)이 또다시 그를 찾아왔다. 두옹은 나철과 정훈모 두 사람에게 영계(靈戒)를 내리고는 간곡한 어투로 이렇게 말했다.

"국운이 이미 다하였는데 어찌 이 바쁜 시기에 쓸데없는 일로 다니시오. 곧 귀국하여 단군대황조(檀君大皇祖)의 교화(教化)를 펴시오. 이 한마디가 마지막 부탁이니 빨리 떠나시오"

두옹의 권고는 단순히 애국심에서 나온 조언 차원이 아니었다. 마치 국조(國祖) 단군의 묵시(默示)처럼 느껴졌다. 나철은 국운 회복은 우국지사 몇 사람의 힘으로 되는 것이 아니라 전 민족 차원의 일심단결이 절실함을 깨달았다. 이를 위해서는 우리 민족의 뿌리이자 근본인 단군을 한마음으로 숭앙하고 이를 통해 민족의 저력을 키워낼 수 있다고 여겼다. 비록 국운이 쇠해 나라는 망하였으나 민족의 얼을 지켜내면 나라는 언제든지 되찾을 수 있다고 생각했다. 생각이 여기에 이르자 그는 정치를 단념하기로 맹세하고 그다음 날로 귀국길에 올랐다.

여기서 한 가지 첨언할 것은, 백봉 선사와 백전·두일백 등을 두고 실존 인물 여부를 놓고 논란이 있다. 이들은 나철이 대종교를 중광하는 데 결정적인 역할을 한 인물들이다. 그런데 이들의 신상이나 이력은 제대로 확인되지 않고 있으며 오직 대종교와 단군교에서만 주장하는 인물들이다. 종교를 창교(創教)하는 과정에서 비과학적인 신비성은 흔히 등장하곤 한다. 이 역시 그런 관점에서 본다면 사실 여부를 따지는 것은 그리 중요한 문제는 아니라고 본다.

"나라 망해도 정신은 살아", 단군교 중광

대한제국의 국운이 날로 쇠퇴하자 나철이 주목한 것은 민족정신의 결집이었다. 그 중심에는 국조 단군이 있었다. 국권 수호와 국민의 애국심에 불을 붙이려고 시도했던 을사오적 처단 거사가 실패로 돌아가자 그는 '나라는 망해도 민족은 살아 있다'며 국민의 정신을 하나로 통합하고자 하였다. 이런 일의 구심점은 온 국민이 가슴으로 숭앙하는 단군만이 가능했다. 나철은 몽골 침입 이후 700여 년간 맥이 끊긴 우리 민족 고유의 종교인 단군교를 새로 일으켜 민족의 정통성을 세우고 이를 통해 국권을 되찾으려고 하였다.

오늘날 세계적인 종교로 성장한 불교, 기독교, 유교 등도 원래는 민족종교에서 출발했다. 유교는 원래 중국 민족의 정통사상이자 중국의 민족종교였다. 이것을 공자가 보편화시켜 세계사상으로 승화시켰다. 불교는 석가모니가 인도 민족의 민족종교인 브라만교를 계승하여 세계사상으로 개혁한 것이다. 기독교 역시 마찬가지다. 유대민족의 민족종교인 유대교를 예수가 인류의 신앙으로 발전시켰다. 결국 세계적인 종교들도 전부 민족종교에서 유래한 것이다. 따라서 민족종교는 세계종교의 기본이며, 그 민족과 함께 일어난 것이다.

나철은 기유년(1909년) 음력 정월 보름날(1월 15일) 자시(子時)를 기하여 서울 북

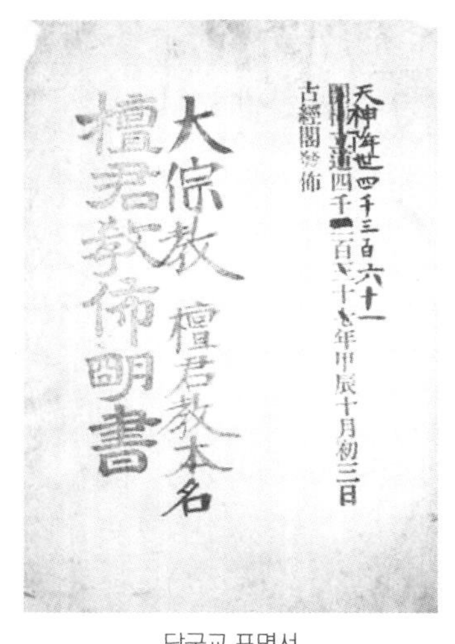

단군교 포명서

부 재동 취운정(翠雲亭) 아래 초가집에서 '단군대황신위'(檀君大皇神位)를 모셔놓고 오기호(吳基鎬)·유근(柳瑾)·정훈모(鄭薰模) 등 동지들과 함께 제천의식을 올렸다. 이날 하늘의 신과 땅의 백성들을 향해 '단군교포명서(檀君教佈明書)'를 선포하였다. 이것이 바로 홍암 나철의 단군교 중광(重光)인데, 그해가 기유년이어서 흔히 '기유중광(己酉重光)'이라고도 부른다. 나철은 '포명서'에서 우리 민족의 뿌리이자 근원인 단군 신앙을 통해 풍전등화의 국운을 되살려낼 것을 거듭 천명하였다. 나철은 '국수망이도가존(國雖亡而道可存)', 즉 나라는 비록 망했으나 정신은 가히 살아 있다고 믿었다.

나철이 단군교를 공포한 것을 두고 창교(創教) 대신 중광(重光·다시 빛냄)이라고 한다. 이는 나철이 기존의 민족종교인 단군교를 다시 일으켰다는 뜻이다. 중광터는 옛 초가 건물이 헐리고 없어져 한동안 정확한 위치가 잘못 알려져 왔다. 그러던 중 육당 최남선의 유품에서 발견된 나철의 친필 중광가(重光歌)를 통해 비로소 위치가 확인됐다. 중광가 머리말 윗부분에는 '가회동 14번지 2동 이봉춘 현거(嘉會洞 十四番地 李逢春 現居)'라는 주소가 적혀 있다. 이곳은 그 후 여러 사람을 거쳐 2001년에 대한불교조계종 안국선원이 인수해 4층 건물을 신축했다. 현재 그 인근에 '대종교 중광터' 표석이 설치돼 있다.

대종교 경전 〈삼일신고〉와 4대 경절

모든 종교는 교리를 담은 경전이 있다. 불교는 불경, 기독교는 성경, 이슬람교는 코란이 경전이다. 단군 한배검을 교주로 숭배하는 각 종파에서는 〈삼일신고(三一神誥)〉와 〈천부경(天符經)〉을 기본 경전으로 삼고 있다. 〈삼일신고〉는 366자로 된 한문 경전으로 서문과 5훈(天訓·神訓·天宮訓·世界訓·眞理訓), 5훈에 대한 찬문(贊文) 주해, 삼일신고 독법 및 봉장기 등으로 구성돼 있다. 5훈(訓)은 하나님의 다섯 가지 가르침을 기록한 것이다. 발해의 대야발(大野勃)은 서문에서 "삼일신고는 진실로 하느님 나라의 보배로 감추어둔 진주요, 천하 만인을 모두 거룩한 사람이 되게 하는 오직 하나뿐인 진경(眞經)"이라고 썼다.

〈삼일신고〉는 신시(神市) 개천(開天) 시대에 나왔다고 한다. 사관 신지(神誌)가 이를 돌에 새겨 전했고, 부여의 왕수긍(王受兢)이 은(殷)나라 문자로 번역하였는데 둘 다 전란 때 없어졌다. 이후 고구려 때 번역된 것을 대조영의 아들 문왕이 백두산 돌집 속에 감춰두었는데 백봉 선사가 한배검의 계시를 받고 찾아냈다. 백봉 선사는 두일백을 통해 1906년 1월 서울역 근처에서 나철에게 전하면서 〈삼일신고〉는 비로소 세상에 알려지게 되었다.

〈천부경(天符經)〉은 환웅이 천부 3인(天符 三印)을 갖고 박달나무 아래로 내려와 홍익인간 이념으로 교화하면서 우주 창조의 이치를 81자로 풀이한 경전이다. 이 역시 사관 신지(神誌)가 전서(篆書)로 적어둔 것을 신라 시대 고운 최치원이 그 뜻을 풀어 돌벽에 각인해 놓았다. 후세사람들이 이를 구하려고 해도 찾지 못하다가 1917년 계연수(桂延壽)와 이태집(李泰楫)이 묘향산 돌벽에서 '一始無始一'로 시작하는 천부경 81자를 발견하여 대종교 총본사에 전함으로써 세상에 알려지게 됐다.

(서울 서대문구 홍은동에 있는 대종교 총본사의 천궁(天宮)에는 천부경이 걸려있다)

모든 종교는 교주와 관련된 특별한 기념일을 두고 있다. 기독교의 성탄절과 부활절, 불교의 석가탄신일 등이 그것이다. 단군을 숭배하는 배달 민족은 상고 시대부터 다양한 형태의 제천행사를 열었다. 부여에서는 영고(迎鼓), 예맥족은 무천(舞天), 진한·변한·마한에서는 계음(契飮), 고구려에서는 동맹(東盟)이라 이름 하였다. 또 고려 시대에는 팔관제(八關祭)를 매년 시월에 열었는데 고려 말기 몽골의 침략으로 맥이 끊겼다. 다만 이후로는 삼신 사상, 성황당, 고시레 등 민속 문화의 형태로 이어지고 있다.

대종교는 개천절·어천절·중광절·가경절을 4대 경절(慶節)로 정해 행사를 열고 있다. 개천절은 환웅(桓雄)이 인간 세상을 널리 이롭게 하려고 기원전 2458년 상원갑자(上元甲子) 10월 3일 백두산에 내려온 날이다. 개천절이란 말은 나철이 지었는데 대한민국의 4대 국경일 가운데 하나다. 원래 개천절은 음력 10월 3일인데 국경일이 되면서 양력으로 바뀌서 시행하고 있다. 다만 국경일로서의 개천절은 단군의 건국기념일을 일컫지만 대종교의 개천절은 신인(神人) 한배검의 백두산 강림을 기념하는 날이라는 점에서 다소 차이가 있다.

어천절은 배달 임금 환검(桓儉)이 93년 동안 나라를 다스리다가 기원전 2241년 아사달에서 한울로 올라간 날을 기념하는 날로 음력 3월 15일이다. 중광절은 나철이 700여 년간 닫혔던 대종교를 다시 일으켜 세상에 밝힌 음력 1월 15일을 말한다. 가경절은 나철이 대종교를 중광한 지 8년만인 1916년 음력 8월 보름날 구월산 삼성사에서 스스로 목숨을 끊고 조천(朝天·사망)한 날이다.

타 종교에 관대·포용적인 '초(超)종교'

일제 당시 대종교는 종교 차원을 넘어 한민족의 정체성을 상징했다. 목사이자 독립운동가인 김약연(金躍淵)이 간도 용정에 설립한 명동학교(明東學校)는 기독교 학교였다. 그런데 이 학교는 항상 단군의 영정을 걸어놓고 수업했으며, 예배당에도 언제나 십가자와 단군기를 함께 세워놓고 예배를 했다고 한다. "한 뫼가 우뚝코 은택이 호대한 한배검이 깃치신 이 터에 그 씨와 크신 뜻 넓히고 기르는 나의 명동"은 이 학교 교가(校歌)의 한 대목이다. 당시 그곳에 살던 청춘남녀는 결혼식 때 대종교에서 신성시하는 검은색 두루마리를 입고 예식을 올렸다고 한다.

대종교는 타 종교에 비해 관대하고 포용적인 입장을 견지했다. 나철은 대종교를 중광하면서 교인들이 지켜야 할 규칙인 '봉교과규(奉教課規)'를 제정했다. 그 가운데 타 종교를 대하는 자세에 대해 구체적으로 명시하고 있는데 그 요지를 소개하면, ▲ 타 종교인이나 다른 나라 사람을 대할 때는 겸손하게 행동할 것 ▲ 우리나라의 성현(聖賢)은 물론 다른 나라의 성현이나 종교인들도 공경할 것 ▲ 대종교인이 타 종교를 믿어도 금(禁)하지 않으며, 타 종교인이라도 대종교를 믿고자 하면 허락함 등이다. 일찍이 나철은 인종과 남녀 차별, 타 종교 배척을 금지했다.

대종교가 이런 개방적·포용적인 입장을 견지한 데는 나름의 이유가 있다. 나철은 1916년 구월산에서 순교하면서 교인들 앞으로 '밀유(密諭)', 즉 타이르고 당부하는 글을 남겼다. 그 속에는 12가지 금지하는 내용이 있는데 '물기시교외인(勿岐視教外人) 물이론역외인(勿理論域外人)'이란 대목도 있다. 풀이하자면 "다른 교인을 별달리 보지 말며, 외국인을 따로 말하지 말라"는 뜻이다. 나철이 지은 중광가(重光歌) 10장의 노랫말은 아래와 같다.

> 도연원(道淵源) 찾아보라 가닭가닭 한배빛
> 선가(仙家)에 천선종조(天仙宗祖) 석가(釋迦)의 제석존숭(帝釋尊崇)
> 유씨(儒氏)의 상제임여(上帝臨汝) 야소(耶蘇)의 야화화(耶和華)와
> 회회(回回)의 천주신봉(天主信奉) 실상(實狀)은 한 한배님

위 내용은 도교의 노자, 불교의 석가, 유교의 공자, 예수교의 여호와, 이슬람교의 알라가 실상은 모두 같은 한배님이라는 것이다. 이는 세계 어느 종교에서도 찾아볼 수 없는 매우 독특한 것이다. 이런 풍토에서 기독교인이나 불교인, 유교인 모두 대종교 안에서 함께 독립투쟁을 할 수 있었다. 대종교를 주제로 서울대 대학원에서 박사학위를 받은 삿사 미쓰아키(佐佐充昭) 박사(현 리츠메이칸대 교수)는 대종교를 '초(超)종교'라고 표현했다.

일제 탄압 피하려 '대종교'로 개칭

단군교 중광을 선포한 후 나철은 그해 12월 1일 '5대 종지(宗旨)'를 공포하였다. 이는 단군 정신으로 국토 회복 및 민족단결을 이룬다는 취지로서 교인들의 실천강령인 셈이다. 11일에는 교직(敎職)을 설치하고 초대 교주인 도사교(都司敎)에 취임하였다. 이어 단군의 개국과 입도(立道)를 구분하여 서기전 2333년에 124년을 가산하여 '천신강세기원(天神降世紀元)'이라 하고 단군교의 원년으로 삼았다. 또 자신의 초명 인영(寅永)을 외자인 철(喆)로 개명하였다. (이날 오기

호도 오혁으로 개명함) 12월 30일에는 중광 첫해를 보내는 세모(歲暮) 소감을 발표했다. 중광 후 1년 만에 다섯 차례나 총본사 사옥을 옮길 정도로 이제의 탄압이 날로 심해졌다.

○古經閣敎命을奉承ᄒᆞ와本檀君
敎ᄂᆞᆫ本名倧敎로紀年開極立道로
本紀天神降世로發表ᄒᆞ오니兄
弟姊妹ᄂᆞᆫ諒悉ᄒᆞ심
天神降世四千二百四十三年
庚戌八月初一日
大倧敎 白

단군교를 대종교로 개칭

기유년이 가고 경술년(1910년)이 밝았다. 그해 8월 일제는 대한제국을 통째로 집어삼켰다. 이른바 경술국치로 대한제국은 끝내 막을 내렸다. 일제는 각종 기관·단체 명칭에서 '대한(大韓)' 두 자를 떼어 냈다. 이 땅에는 통감부 대신 조선총독부가 새 주인으로 들어섰다. 10월 1일자로 총독 정치가 시작되면서 총칼을 앞세운 무단통치가 시작됐다. 일제는 헌병경찰제를 비롯해 토지조사사업, 회사령, 교육령 등을 잇따라 발표하면서 조선 전반을 손아귀에 넣었다. 나라가 망하자 우국지사들은 자결로 항거하였으며, 더러는 국권 회복을 도모하기 위해 중국과 러시아로 망명하였다. 이 땅을 지켜낼 사람은 힘없는 백성들뿐이었으며, 그들이 의지할 곳은 바로 단군교뿐이었다.

그해 8월 5일, 나철은 단군교를 대종교(大倧敎)로 개칭하였다. 大倧敎의 '大'는 '한'이오, '倧'은 '검', 곧 신(神)을 뜻한다. 따라서 '大倧'은 '한검' 또는 '천신(天神)'이라는 뜻이다. 이는 이익(李翼)이 썼던 조선 시대의 단군교명인 '종교'(倧敎)를 전승한 것이라고도 할 수 있다. 대종교는 삼신일체(三神一體) '한얼님(하느님)'을 신앙의 대상으로 삼고 단군 한배검을 교조(教祖)로 받든다. 당시 나철이 단군교를 대종교로 개칭한 데는 두 가지 이유가 있었다. 하나는 정훈모 등 친일 분자들이 단군교의 이름을 빙자하여 물의를 빚었기 때문이며, 다른 하나는 일제의 탄압에 대비하기 위해서였다. 교명(教名)에서 '단군' 두 글자를 없앰으로써 탄압의 빌미를 사전에 제거하고자 했다.

한편 나철은 안으로는 체제를 정비하면서 포교 활동에 진력하였다. 5월에 단군교 교과서를 제작하여 5천 부를 발간하였다. 8월 5일 서울 시내에 남부지사와 북부지사를 설치해 시교(施教·포교) 활동에 박차를 가하였으며, 8월 21일에는 처음으로 단군 영정(天眞)을 총본사 천전(天殿)에 봉안하고 제례를 올렸다. 9월 27일 의식 규례를 제정해 발표하면서 천조께 경배하는 날을 일요일로 정하고 이를 경일(慶日)이라고 불렀다. 10월 25일에는 만주 지역 포교를 위해 포교원 파송을 협의하였으며 북간도 삼도구에 지사를 설치하기에 이르렀다.

'단군교' 간판 들고 이탈한 정훈모

대종교로의 개명 과정에서 예기치 못한 불상사가 터졌다. 나철의 오랜 동지인 정훈모(鄭薰謨)가 나철에게 등을 돌리고 나섰다. 정훈모는 1908년 11월 나철의 4차 방일 때 동행했으며, 두옹으로부터 나철과 함께 영계(靈戒)를 받기도 했다. 또 이듬해 서울에서 나철이 단군교를 중광할 때 함께 했으며, 이후 북부지사교(北部支司教)의 직책을 맡아 활동했다. 정훈모는 단군교의 핵심 인물 가운데 한 사람이었다. 그런 정훈모가 나철과 단군교를 배반하고 나선 것이다.

정훈모의 배반은 명분은 그럴싸했으나 따로 속셈이 있었다. 나철이 일제의 탄압을 피하려고 단군교를 대종교로 개칭하자 정훈모는 이에 반대하고 나섰다. 겉으로는 교명(教名)을 고수하자는 것을 명분으로 내걸었으나 정훈모는 이미 딴 살림을 차릴 궁리를 하고 있었다. 1910년 8월 15일 정훈모는 북지사(北支司) 감교(監教) 이유형(李裕馨)·유탁(兪鐸)·서창보(徐彰輔) 등과 함께 대종교에서 분리, 독립을 선언하였다. 대종교는 10월 10일 정훈모를 출교(黜教)시켰다.

단군교 총본부를 차려 도교장(교주)이 된 정훈모는 친일파 박영효(朴泳孝)·정두화(鄭斗和)·민병한(閔丙漢) 등을 입교시킨 후 조선총독부의 공인하에 활발하게 포교 활동을 펼쳐나갔다. 박영효는 철종의 사위로 한일병탄 후 후작 작위를 받고 일본 귀족원 의원을 지냈다. 대한제국 관리 출신의 정두화는 부친 정주영의 남작 작위를 습작한 인물이며, 민병한은 궁내부 특진관과 궁내 대신 서리를 지냈다. 이런 사정을 감안하면 정훈모가 대종교에서 이탈한 배후에는 친일 세력이 있었던 것 같다. 단군교는 1912년 7월 30일 명치(明治) 천황이 사망하자 총본부에서 애도식을 열기도 했다.

정훈모 역시 출세 지향적인 친일파들과 크게 다를 바 없었다. 1908년 나철과 함께 방일했을 당시 일본 밀정의 보고서에 따르면, 정훈모는 수탈기관인 동양척식 주식회사의 이사가 되려고 로비 활동을 했던 것으로 나와 있다. 당시 나철은 이토 히로부미의 부당한 식민정책의 알리고 한국의 독립과 한국 국민들의 재산과 생명을 보호하기 위해 동분서주하였다. 그런 상황에서도 정훈모는 뒤로 자신의 잇속을 챙겼다고 하니 놀라울 따름이다.

정훈모의 단군교는 순탄하지 않았다. 독립한 지 2년 만인 1912년 이유형이 교단을 장악하고 교주 정훈모를 축출하였다. 1915년에는 정훈모가 다시 대종사로 추대되어 양분된 교단을 재정비하였다. 이어 1920년 식도원(食道園) 주인 안순환(安淳煥)의 재정지원을 받아 경기도 시흥에 단성전(檀聖殿)을 세워 활발한 포교 활동을 벌였다. 그러나 얼마 뒤 신도들 간의 분열과 경리 부정사건 등으로 인해 1936년 7월 결국 문을 닫게 되었다. 해방 후 시흥 일대의 단군교 신도들은 대종교 안양시교당 산하로 들어왔다. 정훈모는 1943년에 사망했다.

교세 확장되자 친일 단체 앞세워 견제

교명 개칭과 교단 분립이라는 내부의 혼란 속에서도 대종교의 교인 수는 꾸준히 늘었다. 이로 인해 교단 규모도 자연스럽게 확장되었다. 교명 개칭 직전인 1909년 12월 말 기준으로 서울의 남자 교인은 730명, 여자 교인은 149명으로 집계되었다. 석 달 뒤인 1910년 3월에는 서울은 1,500명, 지방은 2,000명으로 증가하였다. 또 그해 6월 29일 기준으로 전국의 교인 수는 서울 2,748인, 지방 18,791인으로 총 21,539인에 달했다. 교인 수가 급증하자 총본사를 북부 간동(諫洞)으로 이전하였다.

교단 내부적으로는 승승장구하였으나 외부의 여건은 여전히 녹록지 않았다. 1910년 8월 경술국치를 전후하여 대종교는 점차 어려운 상황에 놓이게 되었다. 일제의 대종교 탄압은 1909년 중광 초기부터 시작되었다. 〈황성신문〉 보도(1909.7.25.)에 따르면, 대종교 중광 반년 뒤인 1909년 7월 나철과 나기호가 일본 경시청에 소환돼 조사를 받았다. 이유는 이들이 단군 교회를 조직했다는 것이었다. 일제가 대종교의 거물 두 사람을 조사한 이 사건은 대종교의 불안한 앞날을 예고하였다.

그 무렵 일제는 일본의 친일파들을 앞세워 일본의 신도(神道)를 국교(國教)로 만들려고 작당을 하고 있었다. 이 일에 앞장선 신궁봉경회(神宮奉敬會)는 일제 초기의 대표적인 친일 단체로 회원 수가 1,500여 명에 달했다. 이들은 조선에 신궁(神宮)을 설립하여 국조(國祖) 단군과 일본의 개국신(開國神)으로 불리는 천조대신(天照大神·아마테라스 오미카미)의 합사(合祀)를 추진하였다. 일제는 이를 통해 한국인이 단군 의식으로 결집하는 것을 막고 일본 신도 중심의 내선일체 확립을 꾀하였다. 대종교는 교인 수가 증가하자 총독부에 사옥 신축 허가를 요청하였다. 그러나 총독부가 불허하여 1년 사이에 무려 다섯 차례나 이사 다녔다. 그런데 신궁봉경회에는 임시사무소 설치까지 승인을 해줬다.

나철이 단군교를 대종교로 개칭한 것은 고육지책이었다. 즉 교단 존립과 교인 보호를 위해서는 불가피한 조치였다. 교명 개칭에 따라 각종 규범도 수정해야만 했다. 이와 별도로 나철은 9월 13일 '4신(四愼)'을 발표하였다. 그 내용은 ▲교인들은 정치에 관여하지 말 것 ▲총독부가 제정한 신법(新法)을 잘 지킬 것 ▲재산관리는 법률을 신뢰할 것 ▲억울한 일을 당하면 성심으로 해결할 것 등이다. 나라가 망하고 총독 정치가 시작된 상황에서 대종교로서는 극도로 위축될 수밖에 없었다. 총독부와 정면으로 맞서 강경 대응을 하기보다는 우회 전략으로 교단을 지켜내는 것이 상책이라고 판단한 것이다.

친일 거두 박중양과 '공주시교당 사건'

총독부의 견제와 감시에도 불구하고 대종교는 지속적으로 포교 활동을 펼쳤다. 1911년 들어 황해도 백천(白川)을 시작으로 회령, 대구, 공주, 함흥, 정산, 교하 등지에 시교당을 설립하고 교세 확장에 나섰다. 이런 상황에서 대종교에 또 한 차례 위기가 닥쳤다. 소위 '공주시교당 사건'이 그것이다. 당시 공주(公州)

는 충남지역의 새로운 행정 도시로 부상하고 있었다.

대종교 본사는 1911년 1월 중순 공주지역에 포교 및 시교당 설립을 계획하고 공주 출신의 성홍석(成洪錫)을 파견하였다. 그는 공주보통학교, 명화학교, 공주농림학교를 대상으로 포교 활동을 하였는데 명화학교 교감 김석희가 입교하자 그의 자택에 공주시교당을 개설하였다. 대종교 본사는 그해 2월 2일자로 공주시교당 설치를 승인하고 명화학교 학감 김재면(金在勉)을 공주시교당 전무(典務)로 선임하였다.

포교 과정에서 공주 농림학교의 직원 1명, 생도 34명이 입교하였고 공주보통학교 생도 40여 명도 입교하는 성과도 거두었다. 입교한 생도들이 학교에 가서 입교 표찰을 자랑하면서 자연스럽게 단군이 화제가 되었다. 이런 얘기가 흘러 흘러 당시 충남도장관 박중양(朴重陽) 귀에까지 들어가게 되었다. 일본 유학을 마치고 일본군 고등통역관으로 출세 가도를 달린 박중양은 당대의 대표적 친일파로 꼽혔다. 박중양은 한민족 고유 신앙인 대종교 포교는 반일 독립운동으로 판단하고 총독부에 대종교가 공인된 종교인지 아닌지 확인해달라고 요청했다. 말이 확인 요청이지 사실상 밀고나 마찬가지였다.

이때 문제가 된 것이 '대종교 포명서'와 '5대 종지'였다. 박중양이 간파했듯이 포명서와 5대 종지는 반일 사상을 바탕에 두고 있었다. 5대 종지의 네 번째 '안고기토(安固基土)'는 "대황조께 물려받은 땅을 잘 다스려 편안하게 하라"는 뜻이다. 이는 보기 나름으로는 고토(古土) 회복을 위해 적극적으로 항일투쟁을 하라는 뜻으로도 해석할 수 있다.

박중양의 문의에 대해 총독부는 '대종교가 종교로 공인된 적이 없다'며 사실 확인만 해주었다. 당시만 해도 총독부는 대종교 활동에 대해 별다른 평가를 내리지 않고 있었다. 이는 총독부가 아직 종교정책을 확립하지 않은 상황에서 공연히 한국인의 반감을 사면서 분쟁을 일으키지 않겠다고 판단한 결과였다.

한편 '공주시교당 사건'이 논란이 되자 대종교 본사에서는 오기호를 현지로 급파했다. 급기야 3월에 5대 종지 가운데 다섯 번째 '근무산업(勤務産業)'만 제외하고 나머지 4개 종지를 모두 변경하였다. 특히 '안고기토'는 완전히 삭제하고 '정구이복(靜求利福)'으로 바꿨다. 국토수호 대신 수련으로 정진하여 복을 구한다는 내용으로 변경하였다. 이로써 5대 종지 가운데 반일 국수적 표현들은 모두 사라졌다. 교명 개칭에 이어 대종교는 또 한 차례 변신을 하였다. 이 역시 교단을 지켜내기 위한 고육지책이었다고 할 수 있다.

'공주시교당 사건'과 관련해 총독부의 직접적인 탄압은 없었다. 그러나 대종교는 총독부의 집중 감시대상이 되었고 이후에는 종교정책을 통해 합법적으로 탄압하기 시작했다. 당시 조선 내에는 대종교를 비롯해 여러 민족종교가 난립해 있었다. 이를 빌미로 총독부는 '시정개선'이란 명목하에 한국 종교에 대해 단속을 예고했다.

1912년 3월 총독부는 '경찰범 처벌규칙'을 발표하고 본격적인 탄압에 나섰다. 불온한 연설이나 단체 가입은 물론 기도나 주문을 외는 등의 행위도 모두 단속하였다. 이는 본격적인 종교탄압의 신호탄이었다.

만주 진출과 신도 수 30만 명 돌파

국내에서 포교 활동이 어렵게 되자 나철은 만주로 진출하였다. 이는 총독부의 탄압을 피하는 동시에 단군 신앙의 성지인 백두산에 거점을 마련하기 위해서였다. 대종교에 있어 만주는 아주 특별한 장소였다. 만주는 우리 상고사에서 민족의 원류이자 일제 식민 통치기에 항일 투사들의 본거지였다. 그러나 러일전쟁 후 남만 지역을 차지하고 있던 일제는 만주 일대를 대륙침략의 전초기지로 인식하였다. 이에 일제는 당시 만주에 거주하고 있던 조선인들에게 환심을 사기 위해 의도적으로 고토(古土) 의식을 불어넣기도 했다.

대종교의 만주 진출은 그 이전부터 이미 시작됐다. 1910년 10월에 이미 북간도지사를 설치하고 이건(李鍵)을 현지 책임자로 세웠다. 그해 11월에는 박찬익(朴贊翊)을 파견해 청산리에 시교소를 두었으며, 1911년 6월에는 화룡현 학성촌을 중심으로 활발하게 포교 활동을 전개했다. 또 1912년에는 나철을

청파호 총본사 임직원 일동

중심으로 박찬익·심근·현천묵·백순·조창용과 나철의 부인 기길(奇姞) 등이 백두산 북쪽 화룡 지역을 중심으로 대대적인 포교 활동을 펼쳤다. 그 결과 1912년 9월에 500호(戶) 신도가 입교하였으며, 9월 23일에는 기독교인들이 대거 봉교(奉敎)하는 등 대종교 신도가 급속히 늘어났다.

1914년 5월 대종교는 중국 길림성 화룡현 청파호(청호)로 대종교 총본사를 이전하였다. 서울의 남도 본사에 이어 청호에 동도 본사를 신설하였다. 또 백두산을 중심으로 동서남북 사방에 사도(四道) 교구와 특별히 외도(外道)를 설치하였다. 각 교구의 책임자와 소재지, 관할지역은 아래와 같다.

- 동도 교구 : 서일/북간도 왕청현/동만주 일대와 노령(露領) 연해주 지방
- 서도 교구 : 신규식·이동녕/중국 상해/남만주로부터 중국 산해관까지
- 남도 교구 : 강우/서울/한반도 전역
- 북도 교구 : 이상설/노령 소하령/북만주 일대
- 외도 교구 : 중국, 일본, 구미(歐美) 지방

각고의 노력 끝에 대종교는 눈부신 성과를 거두었다. 나철이 1909년 1월 서울에서 중광한 지 불과 5년 만에 교인 수가 30만 명에 달했다. 이는 만주·노령·중국 등지에 거주하고 있던 조선인 교포의 80%에 해당하는 숫자였다. 실로 엄청난 증가세였다. 나철은 총전리(總典理) 강우(姜虞)를 백두산에 보내 한얼님께 제사를 올리게 하였다. 이듬해 1915년 1월 14일 나철은 국내 상황을 살펴보기 위해 서울 남도 본사로 내려왔다.

‘유사 종교단체’로 몰아 종교 활동 금지

대종교의 폭발적인 교세 성장에 대해 총독부는 크게 당황하였다. 급기야 조선 내 대종교인을 감시하는 한편 대종교를 말살시킬 대책을 강구하였다. 평소 총독부는 대종교는 단순한 종교단체가 아니라 민족의식으로 무장된 반일 집단으로 인식하였다. 구체적으로 총독부는 대종교를 “종교를 가장한 항일 지하 독립운동단체”라고 단정하였다. 일본의 신도(神道)를 국교(國教)로 만들려고 하던 총독부로서는 대종교는 타협의 대상이 아니라 척결의 대상이었다.

1915년 10월 1일 총독부는 부령(府令) 제83호로 ‘포교 규칙’을 발표했다. 포교 규칙 제1조에서 “본령에서 종교라고 칭하는 것은 신도(神道), 불도(佛道) 및 기독교를 말한다”고 규정하였다. 총독부는 대종교와 천도교 등 민족종교는 종교가 아닌 ‘유사 종교단체’로 분리시켰다. 이 ‘규칙’에 따라 포교에 관한 모든 사항과 교규(教規), 포교소 설립, 포교 담임자 인적 사항 관리 등은 전부 총독부의 허가를 받도록 했다. 이는 총독부 차원의 본격적인 종교통제 정책으로 그들의 속셈은 대종교 말살에 있었다.

그해 12월 21일 대종교는 ‘신교(神教) 포교규칙’에 준하여 ‘신교’로 하여 제출하였다. 총독부는 다른 군소 신앙단체가 접수한 서류는 모두 받아주었다. 그러나 대종교만은 ‘종교 유사단체’로 규정하여 신청서류를 각하시켰다. 그리고는 대종교의 모든 종교 활동을 금지시켰다. 집회나 시교당 설치 불허는 물론 교주 이하 주요 간부의 사생활과 일거수일투족을 감시하였다. 교인들에 대해서도 가두 검색을 하는 등 자유를 속박하였다. 특히 쟁송(爭訟)이 있을 때 무조건 패소하도록 조치하였다. 이로써 남도 본사는 결국 강제로 해산되었다.

1916년 3월 나철이 수도의 길을 떠나고자 할 때 경찰관은 “대종교인에게는 자유를 허락하지 않는다"며 자유를 속박하였다. 교주에 대해 이 정도였으니 대종교는 사실상 종교 활동이 중단되었다. 포교는 물론 사사로운 집회나 강연도 일절 금지되었다. 이후로 대종교는 대동청년단, 조선국권회복단, 귀일당(歸一黨), 동원당(東園黨), 자유공단(自由公團), 조선어학회, 해원도(解寃道) 등의 비밀결사체를 통해 활동할 수밖에 없었다.

나철, 자결로써 일제 탄압에 항거

교문(教門)이 폐쇄되고 손발이 묶인 대종교는 중광 이후 최대의 위기를 맞게 되었다. 나철은 비장한 각오와 함께 중대한 결심을 하였다. 그러나 일반 교우들에게는 구월산 삼성사로 봉심(奉審·일종의 참배)을 다녀오겠다고 하고 채비를 시켰다. 8월 4일(음) 나철은 상교 김두봉, 지교 엄주천, 참교 안영중과 김서종, 그리고 나철의 사촌 동생 참교 나주영과 조카 참교 나정수 등 6명과 함께 서울역을 출발하였다. 삼성사 봉심은 사전에 예정된 것이었지만 그 누구도 이 행보가 나철의 마지막 길임을 알아차리지 못했다.

일행은 황해도 사리원에서 숙식하였다. 이튿날 아침 나철은 대기사진관에서 시자(侍子·수행원)들과 함께 기념사진을 찍었다. 6일 신천읍에서 50리 길을 걸어 저녁 무렵에 삼성사 아랫마을 도착하였다. 이튿날 아침 삼성사로 올라가 보니 당실(堂室)은 오랫동안 돌보지 않아 주변이 엉망이었다. 벽과 기와는 파손되고 담장도 무너져 향축각(香祝閣)은 네 기둥만 남아 있었다. 이 모습을 보자 나철과 일행들은 가슴이 찢어지는 듯했다. 마치 대종교의 현주소를 보는 것 같아 더욱 마음이 고통스러웠다.

이튿날 나철은 시자들과 함께 경내의 제초작업을 비롯해 당실을 수리하였다. 평소 가지고 다니던 작은 천진(天眞·단군 초상화)을 북벽에 모신 뒤 11일부터 문을 걸고 수도에 들어갔다. 15일은 가배절(추석)이라 자시 정각에 고유의 제천의식인 선의식(禮儀式)을 올렸다. 이 자리에는 전동 마을에서 새로 입교한 교우 31명이 참석하였다. 나철이 이승에서 마지막으로 지낸 추석날 제천행사는 대종교 전통 예법에 따라 진행되었다. 제사상에는 밤중에 나는 물 천수(天水)와 천과(天果), 천반(天飯), 천탕(天湯)이 올랐다. 일행은 향을 피우고 경건하게 예를

홍암 대종사 일행의 구월산 동행

올렸다. 예식은 새벽 2시 반에 마쳤다.

예식을 마친 후 그는 '이제부터 3일간 절식(絶食) 수도를 할 테니 절대 방문을 열지 말라'고 수도실 문 앞에 써 붙이고는 문을 걸어 잠갔다. 방안에서는 먹 가는 소리만 들렸다. 이전에도 나철은 절식 수도를 하는 경우가 종종 있어서 시자들은 그런 줄로만 여겼다.

밤 10시경, 당직자인 엄주천과 안영중이 수도실에 가보았다. 여전히 방안에서는 먹 가는 소리가 들렸다. 이튿날 새벽 5시경 시자들이 수도실에 나아가 보니 주변이 고요하고 아무런 움직임이 없었다. "선생님!" 하고 네 번이나 불렀으나 방안에서 아무런 응답이 없었다. 불안한 예감에 급히 방문을 떼 내고 들어가 보았다. 나철은 미소를 띤 얼굴로 손과 발을 편 채 반듯하게 누워 있었다. 이미 숨이 멎은 상태였다. 사망 시각은 15일 밤 11시로 추정되었다. 책상에는 봉한 편지 몇 통과 봉하지 않은 유서 두 장이 놓여 있었다.

그의 조천(朝天·사망) 소식을 듣고 황해도 안악 주재 헌병대의 일본인 헌병대장이 의사를 데리고 달려왔다. 검시를 마친 의사는 "사인이 없는 사망이라 가위 성사(聖死)라고 하겠고, 범인(凡人)으로서는 상상도 못할 일이다"고 하면서 경의를 표하고 갔다. 오랫동안 심신 수련을 해온 나철은 조식법(調息法)을 이용해 스스로 삶을 마감했다. 그의 나이 54세, 대종교를 중광한 지 8년 만이었다. 9월 1일 남도본사 천궁에서 김교헌이 2대 교주로 취임한 날 그에게 '대종사 신형(神兄)'의 호가 추승되었다.

1962년 건국훈장 독립장이 추서되었다.

"대종교·한배검·천하를 위해 죽노라"

나철은 자결에 앞서 여러 통의 유서를 남겼다. 자결 이유를 밝힌 '순명 3조(殉命 三條)'와 무원(茂園) 김교헌(金敎獻)에게 대종교 교통(敎統)을 전수하는 내용의 '전수도통문'과 '무원 종사에게 보낸 유서', 대종교인들에게 주는 '밀유(密諭)'와 '공고교도문', 본인의 장례와 관련해 남긴 '유계장사칠조(遺誡葬事七條)', 그리고 조선 총독 데라우치(寺內正毅)와 일본 총리 오쿠마(大隈重信)에게 각각 보내는 글 등을 유서로 남겼다. 이 가운데 가장 먼저 주목할 것은 '순명(殉命) 3조'이다. 이는 나철이 스스로 목숨을 끊는 이유를 세 가지로 밝힌 것인데 그 요지는 다음과 같다.

-. 내가 죄가 무겁고 덕이 없어서 한배 님의 큰 도를 빛내지 못하며 오히려 오늘의 모욕을 당하니 대종교를 위하여 죽는 것이다.

-. 내가 대종교를 받든지 8년에 빌고 원하는 대로 다 이루어 주신 한얼님 은혜를 갚지 못하여 한배 님을 위하여 죽는 것이다.

-. 내가 온 천하의 많은 동포가 가달길(갈림길)에서 떨어지는 이들의 죄를 대신 받아 천하를 위하여 죽는 것이다.

나철은 보통 사람이 아니었다. 과거에 급제한 엘리트 지식인이요, 네 차례 방일 외교를 통해 국권 회복 투쟁을 벌인 우국지사요, 을사오적 처단을 도모했던 의열 투쟁가요, 맥이 끊긴 단군교를 부활하여 민족정신을 고취한 독립투쟁가였다. 국운이 기울고 나라가 망한 때를 살던 그는 일개인으로서 할 수 있는 모든 방책을 강구했다. 그는 국록을 먹는 관리도 아니요, 사업의 이익을 추구하기 위해서 한 것도 아니었다. 오직 나라와 민족을 위해서 나섰다.

그러나 총독부의 탄압으로 더이상 대종교 포교 활동을 할 수 없게 되었다. 그러자 그는 결국 죽음으로 일제에 맞서 항거하였다. 따라서 그의 죽음은 순명(殉名)이요, 순교(殉教)이자 순국(殉國)이라고 하겠다. 그의 죽음은 독립운동에 뛰어든 사람은 물론 한민족 전체에게 크나큰 울림을 주었다. 이후 나철은 '독립운동의 정신적 대부'로서 자리매김하였으며, 1919년 3.1혁명과 1920년 무장 독립투쟁의 촉매제 역할을 하였다.

언론인이자 독립운동가인 백암 박은식(朴殷植)은 나철을 '만세의 종사(宗師)'라고 평가했다. 박은식과 함께 대종교인이자 나철을 스승으로 모셨던 독립운동가 예관 신규식(申圭植)은 추도 만장에서 '前朝五百年間無雙國士 大教四千年載第一宗師(조선조 오백 년간 둘도 없는 선비요, 사천 년 대종교 역사에 제일 종사)'라고 추앙했다. 독립운동사 연구의 석학 박성수 전 정신문화연구원 교수는 한국 근현대 100년사에서 가장 큰 영향을 끼친 사람을 꼽는다면 그는 홍암 나철이라고 밝힌 바 있다.

"비단 대신 삼베에 싸서 지게로 옮겨라"

유서 가운데 또 하나 주목할 것은 '유계장사칠조(遺誡葬事七條)'다. 이는 나철이 자신의 장례와 관련해 남긴 일종의 '장례 유의사항'이다. 총 7개 항에 추가 항목 하나를 더해 전부 8개 항이다. '유계(遺誡)'에는 죽음에 앞서 그의 결연한 의지와 함께 평소 그의 인품이 잘 나타나 있다. 관직에서 물러난 후 낙향하여 10년간 입산수도를 하였는데 그때부터 그는 평생 베옷을 입고 지냈다. 그는 겸소와 겸손이 평소 몸에 배어 있었다. '유계(遺誡)' 전문은 아래와 같다.

1. 현재 반도 땅에는 이 몸을 묻을 곳이 없으니 화장(火葬)하여 깨끗이 하라
2. 염습(殮襲)은 평소에 입던 삼베나 무명으로 하고 관곽(棺槨)은 쓰지 말고 부들이나 갈대 자리로 하라
3. 화려한 상여를 쓰지 말고 지게로 옮겨라
4. 부고(訃告)를 내지 말고 조상(弔喪)을 받지 말고 손님을 청하지 말라
5. 명정(銘旌)은 다만 성명만을 써라
6. 혹시 제사를 지낸다면 고기·술을 쓰지 말고 평소에 먹던 대로 밥 한 그릇과 반찬 한 가지만을 놓아라
7. 교문의 형제자매는 상장(喪章)을 붙이지 말라(추가) 유해의 재는 반드시 한배 뫼(백두산) 아래 총본사 가까운 땅에 묻어라

우선 그는 일제가 강점하고 있는 반도(조선) 땅에 자신의 유해를 묻지 말라고 했다. 화장해서 재를 백두산 아래 총본사 근처에 묻으라고 했다. 전남 보성 출신인 그가 고향이 아닌 타국땅에 묻히고자 했던 것은 일제에 대한 일종의 항거의 표시라고 볼 수 있다. 현재 중국 연길 화룡현 청파호 인근에 있는 묘소는 그때 조성된 것이다. 소위 '대종교 3종사 묘소'로 불리는 이 묘소에는 김교헌, 서일 두 종사도 함께 묻혀 있다.

8월 16일 서울 남도 본사에 전보 한 통이 날아들었다. 나철을 모시고 구월산 삼성사로 떠난 시자 6명 가운데 한 사람인 김서종이 보낸 것이었다. 전보 내용은 청천벽력 같았다. 나철 대종사가 조천(사망)했다는 소식이었다. 남도 본사에서는 사실 확인을 위해 상교 오혁(오기호)를 삼성사로 급파하였다. 18일 남

도 본사에 장의소를 개설하고 신문에 나철 부음 광고를 냈다. 시자 안영중은 삼성사 현지에서 오혁이 작성한 조사보고서와 나철의 유서, 인장 등을 챙겨서 남도 본사로 복귀했다.

며칠 뒤 현지에서 고인의 유해 염(殮)을 하면서 모두 '유계(遺誡)'를 따랐다. 소렴(小殮) 때는 삼베와 무명에 평소에 고인이 입던 옷을 사용하였다. 관곽을 만들지 말라는 유언에 따라 대렴(大殮) 때 널(관)은 갈대 자리 두 겹으로 만들고 그 밑에 송판을 펴 겉을 부들자리로 쌌다.

21일 발인제를 지내고 서울로 운구에 나섰다. 영구(靈柩·시신)는 상여 대신 지게에 얹어 긴 장대로 우물 정(井)자 형을 만들어 유족과 교인들이 메었다. 안악을 거쳐 사리원역에서 철관(鐵棺)을 새로 만들어 운구했는데, 이는 당시 철도

홍암 나철 대종사

전남 보성군 벌교읍 칠동리 금곡마을 생가 옆에 있는 홍암나철기념관 내부 전시물

규칙에 따른 것이었다. 24일 오후 5시경 유해가 서울역에 도착하자 지게로 받들어 남도 본사로 모셨다. 한때 나철이 따랐던 운양 김윤식(金允植)이 이날 오후 8시에 조문을 와 치제식을 올렸다.

사망한 지 열흘 뒤인 8월 25일 남도 본사 천궁 뜰에서 교인들이 모인 가운데 영결식을 거행했다, 이후 지게 두 개로 영구를 날라 서대문 밖 봉광사 화장터에서 화장하였다. 유해는 박달나무 궤에 담고 보로 겉을 쌌다. 9월 17일 장남 나정련이 유해를 받들고 서울역을 출발했다.

10월 6일 청호 총본사에 도착해 11월 20일 마침내 안장식을 가졌다. 장례 절차 내내 유족과 총본사는 고인의 유언을 준수하였다. 8월 24일 남도 본사에서 지낸 첫 제사에 백반, 배, 미역국을 각 한 그릇씩 올렸다. 종교단체 수장(교주)의 장례식으로는 두 번 다시 보기 어려운 광경이 아닐까 싶다.

02

대종교의 항일투쟁과 고난의 시간들

2대 교주 김교헌, 내부 정비에 착수

대종교는 1914년 5월 만주 화룡현 삼도구 청파호(청호)로 총본사를 이전하였다. 국내에서는 더이상 포교 활동을 할 수가 없었기 때문이다. 서울의 남도 본사에 이어 청호에 동도 본사를 신설하고 백두산을 중심으로 동서남북 사방에 사도(四道) 교구를 설치하였다.

만주는 대종교로서는 유서 깊은 땅이어서 각별한 의미가 있었다. 이듬해 1월 나철은 국내 상황을 살펴보기 위해 서울 남도 본사로 내려왔다. 대종교의 폭발적인 교세 확대에 놀란 총독부는 그해 10월 부령(府令) 제83호로 '포교 규칙'을 발표해 본격적으로 대종교 탄압에 나섰다.

1916년 8월 구월산 삼성사로 봉심(奉審)을 나서기 전 나철은 4월 13일 무원(茂園) 김교헌(金教獻·일명 '무원종사')에게 종통(宗統)을 전수하였다. 당시 나철은 54세였고 건강에 무슨 이상이 있었던 것도 아니었다. 따라서 종통 전수는 나

무원 김교헌 종사

철이 자결에 앞서 후임자를 미리 결정한 것으로 보인다. 김교헌 앞으로 남긴 유서에서 그는 "무거운 짐을 지게 했다. 복된 세상에서 백성들이 행복하게 살도록 힘써달라"고 당부했다.

8월 15일 구월산에서 순교한 나철의 유해가 서울로 운구돼 8월 25일 서대문 봉광사 화장터에서 화장하였다. 6일 뒤 9월 1일 김교헌은 서울 남도 본사에서 나철에 이어 제2대 도사교(都司敎·교주)로 취임하였다. 취임 후 그는 제일 먼저 내부 정비에 착수했다. 중광 이후 8년이 지나다 보니 법과 제도가 시의에 맞지 않는 것도 있었다. 이는 여태 의회제도가 마련돼 있지 않은 때문이었다.

1917년 어천절(음 3.15)을 맞아 화룡현 삼도구로 총본사를 이전하였다. 그해 9월 총본사에서 제1회 교의회를 열어 홍범(弘範) 17개 항을 23개 항으로 개정하였다. 그 결과 동일도본사(서일), 동이도본사(서일), 서일도본사(윤세복), 서이도본사(신규식), 북일도본사(한기욱), 남일도본사(강우)로 나누어 교구 정비를 하였다.

또 교단 직제와 교인들이 준수할 종문 규약 등을 새로 개정하여 발표하였다. 대종교 교세가 커지면서 1922~23년 사이에 설립된 시교당은 국내 6개, 만주 36개, 러시아 연해주 지역 3개, 중국 상해에 3개 등 모두 48개였다. 당시 교인 수는 2만 5천 명에 달했다.

또 교단 내의 기강을 확립하고 교인들의 믿음을 돈독히 하기 위해 5개 항의 계명(誡命)을 발표했다. 골자는 ▲정치에 관여하지 말 것 ▲사회주의와 과격한 언동을 삼갈 것 ▲타 종교를 비방하지 말 것 ▲나이 관계없이 예의를 지킬 것 ▲위 사항을 어길 경우 정교(停教)나 출교(黜教) 조치함 등이었다.

이같은 정교분리 및 사회주의 배격 정책은 교단의 존립과 대종교 부흥을 위한 것이었다. 당시 일부 종교단체들은 사회주의를 수용하기도 했다. 그러나 대종교는 단군을 역사의 전면에 내세우며 민족주의 사관을 기반으로 교인들의 민족의식 고취에 노력했다.

이밖에 교단의 재정 문제를 해결하기 위해 1922년 6월 남도 본사 내에 성금관리위원회를 신설했다. 이듬해 1월에는 나병수 등 13인이 발기하여 소부계(蘇扶禊)를 조직했다. 교우 간에 친목을 도모하고 애경사 때 서로 도움을 주고자 함이었다. 계금(禊金)은 1인당 1원. 이밖에 육영사업과 청년운동에도 적극 나섰으며, 교사(教史) 저술과 교적(教籍) 간행에도 힘썼다.

대종교의 만주 진출은 1910년 말부터 시작됐다. 이후 9년여의 노력 끝에 1920년 무렵에는 교인 수가 40만 명에 달했다. 어려운 여건에서도 무원 종사의 교단 내부 정비와 교세 확장 노력 덕분이었다. 이로 인해 교당 설치와 교직자 배치가 절실했다. 1923년 가을 기준으로 동서남북 4도 본사를 비롯해 10대 지사와 80여 시교당에 400여 명의 교직자와 50여 명의 순교원 및 시교원을 임명, 배치하였다. 이로써 대종교 중흥의 전기를 마련하였다.

'중광단' 출범과 반일 민족학교 설립

만주 지역에서 교세가 급속하게 확산되자 대종교는 이를 기반으로 하여 1911년 3월 무장 독립투쟁 단체 중광단(重光團)을 조직하였다. 이 단체의 명칭 '중광(重光)'은 나철이 대종교를 중광할 때 썼던 바로 그 중광이다.

대종교인 백포(白圃) 서일(徐一·일명 '백포종사') 등은 경술국치 후 국외로 탈출한 의병들을 규합하여 중광단을 결성하였다. 단장은 서일이 맡았고, 본부는 길림성 왕청현에 두었다. 중광단은 서일이 주도하고 채오(蔡五)·계화(桂和)·양현(梁玄) 등이 힘을 보태 조직하였는데, 이는 중국 동북 지역 무장 독립운동 단체의 효시로 불린다.

중광단은 초기에는 군사 인력이나 무기 부족 등으로 본격적인 군사 활동을 전개하기 어려웠다. 그래서 중광단은 대종교 포교와 민족학교 교육을 통하여 한인들의 민족의식 제고와 애국심 함양 등 정신교육에 힘썼다. 이는 나중에 대종교의 사회적 기반 확대와 독립운동가 배출의 모태가 되었다.

대표적인 학교로는 대종교인 윤세용(尹世茸)·윤세복 형제가 환인현(桓仁縣) 성내(城內)에 세운 동창학교(東昌學校)를 들 수 있다. 이들은 경술국치 후 국외 망명을 결심하고 1911년 가산을 정리한 뒤 만주로 건너가 그해 5월(음)에 이 학교를 세웠다. 이원식(李元植) 교장을 비롯해 박은식(朴殷植), 이극로(李克魯), 신채호(申采浩) 등이 교사로 활동하였는데, 학생 수는 100여 명이었다.

교과목은 역사·국어·한문·지리 등을 가르쳤으며, 교내에 기숙사도 설치했다. 그러나 당시 현지 교민들의 생활이 매우 곤궁하여 학생들의 기숙사비와 피복비, 심지어 가족의 생계비까지 보조해 주면서 교육을 장려하였다.

그러나 일제의 탄압으로 동창학교 운영은 난관에 부닥치게 되었다. 총독부의 대종교 탄압이 시작되면서 동창학교도 줄곧 감시를 받았다. 1914년 일본영사관은 중국 관헌과 교섭해 동창학교 폐지와 교사 축출령을 내렸다. 결국 동창학교는 강제 폐교되었다.

동창학교 외에도 당시 대종교에서 세운 학교는 여럿 있었다. 1912년 10월 화룡현·이도구에 설립된 동일학교(東一學校)는 대종교인 현천묵(玄天默)이 교장으로 있었는데, 학생 수는 32명이었다. 화룡현 삼도구에 있던 청일학교(靑一學校)는 박찬익이 세웠는데 교장은 현천묵, 학생 수는 18명이었다.

왕청현에 있던 명동학교(明東學校)는 서일이 설립하였는데 이 학교는 군정부(軍政府)의 이동으로 인해 얼마 뒤에 폐교하였다. 이밖에도 대종교가 설립한 학교로 용지학교, 학성소학교, 양성학교, 동화의숙, 동신학교, 동성학교 등이 있었다. 이들 학교에서 교육받은 청년들은 장차 북간도 지역의 독립투쟁에 대거 참여하였다.

'대한독립선언서' 발표해 '혈전' 천명

대종교가 만주로 총본사를 옮긴 것은 두 가지 이유가 있었다. 일제의 탄압으로 국내에서 포교 활동이 어렵게 되자 대안으로 만주를 선택했다. 물론 만주는 대종교로서는 성지와 같은 곳이기도 했다. 또 하나의 이유는 만주로 망명한 애국지사들을 결집해 장차 항일투쟁을 전개하기 위해서였다.

대종교는 1911년 중광단 조직을 시작으로 항일투쟁에 나섰다. 1918년 서일은 김교헌 교주에게 "군사 운동을 일으킬 것을 서약하고 대종교인이 광복운동에 노골적으로 진출하겠다"고 맹세하였다. 김교헌의 등장으로 대종교는

대종교가 주도한 '무오독립선언서'

종래의 정교분리 정책에서 벗어나 무장투쟁으로 방침을 전환했다.

그 의지를 공개적으로 천명한 것이 1919년 2월 '대한독립선언서'(일명 '무오독립선언서')이다. 이 선언서가 지향하는 독립의 이념과 철학, 실천 방식 등은 대종교의 이론 및 정신과 모두 일치하였다. 대종교는 이 선언서를 통해 독립군 단체가 조직되어야 하는 명분과 정당성을 구체적으로 제시하였다.

'대한독립선언서'는 동일도본사의 핵심인물이었던 여준(呂準) 등이 주도하여 조직한 대한독립의군부 명의로 발표되었다. 발표 시기를 두고 도쿄 '2.8독립선언'과 선후 논란이 있으나 작성된 시기는 1918년(무오년) 12월로 보인다.

'대한독립선언서'의 핵심 인물인 예관 신규식이 주도하여 간행된 〈진단주보(震檀週報)〉에는 그 발표 시기가 2.8 독립선언과 3.1 독립선언 사이라고 기술돼 있다. 따라서 모든 자료를 종합해 볼 때 '대한독립선언서' 선포 일자는 '2.8 독립선언서'와 '3.1혁명 선언서'가 발표된 2월 8일 이후부터 3월 1일 이전의 어느 시점임이 분명하다.

이 선언서는 대종교인 조소앙(趙素昂)이 기초했으며, 당시 상해에 머물고 있던 신규식(申圭植)이 배후에서 주도했다. 신규식은 대종교 서도본사의 책임자로서 상해에서 포교 활동을 하면서 동제사, 박달학원 등을 설립하여 상해 독립운동의 기반을 닦은 인물이다. 신규식은 선우혁(鮮于爀)을 통해 3.1 독립선언서를, 장덕수(張德洙)를 통해 도쿄에서 2.8 독립선언서를 준비하도록 하였다.

대한독립선언서는 다른 독립선언서와 내용 면에서 큰 차이가 있다. 2.8 독립선언서와 3.1 독립선언서는 대체로 독립의 의지와 당위성을 천명하였다. 반면 대한독립선언서는 '육탄혈전(肉彈血戰)'을 표방하면서 대일 무장투쟁의 강력한 의지를 천명하였다.

대한독립선언서는 또 일본을 '동양의 적', '국제법규의 악마', '인류의 적'으로 규정하면서 "정의의 칼로 나라를 훔친 적을 도결(屠決·목을 자름)하여 운명을 개척하자"며 육탄혈전을 선언했다. 서명자 39인 가운데 김동삼·김좌진·여준·유동열·조성환 등은 실지로 무장투쟁에 앞장섰다. 이 선언서는 일반 민중이 아니라 독립운동가와 독립단체들을 향해 발표한 것이었다.

서명자 39인 중 30명이 대종교인

신운용이 '대한독립선언서' 서명자 39명을 분석한 결과에 따르면, 대종교 세력이 이를 주도했다는 사실이 확인된다. 우선 2대 도사교(교주) 김교헌을 비롯해 동일도본사 12명(김규식(노은)·김좌진·김동삼·박찬익·손일민·여준·조소앙·조성환·한흥·황상규·박성태), 동이도본사 4명(신채호·이범윤·김학만·문창범), 서일도본사 11명(윤세복·이광·이시영·이탁·허혁·유동열·이상룡·이세영·임방·이종탁·최병학), 서이도본사 3명(박은식·이동녕·신규식) 등 30명이나 된다. 대종교 또는 친대종교 세력이 전체의 3/4 이상을 차지하고 있다. 이는 '대한독립선어서'가 대종교 인사들이 주도하였다는 의미이다.

그 이외 기독교·천주교(간도·미주) 세력으로는 김약연·이대위·이봉우·박용만·안정근·안창호·이승만·정재관을 들 수 있으며, 사회주의 세력으로는 이동휘를 들 수 있다. 이들 역시 대체로 단군에 대한 흠모와 존경심을 갖고 있던 단군 민족주의자들이었다. 이처럼 대한독립선언에 참여한 인물들은 대종교 네트워크를 통하여 '대한독립선언서'에 서명하였다.

선언서 중에는 '황황일신(皇皇一神)', '단군대황조(檀君大皇祖)' 등 대종교 용어가 다수 포함돼 있다. 선언서는 또 일제가 대종교 등 민족 종교들을 핍박하고 단군 역사를 왜곡·부정한 사실을 폭로하면서 단군의 명령에 따라 독립전쟁을 수행할 것을 분명히 밝혔다.

이처럼 선언서 전반에 걸쳐서 대종교의 역사 인식과 철학, 사상이 담겨 있다. 따라서 선언서를 기초한 사람은 조소앙이지만 전체적으로는 대종교인들의 집단지성이 반영된 것으로 추정된다. 서명자 39인 가운데 첫머리에 이름을 올린 김교헌은 경력이나 학문적 소양 등 여러 면에서 이 선언서 작성을 주도할만한 위치에 있었다.

한편 서명자 명단에는 서일과 현천묵·백순·계화·정신(鄭信)·고평(高平)·진학신(秦學新) 등 대종교 동도 본사의 주축들이 모두 빠져 있다. 이를 두고 여러 해석이 제기됐는데 여기에는 그럴만한 사정이 있었다고 보여진다.

1915년 중·일간에 소위 '만몽(滿蒙) 조약'이 체결되자 이를 빌미로 화룡현 당국은 간도 한인들의 민족 교육을 금지하였다. 그해 5월 연길 도윤(道尹·도 장관)은 '획일민간교육변법(劃一間民教育辨法)'을 발표했다. 한인들에게도 중국 언어와 역사를 가르치도록 강요하며 이를 따르지 않는 학교는 폐쇄조치 시켰다. 대종교가 이 '변법'에 저항하자 학교 폐쇄는 물론 '대종교 금지령'까지 내렸다. 급기야 대종교는 정교(政教)분리를 선언했다. 이런 상황에서 서일이 2대 교주 김교헌과 상의하여 전략적으로 자신들의 이름을 뺀 것으로 보인다.

대한독립선언서 서명자 39인의 명단은 아래와 같다.

김교헌(金教獻)·김동삼(金東三)·조용은(趙鏞殷/조소앙)·신규식(申圭植)·정재관(鄭在寬)·여준(呂準)·이범윤(李範允)·박은식(朴殷植)·박찬익(朴贊翼)·이시영(李始榮)·이상룡(李相龍)·윤세복(尹世復)·문창범(文昌範)·이동녕(李東寧)·신채호(申采浩)·허혁(許爀)·이세영(李世永)·유동열(柳東說)·이광(李光)·안정근(安定根)·김좌진(金佐鎭)·김학만(金學滿)·이대위(李大爲)·손일민(孫一民)·최병학(崔炳學)·박용만(朴容萬)·임방(任邦)·김규식(金奎植)·이승만(李承晩)·조욱(曺煜/조성환)·김약연(金躍淵)·이종탁(李鍾倬)·이동휘(李東輝)·한흥(韓興)·이탁(李沰)·황상규(黃尙奎)·이봉우(李奉雨)·박성태(朴性泰)·안창호(安昌浩)

임시정부 출범의 산파, 주역으로 활동

제1차 세계대전이 연합국의 승리로 끝나가자 미국 대통령은 윌슨은 민족자결주의를 선언하였다. 이로 인해 전 세계의 피압박 약소국가들은 독립 의지를 불태웠다. 1919년 1월 프랑스에서 파리강화회의가 열리자 상해에서 결성된 신한청년당은 김규식 등의 대표단을 파리로 보내 독립을 염원하는 탄원서를 강화회의에 제출하고 외교 활동을 전개했다.

1919년 2월 만주 길림에서 국내외 독립운동가 39명이 서명한 대한독립선언서가 발표되었다. 그 무렵 도쿄에서 2.8 독립선언이, 3월 1일에는 서울에서 3.1독립선언서가 발표돼 독립 열기가 한층 고조되었다. 3.1 만세 시위 참가자

임시정부 및 임시의정원 신년축하 기념(1921.1.1.)

는 약 202만 명으로 조선 전체 인구 2천만 명의 10%에 달했다. 이에 3·1 혁명으로 표출된 독립 의지를 담아낼 조직이 필요하다는 인식이 국내외 독립운동가들 사이에 널리 확산되었다.

3월 17일 연해주 블라디보스토크에서 문창범·이동휘 주도로 대한국민의회가 결성되었다. 이어 4월 상해와 서울에서 각각 임시정부 결성되었다. 그해 9월 11일 상해 임시정부, 대한국민의회, 한성 임시정부 등 7개의 임시정부가 대통합을 이뤄 대한민국 임시정부가 출범하였다. 대한민국 임시정부는 국호를 대한민국, 정치 체제는 대통령제와 민주공화국으로 하고 입법·행정·사법의 3권 분리 제도를 채택하였다.

대한민국 임시정부 출범 과정에서 주춧돌 역할을 한 사람은 예관 신규식(申圭植)이었다. 공화주의자였던 그는 1917년 조소앙·박용만 등과 함께 '대동단결선언'을 발표하였다. 이후 그는 만주의 대종교 세력과 연락해 1919년 2월 대한독립선언서에 서명하였다. 2월 초순에는 선우혁을 상해에서 평안도지방으로, 장덕수를 도쿄에서 국내로 잠입시켜 독립선언 거사를 준비시켰다. 그 결과 도쿄에서는 2.8 독립선언, 서울에서 3.1 독립선언이 발표되었다.

3월 하순에는 여운형 등과 프랑스 조계 내에 임시사무소를 설치하고 임시정부 조직에 착수하였다. 앞서 그는 1912년 상해지역 첫 독립운동 조직인 동제사(同濟社)를 창립해 독립운동 기반을 다져 놓았다. 임시정부가 수립된 후 그는 외무 총장 자격으로 손문(孫文)의 광동(廣東) 정부를 방문해 임시정부 승인을 얻어냈다. 그는 임시정부 출범의 산파이자 임정의 국제적 승인까지 마무리했다. 그는 상해 등 중국 관내 지역을 관할한 서이도본사의 책임자였다.

임시정부는 창설 이후 8.15해방 때까지 총 15차례 조각(組閣)을 했다. 그 과정에서 대통령과 국무총리 이하 대종교인이 입각한 연인원수는 무려 37명이나 된다. 대표적으로 박은식은 단기간이지만 국무총리와 대통령을 지냈고, 이동녕은 주석 4차례, 의정원 의장 3차례와 국무령, 국무총리 등을 역임했다. 이시영은 수차례 재무 총장(부장)을 맡아 임정의 재정을 챙겼으며, 조완구는 이시영·이동녕 등과 한국독립당 창건을 주도하였다. 또 조성환은 군무총장을 여러 차례 맡아 군사 업무를 담당했으며, 박찬익은 중국과의 외교관계를 도맡았다.

중광단 → 대한정의단 → 북로군정서 재편

큰 전투를 치르자면 대규모 병력과 전쟁 물자 등 사전 준비가 필요하다. 특히 대부대는 하루아침에 준비되지 않는다. 오랜 시간에 걸쳐 병력을 모집하고 이들을 잘 훈련시켜야 전투에서 승리를 거둘 수 있다. 일제강점기에 타국땅 만주에서 잘 훈련된 대규모 병력을 유지, 관리하기란 매우 힘든 일이었다.

대종교는 1911년 3월 서일이 주축이 돼 중광단을 결성했다. 중광단은 1919년 3·1혁명을 계기로 공교회(孔教會) 등 다른 종교단체 교인들과 힘을 합쳐 1919년 5월경 대한정의단(大韓正義團)을 결성했다. 단장은 서일이 맡았다.

그해 8월 대한정의단은 산하에 독립투쟁을 위한 무장단체로 군정회(軍政會)를 조직하고 국내 동포의 일치 분발을 촉구하는 창의격문(倡義檄文)을 배포했다. 당시 민족진영은 그해 6월 말에 개최된 파리강화회의에서 한국의 독립문제가 상정될 것을 기대했으나 별다른 성과가 없자 외교 방책 대신 무장투쟁 노선을 취하였다.

1919년 10월 대한정의단과 군정회는 대한군정부(大韓軍政府)로 개편하였다. 총재는 서일, 사령관은 군사전문가 김좌진(金佐鎭)이 맡았다. 대한군정부는 상해임시정부 산하의 군사기관으로서 공인을 받았으며 임정의 권고로 대한군정서로 다시 개명하였다.

이후 대한군정서는 서간도 지역의 서로군정서와 짝을 맞춰 북로군정서(北路軍政署)로 불렸는데 둘은 서로 긴밀하게 협조하였다. 이에 따라 서로군정서의 신흥무관학교 교관들이 북로군정서로 파견 와서 군사교육을 맡았다. 북로군정서의 중앙조직은 총재부와 사령부로 나뉘었다. 서일을 총재로 한 총재부는 전체 지휘와 군사 활동 후원을, 김좌진을 총사령관으로 한 사령부는 군사 활동을 준비하였다.

대대적인 무장투쟁에 앞서 북로군정서는 무기 구입을 위해 국내외 교포들을 상대로 군자금을 모집하였다. 때마침 제1차 세계대전 때 시베리아에서 출병했다가 철수하는 체코군과 연해주 한인들의 도움으로 다량의 무기를 구입하였다. 이를 위해 서일 총재가 직접 러시아에 출장을 갔으며, 구입한 무기는 운반대를 조직해 여러 날에 걸쳐 북로군정서 본영으로 운반하였다. 1920년 7월 기준으로 북로군정서는 장정 약 1천 명에, 군총 약 1,800정, 탄약은 군총 1정에 800발 내외, 권총 150정, 기관총 7문, 다수의 수류탄과 금자금 10만 원을 보유하게 되었다.

김좌진 총사령관은 모집한 독립군을 지휘할 간부 양성을 서둘렀다. 1920년 2월 초에 사령부에 사관연성소(士官鍊成所)를 설립하고 신흥무관학교에 도움을 요청하여 이범석(李範奭)을 비롯한 여러 명의 교관 요원을 초빙하였다. 모집한 장정 가운데 300여 명을 선발하여 6개월간 속성으로 사관 교육을 실시하여 1920년 9월 9일 거행된 제1회 사관연성소 졸업식에서 298명의 사관을 배출하였다. 북로군정서는 또 각처에 정보 연락기관인 경신분국(警信分局)을 두어 민정 시찰과 함께 일본군의 동태를 파악하였다.

북로군정서의 부서와 책임자는 아래와 같다.

- 총재 : 서일
- 총사령관 : 김좌진
- 참모장 : 이장녕
- 사단장 : 김규식
- 여단장 : 최해
- 연대장 : 정훈
- 연성대장 : 이범석
- 재무 : 계화
- 길림분서(分署) 고문 : 윤복영
- 군기 감독 : 양현
- 사관연성소장 : 김좌진
- 교관 : 이장녕·이범석·김규식·김홍국·최상운

북로군정서, 청산리 전투서 대승 거둬

청산리 전투는 일본군이 간도(만주) 지역의 독립군을 궤멸시키기 위해 출병한 데서 비롯됐다. 앞에서 거론했듯이 서일과 김좌진이 이끄는 북로군정서는 북만주 일대 독립운동의 중심으로 성장하였다. 북로군정서는 국경에 가까운 밀림지대인 길림성 왕청현 서대파(西大坡)에 본부를 두고 있었다.

여기에 의병장 출신의 홍범도(洪範圖)가 이끄는 대한독립군과 안무(安武)의 국민회군은 국경을 넘어 국내로 진격해 일본군과 격전을 벌이곤 했다. 1920년 6월 초에 있었던 봉오동전투도 그중 하나인 셈이다.

간도 지역 독립군의 위세가 날로 커지자 일본군은 이들을 소탕할 방법을 궁리하였다. 1920년 10월 일제는 만주에 출병하기 위한 구실로 소위 '훈춘(琿春) 사건'을 조작하였다. 일본군은 만주 지역에서 악명을 떨치던 중국 마적 두목 장강호(長江好)를 매수하여 무기와 자금을 대준 뒤 훈춘의 일본영사관을 습격하도록 하였다. 이를 계기로 일제는 재만 일본인을 보호한다는 구실을 내세워 조선 주둔군 제19·20사단, 시베리아 출병군인 제11·13·14사단, 만주 파견군과 관동군 등 대략 2만여 명의 병력을 만주에 투입했다.

이에 앞서 일본군은 중국 동북 지방의 군벌 장작림(張作霖)에게 중국 측이 독립군을 비호, 방조하고 있어 토벌하겠다고 통보하였다. 1920년 9월 중국 동북구 혼성여단장 맹부덕(孟富德)은 독립군 측에 일본군의 눈에 띄지 않는 산중지대로 이동할 것을 종용하였다. 이에 북로군정서는 서대파의 근거지를 떠나 연길-용정을 거쳐 화룡현의 이도구(二道溝), 삼도구(三道溝) 방면으로 이동하였다. 이곳은 국경지대여서 국내진공작전이 유리할뿐더러 험준한 지세에 산림이 울창하여 일본군과 싸움하기에 유리한 지형을 갖추고 있었다.

10월 10일경 삼도구 청산리에 도착한 북로군정서 부대는 인근 이도구로 이동해 온 홍범도 부대와 만나 대책을 협의하였다. 10월 19일 회의에서 일본군과 싸워야 한다는 의견과 싸움을 피해야 한다는 의견이 맞섰으나 결론은 싸움을 피하기로 했다.

그런데 상황은 그럴 수가 없었다. 독립군을 추적하던 5,000여 명의 이즈마(東) 지대(支隊)가 삼도구 청산리의 북로군정서 부대와 이도구에 있는 홍범도 연합부대를 포위하면서 사태가 급박하게 돌아갔다. 결국 북로군정서는 일본군과의 일전이 불가피하다고 판단해 10월 21일부터 청산리 일대에서 일본군과의 전투를 전개했다.

비전투원들로 편성된 제1 지대와 전투 요원으로 편성된 제2 지대는 각각 김좌진과 이범석의 지휘하에 청산리 백운평(白雲坪)에 매복한 후 적을 기다렸다. 독립군은 이날 오전부터 야스카와(安川)부대와 야마다(山田)부대를 차례로 격파하였는데 유리한 지형을 확보한 것이 승리의 큰 요인이었다. 가장 치열한 격전이었던 어랑촌 전투에서는 홍범도 부대가 큰 도움을 주었다.

독립군은 10월 26일 새벽까지 천수평, 완루구, 고동하에서 10여 차례 전투를 벌인 끝에 연대장 가납(加納)대좌를 포함해 일본군 1,200여 명을 사살하였다. 반면에 독립군 측의 전사자는 100여 명에 그쳤다. 전과를 두고 자료마다 차이가 있으며, 일각에서는 다소 과장됐다는 지적도 있다.

경신참변과 대종교의 인적·물적 피해

경신년(1920년) 10월, 간도 일대에서 발생한 소위 '경신참변'(일명 간도참변)은 일본군의 만주 침략 야욕에서 비롯됐다. 특히 청산리 전투에서 대패한 일본군은 이에 대한 보복으로 이 지역 한인들에게 무자비한 학살을 자행했다. 당시 이 지역 한인은 대부분이 대종교인이어서 대종교의 인적, 물적 피해도 엄청났다. 경신참변은 일제가 저지른 숱한 만행 가운데 가장 야만적이고 악랄한 학살행위로 기록되고 있다.

1910년 한일병탄 후 10년 만에 간도에는 3만 명의 한인이 반일 세력으로 성장하였다. 이에 일제는 간도를 확보하지 않고서는 한국(조선) 지배와 일본의 미래가 없다고 보았다. 즉 일제는 간도를 국내의 연장선에서 인식하고 간도의 반일 세력 제거는 절대로 피할 수 없다고 판단했다.

이를 위해 1915년 12월 조선군 제19·20사단을 창설하였으며, 1919년에는 관동군사령부를 설치하여 만주 침략의 기반을 강화하였다. 1919년 3.1혁명 이후 간도 한인 무장세력이 급속히 확대되자 그해 9월 우쓰노미야(宇都宮太郞) 조선군 사령관은 19·20사단장에게 조선 밖의 불령선인들을 섬멸하라고 지시했다.

일제는 1920년 8월 '간도 지방 불령선인 초토 계획'을 수립했다. 그해 10월 2일 일본군은 '훈춘 사건'을 조작하여 두만강을 건넜는데 9일 육군 대신은 조선군 사령관에게 출병 명령을 내렸다.

이에 조선군 제19·20사단 78연대, 블라디보스토크 파견군 제14사단 등 약 2만5천 명의 일본군은 1920년 10월 17일 0시를 기하여 동령·훈춘·왕청·화룡현 등 간도 지역을 침공하였다. 이들은 이듬해 5월까지 약 8개월에 걸쳐 이 지역의 한인들을 잔학하게 학살하였다. 당시 일제가 노린 것은 간도 지역 한인 무장세력의 중심인 북로군정서(대한군정서)였다.

19사단의 기무라(木村) 지대는 북로군정서를 초토화하기 위해 만들어진 특별부대였다. 이들은 왕청현의 북로군정서 시설과 대종교 관련 민가와 학교를 초토화시켰다. 일제가 작성한 '사상자 인명 일람표(조선인)'에 따르면, 19사단이 학살한 한인은 총 522명, 기무라 지대가 학살한 한인은 86~94명이다. 그들 중에는 북로군정서 소속이 30명이 넘는다.

당시 임시정부에서 파악한 피해 실상은 피살자 3,469명, 피체포자 171명, 부녀 강간 71명, 가옥 파괴 3,288채, 학교 소실 41개소, 교회 소실 16곳이었다. 당시 만주에서 독립운동을 했던 대종교인 이현익(李顯翼)은 당시 상황을 아래와 같이 증언하였다.

> "북로군정서 지역인 북간도 산간 부락마다 대종교인의 거주 부락인 줄만 알면 옥내에 집합시킨 후 쇄문방화(鎖門放火·문 잠그고 불을 지름)하고 혹 옥외로 도피하는 사람은 총창(銃槍)으로 찔러 화염 속에 넣으며 혹시는 조조(早朝) 외출 전에 급습하여 부녀자들에게 취사하라 명하고 청년을 소집하여 야외에 대호(大壕:큰 구덩이)를 파고 자기들만 식사 끝난 후면 부락민 전부를 호내(壕內)에 강제로 몰아넣고 노인들로 이를 생매장하라 하였다. 이것을 차마 못하여 불응시엔 총창으로 무찔러 학살하는 신인공로(神人共怒)의 악독한 일을 자행하였다."

서일·김교헌 두 종사의 안타까운 죽음

경신참변으로 간도 지역 한인과 대종교인은 엄청난 피해를 입었다. 서일은 동포들의 희생을 최소화시키고 장차 연해주로 이동하기 위해 대한군정서를 소만(蘇滿) 국경지대인 북만주의 밀산(密山)으로 이동시켰다. 그러나 밀산은 독립군이 장기간 주둔하기에는 재정적 기반이 취약한 곳이어서 다시 러시아 연해주로 이동하였다. 당시 연해주는 약 20만에 이르는 한인들이 기반을 잡고 있어서 새 독립군 근거지로 부상하였다. 게다가 10월 혁명 이후 소련 정부가 피압박 약소 민족의 해방을 적극적으로 지원하고 있어서 만주 독립군에게는 매우 고무적이었다.

독립군단 지도자들은 연해주로 이동하기로 결정한 후 통일된 독립군단인 대한독립군단으로 재편하였다. 서일이 총재로 추대되었고 병력은 3,500명에

14회 중광절 기념(1922, 영고탑 총본사)

달했다. 1921년 1월 초 대한독립군단은 소만 국경인 우수리강을 넘어 이만(伊滿, 달네레첸스키)을 거쳐 연해주로 향하였다. 3월경 홍범도·최진동 등 대한독립군단 지도자들은 이만에서 다시 러시아의 자유시(自由市, 스보보드니)로 옮겼다.

그해 6월 이곳에서 소위 '자유시참변'이 발생하여 수많은 독립군이 희생되었다. 자유시참변은 당시 러시아에 거주하고 있던 한인 부대와 간도 지역에서 이동한 독립군이 고려혁명의회와 대한의용군으로 나뉘어 벌인 군권 쟁탈전 과정에서 빚어졌다. 2017년에 세워진 자유시참변 희생자 추모비에는 "다시는 우리끼리 싸우는 일이 없기를"이라고 새겨져 있다.

한편 서일·김좌진·이범석 등 북로군정서 지휘부는 무장해제를 거부하고 다시 만주로 나가기로 결정했다. 이들은 자유시로 가지 않고 1921년 3월경 우수

백포 서일 종사 / 단애 윤세복 종사

리강을 건너 밀산으로 되돌아왔다. 자유시참변으로 막대한 타격을 입은 독립군이 밀산을 중심으로 재기를 도모하기를 위해 군사훈련을 하던 중 1921년 8월 26일(음) 밀산의 당벽진(當壁鎭)에서 수백 명의 토비(土匪)들이 야습하여 진중이 초토화되었다. 이로 인해 훈련 중이던 수많은 청년 병사들이 희생당하였다.

재기를 꿈꾸던 서일은 하늘이 무너지는 듯했다. 결국 그는 이튿날 모든 책임을 지고 자결을 결심하였다. 천안 독립기념관 어록비 공원에 서 있는 서일의 어록비에 당시 그의 심경이 잘 나타나 있다.

> "조국 광복을 위하여 생사를 함께 하기로 맹세한 동지들을 모두 잃었으니 무슨 면목으로 살아서 조국과 동포를 대하리오, 차라리 이 목숨 버려 사죄하는 것이 마땅하리라."

서일은 자신의 죽음을 통해 대종교의 발전과 분열된 독립진영이 단합하여 대일항전에 분발할 것을 촉구하였다. 길지 않은 삶 동안에 그는 종교·철학·교육·무장투쟁 등 여러 방면에서 탁월한 업적을 남겼다. 특히 대종교 2대 교주 김교헌과 함께 대종교 교세 확장에도 크게 기여하였다. 김교헌이 서일에게 교주 자리를 전수하려고 했을 정도로 두 사람은 매우 돈독한 관계였다.

서일의 죽음에 앞서 예관 신규식의 자결, 동이도 제3지사의 전사(典事)로 잇던 한기욱(韓基昱) 일가가 토비들의 습격으로 참변을 당하였다. 이에 충격을 받은 김교헌은 시름시름 병을 앓다가 1923년 11월 18일 56세로 사망했다. 나철, 서일, 김교헌 등 3종사가 이국땅에서 망국의 한을 품고 세상을 하직했다. 3종사의 묘소는 대종교 총본사가 있던 화룡현 청파호 근처에 있다.

3대 교주 윤세복과 대종교의 시련

김교헌의 후임으로 단애(檀崖) 윤세복(尹世復·일명 '단애종사')이 1924년 1월 22일 3대 도사교(교주)로 취임하였다. 그는 3종사의 죽음으로 위기에 처해 있던 대종교의 구원투수 격이었다. 그는 제2회 교의회를 소집하여 분위기 쇄신과 함께 홍범 개정 작업에 나섰다. 당시 총본사는 영안현 영고탑에 있었다.

1926년 1월 16일 열린 제4차 교의회에서 나철이 제정한 교기(教旗)를 개정하였다. 기존의 신(神)자 기를 윤세복이 고안한 현재의 원방각 삼극장으로 개정, 결의하였다. 그러나 새 교기는 당시 소위 '삼시(三矢) 협정'으로 인한 포교금지령 때문에 한동안 사용하지 못하다가 1935년 12월 26일에야 비로소 사용할 수 있게 되었다.

1915년 10월 총독부의 '포교 규칙' 발표로 국내에서 활동이 어렵게 되자 대종교는 만주로 진출하였다. 이후 만주에서 교세를 확장하고 독립운동을 주도하자 일제는 중국의 동북 군벌과 결탁하여 대종교 탄압에 나섰다. 1925년 6월 조선 총독부 경무국장 미쓰야(三矢宮松)와 중국 봉천성 경무처장 위전(于珍)은 소위 '삼시(三矢) 협정'을 체결했다. 이 협정의 주된 골자는 만주 지역 내 한인 독립운동가들의 탄압이 목적이었다.

그런데 이 협정의 '부대 조항'에는 "대종교는 반일군단(反日軍團)의 모체로서 종교를 가장한 항일단체이니 중국에서 영토책임상 이를 해산시켜야 한다"는 내용이 들어 있었다. 길림성 성장 겸 독군(督軍) 장작상(張作相)은 이 협정을 이행한다는 명목으로 1926년 만주 지역에 '대종교 포교금지령'을 내렸다.

이로 인해 만주의 동·서·북 3개의 도본사(道本司)가 해체되었고, 1930년에는 서울의 남도본사마저 폐쇄되었다. 이는 그해 4월 26일 순종 승하를 계기로 대종교 총본사와 신민부 군사부가 공동으로 벌인 국내 폭탄 투척 계획이 직접적인 계기가 되었다는 주장도 있다.

당시 조선일보 보도(1926.7.14.)에 따르면, 중국 당국은 4월부터 7월까지 3개월간 대종교 시교당에 경찰을 파견하여 교인들을 단속하였다. 길림성장의 훈령을 받은 영안·훈춘현 지사는 관내의 대종교인 1,197명에게 해산명령을 내렸다. 만약 명령에 응하지 않으면 교당과 사원(寺院)을 압수하겠다고 경고했다. 이로 인해 대종교 총본사는 금지령이 해제될 때까지 만주의 각지를 전전하면서 은둔의 세월을 보내야만 했다. 이는 교세 위축을 넘어서 교단의 존립에 심각한 타격을 주었다.

급기야 대종교 총본사는 상해임시정부 외사국장으로 있던 남파 박찬익(朴贊翊)에게 도움을 요청하였다. 중국통인 박찬익은 중국 정계에 신망이 두터웠다. 그의 노력으로 1930년 남경(南京)의 국민정부가 봉천·길림·흑룡강·열하성 등 동북 4성에 대한 대종교 해금령을 내림으로써 한 번에 해제되었다. 그러나

이 성과도 오래 가지 못했다. 1931년 만주사변을 일으킨 일제는 그 이듬해 괴뢰국 만주국을 세워 만주를 본격적으로 통치하였다.

1928년 1월 16일 영안현 해림참(海林站)에서 열린 제6회 교의회에서 총본사를 밀산현 당벽진(當壁鎭)으로 옮기기로 결의하였다. 당벽진은 한촌(寒村)으로 교통이 불편하고 외진 곳이었다. 그러나 이곳은 서일 종사가 자결한 곳인데다 대종교 교인들이 많아 피난지로서 적절했다. 그런데 당벽진은 국경지대라 중국 관헌들의 경비가 소홀해 토비들의 출현이 잦았다. 1934년 초여름 토비들의 습격 때 교적(敎籍) 다수를 약탈당하였는데 나철의 4차 방일 기록인 〈도동기(渡東記)〉도 이때 없어졌다.

일제의 술책과 '하얼빈 선도회'의 패착

대종교는 1928년 밀산으로 피신한 후 1933년 포교권을 확보할 때까지 6년간은 은둔의 세월을 보냈다. 아무런 활동도 하지 못한 채 겨우 간판만 유지하고 있었다. 윤세복 교주는 교세를 되살리기 위해 몸부림을 쳤다. 1933년 대일시교당에서 어천절 행사를 마친 후 그는 자신을 희생해서라도 대종교를 살려내겠다고 선언했다.

당면한 현안은 만주국으로부터 포교 허락을 받아내는 일이었다. 그는 총본사를 임시로 밀산 평양진 신안촌으로 옮기고는 성하식과 최익항에게 사무를 맡겼다. 그리고는 근 반년을 걸어서 밀산에서 영안에 이르는 과정에 5개 시교당을 신설하는 등 포교사업 부활의 기틀을 마련하였다.

1934년 1월, 그는 다시 하얼빈으로 향했다. 그곳에서 김응두와 박관해의 주선으로 일본 관동군 특무기관장 후쿠다(岡田孟馬), 하얼빈 총영사 사토(佐藤庄四郎), 조선총독부 특파원 전변효(田邊孝) 등을 만나 '시교권인가신청서(施教權認可申請書)'를 제출하였다. 앞으로 대종교는 순수한 종교 활동만을 할 테니 포교 허가를 해달라는, 일종의 항복문서 같은 것이었다. 이에 일제는 조건부로 포교를 허락해주었다. 그해 3월 2일 대종교는 하얼빈시 안평가에 '대종교 선도회'를 설치하고 그해 6월 총본사를 영안현 동경성으로 옮겼다.

윤세복 교주의 이같은 처사를 두고 패착이라는 비판이 제기됐다. 교세 확장을 위해 일제와의 타협한 것은 대종교 정신에 맞지 않을뿐더러 일제의 간악한 위장술책에 놀아났다는 것이었다. 당시 일제의 대종교 포교 허가는 대종교의 중심인물들을 표면으로 드러나게 하려는 일종의 회유책이었다.

그런데 윤세복 교주는 교세 되살리기에 급급한 나머지 이같은 일제의 의도를 간파하지 못했던 것 같다. 임오교변으로 체포됐을 때 윤세복 역시 "내가 관동군의 양해를 얻을 때부터 너희에게 속아 근 10년을 지냈다"고 토로한 바 있다. 대종교 내부의 한 인사는 훗날 회고담에서 "도형(道兄, 윤세복)이 일시 착각을 했던 것 같다. 그때 차라리 잠시 화북(華北)으로 피난하여 십수 년만 고행을 더 했더라면 임오교변도 없었을 것"이라며 그때의 일을 아쉬워했다.

물론 성과가 전혀 없었던 것은 아니었다. 각지에 8개 시교당을 설치하였으며 1936년에는 대종학원(大倧學園)과 경의원(經議院)도 설치했다. 1939년 7월에는 신경(新京) 만주국 정부와 교섭하여 교적(敎籍) 간행 승인을 얻은 후 서적간행회를 구성하여 〈홍범규제〉, 〈삼일신고〉, 〈신단일기〉 등 6종 1만 5백부를 연길에서 출판하였다.

또 발해의 고궁 유적지에 천진전(天眞殿) 건립을 추진하였으며, 대종학원에 초·중등부를 운영하는 등 교세 확장에 크게 기여하였다. 앞서 1933년 겨울, 백산 안희제가 교단과의 협의 속에 발해농장을 개척하면서 교단도 활기를 띠었다. 1934년 여름에 총본사를 영안현 발해진 발해농장 안으로 이전하였다.

조선어학회사건과 '임오교변' 날조

대종교의 포교 활동을 조건부로 허락해준 일제는 대종교의 활동에 공공연하게 간섭하였다. 특히 총독부 촉탁 조병현(趙秉炫)을 교인으로 가장해 잠입시켜 대종교 내부의 동향과 교인들의 일거수일투족을 정탐하였다. 호시탐탐 기회를 노리고 있던 일제는 1942년 9월, 조선어학회 회장 이극로(李克魯)가 천진전(天眞殿·단군전) 건립과 관련해 윤세복 교주에게 보낸 편지를 빌미로 삼았다. 일제는 편지 사전검열을 하는 과정에서 '널리 펴는 말'이라는 원고가 동봉된 사실을 주목했다. 원고 말미에는 이런 내용이 있었다.

> "… 이제는 때가 왔다. 우리는 모든 힘을 발휘하여 대교(大教, 대종교)의 만년대계를 세우고 나아가야 된다. 이 어찌 우연이랴. 오는 복을 받아들이지 아니하는 것도 큰 죄가 되는 것을 깊이 깨달아야 된다. 만나기 어려운 광명의 세계는 왔다. 반석 위에 천전과 교당을 짓자! 기름진 만주 벌판에 대종학원을 세워서 억센 일꾼을 길러내자! 우리에게는 오직 희망과 광명이 있을 뿐이다. 일어나라 움직이라! 한배검이 도우신다." (개천 4399년 9월 5일)

일제는 위 대목의 마지막 구절을 특별히 주목하였다. '일어나라 움직이라!'를 '봉기하자 폭동하자!'로 바꾸고는 이극로가 보낸 원고의 제목을 '조선독립선언서'로 날조하였다. 이 조작 사건을 통해 일제는 대종교 지도자들을 검거하기 시작했다. 11월 19일 만주와 국내 각처에서 윤세복 교주 등 총 24명이, 이듬해 4월 이현익 등 총 25명이 체포되었다. 대종교에서는 임오년에 일어난 이 탄압 사건을 '임오교변(壬午敎變)'이라고 부른다. 일제는 이 사건을 통해 우리 민족의 정체성인 정신(단군 신앙)과 말글(조선어학회)을 말살시키려고 했다.

임오교변보다 2개월 먼저 터진 조선어학회사건은 반대로 윤세복이 '단군성가(檀君聖歌)'라는 가사를 지어 서울에 있는 이극로에게 보내 작곡을 의뢰했는데 이 가사가 일경에게 발견되면서 빌미가 되었다. 일제는 두 사건 관련자들에게 치안유지법을 적용하였다. 조선어학회를 이끈 주시경과 그의 제자들은 모두 대종교와 밀접한 관련을 맺고 있었다. 대종교인이자 독립운동가 출신으로 임오교변 때 옥고를 치른 이현익은 "한글어학회 사건이 즉 大敎(대종교) 교변이요, 大敎 임오교변이 즉 독립운동 실기가 되는 것이다."라고 썼다.

고문으로 나철 장·차남 등 10명 옥사

윤세복 교주 등 25명은 영안현 경무과에 설치된 특별취조본부에 감금돼 취조를 받았다. 1년여 동안 취조를 받으면서 여러 곳을 옮겨 다녔는데 겨울철 추위에 식사조차 제대로 하지 못했다. 특히 취조 과정에서 이들은 혹독한 고문을 받았다. 그로 인해 검거 이듬해인 1943년 5월~1944년 1월 사이에 옥중에서, 혹은 병원이나 병원 호송 도중에 10명이 목숨을 잃었다.

발해농장을 개척한 백산 안희제(安熙濟)를 비롯해 권상익·이정·나정련·김서종·강철구·오근태·나정문·이창언·이재유 등이 그들인데 나정련과 나정문은 나철의 장남, 차남이다. 대종교에서는 이들을 '임오십현(壬午十賢)' 또는 '순교십현(殉教十賢)'이라고 부른다. 서울 서대문구 대종교 총본사에는 종사 네 분과 함께 이들을 기리는 코너('십현감실(十賢龕室)')가 별도로 마련돼 있다.

한편 조사과정에서 성하식 등 7명은 무혐의로 석방되었고, 72세의 권영준은 고령으로 풀려났다. 판결 때까지 생존한 윤세복 교주 등 7명은 치안유지법 제1조 위반 혐의로 기소돼 1944년 5월 7일 목단강 고등법원에서 재판을 받았다. 일제 검찰은 "대종교가 조선 민중에게 조선 정신을 배양하고 민족자결 의식을 선전하는 교화단체인 만큼 조선 독립이 최종목적이며 이는 종교를 가장한 정치운동"이라고 주장했다. 이에 대종교 측은 "대종교는 순수한 종교단체"라고 반박했으나 법원은 이를 받아들이지 않았다. 이들 7명의 형량은 윤세복 무기징역, 김영숙 징역 15년, 윤정현·이용태·최관 징역 8년, 이현익 징역 7년, 이재유 징역 5년 등이다.

징역 8년을 선고받은 이용태의 증언에 따르면, 검거 초기에 영안현 공서 구내의 특설 구류소에 유치돼 있었는데 시설 등 수형 여건이 아주 열악했다고 한다. 겨울철에 아무리 추워도 취침 시간 이외에는 이불이나 요를 몸에 두르지 못하였다. 하루 두 끼 식사는 조밥에 국 한 그릇인데 밥에는 돌이 많았고, 숭늉으로 배를 채웠다고 한다. 또 잠자리에서 몸부림을 치거나 코를 골면 감방 규칙 위반으로 형벌을 받았으며, 부실한 식사로 복통을 일으켜 바지에 설사를 하면 이 역시 규칙 위반이라며 무참히 때리고 2, 3일씩 밥을 굶겼다고 한다.

임오교변 관련자들은 목단강성 액하(掖河) 감옥에서 옥고를 치렀다. 당시 이 감옥은 중국인 중에서도 악명높은 정치범들을 수용했다고 한다. 이곳에는 수감자들의 탈출을 막기 위해 높은 담장과 전기가 흐르는 철조망이 설치되었다. 또 그 옆에 수옥(水獄, 물 감옥)이 있었는데 죄수들의 목 부분까지 물을 채운 후 손가락에 전깃줄을 연결하여 전기고문을 가했다고 한다.

이용태에 따르면, 불로 지지는 낙형(烙刑)을 비롯해 거물형·전기형·수형·곤봉구타·형극궤자형·간지형 등의 각종 악형이 자행되었다고 한다. 희생자 규모로 볼 때 임오교변은 일제의 종교탄압 중에서도 가장 큰 사건이다.

한글 운동·민족사학·국학 분야 인맥

역사학자인 박성수 전 한국정신문화연구원 교수는 대종교에는 세 가지 인맥이 있다고 했다. 첫째, 주시경·지석영·김두봉·이극로·최현배로 대표되는 한글운동 인맥, 둘째, 김교헌·박은식·신채호·류근·정인보·이상룡으로 이어지는 민족사학 인맥, 셋째, 신규식·이동녕·박찬익·조성환 등으로 이어지는 독립운동 인맥이 그것이다.

이들은 모두 단군 사상을 근본이념으로 하고 있었는데, 이는 일제하에서 항일투쟁의 사상적 기둥이 되었다. 한글과 민족사학 및 국학운동에서도 대종교인들이 중추적 역할을 했다. 나철은 "문자를 모르는 교인이 있으면 무슨 수를 써서라도 한글을 먼저 습득케 하라"고 독려했다.

배재학당에서 수학하고 독립협회 간부로 활동하던 주시경(周時經)은 나라의 바탕을 굳세게 하는 길은 자기 나라의 말과 글을 존중하여 쓰는 것이 가장 중요하다고 인식했다. 외래종교의 유입으로 민족정체성이 파괴되자 그는 기독교 신앙을 버리고 대종교로 개종한 후 한글 연구 및 보급 운동에 나섰다. 그는 일제의 조선어 말살 정책을 예견하고 말모이(국어사전) 편찬사업에 뛰어들었다. 그러나 1914년 그가 38세로 요절하면서 이 일은 그의 제자들의 몫이 됐다.

그의 유지를 이은 제자 이극로·권덕규·이희승·최현배 등은 모두 대종교인이었다. 이들은 일제가 내선일체 정책으로 조선어 사용을 금지하자 이에 맞서 '우리말 큰 사전' 간행을 추진하였다. 이 과정에서 1942년 '조선어학회사건'이 터졌다. 이 사건으로 이윤재·한징은 옥사하였고, 최현배·이극로·정인보 등 16명은 징역 2년~6년을 선고받았다.

해방 후 북으로 간 김두봉(金枓奉) 역시 한글 운동의 공로자이다. 그는 주시경의 수제자이자 나철의 수제자이기도 했다. 나철이 구월산으로 봉심을 떠날 때 그는 6인의 시자 가운데 수석 시자로 동행하였다. 이극로(李克魯)는 조선어학회사건으로 징역 6년을 선고받고 함흥형무소에 복역하다가 해방 후 북에 잔류하였다.

일제는 식민사관을 통해 국조(國祖) 단군을 전면 부정하였다. 단군은 신화이자 민족주의의 산물이라고 폄하했다. 이에 나철은 대종교를 중광하여 민족사관 정립에 나섰고 2대 교주 김교헌은 〈신단민사〉, 〈신단일기〉 등을 저술하여 나철의 사상을 대중화시켰다. 3대 교주 윤세복은 감옥에서 〈삼일신고〉를 한글로 번역해 주해를 달았다.

이들의 영향을 받아 단군 부활 운동에 공감하고 나선 대표적인 인물은 단재 신채호(申采浩)와 백암 박은식(朴殷植)이었다. 신채호는 저서 〈독사신론〉을 통해 단군의 역사를 설파하였다. 박은식은 〈한국통사〉에서 발해가 망한 것은 혼을 잃어버렸기 때문이라고 지적했다. 또 문일평(文一平)은 우리 민족은 단군의 직손이며 대종교가 그 원류라고 주장했다.

주시경이 우리글을 '한글'이라고 지었다면 위당 정인보(鄭寅普)는 '국학(國學)'이라는 용어를 창안해냈다. 그는 일제 당시의 조선학(한국학)을 두고 일본학이라고 비판했다. 그 이유는 조선 시대 유학(儒學)의 고질병인 사대주의와 개화기 이후 서구 문명을 맹종하는 식민주의에 빠져 있다고 했다. 이런 반성에서 나온 것이 국학이었다.

정인보는 일찍부터 우리 민족의 '얼'을 강조하면서 그 얼은 석가나 공자의 가르침이 아니라 단군의 가르침에서 비롯됐다고 주장했다. 그는 단군의 건국이념인 '홍익인간'을 해방 후 우리의 교육이념으로 만드는데 앞장선 공로자이기도 하다. 개천절 노래 가사 역시 정인보가 지었다. 개천절 노래는 총 3절인데 1절 가사는 아래와 같다.

우리가 물이라면 새암이 있고
우리가 나무라면 뿌리가 있다
이 나라 한아버님은 단군이시니
이 나라 한아버님은 단군이시니

감격의 해방과 환국, 새 출발 다져

제2차 세계대전 종전을 앞두고 미국·영국·중국 3개국 수뇌들은 1945년 7월 26일 독일 포츠담에 모여 일본에 대해 항복을 권고하였다. 그러나 일본은 본토 결전의 결의를 다지며 이를 거부하였다. 이 때문에 일본 히로시마와 나가사키에 원자폭탄이 투하되었고, 소련도 8월 9일 참전하였다.

8월 12일 소련군이 소만(蘇滿) 국경을 넘어 진격하자 액하 감옥 문이 열렸고 재소자들은 전원 석방되었다. 윤세복 교주를 비롯해 6명의 임오교변 수감자들도 모두 옥문을 나섰다. 일행은 영안현 해남촌 최창진 집에서 며칠 휴식을 취했다.

대종교 총본사 환국기념(1946.6.16)

8월 18일 윤세복은 영안현 신안진촌에 있던 신일(信一)시교당을 부활시킨 후 4년 만에 동경성으로 돌아와 총본사 간판을 내걸었다. 26일에는 대종학원 내에 한글 강습회를 열고 백여 명의 회원을 모집하여 한글과 역사, 시사 등을 가르쳤다. 이어 총본사 직원을 뽑고 교당 정비와 포교 활동에도 나섰다.

그러나 만주 현지 시정이 생각만큼 원만하지 않았다. 새로 진주한 소련군의 약탈, 강간 등으로 치안이 불안하였으며, 이들은 종단 운영에 적잖은 방해가 되었다. 이들은 종단 간부들에게 공산당 가입을 요구하다가 거부하자 "대종교는 공산 정책에 비협조적 단체이며 교주 이하 중진들은 반동분자이니 처단해야 한다"며 공갈과 협박을 하였다.

해방의 기쁨도 잠시뿐 대종교는 새로운 난관에 봉착하였다. 그해 10월 개천절 행사를 마친 후 윤세복은 국내 실정과 교계 현황 조사를 위해 이현익을 서울로 급파했다. 이후 만주의 상황은 갈수록 악화되자 이현익의 서울 상황 보고를 마냥 기다릴 수만도 없었다.

윤세복은 이듬해 1월 14일 총본사 회의에서 서울 남도 본사 부활과 함께 환국을 결의하였다. 1월 17일 수행원 4명과 함께 동경성을 출발한 그는 한 달 만에 서울에 도착했다. 경술국치 후 가산을 정리하여 친형 윤세용과 함께 만주로 망명한 후 36년 만의 귀환이었다. 3세 교주로서 대종교의 앞날을 책임진 그로서는 누구보다도 소회가 깊었을 것이다.

1946년 2월 23일 총본사 회의서 직원 선출과 예산을 편성하면서 새 출발을 하였다. 이어 28일 서울시 중구 저동 2가 7번지의 옛 천대사(千代寺) 건물을 매입하여 총본사를 이전하고 장교동에 있던 남도 본사도 합류시켰다. 7월 17일 총본사 천궁에서 '독립원도식'을 열고 "한검께서 끼쳐주신 이 흐무진 흙 위에 완전한 독립 국가·자주 인민을 중건하야 세계평화에 힘센 일꾼이 되게 하여 주옵소서"라고 빌었다.

그해 8월 14일 애국단체가 주관한 해방 1주년 기념식 때 축하 행사의 일환으로 봉화 제전을 거행하였다. '불씨'는 총본사 천진전에서 받아서 손기정이 봉송하여 남산정에 마련된 봉화대에 점화되었다. 이후로 성화 채화 및 봉송은 매년 개천절 행사 때 거행되었다.

한민족의 뿌리, 개천절과 어천절

상해 임시정부와 임시의정원은 '독립선언일'과 '건국기원절'을 국경일을 제정했다. '독립선언일'은 대한 민족이 나라의 '독립'을 선언한 1919년 3월 1일을, '건국기원절'은 국조 단군이 나라를 처음 '건국'한 기원전 2333년 음력 10월 3일을 말한다. 임시정부가 제정한 2대 국경일은 현재 대한민국 정부에서도 국경일로 지정돼 있다. '건국기원절'은 개천절, '독립선언일'은 3·1절이다.

1949년 한국 정부가 국경일을 제정할 때 '건국기원절'은 '개천절'로 그 이름이 바뀌었다. 대한민국의 '건국절'은 이미 국경일로 지정된 '개천절'이고, 그 '건국일'은 기원전 2333년(음력) 10월 3일이다. 따라서 근년에 보수진영 일각에서 주도했던 '건국절 논란', 즉 8.15 광복절을 건국절로 바꾸자고 했던 주장은 우리 역사를 모르는 무지에서 비롯한 것이라고 할 수 있다.

대종교에서는 개천절, 어천절, 중광절, 가경절을 4대 경절(慶節)로 삼고 있다. 2부에서 썼듯이 어천절은 배달 임금 환검(桓儉)이 93년 동안 나라를 다스리다가 기원전 2241년 아사달에서 한울로 올라간 날(음 3.15)을 말한다. 중광절은 나철이 대종교를 다시 일으켜 세운 날(음 1.15)을, 가경절은 나철이 구월산에서 순교한 날(음 8.15)을 말한다. 개천절과 어천절은 단군과 관련된 날이라면 중광절과 가경절은 단군교를 다시 세운 나철과 관련된 날이다. 크게 보면 모두 단군과 관련돼 있다.

요즘 사람들에게 어천절(御天節)은 좀 낯설다. 그러나 어천절은 일제 강점기 때만 해도 개천절과 같은 급의 중요한 기념일이었다. 개천절이 단군이 조선을 개국하고 문명화를 이루었다는 것을 기념하였다면 어천절은 단군이 죽어 소멸하지 않고 하늘로 돌아간 것을 기념한 날이다. 다시 말해 어천절은 삼신의 영원성을 종교적 신앙으로 믿었다는 것을 말한다.

따라서 어천절 기념식은 국내뿐만이 아니라 상해와 만주에서도 거행하였다. 상해에서는 이승만 대통령을 비롯해 많은 임시정부 요인들이 참석하여 기념사를 하였다. 중국 연변 지역 조선족들은 요즘도 어천절을 중요한 명절 가운데 하나로 여기고 있다.

어천절과 관련된 독립운동 사례도 있다. 1921년 5월 마산 창신학교의 10대 학생 7명이 단군의 어천절을 기념한 혐의로 체포되었다. 이들은 학교를 결석하고 어천절을 알리는 글을 뿌리고 전신주에도 붙였다. 또 만주에서는 1919년 어천절을 기해 대한독립단이 결성되었다.

3.1혁명 후 국내에서 만주로 건너온 의병, 유림, 포수 등 560여 명은 기존의 단체를 전부 해체하고 단군 정신 아래 하나가 되었다. 또 중국 길림에서 독립투쟁을 하던 한족노동당은 자체 제작한 국어 교과서에 어천절을 싣기도 했다. 이들은 어천절을 개천절, 국치일, 삼일절과 함께 기념일로 삼았다. 어천절은 개천절과 함께 한민족의 뿌리로서 일제하 민족의 단결과 정체성 확립 및 대일투쟁 의지를 고무시켰다.

남산 신궁 터에 '단군전' 건립 계획

해방 후 국내 정세는 미소 양국의 세력과 함께 여러 정파 간의 경쟁으로 매우 혼란스러웠다. 1946년 2월 만주에서 환국한 대종교는 국조 단군을 민족의 구심점으로 삼기 위해 서울에 '단군전' 건립을 추진하였다. 장소는 일제 당시 조선신궁이 있던 남산으로 잡았다.

당시 이승만 대통령은 대종교 원로원장을 맡고 있던 이시영 부통령을 통해 대종교 윤세복 종사에게 덕수궁 석조전을 사용하라고 권했다. 이는 이 대통령이 대종교의 독립투쟁의 공을 기려 배려한 것이었다. 그러나 대종교 측은 무슨 보상을 바라고 한 일이 아니라며 사양하였다.

대종교는 단군전 봉안위원회(위원장 이시영)를 구성하였는데 정·관계를 비롯해 학계, 문화·예술계 등 각계에서 명망가들이 대거 참여하였다. 미군정의 민정장관을 지낸 민세 안재홍을 비롯해 위당 정인보, 철기 이범석, 한뫼 안호상, 일석 이희승, 사학자 이선근, 산운 장도빈, 고고학자 손보기, 제헌의원 서상일, 언론인 백광하, 시인 이은상, 국제법학자 이한기, 베를린 올림픽의 영웅 손기정, 영화 '아리랑'의 나운규 감독, 한국인 최초의 비행사 안창남, 국악인 성원경, 바둑 명인 조남철, 실업인 조정구(삼부토건 회장) 등이 그들이다.

대종교의 단군전 건립 계획은 국민들로부터 큰 반향을 불러일으켰다. 그러나 이같은 계획은 이내 커다란 반발에 부닥쳤다. 가장 큰 반대 세력은 기독교 집단이었다. 기독교는 단군전 건립을 우상숭배라며 강하게 비판했다. 게다가 당시 이승만 정권은 미국의 눈치를 보고 있었는데 미국은 민족주의에 거부감을 갖고 있었다. 이로써 야심차게 추진됐던 대종교의 단군전 건립 계획은 해방된 조국에서조차 성사되지 못했다.

단군 관련 성전 건립은 이후에도 몇 차례 시도되었다. 박정희 정권 시절인 1967년(단기 4300년) 서울 종로구 삼청공원 내에 '단군 민족관' 건립이 다시 추진되었다. 대종교 총본사에 소장된 '민족관 건립 취지문'에 따르면, 단군전 건립은 "조국 근대화와 민족통일을 이룩하려는 이 시점에서 3천만이 단군 한배검의 후손임을 강조하고 재인식함으로써 천만 줄기의 시냇물이 큰 바다로 흐르듯이 우리의 얼과 사상이 홍익인간의 단군의 얼로 귀일(歸一)케 하는 일이 시급하고도 중요한 일"이라고 의미를 부여하였다. 이듬해 3월에는 건립부지 마련에 토목공사 설계서까지 준비되었다.

당시 '단군 민족관' 건립추진회 회장은 독립운동가 출신의 곽상훈 전 국회의장이 맡았다. 이사로는 소설가 월탄 박종화, 독립운동가 출신의 박영준 초대 한전 사장, 안호상 박사 등이 참여하였으며, 지도위원으로는 강원룡 목사, 김종필 국무총리, 김활란 이대 총장, 노기남 대주교, 박순천 국회의원, 유진오 박사, 방일영 조선일보 사장, 이범석 장군, 이인 변호사, 이효상 국회의장, 최두선 국무총리, 고재욱 동아일보 사장, 소설가 김팔봉, 김연준 한양대 설립자, 박두병 두산그룹 회장, 백락준 연세대 총장, 이병철 삼성그룹 회장, 이청담 스님, 임영신 중앙대 총장, 장기영 한국일보 사장, 정일권 국무총리, 최덕신 천도교 교령, 한글학자 최현배 등 당대의 거물들이 대거 참여하였다.

각계의 성원과 참여로 추진되던 '단군 민족관' 건립은 이번에도 기독교계의 반발로 또다시 무산되었다. 이유는 매 한 가지였다. 이후 1995년에도 '국조 성궁(國祖 聖宮)' 건립을 추진하였으나 마찬가지로 기독교계의 반발로 성사되지 못했다. 대종교 총본사는 1968년 당시의 '단군 민족관' 설계도를 가지고 새로운 총본사 건물 건립을 추진 중이다.

좌절된 부흥의 꿈, 천도시야비야!

대종교 역사를 돌이켜 보면, 나철 대종사는 단군교를 다시 일으켰고, 2대 종사 김교헌은 교사(教史)를 세웠다. 또 서일 종사는 교리(教理)를 다듬었으며, 3대 윤세복 종사는 어려운 여건에서도 교단(教壇)을 잘 지켜냈다는 평가를 받고 있다. 환국 후 대종교는 전열을 정비하고 중흥회를 조직해 옛 영화를 되찾으려고 노력하였다. 그러나 국내 여건은 대종교에 호의적이지 않았고, 부활의 기회도 주지 않았다. 오늘날 대종교의 초라한 현주소가 이를 말해주고 있다.

언론인 곽병찬은 '지워진 민족해방의 신앙'이라는 제목의 칼럼에서 "독립운동의 자취를 좇다 보면 어김없이 만나는 게 대종교다. 오른쪽 왼쪽 혹은 나라 안팎 어디에서 접근하든 무장투쟁 노선이든 외교 노선이든, 한글이나 국학 등 문화운동이든, 독립운동의 모든 길목엔 대종교가 있다. 지금은 주류로부터 미신 혹은 국수주의적 망상으로 매도당하지만, 일제하에서 대종교는 민족정체성의 원천이었고, 민족 해방운동의 이념이었다"(한겨레, 2016.7.5.)고 썼다.

중국 연길 소재 대종교 3종사 묘소

이렇듯 대종교는 우리 민족의 수난기에 맨 앞에서 가장 치열하게 싸웠다. 민족종교로서 제 몫을 다했고, 그 결과로 민족사에 우뚝 섰다. 상식대로라면 대종교는 해방 후에 가장 윗자리를 차지했어야 마땅했다. 그러나 대종교는 그에 걸맞은 위상을 확보하지 못했다. 이는 대종교의 고난의 역사와 시대 상황 등이 복합적으로 작용한 결과인 셈이다.

가장 큰 원인은 임오교변으로 인해 입은 충격과 피해가 너무도 컸다. 교단의 핵심 인사 10명이 목숨을 잃었으며 물적 피해도 매우 컸다. 해방 후 남북 정부는 대종교인들을 중용했으나 얼마 되지 않아 모두 권력 주변에서 밀려났다. 또 6.25 전쟁을 전후하여 김두봉·이극로·정열모·정인보·윤기섭·안재홍·명제세·조완구 등 거물급 인사 다수가 월북 혹은 납북되었다.

국토분단과 동족 간의 전쟁이 대종교에는 치명적인 악영향을 끼쳤다. 여기에 남한에서는 서구 종교가 밀려와 우리 민족 고유의 정체성을 배척하였으며, 북한에서는 공산주의가 지배 이데올로기가 되면서 대종교는 설 땅을 잃게 되었다. 이로써 남북 모두에서 대종교 부흥의 꿈은 좌절되고 말았다.

일제하 항일투쟁을 벌이던 당시 대종교 교인 수는 최대 40만 명에 달했다. 또 60년대 말까지만 해도 교인 수가 60만 명에 달해 6대 종교로 꼽혔다. 그러던 것이 지금은 4천여 명에 불과한 실정이다. 이처럼 교세가 위축된 데는 외부요인만 탓할 일은 아니다. 대종교 내부의 갈등과 노력 부족도 없지 않다.

해방 후 대종교는 교단 차원에서 민족대학 설립에 나섰다. 국학대(우석대 전신), 홍익대, 신흥대(경희대 전신), 단국대 등은 모두 대종교인이 주도해 세웠다. 그러나 이 대학들마저도 대종교를 거들떠보지도 않고 있다. 심지어 어떤 대학은 연혁에서 대종교와의 관련성을 아예 삭제하였다.

대종교의 참담한 현주소는 비단 대종교만의 문제는 아니다. 따지고 보면 이 시대, 우리 민족 모두가 짊어지고 있는 숙제와도 같은 것이다. 아직도 단군의 역사를 신화로 가르치는 우리의 현실에서 대종교는 여전히 설 땅이 없다.

대종교는 이국땅에서 온갖 고난과 시련에 맞서 국혼을 지키고 국권 회복을 위해 일제와 맞서 싸웠다. 그러나 오늘날 대종교의 독립투쟁사는 역사 교과서에서도 제대로 다루지 않고 있다. 그러다 보니 대종교를 기억하는 사람도, 대종교에 빚을 졌다고 생각하는 우리 국민도 거의 없는 실정이다.

청절지사(淸節之士)로 추앙받은 백이·숙제(伯夷·叔齊)는 수양산에서 굶어 죽었고, 반면 천하의 악인으로 불린 도척(盜跖)은 천수를 누렸다. 이를 두고 〈사기(史記)〉를 쓴 사마천은 하늘을 향해 '천도시야비야(天道是耶非耶)', 즉 하늘의 이치가 과연 옳은지 그른지를 따져 물었다.

대종교를 두고 하늘에 한 번 따져 묻고 싶다. 오늘날 대종교의 현주소가 과연 하늘의 옳은 이치일까. 만약 그렇다고 한다면 홍익인간 이념을 펴신 단군 앞에, 단군교를 중광한 홍암 대종사 앞에, 그리고 만주벌판에서 풍찬노숙하며 일제와 맞서 싸운 애국선열 앞에 하늘은 한없이 부끄럽지 않겠는가.

제 2 부

항일투쟁의 별이 된 대종교인 119인

· 대종교인 119인의 항일투쟁 이력서

대종교인 119인의 항일투쟁 이력서

[강우 – 강철구부자]

1

강우 (姜虞, 1862~1931)

군수 출신, 대종교 남도본사 지킨 주역

강우는 1862년 6월 27일(음) 충남 부여에서 태어났다. 본관은 진주(晉州), 자는 순서(舜瑞), 호는 호석(湖石), 아명은 득순(得舜), 본명은 석기(錫箕)이다. 대종교에 입교한 후 강우(姜虞)로 이름을 바꾸었다.

7세 때인 1867년부터 15년간 고향에서 한학을 배웠다. 9세에 한시를 지었으며, 도장원(都壯元)에 급제하였다. 14세에 사서삼경을 재독하고 가관례(加冠禮)를 지낼 정도로 근방에 신동으로 알려졌다고 한다.

28세 때인 1900년 함경북도 경흥의 감리(監理)가 되었고, 1901년 성진과 길주의 감리를 지냈다. 이때 서일(徐一)·현천묵 등 함경도 출신의 대종교인들과 교류하였다. 1904년 6품 승훈대부로 승진하여 남포(藍浦·보령) 군수, 1906년 홍주(洪州·홍성) 군수에 임명되었으나 사양하였다. 이는 그가 관료의 신분으로는 기울어가는 나라를 구할 수 없다고 판단한 것을 보인다.

그 무렵 그는 나라를 구할 방책으로 1) 학교 설립 2) 식산은행 설치 3) 미류(美柳) 심기 4) 양잠업 5) 황무지 개척사업 등 5가지를 제시하였다. 우선 그는 고향 임천에 사립 천영(天英) 학교를 설립하고 인근 마을에 80여 개소의 노동야학을 운영하였다. 이어 공주와 강경 등지에 농공(農工)은행을 설치하여 잔상소농(殘商小農·중소 상농인)들에게 자금을 융통해주었다. 또 호서지방에서는 처음으로 금강 연안에 미루나무 수십만 그루를 심었으며, 양잠·양봉·양어학 등 실업(實業) 서적도 펴냈다. 그는 이론과 실무를 겸비한 실천적 인물이었다.

1905년 을사늑약, 1907년 군대해산과 정미7조약 등을 겪으면서 그는 국망(國亡)을 예견하고 국혼을 되살리기 위해 대종교에 귀의하였다. 1909년 1월 15일(음) 나철이 대종교를 중광하자 당시 48세의 나이로 입교하였다. 1911년 1월 15일 지교(知教), 1914년 5월 13일에는 상교(尙教)로 승질(陞秩·교질이 높아짐)되어 총본사의 총전리(總典理)로서 5년 동안 최고 행정책임자로 근무했다.

1911년 교주 나철이 일제의 탄압을 피해 만주로 망명하자 1913년 봄 그도 만주로 망명하였다. 그해 7월 공업전습소 때부터 인연이 있던 박찬익과 박승익을 간도 용정에서 만나 대종교를 권하였으며, 8월에는 나철·백순과 동행하여 청파호 단산(檀山) 상봉에 올라 백두산을 처음으로 본 후 그 소감을 남겼다. 1914년 대종교 체제를 사도 교구와 외도 교계로 개편할 때 그는 남도 본사를 담당하였다. 그는 상해 서도 본사를 맡은 신규식과 러시아 소학령의 북도 본사를 맡은 이상설 두 사람의 대종교 입교에 큰 역할을 하였다.

1916년 12월 15일 정교(正教)로 승질됨과 동시에 대형(大兄) 호를 받았다.

1918년 1월 2일에는 교주를 제외하고는 최고위 직책인 사교(司敎)에 임명되었다. 1921년에 남도 본사를 부설(復設·다시 세움)하고 도사교위리(都司敎委理)로서 3년간 근무하였다. 1914년 6월 13일 교주 나철(羅喆)을 대신하여 백두산 상봉에 올라 혈서로 천제를 지냈으며, 1920년에는 구월산 삼성사(三聖祠)에서, 1924년에는 마니산 참성단(塹城壇)에서 수도하였다.

이밖에도 그는 대종교 교리연구에도 진력하여 〈종리문답(倧理問答)〉, 〈천산도설(天山圖說)〉, 〈제천혈고사(祭天血告辭)〉, 〈일삼경(一三經)〉과 유시 '애오가(愛吾歌)'를 남겼다. 특히 1925년에 펴낸 〈종리문답〉을 통해 교인들이 대종교를 쉽게 이해할 수 있도록 도왔다. 1950년 5월 5일 규범개정으로 도형(道兄)의 호가 추증되었다.

청호 총본사에서 근무하던 중 1919년 가을 모종의 사건으로 간도 주재 일본영사관에 검거돼 국내로 추방 명령을 받고 귀국하였다. 1922년 10월 개천절 행사 참석차 고향 부여에서 상경하여 가회동 3남 용구(鎔求)의 집에 머물던 중 11월 19일 3남 용구, 손자 을모(乙模·당시 중앙고보 1학년) 등 3인이 동대문경찰서로 연행되었다. 이는 그의 차남 철구(鐵求)가 임시정부의 독립공채를 모집하다 간도에서 잡혀 동대문서로 압송되면서 빚어진 일인데 조사 결과 그는 무혐의로 풀려났다.

슬하에 진구·철구·용구 3남을 두었는데 모두 정교(正敎)와 대형(大兄) 호를 받았다. 장남 진구(鎭求)는 한성무관학교 출신으로 만주로 건너가 독립운동과 육영사업에 힘썼으며, 참교, 지교를 거쳐 정교로 승질하였다. 차남 철구는 '임오십현'의 한 사람이다. 3남 용구는 간도 명동학교 교사를 지냈으며, 북로군정서 경신국장(警信局長)으로 활약했다. 용구는 상교, 정교를 거쳐 대종교 원로원 참의를 지냈다. 한 집안에 2대에 걸쳐 4명의 원로가 나온 것은 대종교에서는 유일하다.

그는 일제의 탄압과 교단 내의 분열과 갈등 속에서도 중심을 잡고 남도 본사를 지켜낸 인물로 평가받고 있다. 말년에 숙환(중풍)으로 고생하던 그는 1931년 3월 30일 충남 부여 자택에서 70세로 별세했다. 장례는 4월 4일 동지 연합장(葬)으로 치러졌다. 유해는 부여면 봉동산 서쪽 기슭에 안장되었다.

현재 미서훈 상태다.

2 강철구 (姜鐵求, 1894~1943, 건국훈장 독립장)
임시정부 군자금 모집, '임오십현' 1인

강철구는 1894년 2월 8일 충남 부여에서 태어났다. 본관은 진주(晉州), 호는 해산(海山)이다. 부친은 대종교 남도 본사의 책임자를 지낸 강우(姜虞)다.

1910년 3월 강경 공립보통학교를 졸업한 후 1914년 가을 토지조사국 기수로 임명돼 2년간 근무하였다. 1917년 가을 만주로 건너가 장우근(張宇根)이 세운 철령(鐵嶺) 육영학교에서 1년간 근무하였으며, 1918년 가을 연길현 동불사(銅佛寺)로 이주하여 3년간 계몽운동을 하였다.

1920년 1월에는 북로군정서 서일 총재의 비서가 되어 독립운동을 측면에서 도왔다. 그해 4월 재무국장 윤정현의 명령으로 국내에 잠입해 부여의 갑부 박창규·박남규 등으로부터 군자금을 조달한 후 서무부장 김택에게 전달하였다.

1920년 2월 초 북로군정서는 독립군을 지휘할 간부 양성을 위해 사령부에 사관연성소(士官鍊成所)를 설립했다. 그해 6월 그는 사관연성소 확충 자금 모집을 위해 임시정부가 발행한 공채 35,000원 상당의 문서를 가지고 재입국하였다. 군자금 모집 활동을 위해 그는 각 방면의 동지들을 규합하였는데 그해 9월 부여에서는 문장섭·김재설·김삼현·문경섭 등을 규합하였으며, 강경에서는 김찬형·김철수 등을 영입하여 이들과 함께 군자금을 모집하였다.

그해 10월 서울 가회동 소재 동생 강용구(姜鎔求) 집에 은신하여 활동하면서 김정제·조창호·김목현 등을 영입해 군자금을 모집하였다. 그 후 다시 고향 부여로 내려가 각 면을 순방하면서 군자금의 필요성과 임시정부 요인들의 애국활동을 자세히 설명하여 많은 호응을 얻었다. 이렇게 모금된 군자금을 임시정부에 전달한 후 만주로 가던 중 1922년 11월 간도에서 일경에 체포돼 동대문경찰서로 압송되었다. 이 일로 그는 1923년 3월 31일 경성지방법원에서 징역 3년을 선고받고 옥고를 치렀다. 출옥 후 다시 만주로 돌아와 1933년 봄 동불사 민회장으로 선임되어 5년간 근무하였다.

그는 1910년 3월 15일 대종교에 입교하였다. 1935년 이후 영계와 참교, 지교, 상교의 교질을 차례로 받았으며, 교직으로 경의원참의와 경각 봉선과 총본사 전강을 역임하였다. 또 신경(新京) 정부 교섭원과 교적(教籍) 간행회 총무로 선임돼 많은 업적을 남겼다. 1942년 10월 3일에는 천전(天殿)건축주비회를 발기하여 동경성(東京城)에 천전(天殿)을 세우기로 계획하고 준비하였다.

그러던 중 소위 '임오교변'이 발생해 11월 19일 동불사(銅佛寺) 자택에서 일경에게 체포되었다. 이날 체포된 대종교 간부는 모두 24명인데 이들은 영안현 경무과에서 구금돼 조사를 받았다. 이후 목단강성(牧丹江省) 가목사(佳木斯) 형무소에서 복역 중 병보석으로 석방되었으나 출옥한 지 채 한 달도 되지 않아 1943년 10월 21일(음 9.23) 동불사 자택에서 별세하였다. 유해는 동불사 산록에 안장하였다.

1946년 8월 15일 정교와 대형(大兄) 호가 추증되었다. 그는 대종교의 '순교십현(殉教十賢)' 중 1인으로 추앙되고 있다.

1991년 10월 중국에서 유해가 봉환돼 대전 현충원에 이장되었다.

1963년 건국훈장 독립장이 추서되었다.

3 계화 (桂和, 1885~1928, 건국훈장 독립장)
대한군정서 재무부장 두 차례 역임

계화는 1885년 평안북도 선천에서 태어났다. 이명은 활(活), 호는 백연(白淵) 또는 백연(白困)이다. 학력이나 초기 활동은 알려져 있지 않다.

만주로 이주한 후 대종교에 입교하여 1911년 중광단(重光團) 조직에 참여하였다. 중광단은 나철의 대종교 '중광(重光)'에서 따온 것으로 만주 지역 최초의 항일 무장단체다. 서일(徐一)은 계화를 비롯해 현천묵·백순·박찬익·김병덕·채오·양현·서상용 등과 중광단을 조직하였다. 단장은 서일이 맡고 본부는 길림성 왕청현에 있었다. 중광단은 무기의 부족으로 적극적인 무장투쟁보다는 학교를 세워 한인 청년들의 정신교육에 주력했다.

1919년 국내에서 3.1혁명이 일어나자 3월 26일 대종교인들과 함께 반일 시위에 참가했다. 그해 4월 상해에서 임시정부가 조직되자 중광단은 대한정의단(大韓正義團)으로 재편되었는데 이때 서일·양현·채오 등과 함께 참여하였다. 대한정의단은 그해 10월 대한군정회와 통합하여 대한군정부(大韓軍政府)로 개편하였다가 임시정부의 결정에 따라 대한군정서(大韓軍政署)로 명칭을 변경하였다. 대한군정서는 총재 서일, 부총재 현천묵, 사령관 김좌진, 참모장 이장녕, 서무부장 임도준 등으로 구성되었는데 그는 재무부장에 임명되었다.

대한군정서는 청산리대첩 후 러시아령 이만으로 이동해 1921년 3월 다른 독립군 부대들과 연합하여 대한의용군 총사령부를 조직하였다. 그해 6월 자유시참변이 발생하였는데 북로군정서의 김좌진 등은 자유시행 직전에 이탈하여 북만주로 되돌아와 화를 면했다. 북만주 일대의 독립운동 단체들은 통합을 추진해 1924년 3월 대한군정서가 재조직되었는데 이때 그는 다시 재무부장에 임명돼 활동했다.

대종교 경력으로는 1916년 7월 참교, 그해 12월 지교, 1918년 8월 상교로 승질되었다. 1924년 3월 총본사 전강으로 임명되었으며, 1926년 1월 정교와 대형(大兄) 호를 받았다.

1926년 영안현 구가에서 병사하였고, 유해는 신안진 묘지에 안장하였다.

1963년 건국훈장 독립장이 추서되었다.

4 고평 (高平, 1886~미상, 건국훈장 독립장)
독립군 통합과 무기 조달에 기여

고평은 1884년 5월 2일 전북 부안에서 태어났다. 본관은 장흥(長興), 자는 수여(秀汝), 호는 백하(白霞)이다. 본명은 고찬(高鑽), 이명은 인석(仁錫)인데 나중에 독립운동에 투신하면서 평(平)으로 개명했다.

1902년 서울 보광(普光) 학교를 졸업하고 이어 경성(京

城) 관립 법관양성소에 들어가 법률을 공부하였다. 1905년 4월 경성지방법원 춘천지청 검사에 임명되었다. 이후 1906~1910년 전라북도 부안(扶安) 내소사(來蘇寺)에 머물면서 불교철학을 공부하였으며, 서화 전람 일을 맡기도 했다.

그는 1911년 7월 대종교에 입교하였다. 이듬해 2월 대종교 남도 본사 관내의 포교원에 임명되었으며, 1913년 4월에 대종교 본사 전강(典講)에 임명돼 중국 연변 왕청현으로 거처를 옮겼다. 이후 그는 대종교의 포교 활동과 연계된 민족운동에 투신하게 되었다. 1916년 10월 10일 참교가 되었으며, 이듬해 5월 17일 지교로 승질되었다. 그는 만주에서 대종교 세력의 일원으로서 독립운동에 참여하였다.

1914년 3월 한인들이 세운 간민권학소(墾民勸學所)의 소장을 겸임하였다가 그해 4월에는 신성(新成) 중학의 강사로 임명돼 활동했다. 1919년 2월 18일 연길현 국자가(局子街)에서 구춘선·김영학 등 33인과 함께 광복단(光復團)을 조직하였다. 이들은 간도 지방에서 독립선언서가 발표되면 만세 시위를 벌이기로 결의하였는데 그해 용정(龍井)에서 3·13 만세운동을 주도하였다.

그는 서일·현천묵·계화 등 대종교 인사들과 함께 1911년 3월 왕청현에서 간도 지역 첫 독립운동 단체인 중광단을 조직했다. 중광단은 대종교 포교와 함께 여러 학교를 세워 한인들의 민족의식을 드높이고 독립운동을 위한 인재를 양성하였다. 그는 대종교에서 세운 명동(明東)학교 교사로 근무하였으며, 중광단 단장 서일이 책임자로 있던 대종교 동일도본사의 주요 교인으로 활동했다.

당시 대종교 동도 본사는 동만주 일대와 러시아 극동 연해주 지방을 관할하는 교구였다. 1919년 3.1혁명 후 중광단은 대한정의단을 거쳐 북로군정서로 재편되었다. 북로군정서는 대대적인 무장투쟁에 앞서 서일의 주도로 연해주에서 다량의 무기를 구입하였다. 당시 그는 블라디보스토크 등 연해주 일대

한인들과 대종교 세력을 연계, 총괄하는 책임자로 활동하고 있어서 북로군정서의 무기 조달에 깊이 관여하였다.

1920년 3월 말 당시 의군부 참모로 있던 그는 군무도독부가 소재한 봉오동의 최진동 집에 가서 최진동의 도독부와 홍범도의 대한독립군, 안무의 국민회군 등 독립군의 협력과 연대를 제안하였다. 그 결과 그해 5월 말 약 700명 내외의 대규모 독립군 연합부대인 대한북로독군부가 탄생하였다. 통합 과정에 기여한 그는 6월에 대한북로독군부의 참모부장을 맡아 독립군 부대의 통합과 조정 역할을 했다. 이런 사실은 근래 일본 외무성 비밀문서를 통해 밝혀졌다.

청산리대첩 후 그는 북로군정서 부대와 함께 러시아행에 올랐다. 1921년 6월 자유시참변을 겪은 후 본래의 활동 근거지인 연길로 돌아와 의군부 재기를 위해 힘썼다. 1923년 5월 연길 명월구(明月溝)에서 고려혁명군을 조직하여 김규식을 총사령관에 추대하고 그는 참모장에 임명되었다. 1928년 재만(在滿)동지회를 조직해 한인의 생활 정착에 힘쓰다가 중국 관내(關內)로 이동하였다. 그는 한동안 중국 국민당 정부 계열 지방군의 참모장이나 군 법무 관련 직책을 맡았으나 자세한 행적은 알려지지 않았다.

그 무렵 대종교 활동도 활발했다. 1937년 당시 그는 상교(尙教)의 교질로 대종교 하얼빈 선도회(宣道會)의 전의사원(典儀司員)으로 활동하였다. 하얼빈 선도회는 3대 교주 윤세복이 관동군 측과 협상하여 하얼빈 시내에 세운 포교 조직이었다. 선도회는 각지에 8개 시교당을 설치하였고, 교적(教籍) 간행을 통해 교세 확장에도 기여했다.

8.15 광복 후 귀국한 그는 1948년 정부 수립 후 제헌국회에서 구성된 반민족행위자특별조사위원회(반민특위)의 특별재판관으로 선임돼 활동했다. 1950년

한국전쟁 발발 후 서울에 남아 있다가 북한군에 납치됐다. 다른 납북자들의 경우 대개 북에서의 행적이나 최후, 묘소 등이 파악되고 있으나 그에 대해서는 전혀 정보가 없다. 아마 납북 도중에 어디선가 피살된 걸로 추정된다.

1992년 건국훈장 독립장이 추서되었다.

5 권덕규 (權悳奎, 1891~1950, 건국훈장 애국장)
조선어사전 편찬위원 맡아 고어 담당

권덕규는 1891년 8월 7일 경기도 김포에서 태어났다. 본관은 안동(安東), 호는 애류(崖溜)이며, 한별·환민(桓民)·노덧물 등의 필명을 사용하기도 했다.

1910년 휘문의숙에 입학해 1913년 3월 4회로 졸업하였다. 재학 중인 1912년 3월 국어학연구회 강습소 중등과(3회)를 졸업하였으며, 이듬해 3월에는 조선어 강습원 고등과 제1회로 졸업하였다. 그는 휘문의숙 재학 중에 조선어 강사로 출강한 주시경에게 감화되어 국어연구에 발을 들여놓게 되었다.

1913년 4월 그는 휘문의숙 졸업생과 재학생, 교직원 등이 참여해 조직한 문우회(文友會) 회장으로서 회보 〈통신(通信)〉을 간행하였다. 이때부터 3년간 조선언문회 특별회원이 되었으며, 최남선이 주도한 조선광문회에서 〈말모이〉 편찬에 참여하였다. 1914년 7~8월 경남 동래 사립 명정(明正) 학교의 조선어하기 강습소 강사로 활동하였으며, 이듬해 9월에는 조선어 강습원 중등과 강사가 되었다. 이어 1916년 4월에는 이규영·신명균·장지영·김두봉 등과 함께 조선언문회 의사원으로 선임되었다.

1920년 4월 모교 휘문고보의 조선어 교사 촉탁으로 들어가 우리 말과 글을 가르쳤다. 이듬해 11월 25일 휘문고보에서 개최된 조선어연구회(조선어학회 전신) 창립 발기인으로 참여하였으며, 12월 3일 열린 총회에도 참석했다. 그는 조선어연구회 주최 조선어 강습회 강사로 활동하였다. 1923년 5월 광문사에서 〈조선어문경위『朝鮮語文經緯』〉를 발간하였으며, 1924년 중앙고보의 조선어 교사로 임명돼 1931년까지 근무하였다.

1926년 9월 인사동 계명구락부에서 정음회를 조직하고 지석영·이윤재 등과 위원으로 참여하였다. 그해 11월 조선어연구회 주최 훈민정음 반포 제8 회갑(回甲) 기념식을 거행하고 이날을 '가갸날(한글날 전신)'로 제정하였다. 이때 그는 언문의 명칭 문제와 그 선전방책에 관한 문제를 담당할 위원의 한 사람으로 선임되었다. 1927년 2월 이병기·최현배·정열모·신명균 등과 함께 한글사를 조직하고 동인지 〈한글〉을 발간하였다. 이 시기 전후로 그는 언론 기고와 조선어 강사로 맹활약하였다.

1929년 11월 조선교육협회에서 조선어사전편찬회 발기총회를 열고 위원을 선거한 후 규약 등을 통과시켰다. 그는 이승훈·윤치호·안재홍 등과 발기인으로 참여하고 최현배·이극로·장지영 등과 함께 위원으로 선임되었다. 1930년 4월 1일 동아일보 창간 10주년 조선 어문 공로자 9명 가운데 한 사람으로 선정되었다. 그해 한글 맞춤법 통일안 제정위원으로 참여하였으며, 1932년 4월 한기악(韓基岳) 후임으로 조선일보 편집국장 대리로 임명돼 한동안 근무했다.

1933년 1월 장지영·변영태·김교신 등의 주도로 조선 문화 연구와 진흥을 목적으로 조선문흥회(文興會)를 창립하였는데 그는 간사로 뽑혔다. 그해 10월 조선어학회 임시총회에서 한글 맞춤법 통일안이 심의, 통과되었다. 이를 일반에 보급하기 위해 그는 경성방송국에서 1개월 동안 조선어 강좌를 방송하였다. 이후 조선어학회는 표준어사정위원회를 구성하고 사전편찬에 착수하였다. 1936년부터 그는 조선어사전 편찬위원을 맡아 고어와 궁중어를 담당하였다. 사전 편찬작업에 전념하던 그는 1940년경 중풍으로 쓰러졌다.

1942년 10월 일제는 소위 조선어학회사건을 조작하여 조선어학회 회원을 대거 검거하였다. 그는 신병으로 인해 불구속 입건되었으며, 이듬해 4월 기소중지 처분을 받았다. 1945년 〈조선유기(朝鮮留記)〉를 한 책으로 엮은 〈조선사〉를 출간했는데 이는 당대의 베스트셀러가 되었다. 1946년 3월 부인용 잡지 〈우리집〉의 편집위원으로 참여했으며, 그해 그동안 집필한 수필·기행문 등을 묶어 〈을지문덕(乙支文德)〉을 발간했다.

그는 1950년 3월 5일 서울 흑석동 58번지 자택을 나간 후 실종되었는데 그해 10월 24일자로 사망 신고되었다.

그가 주시경을 통해 학문적 성숙을 이뤘다면 정신적 방면의 성숙은 유근(柳瑾)의 영향 아래 대종교와의 만남을 통해 이루어졌다. 그는 주시경과 유근의 영향으로 1910년대 초반에 대종교에 입교한 걸로 추정된다. 1920년대에는 대종교청년회 활동뿐 아니라 대종교 관련 강연을 도맡았을 정도로 깊이 관여하였다. 특히 그는 동아일보를 통하여 단군과 대종교를 선양하는 데 앞장섰다. 1921년 8월 동아일보사 주최 백두산 강연회에서 그는 단군이 탄생한 태백산이 백두산이며 동양의 모든 강산이 백두산을 중심으로 하고 있다고 말했다.

그는 구한말부터 해방 직후까지 국어학자·역사가·교육자·문인·만담가 등 다방면으로 활동한 기인(奇人)으로 1920~1930년대 잡지의 인물평에 단골손님으로 등장할 만큼 숱한 일화를 남겼다. 말년에 중풍으로 고생하다가 행방불명되었는데 현재까지도 정확한 별세 일자, 장소 등이 밝혀지지 않았다.

2019년 건국훈장 애국장이 추서되었다.

6

권오설 (權五卨, 1897~1930, 건국훈장 독립장)

조선공산당 조직 재건 사회주의 운동가

권오설은 1897년 12월 18일 경북 안동에서 태어났다. 본관은 안동, 호는 오서(五敍). 어려서부터 한학을 수학하였으며 이후 향리의 남명학교, 하회 동화학교에 입학해 신학문을 배웠다.

1916년 대구고보(경북고 전신)에 입학해 다니다가 민족의식을 고취했다는 이유로 퇴학당했다. 이후 서울로 올라가 중앙고보와 경성 부기학교를 다녔으나 가정 형편이 어려워서 중퇴하였다.

1918년 전남도청에 일자리를 구했으나 이듬해 3.1운동에 연루돼 구류 처분을 받아 파면되었다. 1920년 고향으로 돌아와 청년 교육에 나섰으며, 1922년 풍산(豊山) 청년회를 조직해 노동·농민운동에 앞장섰다.

고향 선배 김재봉(金在鳳)의 부름을 받고 서울로 올라간 그는 1925년 4월 조선공산당 자매단체인 고려공산청년회 창립에 참여하여 중앙집행위원 겸 조직부 책임자가 되었다. 그해 12월 신의주사건으로 조선공산당 조직이 와해되자 고려공산청년회 책임 비서를 맡아 조직을 재건하였다. 이후 그는 대표적인 사회주의 독립운동가로 활동하였다.

1926년 6월 10일 순종 국장일에 제2의 3·1운동을 일으키려고 조선노농총동맹과 조선학생과학연구회를 중심으로 투쟁위원회를 결성하여 천도교와 함께 거사를 준비하였다. 그러나 거사 직전 개벽사(開闢社)에 숨겨뒀던 격문과 전단 등이 일경에 발각돼 그는 6월 7일 체포되었다. 1928년 2월 경성지방법원에서 징역 5년을 선고받고 복역 중 고문 후유증으로 출소 100일을 앞두고 1930년 4월 17일 옥중에서 순국하였다.

경북 안동에 있는 경상북도독립운동기념관에는 대종교의 핵심 경전인 〈삼일신고〉가 보관돼 있다. 이 책은 권오설의 유품에서 나온 것으로 그의 유족이 기증한 것이다. 대종교인 성세영(成世英)은 1922년 서울 대종교 총본사를 다녀온 후 〈본사행일기〉를 남겼다. 그 속에는 안동지역 대종교인 30명의 명단이 수록돼 있는데 그의 이름도 들어 있다.

그가 대종교에 입교한 시기는 중앙고보에 다니던 시절로 보인다. 당시 대종교의 거물급 인사인 유근(柳瑾)은 중앙학교 교장으로 있었고, 대종교인이자 한글학자인 김두봉(金枓奉)은 국어를 가르치고 있었는데 이들의 영향을 받은 것으로 추측된다.

2008년 4월 부인 묘와 합장하는 과정에서 그의 묘에서 철관(鐵棺)이 나와 화제가 됐었다. 엄밀히 말해 이 철관은 목관에 함석으로 외관을 덧씌운 것인데 이는 서울에서 안동으로 운구하면서 당시 철도 규칙에 따른 것으로 보인다. 1916년 8월 황해도 구월산 삼성사에서 순교한 나철 역시 사리원역에서 철관을 새로 만들어 기차 편으로 서울로 운구하였다.

그는 사회주의 독립운동가에 대한 포상이 시행된 2005년 3·1절에 건국훈장 독립장이 추서되었다.

7

권태훈(權泰勳, 1900~1994)

소설 '단(丹)'의 주인공으로 유명세

권태훈은 1900년 1월 20일(음) 서울에서 태어났다. 본관은 안동. 초명은 인학(寅鶴), 자는 윤명(允明) 또는 성기(聖祈), 호는 여해(如海)·봉우(鳳宇)·물물(勿勿)·연연(然然) 등이 있다.

그의 부친 권중면(權重冕)은 대한제국 내부(內部)의 판적국장(版籍局長)과 시종원(侍從院) 시종, 평산·진도 군수 등을 역임했다. 을사오적의 한 사람인 권중현(權重顯)은 권중면의 형이다. 이 사건을 계기로 권중면은 권중현과 형제간의 의를 끊었으며 1907년 정미칠조약을 계기로 관직을 떠났다.

이러한 특수한 가계와 시대적 상황 속에서 그는 모친으로부터 6세 때 조식법(調息法)을 배운 이래 선도(仙道)의 세계를 접하였으며 이후 유교 경전을 두루 섭렵하였다. 10세 때인 1909년 서울 마동(麻洞)에 있던 단군교 포교당에서 나철(羅喆) 대종사를 만나 대종교에 입문했다.

이후 낙향한 부친을 따라 충북 영동으로 내려가 그 이듬해 영동보통학교 2학년에 편입하여 근대학문을 배웠다. 그해 일본유람단 일원으로 일본을 방문하여 신문물을 접하였으며 15세 때 다시 일본을 방문하여 유도와 검도를 익혔다고 한다.

그는 선도계의 거인 김일송(金一松)을 만나 19세에 그를 따라 구월산에 들어가 3개월간 수련하였다. 이후 그는 민족정신을 되살리려면 우리 국조(國祖)를 위하는 것 외에는 다른 길이 없다는 신념으로 명산대천에 기도를 올리면서 한배검의 홍익인간 이념이 실현되기를 축원했다.

3·1혁명 이후 그는 만주로 건너가 독립운동에 참여하였으며 국내로 잠입해 지하운동을 했다고 한다. 해방 후 한독당에 가입하여 활동했으며, 6.25 사변 때 반동으로 몰려 곤욕을 치르기도 했다.

그런 와중에도 그는 입산 수련에 정진하였다. 우리 민족의 뿌리를 찾기 위해 바이칼호까지 탐사했으며, 민족의 성산 백두산을 일곱 차례나 올랐다. 그가 세상에 널리 알려지게 된 것은 1984년 김정빈의 소설 〈단(丹)〉에 '우학도인'이라는 이름의 주인공으로 등장하면서부터이다.

이후 그는 수필집 〈백두산족에게 고(告)함〉을 비롯해 천부경(天符經) 관련 책들을 내놓았다. 그의 사상은 민족주의와 유학을 바탕으로 한 대종교 사상에 뿌리를 두고 있었다.

83세가 되던 1982년 그는 제12대 대종교 총전교에 취임하여 92년까지 연임하였다. 취임사에서 그는 단군의 이념을 널리 펴고 대종교의 위상 제고를 위해 힘쓰겠다고 포부를 밝혔다.

독립운동가이자 선도(仙道) 수행자이며 민족주의 사상가요, 대종교 지도자로 활동한 그는 1994년 충남 공주에서 95세로 별세했다. 그의 사상을 연구하고 계승하기 위해 2001년 2월 공주에서 봉우사상연구소가 문을 열었다.

8 김광진(金光鎭, 1885~1940)
신간회 대구지부장 지낸 양명학자

김광진은 1885년 4월 16일 경북 의성에서 태어났다. 호는 해악(海岳)이다.

어릴 때부터 병약하였으나 한학이나 유학 공부를 게을리하지 않았다. 12세 때 문리(文理)를 통했으며, 독학으로 주변에 이름을 떨쳤다고 한다. 해마다 시를 지었는데 16세 때 이미 1천 수가 넘었다. 19세 되던 1904년에는 안동·예안 등지의 현인을 찾아가 학문 방법과 지도를 받았다.

1910년 대구 우현서루(友弦書樓)를 방문해 중국에서 입수된 서적들을 열람하고서 식견을 넓히고 신사조를 습득하였다. 우현서루는 항일시인 이상화(李相和)의 백부 이일우(李一雨)가 운영한 도서관으로 숙식이 가능했다. 만여 권의 서고를 갖춘 사숙(私塾)으로 전국 각지에서 뜻있는 사람들이 모여들었다. 이곳을 거쳐 간 사람은 장지연·박은식·이동휘·조성환 등 150여 명으로 전국 우국지사들의 사랑방 구실을 했다. 그는 우현서루에서 지행합일과 실천을 중시하는 양명학(陽明學)을 수용한 것으로 보인다.

27세 때인 1912년 그는 대구 협성(協成) 학교를 졸업하고 청도군 사립 공암(孔岩) 학교 교사로 초빙되었다. 이듬해 대구 명신(明新) 학교로 옮겨 근무하였다. 1919년 3.1혁명이 일어나자 격문을 써서 돌리고 동지들과 함께 거사에 참여하였다. 이 일로 경찰에 쫓기게 되자 피신했다가 3개월 후 가을에 농부로 가장하여 걸어서 함경도 함흥, 회령을 거쳐 중국 길림에 도착했다.

1920년 초 봉천(심양)에서 1년여 활동한 후 과로로 병을 얻어 이듬해 1월 귀향하였다. 이후 윤상태가 세운 달성군 월배(月背) 학교 교장으로 초빙돼 근무하였는데 이 학교는 3년 뒤에 강제 폐교되었다. 1924년 9월 의사고시에 합격해 그해 12월 대구 산격동에 한의원을 개업해 의료업에 전념했다. 1927년 2월 좌우합작 민족단체인 신간회가 창립되었다. 그해 9월 신간회 대구지부 회합에 참여했으며, 얼마 뒤 그는 대구지부장으로 선출되었다.

1929년 6월 27일 그는 이극로(李克魯)를 대구로 초대하여 환국 환영회를 열어주었다. 이극로는 한국 최초로 경제학 박사 학위(독일 베를린대학)를 받고 그해 1월 귀국해 당시 〈조선어사전〉 편찬 집행위원을 맡고 있었다. 그는 이때 이극로와의 만남을 통해 국어연구에 관심을 갖게 됐으며, 이후 그는 이 분야의 저술로 〈정음고(正音考)〉를 출간했다. 그는 양명학에도 조예가 깊었다.

1931년 일제가 만주사변을 일으켜 만주 침략에 나섰다. 그해 11월 그는 차남 영소(永韶)가 다니던 대구고보 학생들의 만주 침략 반대 농성 및 단식동맹휴업을 배후 조종하였다. 이 일로 차남 영소 등 8명이 학교에서 쫓겨났다. 영소는 교토 동지사(同志社) 대학을 거쳐 1934년 4월 서울 세브란스의전(醫專)에 입학하였다. 당시 영소는 그가 서울의 이극로, 몽양 여운형, 백산 안희제 등에게 보낸 비밀편지 심부름을 자주 하곤 했다.

그는 대구 협성학교 재학 시절 대종교인 윤세복, 안확 등과 교류하면서 신학문을 배웠으며 얼마 뒤 대종교에 입교하였다. 1914년 상경하여 대종교 포교의 일환으로 전국 순회 경연을 다닌 걸로 봐 당시 그는 대종교에 깊이 관여했던 것으로 보인다. 특히 그는 조선국권회복단 출신의 대종교인 윤상태가 세운 월배학교 교장을 지냈으며, 대종교인이자 조선어학회 간사장 이극로는 물론 만주 영안현에서 발해농장을 경영하던 안희제가 서울 명동 소천(小川)여관에 머물 당시 차남을 통해 밀서를 주고받으며 비밀활동을 하였다.

대구에서 한의원을 열러 의료업과 저술에 전념하던 그는 1938년 11월 간디스토마가 발병해 차남 영소가 근무하던 대구 동산병원에서 치료를 받았다. 그러나 이후 몸이 쇠약해져 1940년 8월 20일 55세로 별세했다. 8월 24일 장례를 치르고 유해는 칠곡군 동명면 유등지 북쪽 자락에 안장하였다.

현재 미서훈 상태다.

[김교헌-김교준 형제]

9 **김교헌** (金敎獻, 1868~1923, 건국훈장 독립장)

구한말 석학 출신 대종교 2대 교주

김교헌은 1868년 7월 5일 경기도 수원시 구포(현 화성시) 외가에서 태어났다. 본관은 경주(慶州), 자는 백유(伯猷), 호는 무원(茂園), 당호는 보화당(普和堂)이다. 교단에서는 무원종사(茂園宗師)라고 부른다.

그의 부친 김창희(金昌熙)는 공조판서와 사헌부 대사헌·홍문관 대제학을 지냈으며, 조부 김정집(金鼎集) 역시 대사헌과 예조판서를 지내는 등 그의 집안은 조선 후기의 대표적인 명문거족이었다.

18세 되던 1885년 정시 문과에 급제한 그는 규장각 직각(直閣), 예조참의, 성균관 대사성, 고등재판소 판사, 중추원 의관 등을 역임하면서 관리로서 탄탄대로를 달렸다. 1903년 문헌비고 찬집위원이 되어 5년에 걸쳐 〈증보문헌비고〉를 완성하였으며, 1909년에는 규장각 부제학으로서 〈국조보감〉 편찬에도 관여하였다. 그는 구한말의 석학이자 온후한 성격의 소유자였다.

그는 1910년 음력 정월 15일 중광절에 대종교에 입교하였다. 입교하면서 서울 박동(礡洞)의 340칸 대저택을 대종교 본사로 제공하였다. 1911년 언론인 출신의 류근(柳瑾)과 함께 단군 기록 모음집인 〈단조사고(檀祖事攷)〉 편찬을 주도하였다. 1912년 출간된 대종교 주요 경전인 〈삼일신고(三一神誥)〉 편수 겸 발행인으로 활동하였으며, 1914년에 〈신단실기(神檀實記)〉를 출판하였다. 역사 전반에 두루 해박한 그를 두고 조완구는 "선생의 깊고 넓은 학문은 모든 것을 바르게 깊게 살폈으니 당시에는 이에 관하여 선생을 따를 이가 없었다"고 평했다. 국어학자 김두봉은 그의 추도식에서 아래와 같이 극찬했다.

> "나는 이 어른(김교헌)과 십여 년을 같이 있었는데, 나의 본 것으로는 우리나라의 역사에 관한 공부와 발견이 제일 많다. 그럼으로 광문회에서 고고(考古)의 책을 많이 발행하였으나 거기도 이 어른의 공이 많으며, 또 오늘의 우리가 이만치라도 역사에 대한 생각을 가진 것은 모두 이 어른의 공이라 할지니, 그 공의 큰 것은 중국의 사마천(司馬遷)이가 세운 공보다 더 큰 것이다."

1914년 5월 상교, 1916년 4월 사교로 승질되면서 총본사에서 부전무·경리부장·도사교 위리·남도본사 전리·총본사 전강 등 종무 행정의 요직을 지냈다. 1916년 4월 최전(崔顚)·서일(徐一)과 함께 도사교(都司教)의 자격이 되는 천궁영선식(天宮靈選式)에 올라 최종 교통(教統) 전수자가 되었다. 그해 8월 15일 나철이 구월산에서 순교하자 9월 1일 제2대 도사교(교주)에 취임하였다.

일제의 탄압이 심해지자 그는 1917년 3월 화룡현 삼도구로 총본사를 이전하였다. 그해 9월 총본사에서 제1회 교의회를 열어 홍범 규제를 개정하였다. 그 결과 동일도본사(서일), 동이도본사(서일), 서일도본사(윤세복), 서이도본사(신규식), 북일도본사(한기욱), 남일도본사(강우)로 나누어 교구 정비를 하였다. 아울러 종경회(倧經會)를 구성하여 교적(教籍) 간행을 활성화시키고 이를 바탕으로 포교 활동 및 교세 확장을 도모했다. 그 결과 1922~1923년 사이에 총 46개소의 시교당을 설치하게 되었다.

1918년 11월 국내외 독립운동 지도자들을 규합하여 '대한독립선언서' 발표를 주도하였다. 이는 장차 독립운동 세력의 무장투쟁을 천명한 것으로, 도쿄 2.8선언, 3.1 독립선언의 기폭제가 되었다. 그는 또 대종교의 항일단체인 중광단 단장을 맡고 있던 서일과 함께 북로군정서를 조직하여 청산리 전투에서 대승을 거뒀다.

1920년 10월 청산리대첩 후에 발생한 경신참변으로 한인 희생자가 많아 교단의 기반이 크게 무너졌다. 그는 1922년 총본사를 영안현(寧安縣) 영고탑(寧古塔)으로 옮기고 '5계명'을 발표하여 교인들의 신앙심을 돈독히 하였다. 1923년에는 교단 중흥을 위해 4도 본사와 지사에 시교당 설치와 교직자 임명을 단행하였으며, 청년운동을 통해 교세 확장과 민족의식 고취에도 노력하였다.

그 와중에도 민족 사서(史書) 출간을 게을리하지 않았다. 그는 〈신단민사(神檀民史)〉, 〈신단실기(神檀實記)〉, 〈배달족 역사〉 등을 펴내 대종교의 역사를 체계화하였다. 이를 통해 한국사를 배달족이라는 단일민족으로 정립하였고 우리 강토의 영역을 대륙으로까지 넓혔다. 〈신단민사(神檀民史)〉는 간도 지역 중학교는 물론 독립군 양성소 생도들의 국사 교재로도 사용되었다. 또 〈배달족 역사〉는 상해 임시정부에서 간행하여 국사 교과서로 사용되기도 했다.

1919년 서일에게 종통(宗統)을 전수하려고 했으나 서일이 '5년 유예'를 요청해 성사되지 못했다. 또 경신참변으로 한인 동포들의 피해가 컸던데다 서일과 신규식의 자결, 교우 한기욱(韓基昱)과 그 일가가 참화를 당하자 그는 크게 상심하여 병을 얻었다. 결국 그는 1923년 11월 18일 영안 총본사 수도실에서 별세하였다. 유해는 화장하여 나철과 서일이 묻힌 화룡현 청파호 '3종사 묘소'에 안장하였다. 이듬해 3월 제2회 교의회의 결의로 종사(宗師) 철형(哲兄)으로 추증되었다.

1977년 건국훈장 독립장이 추서되었다.

10 김교준 (金敎準, 1884~1965)
군의 출신, 경술국치 후 대종교 입교

김교준은 1884년 4월 6일 서울에서 태어났다. 본관은 경주, 자는 계평(季平), 호는 내원(萊園)이다. 그의 집안은 조선 후기의 대표적인 명문거족으로 박동 저택 이외에도 말죽거리에 수십만 평의 땅을 가지고 있었다. 대종교 2대 교주를 지낸 김교헌(金敎獻)은 그의 맏형이다.

김교준은 한국 최초의 양의(洋醫) 양성기관인 의학교(醫學校)에 들어가 1902년 7월 제1기생으로 졸업했다. 명문 집안 자제가 판검사 같은 관직이 아닌 양의를 선택한 것은 당시로선 매우 파격적인 일이었다. 당시 병원장 봉급이 판사시보(試補)와 비슷한 정도여서 의사는 입신출세를 꿈꾸는 사람들에게는 별 매력이 없었다. 이처럼 김교준의 첫 출발은 남들과 달랐다.

의학교 졸업 후 한동안 모교 교관(교수)으로 있던 그는 1904년 군에 입대하였다. 그해 8월 육군 보병 부위(副尉·중위)에 임용된 그는 5년 뒤인 1909년 7월 육군 3등 군의장(軍醫長)으로 승진하였다. 그러나 그의 군의(軍醫) 생활은 오래가지 못했다. 이듬해 경술국치로 나라가 망하자 그는 사직하였다.

그는 1910년 3월 대종교에 입교하였다. 1911년 1월 지교(知敎)로 특별임명되어 백천지사(白川支司) 전사(典事)로 3년간 시무하였고, 1914년에는 상교(尙敎)

가 되었다.

1917년 대종교 총본사가 만주 화룡현으로 이전하자 당시 2대 교주로 있던 맏형 김교헌을 따라서 만주로 건너갔다. 그곳에서 그는 대종교 선교에 힘쓰는 한편 현지 한인들을 상대로 의료활동을 하였다.

1923년 11월 김교헌이 병사하자 얼마 뒤 그는 병원을 정리하고 귀국하였다. 이후 내과 전문 만제의원(萬濟醫院)을 개업해 의료활동을 하면서 대종교에도 깊이 관여하였다. 1938년 1월 정교(正敎)로 승진됨과 동시에 대형(大兄)호를 받았다.

해방 이듬해인 1946년 1월 서울에서 남도 본사를 재건에 참여하여 전리(典理)가 되었다. 이어 2월에 총본사가 만주에서 환국하자 초대 전리가 되었으며, 8월에는 도사교위리(都司敎委理·교주 권한대행)가 되었다.

그 후 원로원장을 거쳐 1958년 10월 사교(司敎)로 승질함과 동시에 도형(道兄) 호를 받았다. 1962년 4월 교의회에서 제5대 총전교(總典敎)로 선출돼 2년간 시무하였다.

1965년 2월 26일 노환으로 별세하였다.

11 김규식 (金奎植, 1882~1931, 건국훈장 독립장)
의병 출신의 대한독립군단 총사령

우리 독립운동사에는 세 명의 '김규식'이 있다. 첫째, 상해 임시정부에서 외무총장·국무위원·부주석을 지낸 우사 김규식(金奎植), 둘째, 경북 안동 출신으로 서로군정서 등 서간도에서 활약했던 김규식(金圭植), 셋째, 북로군정서에서 사단장으

로 활동하면서 청산리전투에 참전한 노은 김규식(金奎植) 등이다. 여기서는 세 번째 김규식을 다룬다.

노은(蘆隱) 김규식은 1882년 1월 15일 경기도 양주에서 태어났다. 본관은 김해, 이명(異名)은 서도(瑞道), 별명은 호장군(虎將軍·호랑이 장군)이다.

어려서 향리에서 한문을 배웠다. 1902년 1월 대한제국 육군무관학교를 졸업하고 육군 참위(소위)로 임관하였다. 1906년 시위대에 입대하여 부교(副校)로 활동하였으며, 1907년 8월 군대해산 이후 사직하고 양주로 귀향하였다.

1907년 양주에서 결성된 13도 창의군의 일원으로 활동하였다. 의병장 이인영(李仁榮)의 부대와 합쳐 사령장(使令將)을 맡아 1,500여 명의 의병을 지휘하였다. 경기도 장단·양주 등지에서 일본 군경과 싸웠으며, 1908년 6월 서울진공작전 때 허위(許蔿)와 함께 일본 군경에 체포되었다. 1908년 8월 경성공소원(京城公訴院)에서 내란 혐의로 15년 유배형을 선고받고 2년간 유배 생활을 하다가 1910년 9월 5일 사면되었다.

1919년 3·1운동 전후 만주로 망명하여 대종교의 중광단을 토대로 설립된 대한군정서에서 활동하였다. 1919년 12월 중광단을 이끌던 서일·김좌진 등과 북로군정서를 조직하여 사단장을 맡았다. 1920년 10월 북로군정서 제1연대 제1대대장으로 청산리대첩에 참여하여 대승을 거뒀다. 이후 독립군은 밀산으로 이동하여 각 지역 독립군의 통합체인 대한독립군단(大韓獨立軍團)으로 재편하였는데, 이때 그는 총사령에 취임하였다. 이후 러시아령 자유시로 이동했다가 비극적인 '자유시참변'을 겪은 후 옛 근거지인 북만주의 연길로 돌아왔다.

1923년 초 고평·이범석과 함께 연길에서 고려혁명군을 조직하고 총사령관에 선임되었다. 당시 고려혁명군은 병농일치(兵農一致)를 실시하여 직접 농사를 짓고 식량문제도 해결하였다. 1925년 김좌진 등이 신민부(新民府)를 조직하자 이에 가담하였다. 이후 그는 연길에서 장기적인 항일투쟁을 준비하면서 학교를 세워 청년 교육에 힘썼다.

그는 1910년 12월 28일 대종교 순교원(巡教員)에 임명돼 초기부터 대종교인으로 활동하였다. 1912년 만주로 망명한 후 1919년 서일이 현천묵·조성환 등과 대한군정서를 창립할 때 핵심 인사로 참여하였다. 특히 만주 동일도본사 소속 대종교인으로 활동하면서 1919년 2월에 발표된 '대한독립선언서'에 서명하였다. 서일이 순국(1921.8.27.)한 후 1922년 1월 영고탑(寧古塔) 자택에 북도본사(北道本司)를 설치하였다. 그해 3월에는 이철·엄주천 등을 용정촌으로 파견하여 교인 매호당 10전씩 수금한 의연금으로 시교당을 건립했다.

그는 1931년 공산주의로 전향한 최악(崔岳)의 사주를 받은 공산당원에게 피살되었으며, 유해는 주하현 마이강에 뿌려졌다.

1963년 건국훈장 독립장이 추서되었다.

12 김동삼 (金東三, 1878~1937, 건국훈장 대통령장)

독립단체 통합 앞장선 북만주 호랑이

김동삼은 1878년 6월 23일 경북 안동에서 태어났다. 본관은 의성, 본명은 긍식(肯植), 호는 일송(一松)이다. 만주로 가서 독립운동을 할 당시 주요 활동무대인 동북 3성을 줄여서 '동삼(東三)'으로 개명했다. 호 일송(一松)은 '한 그루의 소나무'란 뜻으로 절개와 강직한 성품을 상징한다.

1907년 유인식·김후병 등과 함께 고향에서 협동중학교(協東中學校)를 설립해 민족 교육에 힘썼다. 1909년 서울 양기탁의 집에서 신민회(新民會) 간부들과 만나 독립운동기지 설치와 독립군 양성 문제를 협의하였다.

1910년 경술국치로 나라가 망하자 이듬해 만주로 건너가서 이시영·이동녕·이상룡·윤기섭 등과 경학사(耕學社)를 조직하여 재만 동포들의 생활 안정을 도모하였다. 1911년에는 유인식과 같이 통화현에 중어학원(中語學院)을 설립해 한·중 양 민족의 친선을 도모하였다. 1913년에는 여준·이탁·이상룡 등과 함께 재만 교포들의 자치기관인 부민단(扶民團)을 조직하였다. 그해 말 둔전제(屯田制) 실시를 위해 유하현 밀림지대에 백서농장(白西農庄)을 개설하고 장주(庄主)에 추대되었다.

1919년 2월에 발표된 '대한독립선언서'의 서명자 39인 중 1인으로 참여하였다. 얼마 뒤 국내에서 3.1혁명이 일어나자 이상룡·이탁 등 남만 각지의 지도자들과 상의하여 부민단을 확대하여 한족회(韓族會)로 개편하고 서무부장에 취임하였다. 이어 남만주의 군정부(軍政府)가 상해 임시정부 산하로 들어가 서로군정서(西路軍政署)로 개칭되자 참모장으로 취임하였다. 1920년 11월에는 김좌진의 북로군정서 및 홍범도 부대와 합세하여 국경지대인 밀산과 노령(露領) 등지로 이동하였다.

1922년 오동진 등과 함께 각 독립군 단체를 통합시켜 통군부(統軍府)를 조직하였으며, 이듬해 1월 상해에서 열린 국민대표회의에 서로군정서 대표로 참석해 의장에 임명되었다. 이 회의에서 임시정부를 해체하고 새 정부를 조직하자는 창조파와 임시정부를 개편, 보완하자는 개조파의 주장이 팽팽히 맞섰다. 그는 양 파를 조정하고 독립운동 단체를 일원화하려고 노력하였으나 뜻대로 되지 않자 6월 3일 개조파 대표들과 성명을 발표하고 만주로 돌아왔다.

1925년 1월 길림에서 정의부(正義府)가 조직되자 참모장을 맡았다. 임시정부에서 여러 차례 직함을 주고 오라고 하였으나 일절 응하지 않았다. 1927년 길림에서 김좌진·이청천 등이 정의부·신민부·참의부를 합하여 민족유일당촉진회(民族唯一黨促進會)를 조직하자 위원장 겸 군민의회(軍民議會) 위원장에 임명되었다. 그는 만주를 비롯해 상해, 노령 등에 흩어져 있던 독립운동 단체를 통합하여 힘을 모으는 일에 힘썼다.

1929년 11월 한만합작(韓滿合作) 국제운동의 일환으로 길림 독군서(督軍署)와 교섭하여 양측 대표 60명이 회의를 열었는데 독군의 희흡(熙洽)은 총재를, 그는 의장을 맡았다. 이날 회의에서 한인 의용군 20만 명을 중국군에 편입하고 한인 교육은 자치회에서 실행하되 중국의 원조를 받을 것으로 결정하였다. 또 이를 위한 상설기관은 길림에 두기로 하였다.

그런데 1931년 9월에 만주사변이 일어나자 그는 길림을 떠나야만 했다. 희흡 장군에게 신원보증서를 받아 이원일과 함께 북만주로 향하던 도중 10월 초에 하얼빈의 정인호 집에서 하룻밤을 묵었다. 이튿날 목욕을 다녀오던 길에 일경에 체포돼 일본영사관 경찰서에서 취조를 받았다. 유치장에서 단식투쟁을 벌이던 그는 국내로 압송돼 조사를 받았으며, 1932년 12월 26일 신의주지방법원에서 무기징역 구형에 징역 10년 선고받았다.

이후 서대문형무소에서 옥고를 치르던 중 1937년 4월 13일(음 3.3) 순국했다. 장례는 만해 한용운이 나서서 성북동 심우장에서 5일장으로 치렀다. 유해는 신흥사 화장장에서 화장하여 그의 유언에 따라 한강에 뿌려졌다. 1983년 서울 현충원 애국지사묘역에 가묘가 조성되었으며, 1993년에 임시정부 요인 묘역에 새로 묘소가 마련되었다.

그는 대종교 인맥과 깊은 관계를 맺고 지냈다. 1911년 유하현에서 이시영·이동녕·이상룡 등과 경학사를 조직하였고, 이듬해에는 허혁·이상룡·이탁·이동녕 등과 부민단을 결성하였다. 1918년에는 대종교가 주도한 '대한독립선언서'에도 서명하였다. 1911년 만주에서 독립운동을 시작한 이래 순국할 때까지 그는 대종교인들과 생사고락을 같이했다. 윤세복이 펴낸 〈4선생 약전(略傳)〉에는 이동녕·신채호·안희제와 함께 그의 이름이 올라 있다.

1962년 건국훈장 대통령장이 추서되었다.

13 김두봉 (金枓奉, 1899-1960)
한글학자 출신의 북으로 간 대종교인

김두봉은 1889년 2월 16일 부산시 기장군에서 태어났다. 본관은 김해, 호는 백연(白淵)인데 이는 백두산 천지를 뜻한다.

어려서 한학을 배우다가 1908년 서울로 올라와 기호학교와 배재학당을 다녔다. 이때 주시경이 개설한 하기강습소에서 한글과 국어연구법을 배웠다. 1910년 국권피탈 후 남형우(南亨祐) 등과 대동청년단을 조직해 활동하다가 적발돼 1914년 배재학당을 중퇴하였다. 이후 최남선이 운영하던 조선광문회(朝鮮光文會)에 들어가 잡지 〈청춘〉 등을 편집했다.

이후 주시경 밑에서 한글 연구에 몰두하면서 광문회에서 펴낸 〈조선어문전(朝鮮語文典)〉 편찬에도 참여하였다. 1917년 보성고보, 중앙고보 등에 시간강사로 나가다가 1919년 3·1혁명이 일어나자 그해 4월 신의주를 거쳐 중국으로 망명하였다. 그해 7월 상해 임시의정원 의원(경남 대표)으로 선출되었으며, 1920년 이동휘를 통해 공산당에 입당하였다.

상해에서도 한글 연구는 계속됐다. 1916년에 펴낸 〈조선말본〉을 수정, 보완하여 1922년 〈깁더조선말본(精解朝鮮語文典)〉을 펴냈다. 1924년에는 상해 교민 자녀 교육기관인 인성(仁成)학교에서 국어와 역사를 가르치면서 교장을 지냈다. 1929년 한국독립당에 입당하여 활동하였으며, 1935년 김원봉과 민족혁명당을 결성하여 중앙집행위원으로 선출되었다. 이후 김원봉과 결별하고 1940년 연안에서 최창익·무정 등과 조선독립동맹을 결성하여 주석에 취임하였다.

1945년 해방이 되자 12월에 평양으로 귀국하였고, 이듬해 2월 북조선임시인민위원회 부위원장에 선출되었다. 그해 8월 조선신민당과 북조선공산당이 합쳐 북조선로동당(북로당)이 결성되자 위원장을 맡았다. 1948년 남북협상 때 북측 대표로 참가하였으며, 9월에는 조선민주주의인민공화국의 국가수반이 되었다. 그러나 실권은 빨치산 출신의 김일성(金日成)이 갖고 있었고, 이로 인해 갈등 끝에 1958년 소위 '연안파 숙청' 때 제거되었다. 말년에는 지방의 한 협동농장에서 농사를 짓다가 1960년 사망한 것으로 알려졌다.

그는 주시경의 수제자이자 나철의 제자이기도 했다. 그는 대종교 중광 직후인 1909년 전반기에 입교한 걸로 추정된다. 1911년 중광절(음 1.15)에 지교(知敎)의 교질(敎秩)을 받았다. 그와 함께 지교 교질을 받은 사람은 오혁·강우·박찬익·김교헌 등 23명에 불과하며 모두 대종교의 핵심 인물들이다. 1915년 11월 13에는 상교로 승질되었다.

1916년 8월 나철의 구월산 삼성사 봉심(奉審)을 수행한 6명의 시자(侍子) 가운데 그는 수석 시자였다. 1922년 서이도본사의 선강부령(宣講部令)에 임명돼 상해지역 대종교 포교와 교적(敎籍) 간행 등을 맡았다. 1926년에는 대종교 헌법인 홍범(弘範) 및 규제수정 기초위원으로 임명되었으며, 그는 대종교의 핵심 인물로 활동했다.

그는 단군과 개천절 역사에 대해 해박했다. 임시정부 수립 3주년인 1921년 개천절 경축식장에서 그는 개천절의 역사에 대해 연설을 했다. 이 내용은 임시정부 기관지인 〈독립신문〉 11월 11일자 1면에 '개천절력(開天節歷)'이란 제목으로 대서특필되었다. 그는 이 글에서 단군의 건국을 기념하는 날이 단군 시대뿐 아니라 그 이후에도 계속되었다고 주장하면서 개천절을 명칭, 의식, 날짜별로 분석하였다. 특히 그는 개천절의 성격과 국경일로서의 배경, 대종교 성립과의 연관성 등을 소상히 설명하였다.

그러나 그의 대종교 관련 행적이나 역할에 관한 자료가 남아 있지 않다. 이는 대종교가 사회주의를 금기로 여긴 때문이다. 나철은 1910년 8월(음)에 발포한 '사신(四愼, 네 가지 삼감)'을 통해 정치와 거리를 두라고 했다. 또 2대 교주 김교헌은 1922년 5계명(五誡命)을 발표하면서 첫째, 정치에 관여하지 말 것, 둘째, 사회주의와 과격한 언동을 삼가라고 강조했다.

일제하에서는 사회주의 계열 독립운동가로 활동했고 해방 후 북한 정권에서 고위직을 지냈다는 이유로 그는 세인은 물론 대종교에서조차 잊힌 사람이 되었다. 현재 그는 미서훈 상태이며 묘소도 확인되지 않았다.

[김두종-김서종 형제]

14

김두종 (金斗鍾, 1896~1988, 문화훈장 대통령장)

내과 의사 출신 고인쇄사 전문가

김두종은 1896년 3월 2일 경남 함안에서 태어났다. 본관은 김해, 호는 일산(一山)이다.

어려서 한학을 배우다 고향에서 보통학교를 마치고 상경하여 1916년 휘문의숙을 졸업하였다. 1918년 경성 의학전문학교에 입학하였으나 이듬해 1919년 3·1혁명 때 선언문 배포와 시가행진에 참여하였다가 1년 만에 퇴학당했다.

1920년 일본으로 건너가 교토 부립(府立) 의과대학에 들어가 1924년에 졸업하고 동 대학 부속병원에서 내과의 부수(副手)로 1년간 근무하였다. 이후 중국 하얼빈 병원에서 3년간 근무한 후 제세의원(濟世醫院)을 열어 약 7년간 개원의 생활을 하였다.

40세이던 1936년 그는 의학사(醫學史)를 연구하기 위해 봉천 소재 만주 의과대학 동아의학연구소에 연구원으로 들어갔다. 이곳에서 중국의 역대 고의서(古醫書)를 접하면서 중국 고판본(古版本)들을 감식할 수 있는 지식을 갖추기 위해 틈틈이 중국 서지학을 공부하였다.

1945년 6월 만주 의과대학에서 의학박사 학위를 받았다. 그해 8월 일제가 패망하자 만주 의대가 러시아군에게 이관되었고, 그는 1946년 2월에 귀국하였다. 귀국 후 몇몇 의과대학에서 의학사를 강의하면서 윤일선(尹日善)과 대한의사학회를 창립하였다. 그는 내과 의사이면서도 의학사 같은 역사학에 관심이 많았다.

1949년부터 육군 의무장교 복무하다가 1952년 육군 중령 예편하였다. 이후 서울대학교 부속병원장과 대한적십자사 부총재를 거쳐 대한의학협회 회장을 지냈다. 1958년 미국 존스 홉킨스 대학교 의학사연구소에서 연구 과정을 수료하였으며, 이후 숙명여대 총장과 성균관대 재단 이사장을 역임하였다.

1954년 그는 한국 의학사 연구성과들을 모아 고려 시대까지 해당하는 〈한국의학사〉(상·중세편)을 펴냈다. 1966년에는 전 시기의 의학사를 다룬 〈한국의학사〉와 그 자료집에 해당하는 〈한국의학문화대연표〉를 간행하였다.

그는 78세이던 1973년 〈한국고인쇄기술사〉를 출간해 한국 서지학계를 놀라게 했다. 그는 평생 수집한 전적 1,315종 4,983책을 국립중앙도서관에 기증하였으며, 의학 관계 자료와 전적 2,743권은 한독약사박물관에 기증하였다. 그간의 공로로 대한민국 문화훈장 대통령장, 학술원 저작상, 한국출판문화상 등을 수상했다. 〈한국고인쇄기술사〉는 2021년 제2회 한국학 저술상에 선정됐다.

그는 대종교에서도 왕성하게 활동하였다. 1915년 11월 13일 참교가 된 이래 1916년 3월 지교로 승질하여 경의원 참의에 임명되었다. 그해 6월 총본사 찬리를 역임하고 6월에 상교로 승질하였으며, 1950년 3월 정교와 대형(大兄) 호를 받았다. 이후 원로원 부원장, 남이도 전교, 삼일원 대덕을 거쳐 1958년 10월 사교와 도형(道兄) 호를 받았다.

1942년 임오교변으로 순국한 대종교의 '순교십현' 중 한 사람인 김서종(金書鍾)은 그의 형이다.

그는 1988년 7월 18일 서울대병원에서 숙환으로 별세했다. 향년 92세. 장례는 7월 22일 서울대병원장으로 치러졌다.

15 김서종 (金書鍾, 1893~1943, 건국훈장 애국장)

'하얼빈 선도회' 총무원, '임오십현' 1인

김서종은 1893년 6월 13일 경남 함안에서 태어났다. 본관은 김해, 이명은 학두(學斗), 호는 설도(雪島)이다. 1915년 3월 보성전문학교 법과를 졸업하고 1917년 4월부터 서울 양원(養源) 여학교에서 3년간 교편생활을 하였다. 영남 각지의 동지를 규합하여 영우저축회(嶺友貯蓄會) 등을 조직하여 활동하였다.

40세가 되던 1932년 2월 북만주 빈강성 오상현(五常縣)에서 소산자(小山子) 농장을 경영하면서 하얼빈에 주식회사 북만농구공사(北滿農具公司)를 설립하여 사업가로서도 활약하였다. 이때 재만 동포들의 어려운 생활에 도움을 주면서 대종교 포교사업에도 힘을 쏟았다.

1915년 3월 15일 대종교에 입교하여 이듬해 1916년 4월 23일에 영계와 참교를 받았다. 그해 8월 나철이 구월산 삼성사로 봉심(奉審)을 떠날 때 김두봉 일 비롯해 6명의 시자(侍子) 가운데 한 사람으로 수행하였다. 그해 9월 지교로 승질되었다.

1934년 3월 윤세복 3대 교주가 주도해 설립한 '하얼빈 선도회'의 총무원으로 취임하였다. 이후 경의원 참의를 거쳐 1942년 1월에 상교로 승질하였으며, 그해 10월 총본사 전강과 천전(天殿)건축주비회 부위원장에 임명되었다.

당시 일제는 조선어학회사건에 이어 이극로가 윤세복에게 보낸 편지를 조작하여 '임오교변'을 일으켰다. 이를 빌미로 일제는 대종교 간부들을 대거 검거하였는데 그는 다른 24명과 함께 1942년 11월 19일 하얼빈 시내 집에서 체포되었다. 이후 영안현 경무과에서 구금돼 조사를 받았으며, 목단강성 액하(掖河) 감옥으로 이감된 지 5개월 만인 1943년 8월 27일 감옥에서 순교했다.

유해는 고향 함안으로 운구돼 선영에 안장됐으며, 후에 대종교의 '순교십현(殉教十賢)' 중 1인으로 추앙되고 있다. 1946년 8월 15일에 정교와 대형(大兄) 호가 추증되었다.

의사 출신으로 대종교에서 사교(司教)와 도형(道兄) 호를 받은 김두종(金斗鍾)은 그의 동생이다.

1991년 건국훈장 애국장(1968년 대통령 표창)이 추서되었다.

16 김승학 (金承學, 1881~1964, 건국훈장 독립장)
무관 출신으로 독립운동사 편찬

김승학은 1881년 7월 12일 평북 의주에서 태어났다. 본관은 백천(白川), 자는 우경(愚敬), 호는 희산(希山)이며, 별명은 김탁(金鐸)이다.

10세 때 서당에 들어가 8년간 한학을 공부하였다. 1904년 봄 서울로 올라가 한성(漢城) 고등사범학교에 들어가 신학문을 접하였다. 1907년 정미7조약으로 군대가 해산되자 이에 항의하는 강연을 하다가 체포돼 평리원 구치감에서 3개월간 옥고를 치렀다. 이 일을 계기로 그는 국권회복운동에 뛰어들었다.

1907년 8월 신민회에 가입해 활동하였으며, 그해 9월에는 의주 극명(克明) 사범학교 학감, 1909년부터는 의주 명의(明義) 학교 교사로서 민족 교육을 하였다. 1910년 경술국치 후 만주로 망명하여 1912년 봉천 강무당(講武堂)에서 6개월간 무관 교육을 받은 뒤 무장투쟁에 나섰다.

1919년 3·1혁명 발발 직후 만주에 있던 의병단을 비롯해 향약계, 농무계, 포수단 등이 통합하여 대한독립단을 결성하자 재무부장에 선임되었다. 1920년 상해로 건너가 소총과 권총 240정, 탄환 수만 발을 구입해 만주로 가져와 임시정부 산하 독립군을 무장시켜 큰 전과를 거두게 하였다. 이후 국내에 잠입하여 독립운동 자금모집과 대한독립단 지부 조직을 통해 국내외 독립운동을 연계시킬 계획을 추진하였다.

1921년 상해 임시정부에 참여하였으며 1921년 임정 기관지 〈독립신문〉을 복간해 사장을 맡아 일제의 만행을 폭로하였다. 1922년 중한호조사(中韓互助社) 선전부장에 취임하여 양국의 친선을 도모하였으며, 임시의정원 의원(평안도 대표)으로 선임돼 활동했다. 1924년에는 임시정부 학무부 차장이 되었고, 1926년 임정의 명령으로 육군 주만 참의부 4대 참의장에 임명되었다.

1927년 3월에는 남만주로 가서 독립운동단체의 갈등을 조정하였으며, 1929년 참의부·정의부·신민부 3부 통합운동에 앞장서 독립운동단체의 통합에도 기여하였다. 이후 길림성에서 3부 대표 회의가 열려 협의 끝에 한국독립당과 군민의회(軍民議會)를 조직하였다.

1929년 11월 통합회의를 마치고 귀대하던 도중에 중일 혼합군대에 체포돼 봉천 일본영사관에서 취조를 받았다. 이후 신의주경찰서로 압송되었고, 1934년 4월 12일 평양형무소에서 출옥할 때까지 5년여의 옥고를 치렀다.

출옥 후 다시 1936년 북경으로 가 임정으로부터 재중국 북경 비밀기관장 직책을 임명받아 독립운동 전선에 참여하였다. 일본 경찰에 발각되자 1937년 10월 남중국으로 탈출하여 임시정부가 있는 장사(長沙)로 가고자 하였으나 실패하였다. 1940년에 안휘성에서 다시 남만주 예문촌으로 돌아가 은거하였다.

8.15해방이 되자 재중 동포 2천여 명을 이끌고 귀국하였으며 한국광복군 국내 제1 지대 참모장으로 활동하였다. 1948년 대한민국 임시정부의 국무위원이자 한국독립당의 감찰위원장으로서 친일파 263명의 명단을 작성하여 반민특위의 조사 활동에 큰 도움을 주었다.

그는 독립운동 사료 수집과 편찬에 남다른 열의를 보였다. 〈독립신문〉 사장 시절부터 독립운동 관련 자료를 수집하기 시작하여 해방 후 이를 국내로 가져와 신의주에서 독립운동사편찬회를 조직하였다. 그 뒤 6·25전쟁 중인 1952년 부산에서 한국독립운동사편찬위원회를 조직하여 편찬에 들어갔다. 그 자신이 편찬위원장을 맡아 안재환·홍주·이학수·신백우 등과 직접 집필에 참여하였다. 1956년 2월 〈한국독립운동사〉를 발간하였으며, 이를 보완하여 1964년에 〈한국독립사〉를 마무리하였으나 미처 출간을 보지 못한 채 별세했다.

그는 상해에서 활동하던 1922년에 대종교에 입교하여 그해 9월 3일 영계(靈戒)를 받고 참교가 되었다. 해방 이듬해인 1946년 2월 지교, 4월에 상교로 승질하였다. 경의원 참의, 전리 등을 거쳐 1949년 정교 및 대형(大兄)의 호를 받았다. 이후 원로원 참의, 서일도 순교원(巡敎員)을 역임하였고, 부산지사 전무(典務)로 9년간 시무하였다.

그는 1964년 12월 17일 서울 옥수동 자택에서 별세하였다. 장례는 12월 24일 오전 서울시청 앞 광장에서 사회장으로 치러졌으며 경기도 고양군 삼낭면 서삼릉 인근에 안장되었다. 2012년 5월 대전 현충원 독립유공자 묘역으로 이장되었다.

1962년 건국훈장 독립장을 받았다.

17 김약연 (金躍淵, 1868~1942, 건국훈장 독립장)

명동촌 개척한 '간도의 한인 대통령'

김약연은 1869년 9월 12일 함경북도 회령에서 태어났다. 본관은 전주(全州), 자는 용구(龍九), 호는 규암(圭巖)이다.

7세부터 10여 년간 오삼열·남종구 문하에서 한학을 배웠는데 맹자(孟子)·사례(四禮)·군서제적(群書諸籍)에 능통하여 '삼판(三版)'이라는 별명을 얻었다.

1899년 2월 18일 함경북도 종성에서 그의 전주 김씨 가문 31명을 비롯해 남평 문씨 가문, 김해 김씨 가문 등 네 가문의 141명이 두만강을 건너 길림성 화룡현(和龍縣)으로 집단 이주하였다. 이들 네 가문은 장재·용암·대룡·영암 등 4개 촌을 개척하여 '명동촌(明東村)'이라고 이름 붙였다. 1901년 4월 명동촌 한인 2세들의 교육을 위해 '규암재(圭巖齋)'라는 사숙(私塾)을 설립하였다.

1907년 김영학·강백규 등과 간도 교민회를 조직하여 한인 동포들의 생활 안정과 교육 계몽에 힘썼다. 한편으로는 중국 정부와 교섭을 통해 소유권 분쟁 문제를 해결해 한인의 권익 옹호에 주력하면서 그는 한인 사회의 지도자로 부상하였다.

1906년 이상설이 만주에 설립된 한국 최초의 신학문 민족 교육기관인 서전서숙(瑞甸書塾)이 일제의 탄압으로 1년 만에 문을 닫게 되었다. 그는 서전서숙을 계승할 신교육 기관으로 1908년 4월 명동서숙(明東書塾)을 설립하고 초대 숙장에 취임하였다. 그해 신민회원 정재면(鄭載冕)을 초빙해 성경(聖經)을 가르치면서 기독교 교육을 시작하였다.

1909년 4월 명동서숙을 명동학교(명동야소교학교)로 개칭하여 초대 교장에 취임하였다. 1910년 3월 중학부를 증설하였으며, 1911년 3월에는 명동여학교도 병설하였다. 1910년 3월 북간도 첫 한인 사회단체인 간민교육회(墾民教育會)가 설립되었다. 그는 간사로 임명되었으며, 그해 4월 총회에서 회장에 선출되었다. 간민교육회는 1913년 4월 간민회(墾民會)로 개편하고 중국 지방정부의 허가를 받아 이주 한인의 자치기관을 자임하였다.

1919년 2월 길림에서 대종교인 김교헌(金教獻) 등의 주도로 대한독립선언서를 발표할 때 그는 39명의 서명자 가운데 한 사람으로 참여하였다. 그해 2월 25일 정재면과 함께 러시아 니콜스크에서 열린 전로(全露)한족회중앙총회(대한국민의회 전신)에 참석해 북간도 대표로 선임되었다. 또 전로한족회중앙총회 명의로 발표된 대한국민의회 선언서 기초에 참여했으며 파리강화회의 북간도 대표로 선출되기도 했다.

국내에서 3.1혁명이 일어나자 3월 13일 용정(龍井) 북쪽의 서전대야(西甸大野)에 1만여 명의 한인이 모여 독립선언 축하회를 열고 만세 시위를 벌였다. 이날 배포된 '3·13 독립포고문'에는 간도에 거류하는 한인 대표 17인이 연서했는데 그의 이름이 첫 번째로 올랐다. 이후 조선독립기성회가 결성되자 의사부원(議事部員)에 선임되었다. 그해 4월 대한민국 임시정부가 조직되자 조선독립기성회는 간도대한국민회로 개칭하고 임시정부의 승인을 받았다.

1919년 5월 러시아에서 간도로 돌아오던 중 '3.13 용정 만세 시위사건' 등으로 인해 중국 관헌에 억류되었다. 그는 연길 감옥에서 22개월간 구금당한 후 1921년 1월에 석방되었다. 1923년 2월 26~27일 용정에서 전(全)간도주민대회가 열렸다. 그는 이 대회의 실행위원으로 선임돼 중국 당국과 교섭하여 30만 간도 한인들의 권익 보호를 위해 힘썼다. 이때 중국인들은 그를 '간도의 한국 대통령'으로 불렸다고 한다.

1924년 흉년에 재정난이 겹쳐 학교 운영이 어렵게 되자 명동촌을 떠나 용정으로 이주하였다. 1925년 명동학교는 소학교만 남기고 중학교는 폐쇄됨에 따라 일부 중학생들을 은진(恩眞)중학교로 전학하여 학업을 계속하였다. 이후 공산주의운동의 영향으로 반종교 투쟁이 번지자 명동학교 운영에서 손을 뗐다. 이로써 15년 동안 가꾸고 다듬었던 교육사업은 축소되었지만 명동소학교를 유지하는데 온갖 정성을 다하였다.

1928년 평양장로회 신학교에 입학해 1년간의 연구 과정을 이수하고 1929년 2월에 졸업하는 특전을 받았다. 졸업 후 그는 캐나다 장로회의 동만(東滿) 노회(간도 노회)에서 목사로 일했으며 이듬해 명동교회 목사로 부임하였다. 1937년까지 명동교회에서 기독교 전도 사업을 통해 항일 민족의식을 전파하였다. 말년에는 캐나다 선교회가 운영한 용정의 은진(恩眞)중학교와 명신(明新)여학교 이사장으로 재직하며 기독교 전교와 교육에 전념하였다.

그는 말년에 목사가 되었으나 그 이전에는 대종교인으로 활동했다. 1909년 대종교인 박찬익 등이 참여한 간민회 회장을, 1918년 여준·이탁·허혁·정안립 등의 대종교인들과 함께 동삼성한족생계회 부회장을 맡아 활동했다. 또 1919년 2월 대종교인이 주도한 대한독립선언서에도 이름을 올렸다. 특히 그는 명동학교에 예수상과 단군 초상화를 같이 걸었으며, 명동교회에도 십자가와 단군기를 동시에 걸어놓았다. 당시 명동학교 학생들은 백두산과 단군 한배검이라는 용어가 들어간 교가를 불렀다. 이처럼 그는 단군을 열렬히 숭배했다.

그는 1942년 10월 29일 용정 자택에서 "내 모든 행동이 나의 유언이다"라는 말을 남기고 별세하였다. 유해는 명동촌의 장재촌 산기슭에 안장되었다.

1977년 건국훈장 독립장(1963년 대통령 표창)이 추서되었다.

18

김영숙 (金永肅, 1886~1952, 건국훈장 독립장)

만주 민족학교에서 한인 자제 교육

김영숙은 1886년 9월 3일 충남 논산에서 태어났다. 본관은 광산(光山), 호는 백주(白舟), 별명은 김진(金振), 김형(金衡) 등이 있다.

어려서 고향에서 한학을 공부하다가 21세 되던 1906년 중앙고보 사범과에 입학하였다. 졸업 후 서울 승동(勝洞) 소학교에서 교편을 잡았다. 1912년에는 주시경이 세운 조선어 강습원 중등과 제1회로 입학해 다니다가 그해 가을 만주로 건너갔다. 윤세용·윤세복 형제가 설립한 동창학교와 송화학교, 여명학교 등에서 교사로 12년간 한인 교포 자제들의 교육을 담당했다. 당시 동창학교에는 박은식, 신채호, 이극로가 교편을 잡고 있었다.

1912년 10월 윤세복의 권유로 대종교에 입교하여 대종교식 외자 이름인 김진(金振)으로 개명하였다. 1914년 1월 3일 대종교 참교가 되었고, 이어 지교·상교로 승질하였다. 교직으로는 총본사 학무부장, 종리부령, 선도회 서무, 경의원 참의, 총본사 전리, 원로원 참의 등 교단의 요직을 두루 역임하였다.

1920년대 후반 대종교는 일제의 탄압을 피해 국경도시 밀산으로 피해 은둔하고 있었다. 3대 교주 윤세복은 관동군과 타협하여 1934년 3월 하얼빈에 선도회를 열고 그해 6월에 총본사를 영안현 동경성으로 옮겼다. 이때 그는 김응두·박관해·김서종 등과 함께 윤세복을 도와 선도회 조직에 힘썼다.

1939년에는 안희제·강철구 등과 대종교서적간행회를 조직해 이듬해에 〈종문지남(倧門指南)〉 등을 번역해 출간했다. 1942년 발해의 고도(古都) 목단강성

(牧丹江省)의 동경성(東京城)에 대종교의 교당인 천전(天殿·단군전) 건축을 준비하던 중 소위 '임오교변'이 발발하여 일경에 체포됐다. 그는 11월 19일 하얼빈 마가구(馬家溝)에서 붙잡혔는데 이날 검거된 대종교 간부는 총 24명이었다.

이들은 영안현 경무과에 설치된 특별취조본부에서 4개월 동안 고문을 받았다. 그는 1944년 4월 목단강 고등법원에서 치안유지법 위반으로 징역 15년을 선고받고 액하(掖河) 감옥에서 옥고를 치렀다. 8월 12일 소련군이 소만(蘇滿) 국경을 넘어 진격하자 액하 감옥 문이 열렸고 이때 윤세복 교주를 비롯해 임오교변 수감자 6명 모두 풀려났다.

해방 후 윤세복과 함께 영안현 동경성에 대종교 총본사를 재건하였다. 그해 겨울 환국한 후에는 4년간 단군전봉건회(檀君殿奉建會) 사업을 추진해 1948년 2월 단군전을 중수했다.

1950년 6·25전쟁이 발발하자 대구로 피난하였는데 전쟁 중에 병을 얻어 1952년 4월 21일 대구 동인동에서 별세하였다. 유해는 화장 후 대구 사찰에 임시 봉안했다가 1953년 봄 고향으로 반장(返葬)하였다.

1963년 건국훈장 독립장이 추서되었다.

19 김윤식 (金允植, 1835~1922)
항일·친일 넘나든 당대 거물 지식인

김윤식은 1835년 경기도 광주에서 태어났다. 본관은 청풍(淸風), 자는 순경(洵卿), 호는 운양(雲養)이다.

박규수의 문하에 들어가 수학했으며, 1874년 40세의 나이로 증광시(增廣試) 병

과(內科)에 급제하여 출사하였다. 홍문관 부수찬, 순천부사 등을 거쳐 청나라에 영선사로 다녀왔다. 이후 이조참판·강화부 유수·공조판서·병조판서 겸 외무아문 독판 등을 지냈다. 1896년 서재필 등과 독립협회와 만민공동회에 참여하였으며 〈독립신문〉 필진으로도 활동하였다.

김홍집 내각에서 갑오개혁에 관여하였으나 을미사변과 아관파천으로 김홍집 일파가 몰락하자 이들의 뒤를 봐주었다는 이유로 제주도로 종신 유배형에 처해졌다. 1901년 5월 신축민란(辛丑民亂·소위 '이재수의 난')으로 제주의 정세가 혼란해지자 전남 신안의 지도(智島)로 귀양지를 옮겼다. 1907년 70세 이상 노인에 대한 석방 조치 및 일진회의 요청으로 서울로 돌아왔다.

1908년 대한제국 중추원 의장을 역임했고 1910년 한일병탄조약 체결 당시 '불가불가(不可不可)'라며 반대했다. 그러나 경술국치 후 일본 정부로부터 자작 작위를 받았다. 이후 조선총독부 중추원 부의장을 거쳐 박제순에 이어 친일 유림단체인 경학원의 대제학을 지냈다. 1914년 시문집 〈운양집〉을 펴낸 후 그 이듬해에 일본의 제국학사원으로부터 학술원상을 수상하였는데 이로 인해 그는 한때 친일파로 불렸다.

1919년 3·1혁명 당시 이용직과 함께 독립청원서인 '대일본장서(對日本長書)'를 작성해 보냈다가 징역 2년 형을 선고받았으나 고령으로 집행유예 석방되었다. 이 일로 자작 작위가 박탈되었다. 1920년 4월 1일 민족지를 표방한 〈동아일보〉가 창간되자 1면에 축하 휘호를 실었다. (같은 면에 류근과 양기탁도 글을 실었다) 그는 친일과 항일을 넘나든 인물이다.

그는 대종교 교주 나철과 사제 간이다. 20세 때 청운의 꿈을 안고 한양으로 올라간 나철은 당대의 세도가이자 대학자였던 그의 식객(食客)으로 한동안 지냈다. 나철은 그가 제주도로 유배되자 제주도로 따라가서 보필했다. 1909년 1월 15일(음) 나철이 서울 재동에서 대종교를 중광할 때 그는 류근·강우 등과 함께 참석하였다. 1916년 8월 나철이 구월산 삼성사에 봉심을 갔다가 순교한 후 그 유해가 서울에 도착하자 조문을 가서 치제문(致祭文)을 지어 올렸다.

그는 1909년 대종교에 입교한 후 이를 생활화하였다. 동아일보 기사(1922.1.6.)에 따르면, 그는 "10여 년 전부터 대종교를 신앙하여 아침마다 *각사(覺辭)를 외우고 개천절과 어천절 등 각 경절(慶節)에 쓰는 경하사(慶賀辭·축하 글)를 지은 일이 있다"고 한다. 그는 어천절 주유문(奏由文)에서 "역대로 단군 제사를 지냈으나 오랑캐에게 교화가 막히면서 대도(大道)가 숨어버리고 전례(典禮)가 무당의 음사(淫祀)가 되어 더럽혀졌으며, 요즘 많은 종교가 생겨나 대종교의 교세가 미미하다"며 안타까워했다.

그는 또 단군과 대종교에 대해 호의적이며 이해도 깊었다. 대종교 행사에도 적극 참여하였으며 대종교인들과 교류도 깊었다. 1909년 1월 나철의 대종교 중광식에 참석하였으며, 그해 11월 3일(음) 개천절 날 서울 원동(苑洞·현 종로구 원서동) 나철의 집에서 열린 경축연에 음식을 기부하기도 했다. 말년에는 대종교 청년회장에 추대돼 회장을 지내는 등 그는 나철의 스승이자 대종교인이자 대종교의 든든한 후원자였다.

그는 1922년 1월 21일 서울 봉익동 자택에서 87세로 별세했다. 장례는 당대의 거물들이 장례위원으로 참석하여 유길준(兪吉濬)에 이어 두 번째 사회

---

* 각사(覺辭)란 '깨닫는 말씀'이란 뜻이다. 그 내용은 '성령재상 천시천청 생아활아 만만세 강충(聖靈在上 天視天聽 生我活我 萬萬歲 降衷)'이다. 번역하면 '하늘님의 영은 저 위에 계시며 하늘의 눈과 귀로 만물을 보살피시니 저를 낳으시고 저를 살게 하십니다. 세세생생 제 안에 내려와 계십니다'이다.

장으로 치러졌다. 이때 대종교는 그와의 인연을 감안해 그의 빈소에 가서 장례를 도왔으며, 음력 1월 2일 오후 치전식(致奠式)을 올렸다.

20 김좌진 (金佐鎭, 1889~1930, 건국훈장 대한민국장) 청산리대첩 거둔 항일 영웅의 상징

김좌진은 1889년 11월 24일 충남 홍주(洪州·홍성)에서 태어났다. 본관은 안동, 자는 명여(明汝), 호는 백야(白冶)이다.

그의 집안은 홍주의 대지주로서 많은 재산과 노비를 소유하고 있었다. 근믄 어려서부터 영민하여 영재 소리를 들었으며, 또 타고난 무인 기질에다 의협심도 강했다고 한다.

그는 1905년 서울로 올라와 육군무관학교에 입학하였다. 훗날 북로군정서에서 같이 활동한 김규식·홍충희·김찬수·박형식·김혁·이장녕 등도 모두 무관학교 출신이다.

1907년 고향으로 내려온 그는 집안의 노비를 해방하고 그들에게 토지를 분배해주었다. 이후 가산을 정리하여 호명(湖明) 학교를 운영하면서 90여 칸의 자기 집을 학교 교사로 제공하였다. 이어 홍성에 대한협회와 기호흥학회 지부를 조직하여 애국계몽운동에 앞장섰다. 1909년 〈한성신보〉 이사를 역임하였으며 안창호·이갑 등과 서북학회를 세우고 산하 교육기관으로 오성(五星)학교를 설립하여 교감으로 있으면서 청년학우회 설립에도 협력했다.

그 무렵부터 그는 계몽주의 교육관에서 군사교육 중심의 항일관으로 변화하였다. 이를 위해 군자금이 필요하다는 사실을 절감하고 서울에서 염직 회사를 차리고자 농상공부에 청원을 냈으나 실패하였다. 1910년 7월 서울 관철동에 이창양행(怡昌洋行)을 설립하였다.

애초 사업을 통해 군자금을 확보하려던 그의 계획은 사업 부진으로 좌절되었다. 그는 안승구·민병옥 등과 서울의 부자들로부터 군자금 모금을 계획하였다. 이에 당시 서울 돈의동에 살던 족질(族姪) 김종근(金鍾根)에게 군자금을 요청하러 갔다가 강도미수죄로 체포돼 1911년 6월부터 2년 6개월간 서대문 감옥에 투옥되었다.

출옥 후 그는 한동안 일정한 직업 없이 지내다가 박상진·채기중 등이 조직한 대한광복회에 가담해 활동하였다. 1917년 초 그는 최익환·이기필 등과 함께 군자금 모집 활동을 하다가 체포되었으나 1917년 3월 예심에서 면소 판정을 받았다. 1917년 11월 대한광복회 소속 채기중·유창순 등이 경북 칠곡의 부호 장승원을 처단하였다. 이 일로 대한광복회 총사령 박상진(朴尙鎭) 등이 체포돼 교수형을 당하자 그는 곧장 만주로 망명하였다.

만주에서 그의 첫 행보는 대종교 입교였다. 입교 시기는 대략 1918년경으로 추정되는데 입교 동기는 분명치 않다. 그는 1919년 2월 김교헌 등 대종교 인맥이 주도한 '대한독립선언서'에 서명하였다. 대종교 동도본사의 책임자 서일이 조직한 중광단이 대한정의단을 거쳐 1919년 10월 대한군정부로 개편되자 그는 군사전문가로 영입돼 사령관을 맡았다. 당시 그는 총재 서일을 존경하고 따랐는데 이때 대종교 신앙도 깊어진 것으로 보인다. 그는 서일과 함께 전투에 나서기 전에 한배검전(단군전)에 원도(願禱·기도)를 드렸다. 이들은 수전(修戰) 병행, 즉 수양과 전투를 병행하였다.

대한군정부는 임시정부의 권고로 대한군정서로 개칭했다가 서간도 지역의 서로군정서와 짝을 맞춰 북로군정서(北路軍政署)로 불렀다. 북로군정서의 중앙조직은 총재부와 사령부로 나뉘었다. 서일을 총재로 한 총재부는 전체 지휘와 군사 활동 후원을, 김좌진을 총사령관으로 한 사령부는 군사 활동을 준비하였다. 그 무렵 제1차 세계대전 때 시베리아에서 출병했다가 철수하는 체코군과 연해주 한인들의 도움으로 다량의 무기를 구입하면서 북로군정서는 막강한 전력을 갖추게 됐다. 그는 사령부에 사관연성소(士官鍊成所)를 설립하여 독립군을 지휘할 간부를 양성하였다.

만주(간도) 지역 독립군의 위세가 날로 커지자 일본군은 1920년 8월 소위 '훈춘(琿春)사건'을 조작하여 만주 출병의 구실을 확보한 후 조선 주둔군 제19·20사단을 비롯해 관동군 등 대략 2만여 명의 병력을 만주에 투입했다. 이에 북로군정서는 중국 측의 권유로 국경지대인 화룡현 이도구(二道溝), 삼도구(三道溝) 방면으로 이동하였다. 당시 독립군 진영에서는 피전론(避戰論)이 대세였으나 일본군의 추격으로 인해 전쟁이 불가피했다.

10월 21일 백운평 전투를 시작으로 일본군과 교전이 시작되었는데 당시 그는 제2연대장을 맡아 부대를 지휘했다. 여기에 홍범도·최진동·안무 등이 지휘하는 독립군과 연합하여 10월 26일 새벽까지 천수평, 완루구, 고동하에서 10여 차례 전투를 벌인 끝에 연대장 가납(加納) 대좌를 포함해 일본군 1,200여 명을 사살하였다. 청산리대첩 후 그는 항일 영웅의 상징이 되었다.

그해 경신참변으로 간도 지역 한인이 큰 피해를 입자 독립군은 소만(蘇滿) 국경 지역인 밀산(密山)으로 이동하였다. 1920년 12월 독립군 10여 개 단체는 대한독립군단으로 재편되었는데 총재로 서일이 추대되었고 그는 홍범도, 조성환과 함께 부총재를 맡았다. 대한독립군단은 1921년 1월 초 우수리강을 넘어 이만(伊滿)을 거쳐 연해주로 향하였다. 3월경 홍범도·최진동 등은 이만에서 다시 러시아의 자유시(自由市)로 옮겼다. 이때 서일 등 북로군정서 지휘부는 자유시로 가지 않고 이만에서 밀산으로 되돌아와 화를 면했다.

1925년 3월 그는 신민부(新民府)를 창설하고 군사부 위원장 겸 총사령관이 되었다. 그해 10월 임시의정원에서 그를 국무원으로 임명하였으나 사양하였으며, 1929년 신민부의 후신으로 한국총연합회가 결성되자 주석으로 선임되었다. 그 무렵 그는 영안현 일대 동포들의 생활 안정을 위하여 중앙철도역 산시역(山市驛) 인근에 금성(金城)정미소를 설립해 운영하였다.

그는 1930년 1월 24일 정미소에서 작업 중에 고려공산당 청년당원 박상실(朴尙實)이 쏜 총탄에 맞아 순국하였다. 장례는 3월 25일 현지에서 여러 독립운동 단체 대표들이 참석한 가운데 사회장으로 치러졌다.

그 후 비밀리에 유해를 고국으로 운구하여 홍성군 서부면 이호리에 안장하였다. 1957년 그의 부인 오숙근(吳淑根)이 타계하여 보령시 청소면 재정리에 묘소가 마련되자 합장하였다.

1962년 건국훈장 대한민국장이 추서되었다.

21 김진호 (金鎭浩, 1890~1962, 건국훈장 애국장)
정의부서 재만 한인 교육사업 담당

김진호는 1890년 7월 17일 평북 선천에서 태어났다. 본관은 장연(長淵), 호는 중파(中坡)이다. 9세 때 고향의 서당에 들어가 5년간 한문 공부를 하였다.

1913년 봄, 평북 선천 대명(大明)학교 교사로 있던 김규환, 정주 출신의 승회균(承晦均)·이시열(李時說)과 함께 만주 환인현으로 망명하여 윤세복이 설립한 동창(東昌)학교에서 동포 자제들에게 민족의식 고취에 힘썼다. 1914년 동창학교가 폐교되자 그는 윤세용·김석현 등과 환인현에 잔류했으나 나머지 교사들은 귀향하거나 무송현 등지로 떠났다.

1918년 3월 서간도 통화현 반납배(半拉背)에 배달(培達)학교가 설립되자 서무를 맡았다. 1920년 11월 경신참변으로 교사들이 참살되고 배달학교가 폐교되면서 통화현을 떠나게 되었다. 1922년 대한통의부가 결성되자 흥경현 흥남 총관(摠管)을 맡았고, 1925년 1월 길림에서 정의부가 조직되었을 때 중앙위원과 교육위원장에 임명돼 재만 한인 교육 사업을 담당했다. 1925년 7월경에는 통화현 통화지방 총관에 임명되었다.

1927년 4월 정의부에서 농촌의 생활 안정 문제에 관심을 갖고 재만 동포 산업 진흥과 교육 발전을 위해 농민호조사(農民互助社)를 조직할 때 발기인으로 참여하였다. 1929년 3월 하순 길림에서 신민부·정의부·참의부 3부 대표가 모여 국민부를 결성할 때 중앙집행위원에 임명되었으며 9월에 국민부의 유일당인 조선혁명당이 창당되자 중앙위원에 선출되어 활동하였다. 1931년 7월 소위 '만보산(萬寶山) 사건'이 발생하자 대책위원회 위원으로 참여하였다.

그는 1914년 3월 15일 대종교에 입교하여 5월에 참교가 되었다. 1924년 3월 지교로 승질하였다. 53세 되던 1942년 11월 소위 '임오교변'으로 대종교 간부들이 대거 검거되었다. 그는 그달 19일 길림성 반석현에서 일경에 검거돼 영안현 경무과에 설치된 특별취조본부에 감금돼 취조를 받았다. 그러나 그는 교무 책임이 없었다는 사유로 1944년 1월 2일 풀려났다.

해방 후 부산에 정착한 그는 1946년 3월 경의원 참의에 선임되었고, 그달 24일 상교로 승질하였다. 1952년 10월 25일 3년간 부산시 서구 대신동 내선

시교당(萊善施敎堂) 2대 전무로 활동하였다. 1957년 4월 정교와 대형(大兄) 호를 받았으며, 7월에는 원로원 참의로 임명돼 5년간 근무하였다.

중국 길림성 화룡시 청파호에 있는 나철 대종사 비문의 글씨를 그가 썼다.

부산지역 대종교 포교를 위해 노력하던 그는 1962년 8월 7일 부산진구 전포2동 자택에서 노환으로 별세했다.

1990년 건국훈장 애국장(1977년 건국포장)이 추서되었다.

22 김학만 (金學萬, 1883~몰년 미상, 건국훈장 애국장)

러시아 한인사회의 '영웅삼걸' 신망

김학만은 1883년 함경남도 단천에서 태어났다. 이명은 김학만(金鶴萬)이다. 초기 학력과 성장 과정, 가계 등에 대해서는 알려져 있지 않다.

1908년 4월경 블라디보스토크 한인들의 최초 집단거주지인 구 개척리(開拓里)에 계동(啓東) 학교를 설립하고 교장으로 활동하였다.

1909년부터 이상설·정순만·이승희 등은 미주 국민회의에서 자금 지원을 받아 북만주의 소만(蘇滿) 국경지대인 밀산(密山)에 황무지를 사들여 한흥동(韓興洞)을 세우고 한민(韓民)학교를 세웠다. 당시 블라디보스토크의 한인거류민회 회장을 맡고 있던 그도 여기에 동참해 협조하였다. 당시 그는 '블라디보스토크 자산가'로 불렸는데 최재형·최봉준과 함께 러시아 한인사회의 '영웅삼걸(英雄三傑)'로 불리며 신망이 높았다고 한다.

1909년 10월 안중근 의거 후 이제로부터 배일사상을 가진 인물로 지목되었다. 1910년 8월 23일 일본의 한국 병탄 소식이 전해지자 200여 명의 한인들은 한인 학교에 집결하여 성명회(聲明會)를 조직하고 부회장으로 활동하였다. 그를 포함해 유인석·이범윤·차석보·김좌두·김치보 등의 명의로 취지서를 배포하였다. 성명회는 영·불어로 작성된 항의서한에 중국과 러시아지역 한인 8,624명의 서명을 첨부하여 오스트리아·헝가리·영국·독일·네델란드·이태리·중국·러시아·미국 등에 발송하였다.

경술국치 후 연해주 한인사회가 국내에서 망명해온 인사들이 기호파와 서도파로 나뉘어 분쟁을 일으키자 거류민회장으로서 이를 중재·완화하고자 노력하였다. 1911년 12월 19일 권업회(勸業會) 조직총회에서 유인석에 이어 이범윤·최재형과 함께 3인의 총재로 선출되었다.

권업회는 러시아 당국이 최초로 공식 인가한 연해주 지역 한인사회의 자치조직이었다. 권업회는 외부적으로는 실업과 교육의 권장·장려를 표방하였는데 이는 일본과의 외교적 마찰을 우려한 러시아 당국의 정책을 충실히 따르겠다는 의지의 표현이었다.

1917년 5월 최병숙·서상구의 발기로 을사늑약 당시 주한일본공사이자 당시 주중공사(駐中公使)로 있던 하야시 곤스케(林權助)를 암살하려는 계획이 추진되었다. 이때 그는 여비 등 거사 자금을 기부하여 거사 관계자로 지목되었다. 1917년 7월 한글 신문 발간계획을 세우고 양기탁(梁起鐸)을 주필로 초빙해 블라디보스토크 신한촌에서 〈한인신보(韓人新報)〉를 발간했다.

1910년 후반 그는 만주의 밀산 지역으로 이주하였다가 1919년 3.1 만세운동 이후 블라디보스토크로 다시 돌아왔다. 3.1혁명 직전인 그해 2월 만주 길림에서 김교헌 등 대종교 계열 인사들이 주도하여 대한독립선언서(大韓獨立宣言書)를 선포할 때 서명자 39인 가운데 한 사람으로 참여하였다. 1919년 12월에는 노인단(老人團) 단장으로 활약했다고 한다.

그는 1922년 5월 9일 대종교에서 참교 교질을 받았다. 그는 당시 동이도 제3지사의 전사(典事)로 있던 한기옥(韓基昱)이 개척한 밀산현 봉밀산 일대 한인 정착촌 개발에 적극적으로 참여했다. 그가 1919년 2월 대한독립선언서에 서명한 점 등을 고려하면 그는 1922년 이전에 대종교에 입교한 것으로 추정된다.

그의 1920년대 중반 이후의 활동이나 최후에 대해서는 알려진 것이 없다.

2012년 건국훈장 애국장이 추서되었다.

23 김혁 (金赫, 1875~1939, 건국훈장 독립장)
신민부 핵심 간부로 군사교육에 힘써

김혁은 1875년 10월 16일 경기도 용인에서 태어났다. 본명은 김학소(金學韶)인데 독립운동 당시 김혁(金赫·金爀)이란 이름을 사용하였다. 자는 순익(舜翼), 호는 오석(吾石·烏石)이다.

그는 양반 가문 출신으로 1894년부터 4년간 유학자 맹보순(孟輔淳)한테서 한문을 배웠다. 맹보순은 기호흥학회에서 활동하다가 1910년 국권이 피탈되자 만주로 망명하였는데 그의 삶에 큰 영향을 끼쳤다.

그는 1898년 6월 22일 대한제국 무관학교에 1기생으로 입학하였다. 2년간의 교육과정을 마치고 1900년 1월 졸업한 후 육군 참위(參尉·소위)로 임명되었다. 1903년 4월 부위(副尉·중위)로 승진하였고 1907년 8월 1일 군대해산 당시 그는 정위(正尉·대위)였다. 군대해산 후 고향에 머물던 그는 1910년 8월 나라가 망하자 통분을 금치 못했다. 그는 대종교에 귀의하면서 항일 구국의 길을 모색하였다.

그의 대종교 입교 시기는 분명치 않다. 다만 그가 1914년 4월 29일 참교가 된 걸로 봐 입교 시기는 1910~1913년경으로 추정된다. 1917년 11월 11일에는 지교가 되었다. 1919년 3.1혁명이 일어나자 만세 시위에 참가한 후 그해 5월 만주 유하현으로 망명하였다. 그곳에서 대종교가 조직한 흥업단에 가입하여 부단장이 되었다가 1920년 8월 북로군정서에 참여하였다. 그가 청산리전투에 참전했다는 기록은 없으나 여러 정황으로 볼 때 참전했을 가능성이 크다.

1921년 1월 북로군정서와 서로군정서가 합쳐 대한독립군단으로 재편되자 그는 군사부장을 맡았다. 청산리전투와 이듬해 경신참변 후 독립군 부대는 밀산을 거쳐 러시아로 향했다. 1921년 6월 자유시참변으로 독립군이 큰 타격을 받았는데 당시 북로군정서 부대는 만주로 되돌아와 화를 면했다. 1922년 8월 독립운동 단체 대표들은 통합조직으로 대한통의부를 재편하였는데 이때 그는 양규열(梁圭烈) 군사부장 휘하의 부감(部監)으로 선출되었다.

1924년 7월 길림에서 남만주지역을 통괄하는 정의부(正義府)가 성립되었다. 이에 대응해 북만주 지역 독립운동단체들은 1925년 3월 신민부(新民府)를 조직하였다. 신민부 조직 당시 대한독립군정서 대표의 1인으로 참석한 그는 신민부의 핵심 기관인 중앙집행위원장을 맡게 되었다. 이는 그의 나이(당시 50세)와 항일 경력, 인품, 통솔력 등을 고려한 걸로 보인다. 그는 목릉현 소추풍(小秋風)에 성동(城東)사관학교를 설립하여 교장을 맡아 군사교육에 힘썼다.

1926년 8월 석두하자(石頭河子) 한인 학교에서 각 단체 대표들과 함께 고려혁명자후원회를 조직해 위원장을 맡았다. 이 단체는 혁명자(독립군)가 체포, 구금되었을 때 그들의 가족을 돕거나 또는 교전 등으로 부상당했을 때 원조하는 조직이었다, 조직 당시 회원은 약 천 명이며 회원들은 매월 회비로 5전을 내도록 했다. 본부는 남·북 만주에 두었다.

1928년 1월 25일 일본 경찰은 신민부가 총회를 연다는 첩보를 입수하고 신민부 본부를 습격하였다. 이때 그는 하얼빈 주재 일본 총영사관 경찰에 붙잡혀 국내로 압송됐다. 이때 붙잡혀간 14명 중에서 그를 포함해 9명만 유죄가 확정되었다.

1929년 6월 5일 신의주 지방법원에서 치안유지법 위반으로 징역 7년을, 6월 12일에는 3년 더 많은 징역 10년을 선고받았다. 그해 7월 8일 평양 복심법원에 공소(控訴·항소)를 취하해 10년형이 확정돼 평양 형무소에 수감되었다.

이후 서울 서대문형무소로 이감돼 6년 가까이 옥고를 치른 후 1935년 5월 26일 가출옥으로 풀려났다. 출감 후 그는 경기도 용인에 살고 있던 장남(김용기) 집에서 거주하였는데 감옥에서 얻은 병이 완쾌되지 않아 1939년 4월 23일 64세로 별세했다.

1973년 10월 서울 현충원 애국지사묘역에 묘소가 마련되었다.

1963년 건국훈장 독립장이 추서되었다.

24 나운규 (羅雲奎, 1902~1937, 건국훈장 애국장)
영화 '아리랑' 만든 영화사의 산증인

나운규는 1902년 10월 27일 함경북도 회령에서 태어났다. 본관은 금성(錦城), 호는 춘사(春史)이다.

그의 부친 나형권(羅亨權)은 대한제국 무관 출신으로 1907년 군대해산 후 회령에

서 약종상을 했다고 한다.

그는 어려서부터 독서를 즐겼고 장난기가 많아 연극을 좋아했다고 한다. 회령보통학교를 졸업하고 간도의 명동(明東) 중학에 다니던 그는 1919년 3.1혁명이 일어나자 회령 만세 시위에 참가했다가 경찰의 수배를 피해 연해주로 피신했다. 이후 다시 북간도로 와서 1920년 광복단에 가입해 활동했다. 이때 훈춘에서 최이붕·한순범 등과 함께 회령-청진을 잇는 회청선 7호 터널 폭파를 시도했다가 미수에 그쳤다.

이후 학업을 위해 서울로 와서 중동학교 고등 예비과에 진학하였다. 1920년 12월 '청회선 7호 터널 폭파 미수사건'이 뒤늦게 발각돼 일경에 체포되었다. 1921년 3월 5일 함흥지방법원 청진지청에서 열린 선고 공판에서 소위 보안법과 '정치에 관한 범죄 처벌의 건' 위반으로 징역 2년을 받았다. 그는 청진형무소에서 옥고를 치르다가 1923년 3월 5일 만기 출옥하였다.

출소 후 그는 함흥에서 조직된 극단 예림회(藝林會)에서 연극배우로 활동했다. 예림회가 문을 닫은 후 그는 부산으로 내려가 조선키네마주식회사 소속 단역배우로 활동하다가 연기력을 인정받아 영화 '심청전'에서 처음으로 주역인 심 봉사 역을 맡았다.

연기파 배우로 입지를 다진 그는 직접 영화 제작에 나섰다. 그 첫 번째 영화가 '아리랑'인데 1926년 10월 1일 단성사에서 개봉됐다. 이 영화는 농촌 청년 영진과 지주의 심부름꾼인 오기호의 갈등을 그렸는데 사람들은 영진을 한국 민중으로, 오기호를 지배자인 일본으로 여겼다. 영진이 오기호를 낫으로 쓰러뜨리고 일본 순사에게 끌려갈 때 마을 사람들이 아리랑을 부르며 배웅하는 장면에서 관객들도 모두 일어나 아리랑을 불렀다. 6개월 동안 110만 명이

'아리랑'을 관람해 대 히트를 쳤다.

'아리랑' 후속작으로 '풍운아'를 선보였는데 이 역시 대성공을 거두었다. 그는 1927년 나운규프로덕션을 설립하여 그 이듬해에 독립군 활약 시절의 경험을 그린 '사랑을 찾아서'를 개봉했다. 줄거리는 조선 군인 출신의 가장이 일가족을 데리고 간도로 건너가 유랑하다가 마적단을 만나 모두 무참하게 숨진다는 내용이다. 이는 당시 우리 민족의 수난을 간접적으로 반영한 것이었다.

영화 개봉을 앞두고 1928년 4월 9일, 그는 돌연 경기도 경찰부 고등과로부터 호출 명령을 받았다. 일제는 이 영화의 내용이 불온하다며 문제 삼고 나섰다. 애초 이 영화 제목은 '두만강을 건너서'였는데 '저 강을 건너서'라고 고쳤다가 결국 최종적으로 '사랑을 찾아서'로 정하였다. 그는 내놓는 영화마다 대성공을 거둬 승승장구하였다.

그런 그에게 불행이 닥쳤다. 동료들과의 갈등으로 인해 나운규프로덕션은 해체되고 말았다. 게다가 민족 영화인들과 좌익 영화인들 사이가 나빠지면서 그는 좌익 영화인들의 주 공격대상이 되었다. 게다가 1930년부터 음성영화인 '토키(Talkie)' 영화가 상영되기 시작하자 조선 영화의 제작환경은 크게 위축되었다. 그는 〈아리랑〉을 토키 영화로 제작하기로 했으나 동시녹음에 실패하고 재녹음 과정에서 막대한 손해를 입게 되자 그 충격으로 폐병을 얻게 되었다.

그는 당시 영화계에서는 드물게 대종교 교인이었다. 그의 입교기록은 인멸되어 존재하지 않으나 그가 대종교를 신봉한 것만큼은 분명하다. (그의 부친 나형권은 1911년 중광절(음 1.15) 이전에 대종교에 입교함) 그는 영화를 제작하면서 제작사 이름을 원(○)·방(□)·각(△)으로 명명하였다. 원(○)·방(□)·각(△)은 대종교의 교기(教旗)로, 천·지·인 합일을 상징하는 휘장이다. 이는 그가 대종교를 사상적으로 숭앙했음을 보여주고 있다.

그는 1937년 사망하기까지 약 15년간 29편의 작품을 남겼다. 그중 26편의 영화에 출연했으며, 직접 각본·감독·주연을 맡은 영화도 15편에 달했다. 그의 존재 자체가 우리 근대영화의 성장 과정이자 역사다. 남북한 모두 그를 해방 전 우리 영화사에서 가장 중요한 인물로 평가하고 있다.

은막의 풍운아로 이름을 날린 그는 폐병으로 고생하다가 1937년 8월 9일 서울 관동정(舘洞町·현 서대문구 영천동) 자택에서 36세로 별세했다. 장례는 8월 11일 단성사에서 영결식을 치른 후 홍제동 화장장에서 화장하였다. 그의 유해는 망우리 공동묘지에 안장되었다.

1993년 건국훈장 애국장이 추서되면서 국립대전현충원에 묘소가 마련돼 이장하였다.

[나정련-나정문 형제]

25

나정련 (羅正練, 1882~1943, 건국훈장 애국장)

나철 교주의 장남, '임오십현' 1인

나정련은 1882년 전남 보성에서 태어났다. 본관은 나주, 호는 염재(念齋)이며 나철 대종사의 장남이다.

어려서는 고향에서 한학을 배운 후 가업에 종사하였다. 1905 서울로 이주하였으며, 1909년 나철이 단군교를 중광하자 입교하였다. 1911년 영계와 참교를 받았고, 1916년 지교로 승질하였다.

1914년 만주 연길현 의란구(依蘭溝)로 망명하여 대종교 포교에 힘썼다. 이곳에서 그는 8년 동안 구룡(九龍)학교 교장 등을 맡아 한인 2세들의 민족교육에 헌신하였다. 계몽·교육 사업에 이어 북로군정서(北路軍政署) 기밀 참모로서 군자금 조달과 군량미 보급, 의병모집 등에도 헌신하였다.

1922년 밀산현 당벽진(當壁鎭)으로 이주한 뒤로는 대종교 시교원으로서 근 20년 동안 포교 활동과 교세 확장을 위해 노력했다. 1941년 총본사가 있는 영안현 동경성(東京城)으로 이주하여 경의원참의에 임명되었으며 이듬해 10월 상교로 승질하였다. 당시 그는 총본사에서 중책을 맡아 활동하였다.

그러던 중 1942년 11월 소위 '임오교변'이 발생하자 11월 29일 동경성 자택에서 일경에 체포되었다. 그는 같은 날 체포된 대종교 간부 23명과 함께 영안현 경무과에서 4개월간 취조를 받았다. 이후 목단강성 액하(掖河) 감옥에서 옥고를 치르던 중 1943년 8월 18일 감옥에서 순국하였다. 장례는 가족장으로 치렀으며, 유해는 동경성 남문 밖에 안장하였다.

1946년 8월 정교(正教)로 추승되면서 대형(大兄) 호를 받았다.

1991년 건국훈장 애국장(1968년 대통령 표창)이 추서되었다.

26 나정문 (羅正紋, 1892~1944, 건국훈장 애국장)

나철 교주의 차남, '임오십현' 1인

나정문은 1892년 전남 보성에서 태어났다. 본관은 나주, 호는 일도(一島)이며 나철 대종사의 차남이다.

어릴 때는 고향에서 한학을 배웠으며 신학문을 배우기 위해 서울로 올라갔다. 1910년 7월 서울 중서(中

署) 중마동(中麻洞)에 있던 야학교 '연정당(硏精堂)'의 수학부 본과를 1회로 졸업하였다. 이후 나철의 스승이자 후원자인 운양 김윤식(金允植)의 도움으로 서울 선린(善隣) 상업학교를 졸업하였다. 이후 원산 농공은행(農工銀行)에서 2년, 성진 척식은행(拓殖銀行)에서 6년간 근무하였다.

1909년 1월 나철의 대종교 중광 때 입교하였다. 1914년 영계와 참교를 받았으며, 1916년 지교로 승질하였다. 1922년 벌교청년회 총무로 선출돼 이후 사교부장을 지냈으며 1923년 2월에는 최재학 등 보성 출신 7명과 함께 민립대학 발기인으로 참여하였다.

1941년 6월 총본사 소재지인 영안현 동경성(東京城)으로 이주하여 2년간 총본사에 근무하면서 찬범, 찬강, 찬리를 역임하였다. 또 교적(敎籍)간행회 총무와 천전(天殿)건축주비회 발기인으로 참여해 활동하였다. 1942년에는 상교로 승질하였다. 그해 11월 소위 '임오교변'이 발생하였다.

11월 19일 동경성에서 일경에 체포돼 같은 날 체포된 대종교 간부 23명과 함께 영안현 경무과에서 취조를 받았다. 이후 목단강성 액하(掖河) 감옥에서 옥고를 치르다가 15개월 만에 병보석으로 출감하였으나 3일 뒤인 1944년 2월 7일 별세하였다. 유해는 동경성 동문 밖에서 화장한 후 고인의 유언에 따라 목단강에 뿌렸다. 그는 일생을 독신으로 살았다.

1946년 8월 정교(正敎)로 추승되면서 대형(大兄) 호를 받았다.

1991년 건국훈장 애국장(1968년 대통령 표창)이 추서되었다.

27

나중소 (羅仲昭, 1867~1928, 건국훈장 독립장)

교민 생활 안정과 독립군 모집 앞장

나중소는 1866년 4월 13일 경기도 고양에서 태어났다. 본관은 나주, 자는 영훈(泳薰), 호는 포석(抛石)이다. 독립군 활동 시절에 얻은 '나비 장군'이라는 별명도 있다.

1882년 16세 때 무과(武科)에 급제하여 무관으로 근무하던 중 1898년 7월 1일 대한제국이 설립한 육군무관학교에 입학해 졸업하였다. 졸업 성적이 우수해 국비장학생으로 선발돼 일본 육군사관학교로 유학을 다녀왔다. 귀국해 함북 시찰관과 진위대(鎭衛隊) 부위(副尉·중위)로 근무했다.

1910년 국권 상실 후 은거하던 그는 1917년 51세에 만주로 망명하였다. 대종교의 서일이 주축이 돼 조직된 중광단은 1919년 3·1혁명을 계기로 공교회(孔教會) 등과 합세하여 그해 5월경 대한정의단을 결성했다. 그해 8월 대한정의단은 산하에 독립투쟁을 위한 무장단체로 군정회를 조직하였는데, 10월에 둘을 합쳐 대한군정부(大韓軍政府)로 개편하였다. 이 과정에서 그는 대한정의단 교관으로 초빙돼 독립군 양성을 위해 노력했다.

대한군정부는 상해임시정부 산하의 군사기관으로서 임정의 권고로 대한군정서로 개명하였는데, 서간도 지역의 서로군정서와 짝을 맞춰 북로군정서(北路軍政署)로 다시 명칭을 바꾸었다. 총재는 서일, 총사령관은 군사전문가인 김좌진, 그는 참모부장을 맡았다.

1920년 2월 초 독립군을 지휘할 간부양성을 위해 사령부에 사관연성소

(士官鍊成所)를 설립하였다. 교장은 김좌진이 맡고 그는 교수부장을 맡아 간부 양성에 힘썼다. 그해 9월 9일 1회 졸업생 298명 가운데 80명은 소위로 임관해 배치되었고 나머지 200여 명으로 교성대(教成隊)가 조직되었는데 그가 대장을 맡았다.

간도 지역 독립군의 위세가 날로 커지자 일본군은 1920년 10월 초 소위 '훈춘(琿春) 사건'을 조작하여 만주에 2만여 명의 병력을 투입했다. 그러자 북로군정서는 중국 측의 권유로 국경지대인 화룡현의 이도구(二道溝), 삼도구(三道溝) 방면으로 이동하였다. 당시 독립군 내에서는 피전론(避戰論)이 대세였으나 일본군과의 일전이 불가피했다. 결국 10월 21일부터 6일간 청산리 일대에서 일본군과의 전투를 벌였는데 그도 이 전투에 참가했다.

승전 후 독립군들은 소만(蘇滿) 국경지대인 북만주의 밀산(密山)으로 이동하였다. 당시 이곳에 모인 독립군은 대략 3천 5백 명에 달했다. 독립군 지도부는 연해주로 이동하기로 결정한 후 통일된 독립군단인 대한독립군단으로 재편하였다. 1921년 1월 초 대한독립군단은 우수리강을 넘어 이만(伊滿, 달네레첸스키)을 거쳐 연해주로 향했다. 3월경 홍범도·최진동 부대는 이만에서 다시 러시아의 자유시(自由市, 스보보드니)로 옮겼는데 그해 6월 그곳에서 소위 '자유시참변'이 발생하여 수많은 독립군이 희생되었다.

한편 서일·김좌진·이범석 등 북로군정서 지휘부는 자유시로 가지 않고 이만에서 밀산으로 되돌아왔다. 이곳에서 다시 부대를 재편하여 대한독립단(大韓獨立團)을 결성하였는데 이때 그는 이장녕(李章寧)과 함께 참모장에 선임되었다. 1923년 8월 15일 서간도 화전현에서 만주 일대의 독립군단을 통일시키기 위한 회의가 열렸다. 독립운동 단체의 대표 58명이 참석하였는데 그는 둔화현 대표로 참석하였다.

오랜 기간 논의를 거듭하였으나 합의를 이루지 못한 채 서로군정서 등 8개 단체가 그해 11월 24일 정의부를 성립시켰다. 그가 속했던 북로군정서는 1925년 3월 만주 영안현에서 신민부(新民府)를 결성하였다. 동빈현에 본부를 둔 신민부의 중앙집행위원장은 김혁, 외교부 위원장은 조성환, 군사부 위원장 겸 사령관은 김좌진이었는데 그는 참모부 위원장을 맡았다.

그는 또 1926년에 돈화현에 판사부(辦事部)를 설치해 교민들의 생활 안정과 독립군 모집 및 군자금 조달에 힘썼다. 당시 마적들이 간도 일대에 출몰하여 교민들의 재산과 생명에 위협을 가하자 돈화현 내 교민 청년 50명으로 보위단을 조직했는데 이때 그가 단장으로 선출되었다. 보위단은 현 내 주요 지역에 지단을 설치하고 7~10명으로 구성된 무장대를 배치해 경계를 폈다. 말년에 돈화현에서 활동하던 그는 1928년 8월 18일 산중에서 별세하였다.

그가 대종교에 입교한 시기나 구체적인 활동 내용에 관한 자료는 남아 있지 않다. 다만 대종교에서 작성한 대종교인 명단에는 그의 이름이 들어 있다. 대종교가 중심이 된 중광단, 대한정의단, 북로군정서, 신민부 등에서 활동하면서 자연스럽게 대종교와 인연을 맺었을 것으로 보인다.

1973년 서울 현충원 애국지사묘역에 묘소가 마련되었다.

1963년 건국훈장 독립장이 추서되었다.

28 남형우 (南亨祐, 1875~1943, 건국포장)

임정서 활동한 보성전문 교수 출신

남형우는 1875년 7월 27일 경북 고령에서 태어났다. 본관은 의령(宜寧), 호는

수석(瘦石), 이명은 오일태(吳一泰)·남성민(男聖敏)이다. 7세 때인 1882년 한문 사숙(私塾)에 입학해 한문을 공부하였다. 28세 때인 1903년 상경하여 남상태(南相台) 집에 머물며 국내외 정세를 살폈다. 1906년 보성전문학교 법과에 입학하여 1909년에 졸업하였다. 1907년 서상일·안희제·김동삼 등 경상도 지역 청년들이 중심이 돼 결성한 비밀결사체인 대동청년당(大東青年黨)에 가입하여 활동하였다. 1911년~1917년까지 모교인 보성전문학교에서 법률학 교수로 재직하였다.

1915년 대구 안일암(安逸庵)에서 윤상태·서상일 등과 함께 달성친목회를 중심으로 조선국권회복단을 조직하여 국권 회복에 신명을 바치기로 결의하였다. 1919년 3·1혁명이 일어나자 경남 창원 등지에서 시위를 주도하였으며, 3월 17일 블라디보스토크로 망명하였다. 이후 연해주 신한촌에서 한족회(韓族會)를 근간으로 대한국민의회(大韓國民議會)를 설립하고 손병희(孫秉熙)를 대통령으로 하는 등 각료를 선출하였는데 그는 산업총장(産業總長)에 선임되었다.

그해 4월 파리강화회의에 제출할 독립청원서와 국권회복단에서 모금한 독립운동자금을 가지고 상해로 건너갔다. 4월 11일 제1회 대한민국 임시의정원 회의에서 임시정부 법무 차장에 선임돼 23일까지 활동하였다. 5월 10일 법무 총장에 임명되었으나 7월 7일 사직하였고, 1920년 교통 총장에 선임돼 1921년 4월까지 근무하였다. 1920년 말에는 무장투쟁을 주장하는 신대한동맹단(新大韓同盟團)의 단장에 선임되었다.

1921년 10월 상해 국민대표회의 기성회 위원에 선임되었다. 당시 북경의 군사통일회와 간도 액목현(額穆縣) 회의 등에서 의견 차이로 각기 국민대표회의를 계획하게 되자 상해와 북경 사이를 왕래하며 절충한 결과 그는 국민대표회의의 주비위원장에 선임되었다. 이후 국민대표회의는 창조파와 개조파로 나뉘어 합의점을 찾지 못하자 1923년 3월 하순 김동삼·신채호·배천택·김창숙 등과 국민당을 조직하였다.

국민당은 북경으로 근거지를 옮겨 군자금을 모집에 주력하였다. 1924년 1월 서동일(徐東日)을 국내로 파견해 경북 경산 등지에서 군자금 1,400여 원을 모금하였다. 1925년 5월 재차 서동일을 보내 군자금을 모집하던 중 일제 경찰에 체포됨에 따라 중단되었다. 서동일은 1923년 1월 중국 베이징으로 망명한 이후 국민당에 가입해 재무부장을 맡고 있었다.

1928년 그는 가족과 함께 하얼빈으로 이주하여 사설 학교를 운영하였다. 그는 1930년 10월 유하현에서 공산당 관련 혐의로 중국 관헌에 체포되었다가 풀려났다. 1931년에는 수토병(水土病)으로 국내로 들어와 고향에서 요양하다가 1943년 3월 13일 스스로 생을 마감하였다.

그가 대종교에 입교한 기록은 남아 있지 않다. 그러나 그는 보성전문학교 재학 시절 윤세복과 안희제가 주도해 결성한 대동청년단에 가입해 활동했다. 이 단체는 단군 계열 비밀결사체로 단원은 17~30세 미만의 청년 80여 명이었다. 단원 윤병호의 메모 53명 가운데 그의 이름이 들어 있다.

그는 또 대구지역 청년들의 비밀모임인 달성친목회가 중심이 돼 결성한 조선국권회복단에도 가입했다. 이 단체는 단군 대황조에게 봉사(奉祀)했던 대종교적 민족주의 성향의 비밀결사체였다. 1920년대 상해 시절 그는 서도 본사의 중심인물로 활동했다.

1962년 독립유공자 첫 포상 당시 서훈 대상자로 거명됐었으나 변절 논란으로 인해 서훈이 보류됐다.

1983년 건국포장이 추서되었다.

29

명제세 (明濟世, 1885~1964, 건국훈장 독립장)
간디를 존경한 불변단(不變團) 단장

명제세는 1885년 2월 4일 평안북도 영변에서 태어났다. 본관은 서촉(西蜀), 호는 일광(一光)이다.

1905년 블라디보스토크 외국어학교에 들어가 중국어를 배웠다. 귀향 후 〈대한매일신보〉 영변 지사원으로 1909년 2월까지 근무했다. 그 무렵 중국과 무역업에 종사하다가 1910년대 중국 천진(天津)으로 건너가 독립운동에 투신했다.

1919년 4월 상해에서 임시정부가 수립되던 즈음인 4월 18일 천진에서 조만식(趙晩埴) 등 60여 명과 함께 불변단(不變團)을 결성했다. 본부는 천진 프랑스 조계(租界) 내에 있었는데 초기에 그는 부단장을 맡았다. 천진은 북경과 인접한 항구도시로 교통의 요충지로 국내와 만주, 일본 등지로 가기 위해 이곳을 거쳐 가는 한인들이 많았다.

그해 8월 15일 의사부와 군무부를 설치하는 등 불변단 조직을 개편하고 임원을 개선할 때 단장을 맡았다. 불변단을 주도한 인물 가운데는 상해 임시정부 및 신한청년당 요인들과 밀접한 관계를 맺고 있었다. 불변단은 얼마 뒤에는 임정 산하의 비밀 외곽단체로 승인을 받았다.

8월 25일 그는 제2차 독립 만세 운동 준비와 실행을 위해 서울과 함경남·북도를 관할하는 경원선 연변(沿邊) 특파원으로 파견되었다. 10월 31일 상해 임시정부를 중심으로 전민족적 단결을 호소하고 항일투쟁을 천명하는 제2의 독립선언서가 '대한민족대표' 명의로 발표되었다. 이 선언서는 제2차 독립만세운동에 사용할 목적으로 박은식이 기초했는데 그는 불변단장 자격으로 서명했다.

1919년 10월 함경도와 경기도 특파원으로 활동하던 이종욱과 이강(李堈) 공의 중국 망명 시도를 도왔다. 10월 31일 일왕의 천장절(天長節·생일)을 기화로 서울 시내를 돌며 '대한민족대표' 명의의 독립선언서와 '남녀 학생에게', '상업에 종사하는 동포에게' 등의 포고문을 살포하고 제2차 만세 시위 봉기를 꾀하였다. 그러나 사전에 일경에 발각돼 대대적인 봉기는 하지 못하였으나 서울과 평양 등지에서 산발적으로 만세 시위가 일어났다.

1920년 8월 24일 미국의원단이 동양 시찰을 목적으로 중국을 거쳐 서울에 도착함을 계기로 한국인의 독립 의지를 세계에 표명하기 위하여 조선 총독을 처단하기로 계획하였다. 그는 불변단원들과 취지서와 경고문 인쇄, 배포를 맡았고, 김동순·김상옥·한우석 등 암살단원은 조선총독부 고관 처단을 맡았다.

그러던 중 거사 직전에 한우석을 비롯한 암살단원과 함께 붙잡혔다. 그는 1921년 11월 15일 경성지방법원에서 제령(制令) 위반 등의 혐의로 징역 3년을 선고받고 서대문형무소에서 옥고를 치렀다.

1922년 12월 연희전문학교 학생 염태진 등이 조선물산장려운동 단체인 자작회(自作會)를 조직하고 국산품 애용 운동을 벌였다. 이 운동을 확산시키기 위해 1923년 1월 서울에서 조선물산장려회가 결성되었다. 감옥에서 나온 그는 조선물산장려회에 들어가 1940년 해산 시까지 중앙회 이사와 서울지회 이사장을 지냈다.

1926년 7월에는 조선물산장려회 대표로 사회주의운동 단체인 서울청년회와 합작하여 조선민흥회를 조직하였다. 이어 1927년 2월 14일 신간회 창립 발기인으로 참가하였으며 창립대회에서 중앙위원으로 선출되었다. 그는 자신은 민족주의자이며 인도의 간디를 존경한다고 밝힌 바 있다.

광복 후 건국준비위원회 위원을 비롯해 신탁통치 반대 국민총동원위원회 위원, 국민당 부위원장, 한국독립당 중앙상무위원 등을 지냈다. 1948년 이승만 정부에서 초대 심계원장(審計院長)에 임명됐으며, 이듬해에는 대한독립촉성국민회 최고고문을 지냈다.

1950년 7월 한국전쟁 때 납북되었으며 1956년 7월 평양에서 결성된 재북평화통일촉진협의회 집행위원을 지냈다. 평양 교외 룡성구역의 '재북(在北) 인사의 묘'에 있는 그의 묘비에 따르면, 그는 1964년 1월 4일 별세했다. 서울 현충원 무후선열 제단에 위패가 마련돼 있다.

그가 대종교에 입교한 시기는 정확히 알 수 없다. 그가 대종교에서 본격적으로 활동한 것은 해방 이후부터다. 1946년 8월 27일 참교가 된 이래 1947년 5월 10일 지교, 1949년 2월 21일 상교가 되어 원로원 부원장을 맡았다. 또 1949년 8월 5일 대종교 중흥회 고문을 맡았으며 납북되기 두 달 전인 1950년 5월 7일 정교로 승질하였다.

1990년 건국훈장 독립장이 추서되었다.

30 **문일평** (文一平, 1888~1939, 건국훈장 독립장)
식민사학에 맞선 민족사학자·언론인

문일평은 1888년 5월 15일 평안북도 의주에서 태어났다. 본관은 남평(南平), 본명은 명회(明會), 아명은 정곤(正坤)이며, 자는 일평(一平)이다. 호는 '호암(虎巖)', 호암(湖巖) 등을 사용하였다.

어려서부터 고향에서 한학자 최해산(崔海山)의 문하에서 한문 공부를 했다.

1905년 러일전쟁 당시 그는 미국 선교사의 도움으로 감리교회 소속의 일본 청산학원(青山學院)에 들어갔다. 1906년 정칙(正則) 학교에 입학했는데 이때 하숙집에서 벽초 홍명희와 춘원 이광수를 만났다. 1907년 명치(明治) 학원 중학부에 편입했으며, 당시 서북 출신들이 주도한 태극학회에서 적극적으로 활동하였다. 1908년 귀국하여 평양 대성(大成)학교, 의주 양실(養實)학교, 서울의 경신(儆新)학교 등 기독교계 학교에서 교사로 활동했다.

경신학교 교사 시절 최남선이 세운 조선광문회와 상동(尙洞)교회 내의 상동청년회에 출입하면서 한국 역사에 대해 관심을 갖게 됐다. 당시 그는 서울의 주류 지식인들과 교류하면서 기독교계 인사들과도 교분을 쌓았다. 첫 번째 일본 유학과 귀국 후 교사 생활을 하면서 사귄 선교사나 기독교인들을 통해 미국 유학을 시도했다. 당시 그는 근대문명의 준거점을 미국에 두었다. 그러나 여권이 나오지 않아 미국행을 포기하였다.

1911년 봄 그는 두 번째 도쿄 유학길에 올랐다. 와세다(早稻田)대학 예과를 거쳐 이듬해 가을에 학부 정치경제과에 진학하였다. 1911년 10월 재(在)동경조선유학생친목회 평의원에 선출되었으며, 기관지 〈학계보(學界報)〉 창간호의 편집 겸 발행인을 맡아 활동했다.

그 무렵 일황 암살 미수사건 등으로 조선인 유학생에 대한 감시가 심해지자 1912년 말 그는 중국으로 건너갔다. 1913년 봄 신규식의 주선으로 상해 대공화보(大共和報)에 취직하였으며, 신규식이 주도한 독립운동 단체인 동제사(同濟社)에도 참여하였다. 이때 동제사의 중심인물인 박은식·김규식·신채호·조소앙·홍명희·박찬익 등과 교류하였다.

1919년 3.1혁명으로 민족대표들이 체포되자 '애원서(哀願書)'를 작성하여 3

월 8일 보신각에서 낭독하였다. 이 일로 보안법 위반 혐의로 체포돼 징역 8월형을 선고받고 복역 후 이듬해 3월 풀려났다. 그해 8월에 한성도서(주) 출판부 촉탁으로 취직하였으며, 그달 13일에 개최된 조선노동대회에서 교육부장에 선출되었다. 이 무렵부터 그는 본격적으로 역사 저술가로 나섰다. 그는 역사에서 민중의 역할을 강조하였으며, 계급투쟁론적 사회경제사관을 갖고 있었다.

1925년 8월 세 번째 일본 유학길에 올랐다. 도쿄제국대학 문학부 사학과 동양사부 청강생으로 입학하였으나 학비 문제로 포기하고 1926년 7월 귀국하였다. 1927년 2월 15일 서울YMCA 대강당에서 신간회 창립총회가 개최되었는데 그는 경성(서울)본부 간사로 선출되었다. 1927년 8월에는 조선물산장려회 이사로 선임되었다. 이듬해 8월 잡지 〈별건곤(別乾坤)〉에 '조선심(朝鮮心)'을 강조하는 글을 실었는데 이는 민족주의 사학에 뿌리를 둔 것이었다.

1928년 말 조선일보사에 입사해 우리 역사에 관해 다양한 글을 썼다. 1930년 청구(靑丘)학회에 가입하였다가 실체가 식민사학임을 알고 곧 탈퇴하였다. 1933년 1월 방응모가 조선일보사를 인수하자 그해 4월 편집 고문으로 초빙돼 재입사했다. 1934년에는 안재홍, 정인보와 함께 조선학(한국학)운동을 제창하였다.

이들은 다산 정약용의 실사구시 학풍을 높이 평가하면서 조선학의 출발점으로 삼았다. 그가 고대사 대신 최근세사(구한말)와 한미관계 등 대외관계사에 집중한 것은 이 때문이었다. 그는 식민사학에 맞섰던 '민족사학자'였다.

그가 대종교에 입교한 기록은 분명치 않다. 그러나 그는 신규식이 주도한 동제사의 핵심 인물이자 대종교인들과 깊이 교류했다. 1908년 〈태극학보〉에 기고한 글에서 우리나라는 "오조단군(吾祖檀君)이 창건"했다며 단군을 신화가 아니라 역사로 인식하였다. 1927년 10월 26일 대종교 남일도본사 주최로 서울 경운동 천도교 기념관에서 열린 개천절 기념 강연회에서 '천조(天祖)의 강세(降世)'란 주제로 강연했다. 또 1927년 11월 대종교 남일도본사에서 우리 역사·지리·한글에 관한 지식을 일반에게 보급시키려고 교양 월간지 〈한빛(大光)〉을 간행했는데 그는 정인보, 최남선 등과 필자로 참여하였다.

1933년 이후 조선일보 편집 고문이자 지면에서 필명을 날리던 그는 1939년 4월 3일 서울 내자동 자택에서 급성 단독(丹毒·피부감염 질환)으로 별세했다. 유해는 망우리 공동묘지에 안장됐다.

1995년 건국훈장 독립장이 추서되었다.

31

문창범 (文昌範, 1870~1934, 건국훈장 대통령장)

연해주 재력가로 교육·언론 사업 기여

문창범은 1879년 함경북도 경원에서 태어났다. 이명은 원창범이다. 학력이나 성장 과정 등에 대해서는 자세히 알려져 있지 않다.

1877년경 부친과 함께 러시아 연해주 푸틸롭카 마을(한국명 육성촌)로 이주하였다. 장성한 후 니콜스크·우수리스크에서 러시아 군대의 납품업자로 큰 재산을 모았다. 그는 러시아 연해주의 원호인(元戶人·귀화 한인) 재력가로 교육과 언론 사업에 뛰어들었다. 1908년 최봉준·김학만 등이 이포에 설립한 명동(明東)학교의 찬성원으로 참가했으며, 수이푼(秋風) 시넬니코보(영안평·대전재)에 설립한 동흥(東興) 학교에도 많은 금액을 기부하였다.

1908년 5월 일제의 탄압으로 〈해조신문(海朝新聞)〉이 폐간되자 유진률·차석보 등과 함께 〈대동공보(大東共報)〉 발간에 주력하여 8월 15일 제1차 발기인 총회에 참가하였다. 1911년 12월 19일 이상설 등의 주도로 블라디보스토크 신한촌에서 권업회(勸業會)가 조직되었다. 권업회는 언론과 교육 활동에 주력하여 1912년 4월 기관지 〈권업신문(勸業新聞)〉을 창간하고, 3월에는 한민회와 공동으로 한민(韓民)학교 교사를 크게 신축하여 민족의식과 독립 정신을 고취하는 교육을 실시했다.

1913년 6월 30일 그는 권업회 하반기 정기 총회에 우수리스크지회 대표자로 참석했으며, 1914년 1월에는 우수리스크지회의 의원 겸 교육부장으로 선출되었다. 1917년 6월 러시아 지역 한인 자치기관으로 '전로(全露)한족회중앙총회'가 결성되었다. 기관지로 〈청구신보(靑丘新報)〉를 발간할 때 그는 최봉준·전 보리스 등과 함께 창간 위원으로 참여하였다. 1918년 6월에 개최된 전로한족회중앙총회 2차 대회에서 회장으로 선출되었다.

1919년 2월 김교헌이 주도하여 국내외 독립운동가 39명 명의로 발표된 대한독립선언서에 서명하였다. 1919년 2월 전로한족회중앙총회를 확대, 개편하여 대한국민의회를 새로 조직하고 의장에 선출되었다. 국내에서 3.1혁명이 일어나자 3월 17일 니콜스크-우수리스크에서 대한국민의회 명의로 '독립선언서'를 내외에 발표하고 만세 시위를 이끌었다. 3월 18일 한인 노동자들은 대한국민의회의 명령에 따라 총파업을 단행하고 신한촌에 집결해 시위를 벌였다.

1919년 4월 11일 상해에서 대한민국 임시정부가 수립되자 그는 교통 총장에 임명되었다. 초대 각료 가운데 연해주에서 활동하고 있던 인사는 군무총장 이동휘와 재무 총장 최재형 등 3명이었다. 연해주 대한국민의회는 상해 임시정부와 통합을 논의하기 위해 원세훈(元世勳)을 전권교섭위원으로 상해로 파견하였다. 그러나 임시정부의 위치를 둘러싸고 이견을 좁히지 못했다. 그해 8월 30일 대한국민의회 상설 의회 총회에서 한성(漢城)임시정부를 유일한 법통 정부로 봉대하기로 하고 대한국민의회 해산을 선포하였다. 그는 통합 대한민국 임시정부의 교통 총장에 취임하기 위해 10월 20일경 상해에 도착했다.

그러나 상해 사정은 달랐다. 임시정부 측은 정부 해산 약속을 지키지 않고 임시정부 개조 논의를 하였다. 그 과정에서 개조파와 창조파가 대립하자 그는 항의 표시로 교통 총장 취임을 거절하고 북경으로 갔다. 거기서 박용만·신채호 등 반(反) 임시정부 인사들과 만나 제휴 방안을 논의하다가 1920년 4월 17일 블라디보스토크로 돌아왔다. 그 무렵 연해주는 일본군이 러시아 적군과 함께 한인 독립운동가들을 급습해 참변이 일어났다. 그는 대한국민의회 관계자 20여 명과 함께 아무르주 블라고베시첸스크로 옮겨 대한국민의회를 재건하였다.

대한국민의회는 아무르주 한인 의회의 기능과 권위를 흡수하고 기관지 〈자유보〉를 발간하였다. 이어 한인 군대 확대를 위하여 18세~35세의 아무르주 한인 장정들에 대해 '징집령'을 내렸다. 또 이르쿠츠크 공산당 고려부 위원 김철훈(金哲勳)과 연락하여 그를 지부장으로 하는 이르쿠츠크지부를 설치하였다. 9월 15일 대한국민의회는 러시아 내 한인들의 합법적 통일 기관임을 천명함과 동시에 사회주의로의 방향 전환을 공개 선언하였다. 1929년 말부터 반우파 투쟁이 급속히 진행되자 그는 염하익 등과 함께 토호로 몰려 추방되었다.

그의 대종교 관련 기록은 남아 있지 않다. 다만 그는 대종교인으로서 한족생계회에 참여하여 니콜리스크의 대종교 시무자 이민복(李敏馥)과 블라디보스토크의 대종교 시무자 고평(高平) 등 대종교인과 관계를 맺었다. 이처럼 그가 대종교인들과 밀접한 관계를 맺게 된 것은 대한군정서가 러시아 연해주에서 무기를 구입할 때 일정한 그가 역할을 한 것으로 추정된다. 또 1919년 2월 만주에서 대종교인 김교헌이 주도한 대한독립선언서에 그는 동이도본사 소속으로 신채호·이범윤·김학만 등과 함께 이름을 올렸다.

그의 최후에 대해서는 알려져 있지 않다. 1934년 10월 상해에서 일제가 보낸 첩자에게 독살당했다는 설과 1938년 러시아에서 옥사하였다는 설이 있다. 장례와 묘소에 대해서도 알 수 없다.

1990년 건국훈장 대통령장이 추서되었다.

32 **민필호** (閔弼鎬, 1901~1963, 건국훈장 독립장)

신규식의 사위이자 김준엽의 장인

민필호는 1898년 2월 27일(음) 서울 호동(壺洞·현 종로구 원남동)에서 태어났다. 본관은 여흥(驪興), 자는 중우(仲禹), 호는 석린(石麟)이다. 독립운동 당시 임동반(林東潘)·왕량성(王良誠) 등의 중국식 이름도 사용하였다.

1909년 서울 경신(儆新)소학교를 졸업하고 이듬해 7월 휘문의숙(徽文義塾)을 졸업하였다. 그해 8월 경술국치로 국권이 상실되자 이듬해 1911년 중국 상해로 건너갔다. 그곳에서 예관 신규식(申圭植)이 운영하던 상해 박달학원(博達學院)에 입학하였다. 이듬해 2월에는 신규식이 조직한 독립사상 단체인 동제사(同濟社)에 가입하였으며, 이어 한중(韓中) 연합단체인 신아동제사(新亞同濟社)에도 가입해 활동하였다.

1912년 9월 남양학당(南洋學堂)에 입학하여 1917년 7월에 졸업하였다. 이어 중국 관립 교통부 상해 체신학교(遞信學校)에 들어가 1918년 12월에 졸업하였다. 여러 학교를 다니면서 근대문물과 독립사상에 눈을 뜨는 한편 중국어와 영어 등 외국어도 열심히 공부하였다. 그는 상해 시절 대종교에 입교했는데 자세한 기록은 남아 있지 않다. 그의 장인이자 대종교 서도본사 책임자인 신규식의 영향을 받아 자연스럽게 입교한 것으로 보인다.

1919년 4월 상해에 임시정부가 수립되자 그는 법무 총장이 된 신규식의 비서로 들어가 임시정부의 외교 업무를 보좌하였다. 그해 7월에는 신규식의 장녀 신창희(申昌喜·2018년 건국포장)와 결혼하였다. 참고로 그의 장녀 민영주(閔泳柱)는 광복군 출신의 김준엽(金俊燁·전 고려대 총장)과 결혼하였는데 두 사람 모두 건국훈장 애국장을 받았다. 그는 신규식의 사위이자 김준엽의 장인인데 그의 집안은 3대에 걸쳐 총 9명의 독립유공자를 배출했다.

1921년 10월 임시정부 국무총리 대리이자 외무·법무 총장을 겸직한 신규식은 전권특사 자격으로 손문(孫文)이 중국 군벌에 맞서 광동(廣東)에 세운 호법정부(護法政府)를 방문해 임시정부의 승인을 요청할 때 수행비서로 동행하였다. 호법정부는 외국 정부로는 처음으로 임시정부를 승인해주었다. 1922년 8월 신규식이 사망하자 1923년 10월부터 임시정부 재무 총장 이시영(李始榮)의 비서로서 임정의 재정 실무책임을 맡았다. 1924년 1월에는 상해 교민 자제들의 교육기관인 인성학교(仁成學校) 운영을 맡았다.

1932년 4월 29일 윤봉길(尹奉吉) 의거 후 일제가 김구(金九) 등 임정 요인 체포에 혈안이 되자 이들을 절강성 가흥(嘉興)에 사는 중국인 저보성(褚輔成) 댁으로 피신시키는 데 큰 역할을 했다. 1934년 2월 하남성 낙양(洛陽)에 있는 중국 중앙군관학교 분교에 한인 특별반이 설치되자 임시정부와 중국 국민정부 간의 연락을 담당했다. 1936년에는 중국 군사위원회 위원장 장개석(蔣介石) 시종실(侍從室)의 암전연구소(暗電研究所) 총무(대령급)로 종사하면서 일본의 외교 및 군사 암호전보 해독 업무를 담당했다.

1940년 5월 한국독립당이 결성되자 선전부장을 맡아 임시정부의 기관지였던 상해판 〈독립신문〉을 새로 복간해 발행했다. 1942년 10월 대한민국 임시의정원의 '미령(美領) 의원'에 선출되었으며 1943년 10월에는 경기도 의원에 선출되었다. 1944년 8월 김구 주석의 판공실장(辦公室長) 겸 외무 차장에 임명돼 김구를 가까이서 보좌했다.

중국어에 능통했던 그는 8.15해방이 되자 중국 국민당 정부와 교섭하여 임시정부 요인들을 무사히 귀국시켰다. 또 임시정부 주화대표단(駐華代表團) 부단장을 맡아 교민 보호와 귀국을 도왔다. 1946년부터 국공(國共) 내전이 격화되자 1948년 10월 주화대표단원과 잔여 교민을 대만(臺灣)으로 이동시켰다.

1948년 대한민국 정부 수립 후 초대 대만 총영사로 임명돼 근무하다가 1951년 7월 신병으로 사직하고 귀국하였다. 1963년 4월 14일 숙환으로 별세했으며, 1975년 8월 서울 현충원 애국지사묘역에 묘소가 마련됐다.

1963년 3.1절에 건국훈장 독립장을 받았다.

[박영준-신순호 부부]

33

박영준 (朴英俊, 1915~2000, 건국훈장 독립장)

광복군 출신, 남파 박찬익 아들

박영준은 1915년 11월 1일 만주 용정(龍井)에서 태어났다. 본관은 반남(潘南), 그의 부친은 임시정부 국무위원을 지낸 독립운동가 남파 박찬익(朴贊翊)이다.

1935년 중국 절강성 가흥(嘉興)에서 수주(秀州) 중학교를 졸업하였다. 예관 신

규식의 동생인 신건식의 딸이자 여성 광복군 출신 신순호(申順浩·건국훈장 애국장)는 그의 부인이다.

1938년 광서성 유주(柳州)에서 한국광복진선 청년공작대에 참여해 항일 선전 활동을 전개했다. 이듬해 한국청년전지공작대에 가담해 항일연극과 강연, 합창, 전단 배포를 통해 항일사상 고취와 광복군 초모(招募) 활동도 하였다. 1939년 11월 중경(重慶)에서 임시정부의 인재 양성계획에 따라 중국 중앙군관학교 특별훈련반 교통과에 입교하여 1941년 12월 제17기로 졸업하였다.

1940년 9월 17일 중경에서 한국광복군이 창설되자 광복군 제3지대에 편제되었으며, 1942년 4월 상위(上尉·대위) 직급으로 한국광복군 총사령부 서무과에 배속돼 근무하였다. 이어 임시정부 재무부 이재과장, 총사령부 서무과장을 지냈다. 1945년 3월부터 광복군 제3지대 제1구대장으로 활동했으며, 그해 8월 개봉(開封) 지구로 파견돼 활동하다가 광복을 맞았다. 이후 만주로 가서 주화대표단(駐華代表團) 동북 총판사처(總辦事處) 외무 주임으로 근무하면서 재만 교포들의 치안과 귀국을 담당하였다.

1947년 4월 주화대표단장인 부친과 함께 귀국한 뒤 육군사관학교 8기(특임5기)를 마치고 육군 소령으로 임관하였다. 1950년 6·25 전쟁에 참전하였으며, 1952년 초대 육군 정훈감에 임명되었다. 이듬해 육군 준장으로 진급하여 육군본부 조달감, 군단장, 9사단장 등을 거쳐 1960년 9월 소장으로 승진하였다. 5.16쿠데타 후 현역으로 한국전력 사장에 임명됐는데 1963년 예편한 후 한 차례 더 한전 사장을 지냈다. 그는 또 한국광복군동지회장, 백범김구기념사업협회장, 독립유공자협회장 등 독립유공자 단체 대표를 역임했다.

그는 대종교인으로 활동한 부친의 영향으로 대종교에 입교했으나 입교 날짜는 정확지 않다. 1966년 3월 지교로 승질되었고, 1968년 6월 정교로 승질되면서 대형(大兄) 호를 받았다. 이후 제3대 부전교에 선출됐으며, 종경종사편수위원회를 조직하고 위원장에 선임되었다. 또 대종교유지재단 상무이사를 거쳐 1969년 1월 대종교청년회장에 임명되었다. 그는 귀국 전에 장개석이 여비와 치료비로 준 400만 원을 대종교 경전 간행비로 사용했다고 한다.

그는 2000년 3월 27일 별세했으며, 서울 현충원 애국지사묘역에 안장됐다.

1977년 건국훈장 독립장을 받았다.

34 신순호 (申順浩, 1922~2009, 건국훈장 애국장)
광복군 출신, 남파 박찬익 며느리

신순호는 1922년 1월 22일 서울에서 태어났다. 본관은 청주(淸州), 그의 부친은 임시정부 재무부 차장을 지낸 신건식(申健植)으로, 예관 신규식(申圭植)의 친동생이다.

5세 때인 1926년 그는 모친 오건해(吳健海·건국훈장 애족장)과 함께 상해로 가서 부친을 만났다. 정정화(鄭靖和)의 회고에 따르면, 그는 고운 용모로 임시정부 내 청년들의 선망 대상이었다고 한다.

그는 1939년 2월 광시성 유주(柳州)에서 조직된 한국광복진선청년공작대에 참여하여 항일연극과 강연·합창·전단 배포 등을 통해 반일 사상을 고취하고 광복군 초모(招募) 활동을 하였다. 1940년 9월 17일 중경(重慶)에서 한국광복군 총사령부 성립 전례식에 여성 광복군으로서 참석하였으며, 1942년 9월에는 임시정부 생계위원회(生計委員會) 회계부에 파견돼 근무하였다.

1943년 12월 12일 중경에서 남파 박찬익(朴贊翊)의 아들이자 광복군 박영준(朴英俊)과 결혼하였다. 신건식과 박찬익은 의형제여서 두 사람의 결혼은 '동지 결혼'이었다. 당시 임정 지도자들이 한군데 모여 살았기 때문에 자녀들도 자연스럽게 가깝게 지냈다.

1945년 1월 임시정부 외무부 정보과 과원으로 임명되었고, 1945년 초 한국광복군 총사령부에 설치된 심리작전연구실에서 김정숙·민영주·지복영 등과 방송을 통한 선전 활동을 하였다. 그는 부모와 시부, 남편과 함께 한인 동포의 귀국 업무를 담당하다가 1948년 4월에 귀국하였다.

남편 박영준과 함께 그 역시 자연스럽게 대종교를 접했다. 신규식, 신건식, 박찬익, 민필호 등 양가 어른들이 모두 대종교를 믿었다. 게다가 임시정부에서 매년 개천절·어천절 행사를 개최하여 당시 독립운동가 가족들은 대종교 신앙을 당연하게 여겼다. 그는 대종교에서 전교(典敎)의 교직과 대형(大兄) 호를 받은 걸로 알려져 있다.

그는 2009년 7월 30일 별세했으며, 서울 현충원 애국지사묘역의 남편 박영준 묘에 합장됐다.

1990년 건국훈장 애국장(1977년 건국포장)을 받았다.

35 박용만 (朴容萬, 1881~1928, 건국훈장 대통령장)

미국서 '한인 소년병학교' 창립·운영

박용만은 1881년 7월 3일(음) 강원도 철원에서 태어났다. 본관 밀성(密城),

호 우성(又醒), 이명 한상랑(韓相良)이다.

어려서부터 숙부 박희병(朴羲秉)과 같이 생활하면서 개화사상을 가진 숙부의 영향을 많이 받았다. 박희병은 서울에서 관립 영어학교 졸업 후 1895년 관비 유학생으로 일본에 유학한 뒤 다시 미국 유학을 마치고 귀국해 외부(外部) 주사가 되었다.

일찍이 숙부를 따라 상경한 그는 관립 한성(漢城) 일어학교를 졸업하고 1895년경 관비 유학생으로 도일하여 중학교를 졸업하였다. 이후 경응의숙(慶應義塾)에 입학하여 2년간 정치학을 전공했다. 이때 일본에 망명 중인 박영효(朴泳孝) 등과 교분을 쌓으면서 유신 개혁파인 활빈당(活貧黨)에 가입했다.

1901년 3월 안국선·오인영 등과 귀국할 때 박영효와 연루되었다는 이유로 체포되어 옥고를 치렀다. 숙부와 선교사들의 도움으로 수개월 만에 특사로 풀려난 그는 만민공동회 등에서 계몽운동을 하였다.

그는 1903년 상동(尙洞) 청년회 다정국장으로 일제의 '황무지개척권' 반대운동을 하다가 재차 구속되었는데 이때 감옥에서 이승만·정순만을 만나 의형제를 맺었다. 출옥 후 숙부가 있던 평안도 선천의 시무(時務)학교에서 교사로 활동했다. 이곳에서 훗날 미국서 함께 활동했던 정한경·유일한 등을 만나 교류하였다.

1905년 일본이 러일전쟁에서 승리하자 계몽운동으로는 국권 회복에 한계가 있다고 판단하고 해외 망명길을 택하였다. 그는 미국 유학한 숙부와 이승만, 기독교 선교사 등의 도움을 받아 1905년 2월 정한경·유일한 등과 미국행에 올랐다. 그는 네브래스카주의 주도(州都) 덴버에 자리를 잡고 유학생회를 조직해 한인 청년들을 규합했다.

1907년 말부터 미주 한인 단체 통합론이 제기되었다. 1905년 4월 미국 샌프란시스코에서 안창호 등이 결성하였으며, 당시 미주에서 가장 큰 세력을 형성했던 공립협회(共立協會)는 통합론을, 그를 비롯해 이승만 등은 연합론을 주장했다. 그는 단합된 재미 한인사회를 토대로 강력한 민족운동을 전개할 계획이었다.

1908년 7월 그의 주도로 애국동지대표회가 열렸다. 4일간 열린 이 회의에는 그를 비롯해 이승만·이상설 등 국내외 대표 36명이 참석하였다. 이 회의에서 국내외 통일기관 조직, 각지에 통신국 설치 및 연락 등을 의결하였고, 둔전병제(屯田兵制)에 입각한 한인 군사학교 설립안을 통과시켰다.

그는 1909년 6월 네브래스카주 커니시의 한 농장에서 해외 최초의 사관학교인 한인 소년병학교를 창립하였다. 이 학교는 미국인들조차도 '조선의 웨스트포인트'라고 칭송할 정도였다.

1911년 2월 그는 대한인국민회 기관지 〈신한민보(新韓民報)〉 주필로 취임하였다. 당시 그는 '국민개병설(國民皆兵說)', 즉 병역(兵役)은 국민의 의무라고 주장하였다. 이는 무장 항쟁을 통해 독립국가 건설을 지향한 그의 평소 지론이었다. 제국주의의 침략을 스스로 막아내기 위해서는 군인정신으로 무장해야 한다고 강조하면서 군인정신으로 애국심·공덕심·명예심, 그리고 자격과 인내 등 4가지를 들었다. 그는 민권보다는 국권을 우선하였다.

그는 한인 소년병학교를 관장하면서 1912년 8월 네브래스카대학 정치학과를 졸업하였다. 그해에 하와이로 건너가 대한인국민회 하와이 지방총회 기관지인 〈신한국보(新韓國報)〉의 주필로 언론 활동을 폈다. 10월에는 중국 길림의 손정도 목사, 동삼성의 이동녕·정영택 등과 만주에 둔전병제에 입각한 독립군 기지 건설을 모색하였다. 이를 위해 항일무장 독립운동단체인 대조선국민군단을 조직했는데 이 과정에서 외교독립론을 편 이승만과 대립하였다.

그가 대종교에 입교한 시기 등에 관한 자료는 남아 있지 않다. 다만 그는 1917년 대종교인이 주도한 '대동단결의 선언'에 참여하였으며, 이듬해 대한독립선언서 서명자 39인 가운데 한 사람으로 참여하였다. 또 대한독립선언서를 미주에 소개하면서 단기(檀紀) 연호를 사용하였는데 이는 그가 단군 민족주의에 기반하여 대종교의 인적 네트워크 속에서 활동했음을 보여준다고 하겠다. 그는 시베리아와 만주, 몽골을 고토(古土)로 인식하여 이곳에 독립군 기지 건설을 계획한 적도 있다.

1919년 상해 임시정부의 외무 부총장에 선임돼 독립군 단체 통합에 나섰으나 별 성과를 거두지 못한 채 임정과 결별하였다. 1925년 태평양 연안 국제신문기자대회에 한국 대표로 참석하였으며, 1926년에는 독립운동 근거지를 마련하기 위해 중국 북경에 대본공사(大本公司)를 설립하였다.

1923년 비밀리에 한국을 다녀간 후 독립운동 진영에서는 그가 일제의 밀정이라는 소문이 나돌았다. 그 와중에 1928년 10월 17일 의열단 단원 이해명(李海鳴)이 북경 숭문 밖에 있던 그의 사택을 찾아가 권총으로 그를 절명시켰다.

1962년 독립유공자 첫 포상 당시 서훈 대상자로 거명됐었으나 변절 논란으로 인해 서훈이 보류됐다.

1995년 건국훈장 대통령장이 추서되었다.

36

박은식 (朴殷植, 1859~1925, 건국훈장 대통령장)

항일 언론인 출신의 임정 2대 대통령

박은식은 1859년 9월 30일 황해도 황주(黃州)에서 태어났다. 본관은 밀양(密陽), 자는 성칠(聖七), 호는 겸곡(謙谷)·백암(白巖)이며, 필명으로 박기정(朴箕貞), 태백광노(太白狂奴), 무치생(無恥生), 창해노방실(滄海老紡室), 백산포민(白山浦民) 등이 있다.

10세부터 17세까지 부친의 서당에서 한문과 주자학을 배우며 과거시험 공부를 하였다. 1880년 경기도 광주(廣州)에 가서 다산 정약용의 제자 신기영 등을 만나 다산의 학문과 저작을 섭렵하면서 다산의 실사구시 학풍에 큰 영향을 받았다. 1885년 모친의 간청으로 향시(鄕試)에 응시하여 특선으로 뽑혔다. 그 후 1888년부터 6년간 능참봉을 지냈는데 이것이 그의 관리 생활의 전부다.

1896년 독립협회가 조직되자 가입했으며 나중에 만민공동회 간부로도 활동했다. 1898년 9월 남궁억·유근 등이 〈황성신문〉을 창간하자 장지연과 함께 주필(논설 기자)이 되었다. 이후에는 영국인 베델(한국명 裵說)이 창간한 〈대한매일신보〉에서 주필을 지냈다. 이밖에도 1906년 3월에 창립한 대한자강회에 가입하였고, 10월에는 서우학회 창립을 주도하였으며 기관지 〈서우(西友)〉의 주필로도 활동했다. 이 시기에 그는 구국 항일지와 애국단체에 몸담아 국권 회복을 위한 애국계몽운동에 전념했다.

1907년 4월 양기탁·안창호 등이 국권 회복을 위한 비밀결사로 창립한 신민회에 가입하여 원로회원으로 활동하였다. 1908년 1월에는 서북학회의 산하 교육기관으로 설립된 서북협성(西北協成) 학교 교장을 맡았다. 그 무렵 일제가 신기선(申箕善) 등이 설립한 대동학회(大東學會)를 내세워 유림의 친일화를 꾀하자 이에 맞서 장지연 등과 함께 대동교(大同教)를 창립하였다. 1900년부터는 성균관의 후신인 경학원(經學院) 강사와 한성사범학교 교수를 지냈다.

1910년 8월 국권이 강탈당하자 항일 언론은 문을 닫게 되었고, 그가 저술한 서적들은 금서(禁書)가 되었다. 그는 1911년 4월 만주 환인현 윤세복의 집에 기거하면서 〈동명성왕실기〉 〈발해태조건국지〉 〈몽배금태조(夢拜金太祖)〉 〈단조사고(檀祖事攷)〉 등의 역사서를 저술하여 국혼(國魂)을 되살리려고 노력하였다. 그 무렵 조선주차(駐箚)헌병대사령부에서 밀정을 시켜 탐지한 첩보에는 윤세복과 박은식을 '대종교의 수령'이라고 지목했으며, 이 두 사람이 포교에 "열광"하여 서간도에서 신도가 360명에 달했다고 기록돼 있다.

1912년 상해로 망명하여 신규식 등과 함께 동제사(同濟社)를 조직하고 동포들의 자녀 교육을 위하여 박달학원(博達學院)을 설립하였다. 1914년 잠시 홍콩에 머물다 다시 상해로 돌아와 〈국시일보(國是日報)〉의 주간이 되었는데 이때 〈안중근전(傳)〉과 그의 대표 저서인 〈한국통사(韓國痛史)〉를 썼다. 그는 이 책에서 '국혼(國魂)'이 담겨있는 한국 근대역사를 서술하였다. 이를 통해 일제 침략의 잔학성과 간교성을 통렬히 폭로 규탄하고 한편으로는 한민족의 아픈 역사를 써서 독립 정신을 고취시키고자 하였다.

1915년 신규식과 함께 신한청년당을 조직하여 감독으로 선임되었고, 대동보국단(大同輔國團)을 조직하여 단장이 되었다. 1918년에는 러시아 한인 동포들의 요청으로 송왕령(宋王嶺·우수리스크)으로 가서 〈한족공보(韓族公報)〉의 주간에 취임하였다. 이 무렵 〈발해사〉와 〈금사(金史)〉를 한글로 역술하고 〈이준전(李儁傳)〉을 저술하였다. 당시 그는 애국단체 조직에도 힘을 쏟으면서 집필과 언론 활동도 소홀히 하지 않았다.

1919년 3·1혁명 후 상해에서 임시정부가 수립되자 임시정부의 통합과 독립운동을 지원하였다. 1920년에는 또 하나의 대표 저서인 〈한국독립운동지혈사〉를 출간하였다. 이 책은 1884년 갑신정변부터 1920년 독립군 전투까지 한민족의 독립투쟁사를 서술하였는데 한국 독립투쟁사의 고전으로 꼽힌다. 1923년 국민대표회의 실패 후 독립운동계가 혼란과 분열에 빠지자 사태를 수습하고 1924년 임시정부 기관지 〈독립신문〉의 사장에 취임하였다.

1924년 6월 대한민국 임시의정원에서 '이승만 대통령 유고안(有故案)'이 통과되자 임시정부 국무총리 겸 대통령 대리로 추대되었다. 이어 1925년 3월 21일 임시의정원에서 이승만 대통령 탄핵안이 통과되자 3월 24일 임시정부 제2대 대통령에 취임하였다. 이후 임정의 혼란을 수습하기 위한 방책으로 1925년 3월 30일 대통령제를 폐지하고 국무령을 중심으로 하는 내각책임제 개헌안을 임시의정원에 제출해 통과시켰다. 그 결과 서로군정서 총재 출신의 이상룡(李相龍)이 초대 국무령으로 추천되자 스스로 대통령직을 사임하였다.

그의 대종교 입교 시점은 정확히 알 수 없으나 대략 1911년경으로 추정된다. 그는 1913년 4월 20일 참교, 1914년 5월 13일 지교, 1916년 4월 1일 상교로 승질하였다. 이어 1922년 9월 3일 서이도본사 전리를 거쳐 1926년 10월 3일 정교로 승질하면서 대형(大兄) 호를 받았다. 대종교 입교 후 그의 역사관은 유교적 중화(中華) 사관에서 민족주의 사학자로 변모하였다. 그는 대표 저서인 〈대동고대사론(大東古代史論)〉에서 한국종교의 조종(祖宗)을 단군으로 밝히고 현재의 대종교가 이를 계승한 역사적 종교임을 천명하였다.

그는 지병인 인후염이 악화돼 1925년 11월 1일 상해 의원에서 67세로 별세했다. 그는 동포들에게 독립 쟁취의 최후 목적 달성을 위하여 통일·단결할 것을 당부하는 유언을 남겼다. 장례는 11월 4일 발인하여 상해 정안사로(靜安寺路) 공동묘지에 안장됐다. 11월 18일 서울YMCA 회관에서 홍명희·이상재·안재홍 등이 참석하여 추도회를 열었다. 1993년 8월 정부가 임정 요인 5위의 유해를 봉환하면서 새로 조성한 임시정부 요인 묘역에 이장되었다.

1962년 건국훈장 대통령장이 추서되었다.

37 **박찬익** (朴贊翊, 1884~1949, 건국훈장 독립장)

임시정부의 대중국 외교 사령탑

박찬익은 1884년 1월 2일(음) 경기도 파주에서 태어났다. 본관은 반남(潘南), 호는 남파(南坡)인데 이는 망명지에서 파주(고향)를 그리며 지었다고 한다. 중국에서 활동할 때 복정일(濮精一)이란 이름을 사용하였다.

그는 1901년 상공(商工)학교에 입학하여 철도 공사 노역에 동원되었을 때 일본인 교사에게 반항하다가 퇴학당하였다. 1904년 상공학교 동기생인 박호원의 추천으로 보안회(保安會)에 가입하여 일본의 황무지 개척요구안 반대 투쟁에 참여하였다.

1908년 상공학교의 후신인 관립 공업전습소(工業傳習所) 염직과에 입학하여 공업연구회를 조직하고 회장을 맡았다. 이들은 1909년 1월 국내 최초의 공업·기술잡지 〈공업계(工業界)〉를 창간하였는데, 사장 겸 편집인은 예관 신규식(申圭植)이며 그는 발행인이었다. 두 사람의 인연은 이때부터 시작됐다.

공업전습소에 다니면서 신민회에 참여한 그는 1910년 대종교에 입교하였다. 김교헌에 따르면, 그는 공업전습소의 학생 전부를 인솔하여 대종교를 신봉하게 했다고 한다. 1911년 1월 지교로 승질되자 나철은 그를 시교사(施敎師)로 임명하여 북간도 용정으로 파견하였다. 그해 10월 그는 청산리에 최초로 국외 시교당을 설치하였는데, 이곳은 나중에 대종교 총본사 자리가 되었다. 그는 1914년에 상교, 1927년에 정교와 대형(大兄) 호를 받았다.

그는 1912년 화룡현 삼도구 청파동(靑坡洞)에 한인 학교를 세워 애국심을 고취하였다. 1915년 길림으로 피신하였다가 상해로 가서 신규식과 제휴하여 동제사(同濟社)를 창설하였다. 1918년 12월 대종교가 중심이 돼 발표된 대한독립선언서에 39명의 서명자 가운데 한 사람으로 이름을 올렸다. 1919년 3·1혁명 후 상해 임시정부가 수립되자 이동녕·이시영·조소앙 등과 함께 참여하였으며, 임시의정원 의원이 되었다. 또 그 무렵 서울에서 조직된 한성(漢城)임시정부에 평정관(評政官)으로 선출되었다.

1919년 8월 서일(徐一)이 조직한 정의단이 대한군정서로 개편되자 외교처장을 맡아 이 단체를 임시정부 산하로 편입시켰다. 1921년 7월 임시정부 외무부 외사국장 겸 외무 차장 대리로 중국과의 외교 업무를 전담하였다. 그해 8월에는 안창호와 같이 '임시정부 경제후원회'를 조직해 임정의 재정 확보에 진력했다. 또 그해 11월에는 외교 총장 신규식을 수행하여 손문(孫文)의 중국 호법정부(護法政府)로부터 임시정부의 승인을 얻어내는 데 기여했다. 1922년 9월 신규식이 사망하자 동제사의 이사장을 맡아 한중합작 항일운동을 전개했다.

1932년 4월 윤봉길 의거 후 김구 주석 등 임정 요인들을 무사히 도피시켰다. 1933년 5월 김구 주석과 함께 장개석(蔣介石)을 면담하여 낙양군관학교에 한인 특별반 과정을 설치하였다. 1939년에는 다시 임시의정원 의원으로 활동하다가 1940년 임정이 중경(重慶)으로 옮긴 그해 10월 국무위원으로 임명됐다. 1943년 5월에는 김구·홍진·유동열·조소앙 등과 함께 한국독립당 중앙집행위원에 선출되었다. 1945년 8.15해방 후에는 임시정부 주화(駐華)대표단 단장에 임명돼 재중 교포들의 생명과 재산을 보호하고 안전한 귀국을 도왔다.

그는 임시정부의 외교 사령탑으로서 중국과의 외교 최일선에서 활동하면서 대종교가 어려울 때마다 구원투수로 나섰다. 1913년 일본 총영사의 압력으로 간도 일대의 대종교 시교당이 폐쇄되자 당시 용정에 있던 그는 길림성장 진소상(陳昭常) 등과 교섭하여 폐쇄된 시교당의 문을 다시 열었다. 1925년 소위 '삼시협정(三矢協定)'으로 만주에서 대종교 탄압이 심해지자 당시 상해 임시정부 외사국장으로 있던 그는 중국 국민당 정부와 교섭하여 1929년 봄에 이 문제를 해결하였다.

그는 성정이 강직하고 치밀한데다 남다른 포용력을 가지고 있어서 상대방의 신임을 얻어내는 데 천부적인 능력을 갖추고 있었다. 그는 또 언제나 막후에서 조용히 일을 처리하였으며 매사에 겸손했다. 병석에 있을 때 백범이 문병을 와서 돌아가시면 사회장으로 치르고 효창공원에 모시겠다고 하자 사양하였다. 임종에 앞서 그는 세 아들을 불러놓고 자신은 기둥이나 대들보보다는 주춧돌이 되겠다는 것이 신념이었다며 선친이 묻힌 망우리에 묻어달라고 했다.

그는 1949년 3월 9일 서울 창신동 자택에서 63세로 별세했다. 그가 별세하자 윤세복은 조사(弔辭)에서 그의 공로를 "위대한 훈업(勳業·큰 공로)"이라고 칭송했다. 장례는 대종교 교회장으로 치러졌다. 윤세복 종사는 3일간 절식(絶食) 원도(願禱·기도)하고 총본사는 3일 정무(停務)에 7일간 조기를 게양하였다. 유해는 그의 유언에 따라 망우리에 안장했으며, 이듬해 5월 8일 사교(司敎)로 승질되면서 도형(道兄) 호가 추증되었다. 1993년 11월 서울 현충원에 임시정부 요인 묘역이 새로 조성되면서 이곳으로 이장하였다.

1963년 건국훈장 독립장이 추서되었다.

38

백남규 (白南奎, 1891~1956)
에스페란토어 보급 앞장선 교육자

백남규는 1891년 11월 1일에 전북 고창에서 태어났다. 본관은 수원(水原), 호는 일석(一石)이다.

일찍이 호남의 대 유학자인 간재(艮齋) 전우(田愚)의 문하에서 수학하였다. 1916년 서울 중앙학교 사범과를 졸업한 후 일본으로 건너가 1919년에 도쿄 수학전수학교(數學專修學校)를 졸업하였다. 1919년 2월 도쿄에서 조선인 유학생들과 함께 '2.8 독립선언'에 참여하였다.

귀국 후 1919년 7월 서울 중동중학교 교유(敎諭·교사)로 부임하였다. 이후 1922년 동광고등보통학교 교장을 시작으로 휘문고등보통학교 교장, 중앙고등보통학교 교유를 지냈으며, 1934년 전남 응세농도학원(應世農道學院) 원장, 1953년 농민의숙(農民義塾) 이사 겸 교수, 1954년에는 이리 남성중·고등학교 교장을 지냈다. 그는 37년간 교육계에 종사하면서 후진 양성과 지역사회 발전에 공헌했다.

그는 주시경(周時經) 문하에서 한글 강습을 받은 한글 애호가였으나 국제어인 에스페란토에도 관심을 갖고 에스페란토 연구와 보급에도 힘썼다. 그는 〈에스페란토어 강좌(講座)〉를 펴내 에스페란티스토 양성에 힘썼으며, 이를 〈동아일보〉에 장기 연재하였다. 1945년 12월 15일 창립된 조선에스페란토학회에 석주명, 홍형의 등과 함께 참석했으며 나중에 학회장을 지내기도 했다.

윤세복, 정일우 등은 1920년대 이후 침체돼 있던 대종교인들의 활동을 조직적으로 강화하기 위해 1926년 북만주 영안현(寧安縣)에서 귀일당(歸一黨)을 조직했다. 귀일당은 대종교의 비밀결사체로 신민부를 지도하고 운영하기도 했는데 그는 귀일당의 비밀 요원으로 활동했다.

그는 25세 때인 1915년 11월 17일 참교 교질을 받았다. 1921년 9월 1일 지교로 승질하였으며, 이듬해 1월 남일도본사 시교령, 2월에 남일도본사 학리감정을 역임하였다. 1946년 2월 23일 상교로 승질되어 남도본사 선강을 임명되었으며, 그해 5월 총본사 찬강, 종리연구실 찬수를 역임하였다. 1947년 1월 20일에 총본사 전강과 경의원 참의를 역임하였으며, 1955년 3월 9일에 남3도 본사 전무에 임명되었다. 그해 2월 25일에 정교로 승질되고 대형(大兄) 호를 받았다.

그는 1956년 11월 26일 전북 이리시 북창동 자택에서 별세하였다.

39 백순 (白純, 1864~1937, 건국훈장 애국장)
신민부서 활동한 공주 출신 사업가

백순은 1864년 4월 26일 충남 공주에서 태어났다. 본관은 수원, 호는 은계(隱溪), 초명은 낙현(樂賢)이다.

16세 때 소산림(蘇山林)의 문하에 들어가 한문을 수학했다. 1894년에 일어난 동학혁명을 계기로 일본유신사(日本維新史)를 비롯해 서양사, 지리학, 정치학, 경제학 관련 책을 구해 공부하였다.

1895년 공주읍에 농공은행 및 보명(普明)학교를 설립하였으며, 강경읍에는 농공(農工)은행 지점과 보화(普化)학교를 설립하는 등 그는 호서 일대에서 교육 사업과 회사를 경영하였다.

1907년 그는 강우 등과 함께 공업전습소 설립을 주도하였는데 이때 박찬익, 신규식 등과 교류하였다. 1909년 중국 만주 북간도로 망명하여 대종교에 입교하였으며, 1911년 3월 서일을 중심으로 현천묵·박찬익·계화 등과 함께 중광단을 조직해 핵심 인물로 활동했다.

1913년 4월 김약연·김립 등이 연길현 국자가(局子街)에서 간민회(墾民會)를 조직했다. 간민회는 이 지역 최초의 한인 자치기구로 연길·화룡·왕청현 등에 분회를 설치하였으며 한인 자제들에게 민족의식을 고취하였다. 그는 간민회 총무회장으로 활동하면서 교민들을 보호하였다.

1918년경 그는 북만주의 밀산·목릉현 등을 무대로 대종교 포교 활동을 하면서 한인들에게 애국 사상을 고취시켰다. 1919년 파리강화회의에 재동청철도(在東淸鐵道) 연선지방(沿線地方) 대표로 참가하려고 하였으나 소련 관리의 제지로 뜻을 이루지는 못했다.

1921년 북만주에 집결된 독립군들이 대한독립군단(大韓獨立軍團)을 결성하자 그는 고문으로 선임되었다. 1925년 3월 북만주 일대 독립군의 통합체인 신민부(新民府)가 성립될 때 참여하였으며 이 단체의 원로로 활동하였다.

그는 1909년 4월 21일 대종교에 입교하여 1911년 1월 15일 참교가 되었고, 그해 4월 23일 영계를 받았다. 1913년 4월 6일 지교, 1918년 8월 5일 상교로 승질했다. 이어 1923년 1월 1일 상교로 승질하면서 대형(大兄) 호를 받았다. 1925년 1월 16일 사교를 승질하였으며, 1927년 1월 20일 도사교 위리로 임명됐다. 1928년 1월 6일 총본사 전리로 임명돼 3년간 시무하였다.

그는 1930년 7월에 금강산으로 들어가 수도에 몰두하다가 1937년 1월 27일 강원도 외금강 용계리 자택에서 노환으로 별세했다. 1950년 5월 5일에 규범개정으로 도형(道兄) 호를 추증하였다.

2009년 건국훈장 애국장이 추서되었다.

40 서상일 (徐相日, 1886~1962, 건국훈장 애족장)
조선국권회복단 결성 주도적 역할

서상일은 1886년 7월 9일 대구에서 태어났다. 본관은 달성(達城), 호는 동암(東菴)이다.

19세 때인 1906년 대구에서 달성학교를 졸업하고 그해 탁지부 측량과에 들어가 견습을 마치고 측량기사로 근무하였다. 1908년 서울 보성전문학교 법과에 입학해 1911년에 졸업하였다.

1909년 대구에서 정운일·최병규·최시명 등과 달성친목회를 조직해 대구지역 청년들을 규합하여 친목 도모와 실업 및 교육 발달을 꾀했다. 달성친목회 회원들은 1913년 1월 15일(음) 대종교 중광절(重光節)을 기해 달성군 도성면 대명동에 위치한 안일암에서 시회(詩會)를 가장해 모임을 갖고 국권 회복에 대한 방안을 협의했다. 이들은 "수천 년 역사를 가진 우리 조선이 일한 병합으로 망했으니 우리 시조 단군대황조(檀君大皇祖)에 미안한 일이니 어떻게 해서든 독립국으로 만들어야 한다"며 이를 위해 비밀결사 조선국권회복단을 결성했다.

당시 이들의 맹세가 마치 대종교 중광의 명분이었던 '국망도존(國亡道存·나라는 망했으나 정신은 살아 있다)'을 그대로 옮겨 놓은 듯했다. 이들은 각기 서약서를 작성하고 연서한 후 '단군대황조영위(檀君大皇祖靈位)'란 위패를 세워 그 앞에서 기원을 올리며 자신들의 목적이 관철되도록 가호를 빌고 각자 변심치 말고 끝까지 독립투쟁에 진력할 것을 굳게 맹세하였다. 이는 나철이 대종교를 다시 일으킬 때 행한 의례와 동일했다.

이 단체 결성에 주도적인 역할을 한 그와 정운일은 1910년대 경북지역 대종교인 명단에 이름이 올라 있다. 또 1911년 1월 21일 대종교 참교의 교질을 받은 서병룡 역시 이 단체에 깊숙이 관여하는 등 이 단체는 대종교인이 중심이 돼 구성되고 운영되었다. 1909년 10월 남형우·신백우·신팔균·안희제 등이 경남 동래에서 조직한 대동청년단 역시 대종교인들이 주도한 비밀결사체였다.

1919년 4월 3일 변상태 등과 함께 대구에서 만세 시위를 계획했다가 일경에 체포됐으나 이듬해 3월 면소(免訴) 방면되었다. 1920년 3월 만주로부터 무기를 반입하여 일제 관공서 습격 계획을 세웠다가 사전에 일경에 붙잡혀 한때 투옥되었다. 1921년 8월 미국에서 열리는 태평양회의에 동지들과 함께 독립청원서를 보내고 이 청원서에 대표로 서명하였다. 1924년에는 〈농림〉 〈민중운동〉이라는 잡지를 발행하고 흑우회 계통의 독립운동을 지원하였다.

1945년 8.15광복 후에는 송진우, 장덕수 등과 함께 한국민주당을 창당하여 총무로 선임되었다. 1948년 제헌국회 의원에 당선돼 헌법기초위원으로 활약하였으며 제헌국회 말기에는 내각책임제 개헌안을 발기하여 최초의 개헌안을 제기했다. 1950년대에는 사회민주주의 정당 활동을 벌였다. 1956년 진보당 창당에 참가하여 간부로 활동하였으며, 1960년에는 사회대중당(社會大衆黨)을 창당하여 대표 총무위원으로 취임하였다.

1960년 제5대 민의원선거 때 대구 을구에 출마해 당선되었는데 선거 도

중에 자동차 사고를 당해 4개월간 등원하지 못했다. 1961년 사회대중당의 분열로 재야 혁신 세력을 정비, 결집하여 통일대중당을 발기하였으나 5·16 군사쿠데타로 무산되었다.

1962년 4월 18일 서울 명륜동 자택에서 76세로 별세했다. 묘소는 서울 강북구 수유동 국가관리묘역에 있다.

1990년 건국훈장 애족장(1963년 대통령 표창)이 추서되었다.

41

서일 (徐一, 1881~1921, 건국훈장 독립장)
북간도 독립군의 정신적 지주 역할

서일은 1881년 2월 26일 함경북도 경원에서 태어났다. 본관은 이천(利川), 초명은 기학(夔學), 도호는 백포(白圃). 당호는 삼혜당(三兮堂)이다. 교단에서는 백포종사(白圃宗師)라고 부른다.

10세 때 고향의 서당에 들어가 한문을 배웠다. 이후 이운협(李雲協)이 세운 유지사숙(有志義塾)에 들어가 1902년에 졸업한 후 고향에서 계몽운동과 교육 사업에 종사하였다.

그가 본격적으로 항일투쟁에 나선 것은 1911년 이후부터다. 그는 1911년 3월 중광단(重光團)을 조직하고 단장에 추대되었다. 중광단의 지도부에 속했던 백순·현천묵·박찬익·계화·채오 등은 모두 대종교의 중심인물들이었다. 중광단의 본부가 있던 왕청현은 1910년 대종교에서 박찬익을 시교사로 파견해 포교의 거점으로 삼았던 곳이다. 당시 북간도로 이주해온 한인들은 20만 명이 넘었는데 이들 중 다수가 대종교 신봉자였다.

그는 1912년 10월 대종교에 입교하였다. 이듬해 10월 영계를 받고 참교가 되어 시교사로 임명되었다. 이후 3년 동안 수만 명을 포교하여 지교로 승질되어 동일도 본사 전리로 임명되었다. 동시에 '5대 종지'와 〈사일신고〉 강의 및 회삼경 등을 저술하였다. 1916년 4월 상교로 승질하여 총본사 전강으로 전임하였으며, 그달 13일 특선 사교(司敎)로 승질되었다. 1919년 2대 교주 김교헌이 그에게 교주 자리를 넘기려 했으나 당장은 독립운동이 시급하니 5년간 유예해 달라며 정중히 사양하였다.

1912년 8월(음)에는 연길현 삼도구 청파호에서 동원당(東圓黨)을 조직하였다. 이 단체는 독립운동을 완수하기 위한 구체적인 방략을 결정하고 이를 지도하기 위한 비밀단체였다. 그는 또 1919년 연길현 국자가(局子街)에서 대종교도를 중심으로 자유공단(自由公團)이라는 비밀결사체를 조직하였는데 단원이 15,000여 명에 달했다. 그는 한인 2세 교육에도 큰 관심을 기울였다. 그가 직접 세운 명동(明東)학교를 비롯해 중광단에서 설립한 동일(東一)학교, 청일(靑一)(學校), 학성(學成)학교, 선구(船口)학교 등 10여 개에 달했다.

1919년 2월 대종교 3세 교주 김교헌 등 39인의 명의로 만주 길림에서 대한독립선언서가 선포되었다. 선언서 내용에 '檀君大皇祖(단군대황조)'가 언급되어 있고, 발표장소도 대종교 총본사이며, 서명자 대부분이 대종교인이었다. 중광단은 1919년 5월 일부 공교도들과 연합하여 대한정의단으로 재편하였다. 그는 대한정의단 단장에 취임하여 조직적인 항일무장투쟁을 준비하였다. 이를 위해 비밀리에 독립군을 편성하고 부대원을 모집하였으며 산하단체로 대한군정회를 조직하는 등 항일무장투쟁을 위한 본격적인 활동을 시작했다.

대한정의단은 각지에서 모집한 천여 명의 결사대원과 함께 왕청현을 중심으로 확고하게 기반을 다졌다. 그는 군사전문가를 영입하기 위해 김좌진·조성환 등 구한말 육군무관학교 출신들이 소속된 길림군정사(軍政司)와 연합을 추진하였다. 1919년 가을 양측은 대한군정서를 탄생시켰다. 비슷한 시기에 서간도에서는 서로군정서가 조직되었다. 양 군정서는 상해 임시정부의 정규군으로 서로 협력하였는데, 양측의 간부들이 대부분 대종교인이었다. 당시 대종교는 종교 이기 이전에 독립단체의 정신적 기둥 역할을 하였다.

대한군정서는 독립군 양성을 위해 1920년 2월 초 왕청현 십리평에 사관연성소를 설치하였다. 총사령관 김좌진이 사관연성소 소장을 맡았는데 그해 9월에 제1회 졸업생 298명을 배출하였다. 이들을 중심으로 300여 명의 교성대(敎成隊)를 조직하였는데 이들은 청산리대첩을 승리로 이끄는 데 큰 역할을 했다. 일제는 청산리대첩 보복으로 경신참변을 일으켰다. 그는 한인 동포들의 희생을 줄이기 위해 대한군정서를 소만(蘇滿) 국경지역인 밀산(密山)으로 이동시켰다. 당시 밀산에 모인 독립군은 대한독립군단을 결성하고 그를 총재에 추대했다.

1921년 1월초 대한독립군단은 소만 국경인 우수리강을 넘어 이만을 거쳐 연해주로 대이동을 개시했다. 1921년 5월 중순경 홍범도·최진동을 비롯한 대한독립군단 지도자들은 다시 자유시로 지휘부를 옮겼다. 그러나 그를 비롯해 김좌진·이범석 등 북로군정서 지휘부는 자유시로 가지 않고 이만에서 밀산으로 되돌아왔다. 6월 27일 자유시에서 러시아지역 거주 한인 독립군과 간도에서 이동한 독립군 간에 군권 쟁탈전 과정에서 자유시참변이 발생했다. 이 참변으로 인해 독립군이 막대한 타격을 입었다.

밀산으로 돌아와 재기를 위해 군사훈련을 하던 중 1921년 8월 26일 당벽진에서 수백 명의 토비(土匪)들이 야습하였다. 이로 인해 진중이 초토화되고 훈련 중이던 수많은 청년 병사들이 희생당하였다. 그는 독립군 지휘자로서 책임을 지고 살신성인의 길을 택하였다. 9월 27일, 그는 마을 뒷산에서 정좌하고 자결 순국하였다. 유해는 밀산현 대흥동에 안장하였다. 1924년 3월 16일 대종교 제3대 교주 윤세복은 그에게 종사(宗師)와 철형(喆兄)의 호를 추승하였다. 1927년 봄 그의 유해를 밀산현 당벽진에서 화장한 후 화룡현 청파호로 이장하였다. 이곳에 나철-김교헌-서일 대종교 3종사 묘역이 조성되었다.

그는 평소 잘 나서지 않는 성품이었다. 그래서 모든 이들이 그를 '보이지 않는 선생'으로 여기며 존경했다고 한다. 그는 무장 항일투쟁을 이끈 독립운동 지도자이기 이전에 종교철학자였다. 한학과 역리(易理)에 밝았으며, 불경과 신학(神學)에도 조예가 깊었다. 진중에 대종교 동도본사를 병설하고 전장(戰場)에서도 단주(檀珠)를 걸고 다니며 군교(軍敎) 일치와 수전(修戰) 병행을 실천하였다. 특히 〈회삼경(會三經)〉 등 대종교 교리연구에도 큰 업적을 남겼다.

1962년 건국훈장 독립장이 추서되었다.

42

성세영 (成世英, 1885-1955)

대종교 성주 지역 포교 책임자

성세영은 1885년 10월 1일 경북 성주에서 태어났다. 본관은 창녕, 호는 나옹(裸翁)이다.

1890년 자신의 재종숙이자 독립운동가인 오봉공(五峰公)과 제서(濟西) 이정기(李貞基)로부터 한학을 배웠다.

1905년 나철과 함께 을사오적의 한 사람인 권중현을 처단하려고 했으나 미수에 그친 채 일경에 붙잡혀 형을 살기도 했다.

그는 1910년 8월 경술국치를 당하자 상경하여 나철을 만난 후 대종교에 입교했다. 1911년 다시 서울에 가서 박은식을 만났으며, 1917년에는 스승 이정기로부터 무력 궐기의 필요성에 대한 얘기를 들었다.

1921년 당시 상해에 있던 박은식의 요청으로 만주로 갔다가 안동현에서 일경에 체포돼 수 개월간 옥고를 치렀다. 그 후 수원에서 임시로 거주하다가 고향으로 돌아왔다. 1922년 대종교의 성지인 백두산에 올랐으며, 그해 〈본사행일기(本司行日記)〉를 남겼다.

1915년 일제의 '포교 규칙'에 따라 대종교는 국내에서는 포교 활동이 전면 금지되었다. 1920년대 당시 전국의 시교당은 6곳에 불과했는데 3곳이 성주에 있었다. 그는 1922년 12월 23일 성주에 성선(星善) 시교당과 월선(月善) 시교당을 세워 성주 지역 대종교 포교에 앞장섰다.

그는 1930년 민족교육을 위해 성주군 초전면에 동창학원(東昌學院)을 세웠는데 이 이름은 대종교 3대 종사 윤세복이 중국 환인현에 세운 민족 학교의 이름과 같다. 동창학원은 설립한 지 5년 만에 일제에 의해 폐교되었다.

해방 2년 뒤인 1947년 성주군 초전면에만 13곳의 시교당이 설치되었다. 1954년에는 이 교당들을 총괄하는 성주지사(星州支司)가 설립되었다. 그는 이해에 정교로 승질되고 대형(大兄) 호를 받았으며, 동시에 성주지사 전무로 선임되었다.

그는 성주 시교당을 설립하던 중에 대종교 서울 남도 본사를 방문하였다. 1922년 10월 10일 성주를 출발하여 10월 23일까지 체류하면서 목격한 것들을 〈본사행일기〉로 남겼다. 총 186쪽 분량의 이 일기는 남도 본사에서 행해진 의식과 활동, 그가 접촉한 인물 등을 소상하게 기록했다. 당시 경남·북의 대종교인 수 564명, 본사 방문 때 만난 인물 28명 등 총 592명의 명단이 수록돼 있다. 이는 1910~20년대 경북지역 내 대종교인의 분포와 관련성을 밝힐 수 있는 귀중한 자료로 평가되고 있다.

그는 1955년 3월 8일(음) 고향에서 노환으로 별세하였다.

43 손일민 (孫逸民, 1884~1940, 건국훈장 애국장)
민족의식 고취 앞장선 의정원의원

손일민은 1884년 8월 15일 경남 밀양에서 태어났다. 호는 회당(晦堂), 이명 일민(一民)이다. 학력과 성장 과정에 대해서는 알려져 있지 않다.

침탈 후 1912년 만주로 망명하여 환인현(桓仁縣)에서 윤세복 등과 동창학원(東昌學院)을 설립해 민족정신을 고취하였다. 1915년 12월(음) 중국 길림에서 주진수·양재훈·이홍주 등과 광복회 만주 지부를 조직하였다. 이들은 국권 회복을 위해 포고문을 각 도에 발포하여 부호들로부터 군자금을 모집하였다.

1919년 1월 27일(음) 길림 여준(呂準)의 집에서 황상규·박찬익·김좌진·정원택 등이 모여 향후 독립투쟁 방안을 모색한 끝에 대한독립의군부를 결성하고 이에 참여하였다.

1919년 2월 대종교 2대 교주 김교헌 등이 중심이 돼 대한독립선언서를 발표했다. 국내외 독립운동가 39명이 서명한 이 선언서는 독립진영의 본격적인 무장투쟁을 공개 천명하였는데 그는 서명자 중 한 사람으로 참여하였다.

1920년 1월에는 길림의 대한군정사(大韓軍政司)에서 여준·박찬익 등과 함께 무기 운반에 관한 비밀회의를 열어 무장 독립투쟁을 적극적으로 지원하였다.

1923년 5월에 나온 신문 기사에 따르면, 그는 길림성 안에 거주하면서 일심협력회(一心協力會) 회장을 맡아 액목·오상현에서 넓은 토지를 매입해 대농장을 경영했다고 한다. 당시 협력회 회원은 300명으로 하얼빈, 블라디보스토크, 철령(鐵嶺) 등에 거주하였는데 농장 경영은 황해일(黃海一)이 지도했다고 한다.

1924년 3월 하순 그는 남만주 지역의 이장녕·지청전·박관해 등과 함께 전만통일주비회(全滿統一會籌備會)를 조직하였다. 1925년 3월 신민부(新民府)가 성립되자 황상규·노호산·황국민·강인수 등과 함께 검사원으로 선임돼 활동했다.

1927년 일제의 추격을 피하여 하얼빈으로 갔다가 곧이어 북경으로 건너가 독립운동을 계속하였다. 1930년 2월 조성환·이천민 등과 한족(韓族)동맹회를 조직해 활동했다. 1934년에는 한국독립당 북평지부에서 조성환(曺成煥)의 지시 아래 활동하다가 이듬해 여름 남경으로 가서 민족혁명당 결성에 참여하였다.

1937년 임시의정원의 상임위원으로 선출돼 중국 정부 유기적인 연락을 취하였다. 1939년 10월 3일 기강(綦江)에서 열린 제31회 임시의정원 회의에서 조시원·홍진·황학수·안훈·신환·이상만·유동열·최동오 등과 함께 보선 의원으로 선임되었다. 1940년 한국국민당 이사로 추대되었으며 그해 8월 의정원 의원으로 재직 중 병사하였다. 유해는 중경(重慶)에 안장됐다가 2004년 국내로 봉환해 대전 현충원에 이장되었다.

그의 대종교 관련 기록은 남아 있지 않으나 그는 서일이 이끌던 동일도본사 소속 대종교인으로 활동했다. 그는 1919년 대종교인 김교헌이 주도한 대한독립선언서에 서명했으며, 여준 등이 조직한 대한독립의군부에도 참여하였다. 또 1925년 봄 김좌진의 주도로 신민부가 결성되자 검사원으로 참여하였으며, 1934년에는 한국독립당 북평지부에서 조성환 등과 같이 활동했다. 이들은 모두 대종교의 핵심 인물이었다.

1990년 건국훈장 애국장(1977년 건국포장)이 추서되었다.

[신규식-신건식 형제]

44

신규식 (申圭植, 1879~1922, 건국훈장 대통령장)

상해 항일기지 구축한 외교 책임자

신규식은 1880년 1월 13일 충북 청원에서 태어났다. 본관은 고령(高靈), 자는 공집(公執), 호는 예관(睨觀)이다. 이밖에 신성(申檉), 여서(餘胥), 일민(一民), 청구(青丘), 한인(恨人) 등의 별호가 있다.

1896년 상경하여 관립 한어학교(漢語學校)에 입학하여 중국어와 한국사, 지리 등을 배웠다. 1900년 9월 육군무관학교 2기생으로 입교하여 1902년 7월 육군 보병 참위(參尉·소위)로 임관하여 부위(副尉·중위)까지 진급했다.

1905년 을사늑약이 체결되자 동지를 규합하여 의병을 일으키려 하였으나 실패하였다. 이를 비관하여 음독자살을 기도하였다가 오른쪽 눈의 시신경을 다쳐 '흘겨보기'가 되었다. 그의 호 '예관(睨觀)'의 예(睨)는 흘겨본다는 뜻이다.

1907년 8월 군대 해산령이 발표되자 부위(副尉·중위) 신분으로 자결을 시도하였으나 뜻을 이루지 못하였다. 1909년 3월 서울 중동야학교의 제3대 교장을 맡아 중국으로 망명할 때까지 이끌었다. 1909년 1월 국내 최초의 공업·기술 월간지 〈공업계(工業界)〉를 창간해 사장을 맡았는데 발행인은 공업전습소 출신 박찬익이었다. 1910년 8월 한일병탄조약 강제 체결 소식을 듣고 다시 자살을 기도하였으나 나철에 의해 다행히 목숨을 건졌다.

1909년 7월 대종교에 입교한 그는 1911년 1월 지교가 되어 대종교 본사의 경리 부장, 종리(倧理) 부장을 역임했다. 1911년 11월 중국 상해로 망명해 상해지역 포교를 맡았다. 1914년 5월 상교로 승질하여 시교사에 임명되었으며, 1922년 8월 임종 때 정교와 대형(大兄) 호를 받았다. 사후 28년 뒤인 1950년 5월 8일 사교(司教)가 되고 도형(道兄) 호가 추승되었다. 상해로 건너온 후 대종교 포교에 적극적으로 나섰고 매주 교우들과 경배를 올렸다. 또 매년 어천절과 개천절, 국치일에는 상해 교민들을 모아 성대한 기념식을 열었다.

상해로 망명한 그는 중국 동맹회에 가입하였으며, 한국인 최초로 손문(孫文)의 신해혁명에 참여하였다. 1912년 5월 상해 최초의 독립운동 단체인 동제사(同濟社)를 결성하였다. 이 단체는 회원 간의 친목을 표방하였으나 실제로는 국권 회복을 목표로 하였으며 한때 회원이 300여 명에 달했다. 박은식이 총재를 맡고 신규식이 본부의 이사장직을 맡은 동제사는 국혼(國魂)을 중시하는 민족주의적 역사관과 대종교 신앙을 기본이념으로 삼았는데 회원 대다수가 대종교인이었다.

1913년 초 상해에서 진기미(陳其美) 등과 한중 연합 비밀결사인 신아동제사를 조직하였다. 1913년 12월 상해 프랑스 조계(租界) 내에 박달학원(博達學院)을 개설하여 한인 청년들을 교육하였다. 3기에 걸쳐 졸업생 100여 명을 배출하였으며 중국 내 대학과 구미로 유학을 보내거나 학자금을 알선해 주었다. 이와 함께 보정(保定) 군관학교 등 각급 군사학교에서 군사교육을 받을 수 있도록 주선하여 독립운동 인재 양성에도 공헌하였다. 그는 대종교 서도 본사 책임자로서 상해에서 포교 활동을 하면서 상해 독립운동의 기반을 닦았다.

1915년 3월 상해에서 박은식, 이상설 등과 신한혁명당을 조직하였다. 1917년 8월에는 조소앙 등과 조선사회당 명의로 스웨덴 스톡홀름에서 열린 만국사회당대회에 '조선의 독립'을 촉구하는 전문을 보냈다. 1918년 11월 신한청년당이 파리강화회의에 한국 민족대표 파견을 결의하자 자신의 이름으로 한국독립 지원을 요구하는 전문을 발송하였다. 1919년 2월에는 김교헌 등과 함께 대한독립선언서에 서명자로 이름을 올렸다.

그해 2월 초 그는 선우혁을 상해에서 평안도지방으로, 장덕수를 도쿄에서 국내로 잠입시켜 독립선언 거사를 준비시켰다. 그 결과 도쿄에서는 2.8 독립선언, 서울에서 3.1 독립선언이 발표되어 전민족적인 거사로 불타올랐다. 3월 하순에는 여운형 등과 프랑스 조계 내에 임시사무소를 설치하고 임시정부 조직에 착수하였다. 4월 11일 국호를 대한민국으로 정하고 대한민국 임시헌장(臨時憲章)을 제정, 선포하였다. 그해 9월 상해, 러시아, 서울 세 곳의 임시정부가 통합되자 법무 총장에 임명되었다.

임시정부의 분열과 갈등 속에서 그는 국무총리 대리와 외무총장직을 겸하게 되었다. 1921년 10월 임시정부의 친선전권대사 자격으로 광동(廣東) 호법정부(護法政府)에 파견돼 손문(孫文) 총통에게 임시정부의 상호 승인 등 5개 항의 외교문서를 전달하였다. 그 결과 호법정부로부터 임시정부 승인을 이끌어냈으며, 북벌 완성 후 한국의 독립운동 원조 약속도 받아냈다. 이후 임시정부는 호법정부와 공식 외교관계를 수립하였으며, 이듬해 2월 임시정부는 외사국장 박찬익을 광동 주재 임시정부 대표로 파견하였다.

1922년 2월 태평양회의가 성과 없이 끝나자 임시정부는 난관에 봉착했다. 그해 3월 신규식 내각은 외교적 실패 등을 이유로 총사퇴하였고, 대통령

이승만의 불신임이 결의됨으로써 임정은 무정부 상태가 되었다. 그해 5월부터 심장병과 신경쇠약으로 병석에 누워 있던 그는 25일간 식음을 전폐하다가 9월 25일(음 8.5) 별세하였다. 장례는 대종교 의식에 따라 거행됐으며, 유해는 상해 만국공묘(萬國公墓)에 안장되었다. 1993년 유해가 국내로 봉환돼 서울 현충원에 임시정부 요인 묘역에 이장되었다.

1962년 건국훈장 대통령장(2등급)이 추서되었는데 유가족들이 이에 불만을 품고 서훈을 거부하는 사태가 빚어졌다.

45 신건식 (申健植, 1889~1963, 건국훈장 독립장)
의무장교 출신, 임정 재무부 차장

신건식은 1889년 2월 13일 충북 청원에서 태어났다. 본관은 고령(高靈), 호는 삼강(三岡), 교명은 신환(申桓), 이명으로 두흥(斗興), 공칠(公七)이 있다.

고향에서 형 규식이 세운 덕남사숙에서 공부하다가 부친과 큰형(정식)을 따라 상경하여 육군무관학교 유년반을 다녔고, 관립 한성외국어학교 영문학과를 졸업하였다. 이는 형 규식이 관립 한성한어학교를 졸업하고 육군무관학교를 졸업한 것과 비슷한 경로이다.

1911년 그는 형 규식을 따라 상해로 망명하였다. 그는 곧 항주에 있는 절강성 성립(省立) 의약전문학교에 입학하여 의학을 공부하였다. 이를 계기로 그는 훗날 중국군 의무(醫務) 장교로 활동하게 되었다.

1912년 4월 학업을 마치고 상해로 돌아온 그는 형 규식이 박은식 등과 함께 조직한 독립운동 단체 동제사(同濟社)에 참여하였다.

당시 그의 형 규식은 대종교 서도 본사 책임자였으며, 박은식, 신채호, 조소앙, 박찬익 등 동제사 지도부는 모두 대종교인이었다.

그는 1921년 10월 국내정세를 살피고 군자금을 모으려고 국내로 잠입하다가 신의주에서 일경에 붙잡혀 혹독한 고문을 당했다. 이후 신의주 형무소에서 복역 중 병보석으로 풀려난 후 그해 12월 다시 청주경찰서로 연행돼 조사를 받았는데 1922년 재차 상해로 망명하였다.

1923년 1월 그는 중국군 중교(中校·중령)로서 항주 독군부(督軍府) 군의(軍醫)로 임명되었다. 1939년 중경(重慶)으로 옮긴 대한민국 임시의정원의 제31회 회의에서 충청도 대표의원으로 선임돼 광복 때까지 활동했다. 1941년 임시정부 재무부원으로 재정문제를 해결하는데 진력하였으며 1943년 3월 4일에는 재무부 차장에 임명되었다. 1944년 3월에는 한국독립당 감찰위원에 선임되었다.

그의 아내 오건해(吳健海·건국훈장 애족장)는 임시정부의 안살림과 독립운동가들의 수발을 드는 데 정성을 다하였다. 오건해는 1940년 6월 중경에서 한국혁명여성동맹이 창립되자 이에 참가하였고, 1942년부터 한국독립당원으로 활동하였다. 그의 딸 신순호는 남파 박찬익의 아들이자 광복군에서 활동한 박영준과 결혼했다.

그는 1963년 12월 8일 별세하였으며 유해는 고향 선산에 안장되었다. 2004년 6월 서울 현충원 애국지사묘역으로 옮겨 아내 오건해와 합장하였다.

1977년 건국훈장 독립장이 추서되었다.

46 신명균 (申明均, 1889~1940, 건국훈장 애국장)
한글학자이자 실천적 교육자 일생

신명균은 1889년 서울에서 태어났다. 본관은 평산(平山), 호는 주산(珠汕)이며, 이상대(李尙大)라는 필명을 쓰기도 했다.

그는 한성(漢城)사범학교 졸업 후 교육자이자 한글학자의 길을 걸었다. 사범학교 졸업 무렵인 1911년 주시경(周時經)을 만나 한글을 배우면서 민족의식에 눈을 떴다. 주시경이 운영한 조선어 강습원에서 1912년 3월 중등과, 1913년 3월에는 고등과를 졸업하였다. 그는 고등과 동기생 최현배·권덕규·김두봉·이병기·장지영 등과 함께 한글 연구를 시작하였다.

1914년부터 8년간 독도(뚝섬) 공립보통학교에서 교원으로 근무하였다. 1927년에는 보성전문학교에서 강의하였으며, 1930년 9월부터 동덕여학교에 근무하면서 조선어를 가르쳤다. 그는 한글과 함께 한국 역사도 가르치면서 학생들에게 민족의식을 심어주었다.

1921년 12월에 발족한 조선어연구회에 참여했으며, 1926년에는 간사를 맡았다. 1927년에는 〈한글〉 잡지 편집과 발행인을 맡았다. 1931년 1월 10일 '조선어연구회'를 '조선어학회'로 개칭할 때 이윤재·최현배·이희승 등과 함께 주도적으로 참여했으며, 1932년 이극로에 이어 2대 간사장을, 1933년에는 회계감사를 지냈다. 1932년에 다시 〈한글〉을 복간했으며, 이를 통해 한글맞춤법통일안 제정에도 앞장섰다.

그는 조선교육협회를 이끌면서 언론집회압박탄핵회 실행위원으로 활동하다가 2일간 구금되기도 했다. 그는 또 1922년부터 1938년 4월까지 조선교육협회 이사로 활동하였다. 당시 조선교육협회는 민립대학(民立大學) 설립 운동에도 참여하고 있었기에 그는 1922~1923년에 걸쳐 민립대학기성준비회 위원과 경성부 집행위원에 선임되었다. 1923년 3월에 개최된 전조선청년당대회에 대종교 중앙 측 준비위원으로도 활동하였다.

그는 중앙인서관(中央印書館)이라는 출판사를 운명하면서 수십 종의 잡지와 서적, 신문을 발행하였다. 〈신소년(新少年)〉 등 그가 발행한 잡지는 검열에 걸려 압수 및 삭제된 것이 많았는데 주로 일제의 정책에 맞서 비판한 것이었다. 또 〈한글역대선〉 등 한글과 관련된 서적과 〈조선문학전집〉 등 고전문학 자료를 집대성한 서적도 다수 발간하였다. 그는 한글 고전의 간행을 통해 학생과 일반대중에게 민족정신을 고취하고자 하였다.

그는 1915년 11월 13일 이세정·이중건 등 한글 운동가들과 함께 대종교에 입교했다. 1924년 4월 23일~26일까지 4일간 만주 영고탑 대종교 총본사에서 대종교 교의회가 개최되었을 때 그는 경성 대종교 위원으로 참석하였다. 회의에 참석한 후 돌아와 '우리의 옛땅을 밟고 와서'라는 기행문을 발표했다. 그는 이 글에서 "반도보다도 저 넓고 넓은 남북 만주와 시베리아 등은 5천 년 동안이나 되는 오랫동안에 자자손손이 살던 곳"이라며 만주가 단군 이래 우리 땅이고 그것을 지키지 못한 것은 후손들의 잘못이라고 지적했다. 그는 조선 반도는 물론 러시아 연해주 지방, 만주 전역, 중국 본토의 황하 연안까지를 우리의 고토(古土)로 인식하였다.

특히 그는 영고탑 주위에 있는 발해의 동경성을 답사하고는 "조선 사람이 조선 옛터에 다시 들어와 살면 이 만주가 다시 조선의 땅이 된다는 전설"이 있다고 소개했다. 그러면서 동경성에 조선 사람을 들이지 않다가 당시에 우리 동포가 70여 호나 살고 있다고 소개하면서 조선인의 만주 지역 이주를 고무시켰다. 그는 또 단군조선 이래로 조선인은 미인(美人)이고 조선은 군자국(君子國)을 지향하고 있음을 주지시키며 청소년들에게 자긍심을 북돋워 주었다.

1940년 11월 20일 그는 자택에서 일제에 항거하며 음독 자결하였다. 자결 이유는 대략 세 가지로 추정된다. 우선 일제가 1938년 4월 2일 조선교육협회를 강제로 해산시켰는데 그는 이 단체에서 이사, 상무이사를 맡아 17년간 활동했다. 다음은 조선어학회가 1939년 2월 임시총회에서 일제 협력단체인 국민정신총동원연맹 가입을 결정하고는 간판도 '국민총력조선어학회연맹'으로 바꾸어 달았다. 이는 한글을 지켜내기 위한 학회 차원의 고육지책이라고 하였으나 궁색한 변명이란 비판을 피하기 어려웠다.

여기에다 일제는 기원 2600년을 맞는 1940년 2월에 창씨개명(創氏改名)을 들고나왔다. 6개월 기한을 주면서 조선인들에게 일본식으로 이름을 바꾸라고 강요하였다. 그는 평소 비타협 민족주의자였다. 그런 그로서는 이같은 처사를 도저히 받아들일 수 없어 결국 자결을 선택한 것으로 보인다.

한글학자이자 실천적 교육자였던 그는 한글 운동을 시작으로 교육, 출판, 종교 등 여러 분야에서 큰 업적을 남겼다. 그의 유해는 망우리 공원묘지에 안장되었다.

2017년 건국훈장 애국장이 추서되었다.

47

신백우 (申伯雨, 1889~1962, 건국훈장 애족장)

공산주의단체서 활동한 신채호 족친

신백우는 1889년 12월 28일 충북 청원에서 태어났다. 본관은 고령(高靈), 자는 윤장(閏長), 호는 경부(畊夫)이다. 어려서는 서당에서 족친(族親) 신채호(申采浩)와 함께 한문을 익혔다. 이후 상경하여 측량학교·외국어학교 및 보성전문학교 법학과 야간부를 1년 수료하였다. 졸업 후 청주 탑동 측량학교와 서울 태극학교에서 교편을 잡았다. 1909년 관립 한성외국어학교 속성과에 입학해 일본어를 배웠다.

1909년 신민회의 외곽 청년단체인 청년학우회와 대동청년당에 가입해 남형우·안희제·박중화 등과 함께 국권 회복을 위해 활동했다. 1911년 만주로 망명하여 안동현에 독립운동 연락기관으로 성덕태(誠德泰) 상점을 설립해 독립운동 기지 건설에 힘을 쏟았다. 1919년 3.1혁명 후 한성 임시정부 조직에 참여하였고 이후에는 상해 임시정부 수립에도 참여했으나 이승만이 대통령에 취임하자 만주로 갔다.

그는 신흥무관학교에서 군사교육을 받고 서로군정서 참모부와 광한단(光韓團)에서 활약하다 1921년 귀국하여 조선노동공제회(共濟會)의 중앙집행위원이 되었다. 그해 9월 서울청년회 이사가 된 뒤 1922년 1월 무산자동지회 결성에 참여하여 간부가 되었다. 그해 10월 조선노동공제회 해체를 주장하며 조선노동연맹회 결성을 주도했으며, 공산주의단체 결성에 참여하고 위원이 되었다. 1923년 봄 조선공산당 중앙총국 국내부 위원이 되었으며, 7월 공산주의 사상단체인 신사상연구회에 가입했다.

1923년 9월 조선일보 고문 겸 논설위원으로 활동하던 중 소위 '정재달(鄭在達) 사건'에 연루돼 일경에 체포되었다. 오랫동안 미결로 구금 중이던 그는 1925년 5월 29일 서대문형무소에서 병보석으로 풀려났다. 이후에는 공산주의와 연을 끊고 고향에서 농촌운동과 고령신씨 문중 사업에 힘을 기울였다. 1936년 2월 신채호가 중국 여순감옥에서 옥사하여 그 유해가 돌아오자 고향에 안장하고 묘비를 세웠다.

8.15 광복 후 1946년 민주주의독립전선 결성에 참여하여 최고위원이 되었다. 또 신탁통치반대 국민총동원 중앙위원회 조직부장을 비롯해 대한독립촉성국민회 등을 통해 정치 활동을 재개했다. 1950년 제2대 국회의원 선거 때 고향에서 출마하였으나 낙선했다. 이후로는 정치와 연을 끊고 대종교에 입교해 포교 활동에 전념했다.

1946년 2월 23일 참교가 되었으며, 3월 6일 경의원 참의에 임명되었다. 그달 14일에 지교로 승질하였으며, 4월 8일에 종리연구실 찬수에 임명되었다. 또 1947년 4월 21일 상교로 승질하여 총본사 전강에 임명되었으며, 1949년 2월 15일에는 남이도본사 전리에 임명되었다. 1955년 3월 25일 정교와 대형(大兄) 호를 받았으며, 4월 20일 원로원 참의에 임명되었다.

그는 1962년 1월 2일 청원군 자택에서 노환으로 별세했다.

1990년 건국훈장 애족장(1963년 대통령 표창)이 추서되었고, 1994년 대전현충원 독립유공자 묘역에 안장되었다.

48

신성모 (申性模, 1891~1960, 건국훈장 애족장)

항해사 출신으로 내무·국방장관 역임

신성모는 1891년 5월 26일 경남 의령에서 태어났다. 본관은 고령(高靈), 호는 소창(少滄)이며, 중국 망명 시기에는 신철(申澈, 申鐵, 申哲) 등의 이명을 사용했다.

그는 고향에서 한문을 익히다가 측량학을 배운 후 측량 기수로 활동했다. 19세 때인 1909년 보성전문학교 상과(야학) 제1회로 입학해 다녔는데 당시는 천도교를 믿었다. 1912년 그는 졸업도 하지 못한 채 부산을 거쳐 일본 나가사키에서 배를 타고 중국 상해로 떠났다. 그때 배 위에서 선원 혹은 해군이 되겠다고 다짐했다.

상해에 도착하여 수개월 간 중국어를 배운 뒤 오송상선학교(吳淞商船學校)에 입학하려 했으나 외국인을 받지 않았다. 그는 교장 뒤를 3주 동안이나 따라다닌 끝에 예외적으로 입학 기회를 얻어 1913년 항해과에 입학하였다. 당시 학비는 예관 신규식이 제공했다.

그는 신규식이 상해에서 조직한 비밀결사체 동제사(同濟社)에 가입해 신철(申澈)이라는 이름으로 활동했다. 초기 대종교인은 의례적으로 외자 개명을 했다. 대종교 서도본사 책임자로 있던 신규식(교명은 申檉)과 그의 동생 신건식(교명은 申桓) 형제와 교류하면서 자연스럽게 대종교에 입교하였고, 신철이라는 교명(教名)도 그때 받은 것으로 보인다.

상선학교에서 1년 공부하던 중 그는 교장 살진빙(薩鎮氷)의 추천으로 남경 해군군관학교로 전학해 무선전신을 공부했다. 군관학교 졸업 후 중국 해군 소위로 임관돼 중국 군함의 승무원이 되었으며 오송 등지의 무선전신국에서도 근무했다. 중국 해군에서 복무한 후 북경으로 가서 교통부 무선전신학교를 다녔다. 1919년 북경에 정착한 그는 김익환의 딸 김복희와 결혼하였다.

1920년 12월 그는 임시정부 비밀연락처이던 백산상회(白山商會)의 독립자금 전달사건에 연루되어 안동역에서 일본 헌병에게 붙잡혀 신의주 경찰서로 압송되었다. 당시 그는 고향 선배인 백산(白山) 안희제(安熙濟) 등이 조직한 비밀결사 대동청년단에 가입해 활동하였다. 이 일로 백산상회 주인 안희제도 체포돼 27일 동안 고문과 형벌을 받았다. 그는 모친이 백방으로 노력한 덕분에 풀려난 후 다시 북경으로 돌아갔다.

이후 그는 임시정부와 거리를 두었다. 1921년 4월 19일, 이승만이 루스벨트에게 위임통치 청원을 제출하자 이에 분개해 신채호가 주도한 이승만 '성토문'에 연서했다. 또 박용만과 신숙 등이 임정의 노선에 반발해 북경에서 군사통일회의를 개최하자 신달모(申達模)라는 가명으로 참석했으며 4월 23일에 송호와 함께 서무위원에 선임되었다. 그 무렵 그는 무송현에서 대종교 포교 활동을 하고 있던 윤세복과 연락하면서 대종교와도 연계를 맺고 있었다.

1923년 10월, 그는 영국 유학길에 올라 런던에 정착했으며 수개월 만에 '킹 에드워드 7세 항해대학에 입학했다. 1930년경부터 영국과 인도를 왕래하는 정기 화객선의 부선장이 되었으며 1939년 함장 시험에 합격한 후 선장으로서 항해를 계속했다. 2차대전 발발 후에는 인도 상선회사의 고문으로 취임해 인도 봄베이에 체류했다. 그는 배 선실에 단군 영정을 모셔 두고 고국을 생각했으며, 평소 집에서도 벽장에 단군 영정을 모셔 놓고 늘 기도를 올렸다고 한다.

광복 후 1948년 11월 2일 인도에서 귀국한 뒤 대한청년단 단장, 내무부장관, 국방부 장관 등을 역임했다. 1950년 한국전쟁 기간 중 국민방위군사건과 거창 민간인학살사건에 대한 은폐 의혹이 불거져 국방장관 자리에서 물러났다.

1951년 주일 대표부 공사에 임명되어 일본으로 건너갔다가 1952년 8월 17일 귀국하여 해사위원회 위원장, 대한조선공사 사장을 거쳐 해양대학교 학장을 지냈다. 그러던 중 거창사건이 다시 불거지고 김구 암살사건 연루 의혹이 제기되었다. 그 충격으로 인해 뇌일혈로 쓰러져 1960년 5월 29일 별세했다.

유해는 의령군 용덕면 선영에 묻혔다가 1993년 10월 대전현충원 애국지사묘역으로 이장되었다.

1990년 건국훈장 애족장(1963년 대통령 표창)이 추서되었다.

49 신익희 (申翼熙, 1894~1956, 건국훈장 대한민국장)
임정 내무부장 출신의 2대 국회의장

신익희는 1894년 7월 11일 경기도 광주에서 태어났다. 본관은 평산(平山), 자는 여구(汝耈), 호는 해공(海公)이다. 중국 망명 시절 왕해공(王海公), 왕방오(王邦午)라는 별명을 사용하였다.

5세 때부터 맏형 규희(揆熙)에게 한학을 배웠는데 어려서부터 글씨를 잘 썼다고 한다. 1908년 상경하여 관립 한성(漢城) 외국어학교 영어과에 입학해 수학하였다. 1912년 일본 와세다(早稻田)대학 정치경제학부에 입학해 다니면서 1914년 재일조선인유학생학우회를 조직하여 회장을 맡아 기관지 〈학지광(學之光)〉을 발간해 조선인 유학생의 단합을 도모했다.

1913년 여름방학 때 귀국해 고향 유지들과 광동의숙을 세워 청소년에게 조선의 역사와 지리를 가르쳤다. 1917년 귀국한 후 고향에 동명강습소(東明講

習所)를 세웠다. 이후 중동(中東)학교에서 잠시 교편을 잡다가 보성법률상업학교로 옮겨 비교헌법과 국제공법, 재정학 등을 강의하였다.

1918년 6월 미국 대통령 윌슨의 '민족자결주의 선언'에 고무돼 임규·최린·송진우·최남선 등과 독립선언서 발표 등을 논의한 후 해외 단체들과의 연락 임무를 띠고 1918년 11월 상해로 가 민족운동 지도자들과 독립운동 방법을 토의하여 3.1혁명의 도화선을 당기는 데 일역을 담당하였다.

3.1혁명 발발 직후인 1919년 3월 2일 귀국한 그는 3월 4일 청년 학생들과 제2차 시위를 이끌었는데 이는 만세 시위의 지방 확산에 기여했다. 이 일로 일경의 주목을 받게 되자 그는 3월 14일 농사꾼 차림으로 용산역을 빠져나와 상해로 망명하였다. 그는 상해에서 임시정부 수립에 참여하여 임시의정원 의원으로 선임돼 이시영·조소앙 등과 함께 임시헌장 제정 기초위원으로 활약하였다. 이어 임시정부의 초대 내무 차장 겸 내무 총장 대리로 선임되었다.

1920년 임시정부의 내무 총장 대리, 외무 총장 대리, 국무원 비서장 등에 선임되었으며, 1921년에는 법무 총장, 외교부장 및 임시 의정원 부의장 등을 두루 역임하였다. 특히 1921년 4월 한중호조사(韓中互助社)를 창립하여 한중합작으로 항일운동을 전개할 수 있는 기틀을 마련하였다. 1922년 6월 10일 이승만 대통령 불신임안이 제10차 임시의정원에서 가결되자 임시정부는 거의 와해 단계에 접어들었다. 그는 평소의 소신대로 한중합작 항일전을 전개하기 위해 중국 국민당 제2군에 들어가 중장(中將)이 되었다.

그는 한중 양국의 청년 5백 명을 모집하여 유격대의 일종인 분용대(奮勇隊)를 편성해 이들을 훈련시킨 뒤 만주로 가서 한중 국경에서 국내 진격 작전계획을 수립하였다. 이를 위해 신흥무관학교 출신의 의열단원 성주식(成周寔)을 초빙해 분용대 연성대장을 맡겨 국내진공작전을 준비하였다. 그러나 이 계획은 후원자인 산시성 독군(督軍) 호경익(胡景翼)이 사망하면서 수포로 돌아갔다. 그는 1927년부터 남경 국민당 정부의 심계원에 들어가 한동안 근무하였다.

1931년 1월 윤기섭·성주식·김홍일 등과 남경에서 한국혁명당을 창당하고 그 산하에 철혈단(鐵血團)을 조직하여 무장 독립투쟁을 준비하였다. 1931년 9월 만주사변 이후 독립진영은 대일항전을 위해 연합전선을 폈다. 1932년 11월 그는 한국혁명당 대표로 한국독립당·조선혁명당·의열단·한국광복동지회 대표들과 협의하여 '한국대일전선통일동맹'을 출범시킨 후 최동오·김두봉 등과 상무위원을 맡았다. 그러나 이 조직은 연합체여서 강력한 단일체제로는 부적절했다.

1935년 7월 남경에서 그의 신한독립당 등 5당이 통합하여 민족혁명당을 탄생시켰다. 1937년 중일전쟁 발발 후 독립진영은 김구 주도의 한국광복운동단체연합회와 김원봉 주도의 조선민족전선연맹(민족전선)으로 나뉘었는데 이들은 1939년 5월 통합선언을 발표하고 사천성 기강(綦江)에서 통합을 위한 회의를 열었으나 끝내 무산되고 말았다. 1942년 5월 조선의용대 본부 세력이 한국광복군에 편입되자 임시정부에 합류하였다. 1944년 5월 임시정부의 연립내각 성립 때 내무부장에 선임돼 활동하다가 광복을 맞았다.

상해 시절 그는 이시영·신규식 등 대종교인들과 깊이 교류했으며, 그가 몸담았던 임시의정원과 임시정부 요인의 대다수는 대종교인이었다. 신규식이 책임자로 있던 서이도본사는 1917년 상해에 설치됐는데 그는 1918년 무렵에 대종교에 입교했다. 그는 대종교 주최 국학 강좌에 강사로 참여했으며, 1949년 6월 대종교에서 교인들에게 〈삼일철학〉을 배부하면서 작성한 명단에도 그의 이름이 들어 있다. 1949년 개천절 경축사에서 그는 단군의 의미와 단군 시대의 정신을 '평등사상의 선구자'라고 칭송했다.

1945년 12월 1일 임정 요인 2진으로 귀국한 그는 김구 주석을 도와 반탁 운동에 참여했다. 1946년 국민대학을 설립하고 〈자유신문〉을 발행하였으며, 1948년 제헌의원에 당선돼 국회 부의장과 이승만 후임으로 국회의장을 지냈다. 1956년 대통령선거에 민주당 후보로 출마해 5월 5일 호남 유세를 가던 중 기차 안에서 뇌일혈로 별세했다. 장례는 5월 23일 서울 운동장에서 국민장으로 치러졌으며 유해는 우이동에 안장하였다.

1962년 건국훈장 대한민국장이 추서되었다.

50 신채호 (申采浩, 1880~1936, 건국훈장 대통령장)

항일 언론인 출신 여순감옥서 순국

신채호는 1880년 11월 7일(음) 충남 대덕군 산내면 어남리(현 대전시 중구 어남동)에서 태어났다. 본관은 고령(高靈), 호는 단재(丹齋)·단생(丹生), 필명으로 무애생(無涯生)·금협산인(錦頰山人) 등이 있다. 독립운동 시절에는 유병택(劉炳澤) 등 여러 개의 가명을 쓰기도 했다.

어려서 한학을 공부했으며, 1898년 신기선의 추천으로 성균관(成均館)에 입학해 1905년 2월 성균관 박사가 되었다. 장지연의 초청으로 〈황성신문〉 논설기자로 활동하던 중 그해 11월 을사늑약이 체결되자 장지연의 '시일야방성대곡'이 말썽이 돼 〈황성신문〉이 무기 정간당하였다. 이듬해 양기탁의 초청으로 〈대한매일신보〉로 옮겨 일제의 침략을 비판하는 논설을 썼는데 이때부터 그는 영향력 있는 논객으로 주목받기 시작했다.

1907년 4월 양기탁·안창호·전덕기·이동녕 등이 비밀결사 신민회(新民會)를 조직하자 가입해 활동했다. 그해 10월 중국 양계초(梁啓超)의 책 〈이태리건국삼걸전(伊太利建國三傑傳)〉을 번역 출간한 것을 시작으로 우리 역사의 삼걸(三傑)로 을지문덕·이순신·최영 3인의 전기를 저술하였다. 그는 이 책의 내용을 대한매일신보에 연재하거나 순 한글판으로 펴내 일반 민중과 부녀자들이 쉽게 접할 수 있도록 하였다. 이 시기에 그는 애국계몽운동에 진력했다.

1908년 8월 27일부터 12월 13일까지 〈대한매일신보〉에 〈독사신론(讀史新論)〉을 연재한 후 책으로 펴냈다. 이 책은 그의 대표 저서로 불리는데 단군 시대부터 발해 시대까지의 근대민족주의 사학의 기본골격을 명쾌하게 제시하여 우리나라 근대사학을 확립했다는 평가를 받고 있다. 1910년 3월 신민회의 해외 독립군 기지 건설 계획에 따라 그해 9월 그는 블라디보스토크로 망명하였다.

1911년 12월 블라디보스토크에서 이상설·최재형·정재관·이동휘 등과 권업회(勸業會)를 조직하고 기관지 〈권업신문〉의 주필로 활동하였다. 1912년 블라디보스토크에서 광복회를 조직하였는데 회장은 윤세복, 총무는 이동휘, 그는 부회장을 맡았다. 1913년 〈권업신문〉이 재정난으로 폐간되자 신규식의 초청으로 상해로 가서 신규식·박은식과 함께 박달학원을 설립하였다.

1914년 대종교 간부로 있던 윤세복의 초청으로 서간도의 환인현으로 가서 약 1년간 체류하였다. 이때 그는 고구려와 발해의 유적을 답사하고 윤세복이 세운 동창(東昌)학교에서 국사를 가르치면서 〈조선사(朝鮮史)〉를 집필하였다. 1915년 이회영의 안내로 북경으로 가서 3.1혁명 때까지 약 4년간 체류하였다. 북경에서는 역사연구와 북경 인근의 조선 고대사 유적을 답사하고 독립운동 관련 논설을 집필했다. 1919년 2월 만주에서 '대한독립선언서'를 선포하자 서명자 39인의 한 사람으로 이름을 올렸다.

1919년 3.1혁명이 일어나자 그는 상해로 가서 임시정부 발기회 '29인 모임'에 참여하였다. 그는 임시의정원 충청도 의원으로 선임돼 1919년 4월~7월까지 상해 임시정부 수립에 적극 참여하였다. 그해 8월 상해, 노령, 한성 임시정부 통합문제를 놓고 이승만 일파와 갈등 끝에 임정을 탈퇴하였다. 임정 기관지 〈독립신문〉에 맞서 〈신대한(新大韓)〉을 창간하여 임시정부를 맹렬히 비판하였으며, 동지들과 신대한동맹단을 조직하고 부단주(副團主)를 맡았다. 그러나 재정 사정으로 〈신대한〉 발행이 중단되자 1920년 4월 북경으로 이동했다.

1921년 1월 북경에서 독립운동 잡지 〈천고(天鼓)〉를 창간하였다. 1922년 12월에는 의열단 단장 김원봉으로부터 의열단 선언문 집필을 요청받고서 이듬해 1월 '조선혁명선언'을 완성했다. 이 선언은 일본 제국주의를 '조선 민족 생존의 적'으로 규정하고 혁명을 통해 독립을 쟁취해야 할 것임을 천명했다.

1923년 1월 3일부터 70여 독립운동단체 대표 124명이 상해에 모여 국민대표회의를 개최하였다. 이 자리에서 기존의 임시정부를 '개조'할 것인지, 아니면 러시아나 간도에 새 임시정부를 '창조'할 것인지를 두고 개조파와 창조파가 대립하였다. 개조파의 불참 속에 그가 지지한 창조파는 단독으로 회의를 열어 새로운 헌법과 국호, 연호를 제정하였다. 김규식을 행정수반으로 한 창조파의 '새 임시정부'는 1923년 8월 블라디보스토크로 옮겨 활동을 준비했다. 그런데 일본의 눈치를 본 소련 정부가 이를 허락지 않아 창조파의 구상은 허무하게 끝나고 말았다.

이 일로 정신적 충격에 빠진 그는 북경으로 돌아와 한동안 승려 생활을 하였다. 1924년 가을 이후 그는 이전 원고들을 정리하면서 국사 연구를 계속해 그해에 〈조선상고사(朝鮮上古史)〉 총론을 마무리했다. 그는 총론에서 '역사는 아(我)와 비아(非我)의 투쟁의 기록'이라는 그의 유명한 민족주의 사관을 이론화하여 천명하였다. 그 무렵 그는 무정부주의(아나키즘)에 관심을 갖게 되었다. 1926년 재중국 조선무정부주의자연맹에 가입하였으며, 1927년부터는 무정부주의자로서 활동하기 시작했다.

1927년 국내에서 좌우합작을 위해 신간회(新幹會)가 창립되자 발기인으로 참여하였다. 1928년 4월 무정부주의동방연맹 북경회의를 개최하여 선전기관 설립과 일제 관공서를 폭파를 위한 폭탄 제조소 설치를 결의하였다. 이후 잡지 발행자금을 마련하기 위해 그해 5월 8일 유병택이라는 가명으로 대만 기륭항(基隆港)에 도착한 후 체포돼 대련(大連)으로 이송되었다. 1930년 4월 28일 재판에서 징역 10년을 선고받고 여순(旅順)감옥 독방에서 옥고를 치렀다.

그가 대종교에 입교한 시점은 정확히 알 수 없다. 다만 계축년(1913년) 4월 20일 당시 그의 교질이 참교인 걸로 봐 윤세복의 초청으로 서간도 환인현에 가서 체류할 무렵에 입교한 것으로 보인다. 평소 그는 신규식, 윤세복 등 대종교 중진들과 깊이 교류하였으며, 1916년 나철이 순교했을 때 '도제사언문(悼祭四言文)'을 지어 나철의 죽음을 애도하였다.

그는 1936년 2월 21일 여순감옥의 차가운 시멘트 바닥에서 홀로 생을 마감했다. 그의 부인 박자혜(朴慈惠)가 현지에서 유해를 수습해 고국으로 운구하였다. 장례는 2월 25일 발인하여 신백우(申伯雨)가 고향 마을에 안장하였다.

1962년 건국훈장 대통령장이 추서되었다.

51

신팔균 (申八均, 1882~1924, 건국훈장 독립장)

군사교육 공로 큰 만주 독립군 지도자

신팔균은 1882년 5월 19일(음) 서울 정동 현재의 영국대사관 자리에서 태어났다. 본관은 평산(平山), 자는 윤수(允壽), 호는 동천(東川)이다.

그는 판중추부사 신헌(申櫶)의 손자이며, 한성부판윤 신석희(申奭熙)의 장남으로 전통적인 무반 가문의 후예로 태어났다. 그의 본향은 충북 진천이다.

1900년 10월 육군무관학교 2기생으로 입학하여 1902년 7월 육군 참위(소위)로 임관하였다. 이듬해 9월 보병과를 졸업하고 이후 부위(중위)로 승진해 근위대에 근무하였다. 1907년 8월 군대해산 후 정위(대위)로 승진하여 황실 경호를 맡았으나 1909년 8월 결국 사직하고 낙향하였다.

1909년 안희제·서상일·김동삼 등과 함께 항일 비밀결사체 대동청년단에 가입하여 국권 회복에 나섰다. 이들 중 상당수는 대종교인으로 훗날 만주에서 무장투쟁을 전개할 수 있는 든든한 밑거름이 되었다. 1914년경 그는 중국 안동(단둥)을 거쳐 북경으로 활동 근거지를 옮겼다. 이후 그는 북경과 남만주를 왕래하며 항일운동을 펼쳤다. 3.1운동 이후 북경고려공산당에 가입해 활동하면서 최진 등과 군인구락부를 조직했다.

1919년 4월 서로군정서의 교관으로 활동하면서 일본 육사 출신의 지청천(池青天)·김경천(金擎天)을 만났다. 세 사람은 의기투합하여 '하늘 천(天)'자를 넣어 새 이름을 지었는데 그는 신동천(申東天)이란 별명을 갖게 되었다. 사람들은 이들을 '남만삼천(南滿三天)' '군사계의 삼천(三天)'이라고 불렀다. 이후 그는 신흥무관학교 교관이 되어 이범석·김경천 등과 함께 독립군 양성에 힘썼다.

1922년 8월 당시 북경에 머물고 있던 그는 경신참변으로 발생한 한인 고아들의 교육을 위해 조직한 한교교육회(韓僑教育會)에 가입하여 활동하였다. 이듬해에는 박용만·최동오 등과 북경 한인구락부 조직에 참여하였다. 이 단체는 한인들의 교육·오락·구제사업 등 북경 거주 한인들을 대상으로 사회사업을 병행하였는데 1924년 7월에 북경 한교동지회로 개칭하였다. 이밖에 한중 친선과 한국의 독립을 지원하기 위해 결성된 한중호조사(韓中互助社)에도 간여하였다.

1923년 초 국민대표회의 때 김동삼·박용만 등과 함께 창조파의 일원으로 활동하면서 무장투쟁 노선을 주장하였다. 그해 10월 중순 국민위원회가 고려공산당 중앙집행부에 병합되면서 그는 군무위원장에 선임돼 5개 군구(軍區)를 관장하였다. 그는 연해주와 만주 지역 무장 부대를 총지휘하는 역할을 맡으면서 한인사회의 지도자로 부상하였다.

그가 대종교에 입교해 활동한 기록은 남아 있지 않다. 그러나 그는 안희제·서상일·김동삼·박용만·이범석 등 대종교인들과 함께 활동하면서 자연스럽게 대종교를 접했을 걸로 추정된다.

남만주의 통합 무장투쟁 단체인 대한통의부는 1924년 1월 중앙의회에서 위원장제로 개편하면서 북경에 있던 그에게 위원장 취임을 요청하였다. 그는 이를 수락하였고, 그해 4월 군사위원장에 취임한 후 대대적인 군대 개편과 군사훈련에 부단한 노력을 기울였다. 그는 또 서로군정서나 신흥무관학교에서의 경험을 살려 사관 자격을 갖춘 군인을 양성하기 위해 '사관 학원'을 설립해 상당한 성과를 거두었다.

그해 7월 2일, 남만주 흥경현 이도구 야외에서 군사훈련을 하던 중 일제의 사주를 받은 중국 지방군의 습격을 받았다. 그는 병력을 안전지대로 후퇴시키던 중에 흉부를 관통하는 총상을 입고 쓰러졌다. 그동안 이날의 전투는 중국군에 귀순한 마적대가 무기를 탈취하기 위해 공격해 오자 응전하다가 발생한 걸로 알려졌다. 그러나 실상은 1924년 5월 참의부 소속 양세봉(梁世奉) 등의 사이토(齋藤實) 총독 저격 미수사건에 대한 보복 조치로 일제가 장작림(張作霖) 군벌을 매수해 독립군을 공격한 것으로 밝혀졌다.

그에겐 간호사 출신의 임수명(任壽命)이라는 아내가 있었다. 1912년 환자로 위장해 서울의 모 병원에 입원하고 있을 때 그녀를 알게 돼 1914년 결혼하였다. 그녀는 남편과 함께 북경으로 망명한 후 두 아들을 양육하면서 비밀문서 전달, 군자금 모금, 독립군 후원 등 독립운동에 참여하였다. 그가 순국할 무렵 만삭의 몸으로 북경에 머물고 있었는데 남편의 순국 소식을 알게 되면 충격을 받게 될까 염려하여 그의 동료들이 강권하여 귀국시켰다.

귀국 후 서울 사직동에서 어렵게 살면서 딸을 출산하고 남편의 귀국을 기다렸다. 그러던 중 남편의 순국 소식을 전해 듣고 낙담해 있던 차에 셋째 아들이 사망하자 유복녀와 함께 그해 11월 2일 음독 자결하였다. 전처소생인 그의 장남 신현충(申鉉忠)은 부친과 계모, 이복동생들의 잇따른 상을 치르고 1927년 베이징으로 망명해 북방 군관학교에 입학하여 수학하던 중 병고를 이기지 못하고 1930년 자결하였다. 그의 가문의 식구 다섯 명이 독립운동 선상에서 비명에 스러졌다.

1963년 건국훈장 독립장이 추서되었으며, 1967년 5월 서울 현충원 애국지사묘역에 묘소가 마련되었다. 아내 임수명도 1990년 건국훈장 애국장(1977년 건국포장)이 추서되었고, 남편 묘소에 합장되었다.

52

안무 (安武, 1883~1924, 건국훈장 독립장)

봉오동전투 앞장 대한국민회군 사령관

안무는 1883년 6월 29일 함경북도 종성에서 태어났다. 본명은 병호(秉鎬), 호는 청전(靑田)이다. 만주에서 활동할 당시 이안무(李安武), 이강(李剛)이란 이름을 쓰기도 했다. 무(武)란 이름은 대한제국 군인 출신인 그가 독립운동을 위해 필요한 강인한 힘과 기백을 상징하는 뜻으로 사용한 것으로 보인다.

16세 때인 1899년 대한제국 진위대의 사병으로 입대했다. 이후 참교로 승진하여 함경북도 경성(鏡城) 교련관 양성소를 졸업한 뒤 경성(鏡成) 진위대 본부의 교련관에 임명되었다. 1907년 8월 군대해산 후 이듬해 1월 경성의 함일(咸一)학교 교원양성과정에 입학했다. 이 과정을 속성으로 졸업한 후 그곳에서 체육 교사로 임용되었는데 그는 체육 시간에 병식체조뿐만 아니라 정신훈화를 통해 민족의식을 함양했다.

1911년 초 그는 가족을 이끌고 북간도 망명을 결행했다. 처음 도착한 곳은 일찍부터 한인들이 이주해 정착촌을 형성한 화룡현 개미동이었다. 그는 양한호(楊漢虎)·문희목(文熙穆)과 함께 항일단체를 조직해 독립군을 양성하였는데 이들은 나중에 대한국민회로 편입되었다. 1919년 3월에 설립된 대한국민회는 앞서 1913년에 조직된 간민회(墾民會)에 뿌리를 두고 있는데 간민회의 전신은 한민자치회 또는 간민자치회였다.

1919년 2월 국자가(局子街)에서 조선독립운동 의사부가 조직되었다. 의사부는 3월 13일 용정 만세 시위 때 독립선언 포고문을 발표했다. 의사부는 3월

21일 조선독립기성총회로 개편되었는데, 4월 상해 임시정부가 수립되자 '고유문'을 발표하고 대한국민회를 설립했다. 그는 개미동에서 양성한 독립군을 이끌고 대한국민회에 참가했다. 1920년 3월 대한국민회 직할 부대로 대한국민회군이 창설되었는데 그는 사령관에 취임하였다. 대한국민회는 군무위원회를 설치하고 국민회의 지방 조직을 통해 징병제를 시행했다.

국민회군이 전투에 나선 것은 1920년 6월 봉오동전투였다, 전투에 앞서 국민회군을 비롯해 홍범도의 대한독립군, 최진동의 군무도독부는 서로 연대하면서 전열을 정비했다. 5월 28일 세 부대는 대한군북로독군부로 통합하였으며, 부장 최진동, 부장 안무, 대한북로사령부장 홍범도 등으로 조직을 정비하였다. 일본군은 6월 4일 고려령 방면으로 북상하면서 봉오동 포위전략을 폈다. 이에 북로독군부는 매복·포위 작전을, 그는 최진동과 함께 총지휘를 맡아 독립군의 승리로 이끌었다.

봉오동전투 직후 독립군은 간도의 연길현 의란구로 이동했다. 훈춘사건을 조작한 일본군은 2만여 명의 대병력을 간도 지역에 투입해 독립군을 공격했다. 이에 독립군은 일본군의 포위망을 뚫기 위해 3개 연대로 나눠 돌파 작전을 세웠는데 그는 제3연대를 지휘했다. 1920년 10월 21일 2연대 김좌진 부대의 전투 개시로 청산리전투가 시작됐다. 그는 21일 완루구, 22일 어랑촌, 25일 고하동 전투에 참가했으나 그의 행적은 두드러지게 드러나지 않는다. 이는 대부분의 전공이 대한군정서와 대한독립군의 승리로 기록되었기 때문이다.

청산리 전투 후 독립군은 만주를 떠나 연해주로 향했다. 그러나 우여곡절 끝에 1921년 12월 그는 북간도로 돌아왔다. 러시아에 머무는 동안 볼셰비키 혁명과 '자유시참변'을 겪었고, 독립운동 세력 간의 갈등과 대립도 지켜보았다. 그런 상황에서 그가 독립운동의 새로운 방략으로 모색한 것은 코민테른과의 제휴였다. 그래서 코민테른과 연결된 고려군정의회에 참여하였고, 고려공산당에 가입해 공산당 선전 활동도 했다. 북간도 귀환 후에도 그는 러시아를 자주 왕래하면서 무너진 독립군 기반을 재건하려고 노력하였다.

그는 1923년 2월 상해에서 열린 국민대표회의에 참석했는데 창조파 계열의 군인구락부에 속했다. 창조파 세력이 블라디보스토크에서 국민위원회를 세울 때 참가했으며, 코민테른의 지원을 받아내기 위해 노력했다. 그러나 코민테른의 지원이 가망이 없게 되고 국민위원회가 해산되면서 북간도로 돌아와 독립군 재건에 전력하였다. 1924년 9월 6일, 연길현 모아산 북쪽 산기슭에서 일본영사관 소속 군인들과 총격전을 벌이다가 총상을 입고 체포되었다. 용정 자혜병원으로 옮겼으나 끝내 치료를 거부하다가 이튿날 41세로 별세했다.

그는 대종교와 관련된 수많은 항일 전투에 참여하였고, 대종교인 출신의 독립군 지도자들과도 깊이 교류를 하였다. 그러나 그의 대종교 입교 기록 등 구체적인 관련 자료는 남아 있지 않다.

1980년 건국훈장 독립장이 추서되었다.

53 안재홍 (安在鴻, 1891~1965, 건국훈장 대통령장)

9차례 옥고 치른 항일 필봉의 상징

안재홍은 1891년 12월 30일 경기도 평택에서 태어났다. 본관은 순흥(順興), 호는 민세(民世), 필명으로 저산(樗山), 저음(樗陰) 등이 있다.

1907년 부친의 권유로 평택의 진흥의숙(振興義塾)에 들어가 신학문을 배웠다. 이후 상경하여 황성(皇城)기독교청년회 중학부에 입학해 공부하면서 이상재·남궁억 등을 만나게 됐다. 1910년 8월 경술국치를 당하자 9월 일본 유학길에 올랐다. 청산학원(青山學院)에서 1년 남짓 어학 준비를 끝낸 후 1911년 9월 와세다(早稻田)대학 정경학부에 입학하였다. 그 무렵 그는 '민중의 세상'이란 뜻의 아호 '민세(民世)'를 지어 사용하였다.

1912년 여름 상해로 건너가 신규식이 조직한 동제사(同濟社)에 가입했다. 그해 10월 도쿄에서 신익희·최한기 등과 함께 조선유학생학우회를 조직하였으며, 1914년 와세다대학을 졸업하고 7월 귀국하였다. 1915년 5월부터 서울 중앙학교 학감(學監)으로 재직하면서 조선산직장려계(朝鮮産織奬勵契)에 참여해 활동하다가 보안법 위반으로 체포되었다. 이 일로 그는 중앙학교에서 해직됐다.

1919년 4월 상해에서 임시정부가 수립되자 이를 지원하기 위해 6월에 서울에서 대한민국청년외교단이 조직되었다. 그는 총무로 활동하면서 강령과 규약을 작성하였고, 임시정부 중심의 독립운동을 촉구하는 6개 항의 '건의서'를 임정에 보냈다. 이후 외교단을 배달(倍達)청년단으로 개명하여 전국조직으로 확대 개편하려던 중 일경에 발각돼 체포되었다. 1921년 5월 결심 공판에서 징역 3년을 선고받고 옥고를 치른 후 1922년 6월 가출옥했다.

1924년 5월 〈시대일보〉 논설 기자로 입사하여 언론 활동을 시작했으나 7월 사내 분규로 퇴사하였다. 그해 9월 〈조선일보〉 주필 겸 이사로 자리를 옮겼다. 1925년 3월 흥업구락부 결성 때 12명의 창립회원 중 한 사람으로 참여하였다. 4월에는 국내 최초로 열린 전조선기자대회에서 부의장으로 피선되었다. 1926년 9월 자치운동을 추구하는 연정회(硏政會)가 부활하려 하자 김준연과 함께 이를 무산시켰는데 그는 타협적 민족주의 비판론자였다.

1927년 2월 신간회가 창립되자 조사연구부 총무간사로서 신간회 운동의 이념과 방향을 제시하면서 신간회를 지도하였다. 9월부터 〈조선일보〉 주필로 발행인을 겸하였는데, 1928년 두 차례의 필화로 옥고를 겪었다. 이관구가 쓴 1월 21일자 사설이 문제가 돼 발행인인 그는 신문지법 위반으로 기소돼 금고 4개월을 받고 항소하였다. 5월 9일자 사설에서 일제의 대륙 침략을 비판한 것이 문제가 돼 1심 판결보다 4월이 추가된 금고 8월을 선고받았다. 이 일로 그는 발행인 자리에서 물러났고 〈조선일보〉도 무기 정간을 당하였다.

1929년 1월 만기 출옥한 뒤 조선일보사 부사장으로 취임하여 논설 집필을 계속하였다. 그해 11월에 발생한 광주학생운동의 진상 보고를 위하여 신간회가 12월에 실행한 민중대회사건으로 구속됐다가 기소유예로 풀려났다. 1931년 5월 조선일보 사장에 취임하였고 7월에는 발행인을 겸하였다. 1932년 3월 재만 동포 구호의연금 유용 혐의로 조사를 받고 구속돼 금고 8월을 선고받았는데 그해 11월 출옥하였다. 이후로도 그의 수감 생활은 계속됐다.

1936년 6월 소위 '남경(南京) 군관학교학생사건'에 연루돼 징역 2년을 선고받았다. 이후 보석으로 풀려나 고향에서 저술 활동을 하던 중 1938년 5월 흥업구락부 사건에 연루돼 다시 구금되었다. 출옥 후 군관학교학생사건의 최종 판결에서 2년 형이 확정되자 또다시 수감되어 1940년 2월에 출옥하였다. 1942년 12월 조선어학회 사건으로 다시 함경남도 홍원경찰서에 수감되었다가 1943년 3월 불기소로 석방되었다. 그는 무려 9번이나 옥고를 치뤘다

해방 후 그는 여운형과 함께 조선건국준비위원회(건준)를 조직하여 부위원장을 맡았는데 이 단체가 좌편향으로 흐르자 9월에 탈퇴하였다. 그해 10월 독립촉성중앙협의회(독촉)에 참여하였으며, 12월 말 신탁통치반대국민총동원위원회 부위원장을 맡아 반탁운동에 앞장섰다. 이후 그는 남조선과도입법의원의 관선(官選) 의원과 미군정 하의 남조선과도정부의 민정장관을 지냈으며,

1950년 5·30 선거 때 고향에서 무소속으로 출마하여 제2대 국회의원에 당선되었다.

자세한 기록은 남아 있지 않지만 그도 대종교인이었다. 가족에 따르면, 그는 매일 아침 국조 단군께 기도를 드리며 통일을 염원했다고 한다. 1949년 4월 그는 대종교인 조소앙과 함께 강화도 마니산 단군 성적(聖蹟)을 답사한 후 "단군의 거룩한 유적은 3천만 민족의 등촉(燈燭)"이라며 "남북통일 과업을 완수하기 위해 단군 성적을 보호해야 한다"고 말했다. 미군정 시절 그는 백낙준과 함께 '홍익인간'을 교육이념으로 제안해 제정한 주인공이기도 하다.

그는 1950년 9월 한국전쟁 와중에 납북돼 1965년 3월 1일 평양 시내 한 병원에서 별세하였다. 묘소는 평양시 룡성구역 '재북(在北)인사 묘'에 있다. 이곳에는 위당 정인보, 춘원 이광수 등 납북인사 62명이 안장돼 있다.

1965년 3월 그의 사후에 유족들이 북측에 유해 송환을 요청한 것을 계기로 남북 간에 대화가 오갔으나 끝내 성사되지 못했다. 서울 현충원 무후선열 제단에 위패가 마련돼 있다.

1989년 건국훈장 대통령장이 추서되었다.

54 안창남 (安昌男, 1901~1930, 건국훈장 애국장)
민족의식 고취 시킨 조선인 비행사

안창남은 1901년 1월 29일 서울에서 태어났다. 본관은 순흥(順興), 중국에서 활동할 당시 안호(安虎)라는 별명을 쓰기도 했다.

1915년 서울 미동 공립보통학교를 졸업하고 휘문의숙에 입학했다. 3.1혁명

이 한창이던 1919년 휘문고보를 중퇴하고 일본 유학길에 올랐다. 먼저 오사카의 자동차학교 전수과(專修科)에 들어가 발동기 관련 교육을 받고 운전수 면허를 땄다. 그해 도쿄로 가서 아카바네(赤羽) 비행기제작소 기계부에 들어가 비행기 구조와 성능 등에 대해 6개월간 연구하였다.

1920년 8월 오구리(小栗) 비행학교에 입학해 비행 기술을 연마한 후 1921년 3월에 졸업하였다. 조선인으로서 일본의 비행학교를 졸업한 것은 김경규에 이어 두 번째였다. 그해 8월 비행사 면허를 취득한 그는 제국비행협회가 개최한 도쿄-모리오카(盛岡) 간 우편비행대회에 참가하여 3등 조종 면허장과 함께 상금 1,000원을 받았다. 그는 일본인 다음 두 번째로 조종사 면허를 취득했다.

정식 비행사가 된 그는 11월 일시 귀국하였는데 서울의 유지들은 귀국환영회를 열었다. 다시 일본으로 돌아간 그는 1922년 6월 2등 비행사 면허를 받았다. 그는 본격적으로 고국 방문 비행을 준비하였고, 8월 14일 고국 방문에 쓰일 비행기가 오구리 비행학교에서 조립·완성되었다. 그는 비행기 양편에 조선 13도 지도를 일목요연하게 그리게 했다.

그가 조종해 조선의 하늘을 날 비행기가 12월 1일 오후 배편으로 인천에 도착했고 기차를 통해 서울로 운반되었다. 이 비행기 이름은 '금강호(金剛號)'로 명명되었다. 일본에서 배를 타고 건너온 그는 12월 5일 아침 부산에서 출발해 이날 저녁 8시 서울에 도착했다. 동아일보 사장을 비롯해 수천 명의 인파가 그를 환영하였으며 이날 밤 경성공회당에서 환영회가 열렸다. 9일에는 사이토 총독이 직접 그를 관저로 불러 성대한 다과연을 베풀어주었다.

그는 12월 10일 여의도에서 고국 방문 비행을 선보였는데 이 자리에는 사이토 총독을 비롯하여 총독부 고위 관료, 조선인 유지, 언론사 취재진, 학생 등 1만여 명이 참석했다. 그는 이날 두 차례 서울 상공을 비행하였다. 그의 고국 방문 비행은 식민지 조선인들에게 일제 통치의 선전 효과보다 도리어 민족의식을 고양시키는 효과가 컸다. 이 때문에 당초 조선 전역을 비행하려던 계획은 취소되었다. 고국 방문 비행은 그가 민족의식을 자각하는 계기가 되었다.

1923년 6월 일본에서 민간 비행가 경쟁대회가 열렸다. 그는 2등을 차지하여 비행기 1대와 현금 2,000원을 수상했다. 7월 4일 일본 항공국은 특별한 시험 없이 그에게 1등 비행사 면허를 수여했다. 당시 일본에서 1등 비행사 면허증을 가진 사람이 총 7명밖에 되지 않았다. 그해 9월 발생한 관동대지진 때 그가 사망했다는 보도가 나왔다. 그러나 그는 지진 발생 후 군마현으로 피난해 화를 면했다. 한 달 후 조선으로 돌아온 그는 이후로는 일본에 가지 않았다.

귀국 후 마땅한 방책을 찾지 못한 그는 중국으로 망명해 임시정부 측과 접촉하였다. 당시 임정에서는 독립전쟁과 선전 활동에 비행기의 필요성을 절감하였다. 1925년 그는 여운형의 소개로 중국 군벌에 들어가 독립군 비행사 양성을 모색하였다. 1925년 곽송령(郭松齡) 군벌의 초빙을 받아 육군 중장(中將) 비행사로 활동하다가 다시 풍옥상(馮玉祥) 군대로 옮겼다. 이듬해 1월 초에는 산서성이 관할하는 산서성항공대의 비행학교 교관으로 초빙되었다.

1928년 10월 그는 남경의 국민혁명군과 연합하여 북벌 및 항일무장투쟁 중이던 염석산(閻錫山) 군대의 항공군 제2대 사령관으로서 하북성 석가장(石家庄)·보정(保定) 전투에서 큰 공을 세웠다. 그는 직접 비행기를 타고 공중에서 적군(敵軍·봉천파 등)의 진중에 포탄을 투하하였으며, 적의 정세를 샅샅이 조사해 총사령부로 보고하여 10만의 군사로서 적군 30만을 방어하는데 크게 기여하였다. 이 일로 그는 염석산 부대에서 소장(小將) 대우를 받게 되었다.

중국군 비행대 소장으로 활동하면서 그는 자신의 지위와 자금력을 이용해 비행학교 등 무관학교 설립과 군사 양성을 계획했다. 실지로 그는 1927년 북만주 흑룡강성 일대에 수백여 만 평을 구입하여 독립군 비행사를 양성할 목적으로 비행학교 설립을 추진했다. 그는 또 대한독립공명단을 조직해 독립자금 모집에도 나섰다. 그러던 중 1930년 4월 산서(山西) 항공학교 비행 연습 도중 추락사로 안타깝게 별세하고 말았다. 그의 나이 불과 30세였다.

그가 대종교에 입교한 기록은 남아 있지 않지만 증언과 언론보도를 보면 사실로 믿을 만하다. 그가 고국 방문 비행 차 서울에 왔을 때 서울에 체류하고 있던 대종교인 성세영은 "그는 우리 대종교인이므로 본사의 여러 형제(교인)들과 함께 남대문역(서울역)에 나가 환영하고 돌아왔다"고 〈본사행일기〉에 기록했다. 또 동아일보는 1922년 12월 7일자에서 "안창남 군은 대종교인이라 대종교 중앙교당에서 대표를 수원까지 보내 환영하고 그가 경성에 들어온 후에는 그 교당 안에서 환영회를 열 계획"임을, 12월 7일자에서는 "대종교 청년회 대표와 다수의 회원이 출영을 나갔다"고 보도했다.

2001년 건국훈장 애국장이 추서되었고, 2022년 서울 현충원 무후선열 제단에 위패가 마련되었다.

55 안호상 (安浩相, 1902~1999)

동서양 5개 대학 졸업한 독일 철학박사

안호상은 1902년 1월 23일 경남 의령에서 태어났다. 본관은 탐진(耽津), 호

는 한뫼이다. 민족 기업인 출신의 독립운동가이자 대종교인인 백산 안희제(安熙濟)는 그의 재종숙이다. 1909년 사립 창명학교에 입학하여 3년간 수학하였다. 1919년 서울로 올라와 중동중학에서 1년을 마치고 일본 유학을 떠났다. 1920년 도쿄 세이소쿠(正則) 영어학교 영어과에서 1년 수학한 후 1922년 중국 상해로 건너가 동제(同濟) 대학 예과에 입학해 1924년 7월에 졸업하였다. 상해 시절 안창호·신채호 등 민족지도자들과 만나 영향을 받아 한인 유학생회에서 활동하기도 했다.

1909년 10월 경상도 출신의 청년 80여 명이 주도해 대동청년단을 조직했다. 이들 가운데 윤세복·안희제·이극로·남형우·김동삼 등 20여 명은 나중에 대종교의 핵심 인물로 활동하였는데 그 역시 대동청년단 단원이었다. 1919년 3.1 혁명 당시 그는 대종교의 북만주 비밀결사체 귀일당(歸一黨)의 당원으로 활동했다. 안희제는 1911년 10월 3일 대종교에 입교했는데 제2대 대동청년단 단장을 지냈다.

1925년 5월 그는 안희제가 주관하던 기미육영회(己未育英會)의 장학금을 받아 독일 예나대학으로 유학을 떠났다. 여기서 철학과 법학을 공부한 후 1929년 철학박사 학위를 받았다. 이듬해 영국 옥스퍼드대학을 시작으로 일본 교토(京都) 제국대학, 독일 베를린 훔볼트대학과 서울 경성제국대학의 연구생을 거쳤다. 그는 동서양을 넘나들며 무려 5개 대학에서 학업을 닦았다.

귀국 후 그는 인촌 김성수의 주선으로 1933년 9월부터 보성전문학교 교수로 부임하여 12년간 근무하였다. 1942년 10월에 발생한 조선어학회사건에 연루돼 일경의 감시대상이 됐으나 체포는 면했다. 지병으로 인한 휴직과 복직의 와중에서도 1942년 〈철학개론〉을 출간하고 헤겔 철학을 깊이 연구하였다. 1945년에는 금강산에서 은거하다가 그곳에서 해방을 맞았다.

해방 후 서울대 문리대 교수와 혜화전문학교(동국대 전신), 성균관대, 국립경찰대 강사를 역임했으며, 1946년에 이범석이 조직한 반공 우익단체인 조선민족청년단(족청)의 부단장을 맡았다. 1948년 정부 수립 후 이승만 정권하에서 초대 문교부 장관에 발탁돼 2년간 근무하였다. 그는 '한글전용법'을 통과시켰으며 대한민국의 교육이념을 홍익인간으로 정하는 데도 큰 역할을 하였다. 그 밖에도 그는 여러 단체의 장을 맡아 활동했으며, 다수의 저서를 남겼다.

그의 저서 가운데는 〈배달의 종교와 역사와 철학〉 〈단군과 화랑의 역사와 철학〉 〈한웅과 단군과 화랑〉 등 단군과 관련된 책이 적지 않다. 단군 민족주의자로 불리는 그는 단군 사상과 대종교 철학을 연구하여 보급하는데 크게 기여하였다. 그는 혈통에 근거한 민족주의를 내세웠는데 그 근본에는 단군 신앙이 있었다. 그는 단군 신앙을 중심으로 하는 '일민주의(一民主義)'를 강조하면서 개인의 자유보다 국가 이익을 우선하였다.

그는 18세 때인 1920년 대종교에 입교했다. 1946년 3월 14일 지교, 이듬해 7월 11일 상교로 승질하였다. 1949년 2월 21일 경의원 참의, 그해 9월 19일에는 종리연구소 찬수로 임명되었다. 이어 1958년 10월 15일 총본사 전무와 함께 삼일원 대덕에 임명되었다. 60세가 되던 1960년 2월 29일 정교(正教)와 대형(大兄) 호를 받고 원로원 찬의에 임명되었다. 다시 1963년 4월 선도원장, 1965년 4월 삼일원주로 승임되었으며, 1968년 6월 7일 제17차 교의회에서 사교(司教)와 도형(道兄) 호를 받았다.

그는 1992년부터 5년간 대종교 최고지도자인 총전교를 지냈다. 1995년 4월 11일 그는 북한의 단군릉 개건 기념 어천절(4.14) 행사에 참석하기 위해 김선적(金善積) 종무원장과 함께 당국의 허가 없이 불법 방북했다. 그는 방북 전에

"단군이 승천한 곳이 북한의 구월산이므로 북한에 가서 국경일로 삼도록 설득하겠다."고 밝혔다. 단군릉 참배 등 행사를 마치고 4월 16일 판문점을 통해 귀환했는데 대공 용의점이 없고 고령이라는 이유로 불구속 입건되었다. 그의 방북으로 한동안 남북이 개천절 행사를 공동으로 개최하기도 했다.

그는 1999년 2월 21일 97세로 별세하였다. 장례는 25일 사직공원에서 사회장으로 치렀으며, 서울 현충원 국가유공자 제1 묘역에 안장되었다.

56 안확 (安廓, 1886~1946, 건국훈장 애족장)
이왕직 출신의 국악 연구의 선구자

안확은 1886년 2월 28일 서울에서 태어났다. 호는 자산(自山), 필명으로 운문생(雲門生)·팔대수(八大搜) 등이 있다.

어려서 수하동 소학교에 다녔으며, 독립협회에서 연설 지도를 받아 웅변을 하기도 했다. 1909년 마산으로 내려가 창신(昌信)학교 교사로 부임하였다. 그 무렵 경상도 지역 민족 운동가들이 조직한 달성친목회에 관계하였는데 이 단체는 나중에 1915년 국권회복단 결성으로 이어졌다.

1913년 일본에 건너가 니혼(日本)대학 정치학과에 입학해 당시 조선인 유학생 단체의 기관지인 〈학지광(學之光)〉에 다수의 글을 기고하였다. 1916년 귀국 후 다시 마산으로 돌아와 창신학교 교사로 근무하면서 대종교의 비밀결사체인 국권회복단의 마산지부장을 맡아 활동하였다. 1918년에는 고종황제 망명 계획에 참여하였으며, 1919년 3.1혁명 때는 국권회복단 마산지부장 자격으로 마산·창원지역 만세 시위를 이끌었다.

이후 서울로 올라와 1921년 조선청년회연합회에 참여해 청년운동에 나섰다. 이 단체의 기관지 〈아성(我聲)〉의 편집인을, 이듬해에는 천도교 잡지인 〈신천지(新天地)〉 편집인을 맡았다. 그 무렵 그는 자신의 사회·문화운동의 이념적 기반을 반영한 〈자각론(自覺論)〉, 〈개조론(改造論)〉을 출간했다. 〈자각론〉이 문화주의의 철학을 선포한 것이라면 〈개조론〉은 문화운동의 구체적 방향을 논한 것이다. 〈개조론〉에서 그는 개인주의와 황금만능주의를 비판하였다.

1921년 5월 〈아성〉 편집 일을 그만두고 중국 여행을 떠났다. 귀국 후 이듬해 〈조선문학사〉를 펴냈는데 이는 우리 국문학사에서 첫 통사(通史)로 꼽힌다. 그는 이 책에서 고조선부터 구한말 개화기에 이르는 국문학의 흐름을 한눈에 정리하였다. 이 책은 국문학 연구의 전통이 거의 없던 초창기에 국문학의 통사 체계를 처음으로 수립한 업적으로 평가되고 있다. 그는 국학 연구의 일환으로 국문학 연구를 개척하였다.

1920년대 초 그는 국학 연구의 한 부분으로 국악 연구를 계획하고 〈조선음악사〉 편찬 계획서를 제출했으며 이것이 채택돼 이왕직(李王職) 아악부에 근무하게 됐다. 1926년부터 4년간 촉탁 생활을 하면서 그는 왕실에서 소장하고 있던 방대한 음악 및 국문학 관계 자료를 접하였다. 그의 저작 목록에는 '조선 음악 연구', '조선 음악사', '조선 음악과 불교' 등 국악 관련 논설이 다수 포함돼 있다. 중진 악사(樂士)들과의 불화, 악서(樂書)에 대한 견해 차이로 1930년 이왕직을 그만두었는데 그는 국악 연구의 선구자로 불린다.

1930년대 이후 일본의 식민 통치가 본격화되자 국학 연구에 한계를 느낀 그는 북간도, 연해주, 중국, 하와이 등지로 전전하면서 방랑 생활을 하였다.

이때 그는 우리 민족사의 유적지를 돌아보고 해외 독립운동가들과 접촉하였다. 1938년 다시 서울로 돌아와 정인보(鄭寅普) 등 비타협적 민족주의자들과 교류하면서 고구려 문학·시조·향가·미술사 등에 관한 연구를 재개하였다.

그가 대종교에 입교한 기록은 남아 있지 않다. 그러나 그의 역사관은 대종교와 맥을 같이 하고 했다. 그는 상고 문학의 기원을 대종교의 '종사상(倧思想)'에서 기원한다고 보았다. 또 상고 문학의 기원을 종교적 신화에서 발견코자 했으며 그 종교적 신화의 한국적 원형을 '종화(倧話)'에서 찾았다. 이러한 논리는 대종교 '삼일(三一) 철학'의 원리가 담긴 〈삼일신고(三一神誥)〉에 잘 나타나 있다. 그는 단군과 발해 문학의 민족주의적 전통을 중요시하였고 대종교 경전인 〈삼일신고(三一神誥)〉를 우리나라 최고의 문학으로 평가하였다.

그는 암울한 식민지 시대에도 좌절하지 않고 오로지 국학 창달에 매진하였다. 그는 역사, 철학, 문학, 어학, 음악, 미술, 시문 등 다방면에 걸쳐 무려 140여 편의 방대한 저작을 남겼다. 해방 직후 한때 정당 활동에 뜻을 가졌으나 좌우 대립의 혼란 속에서 1946년 12월 1일 급환으로 별세하였다.

1993년 건국훈장 애족장이 추서되었다.

57

안희제 (安熙濟, 1885~1943, 건국훈장 독립장)

백산상회 경영하며 독립자금 조달

안희제는 1885년 8월 4일 경남 의령에서 태어났다. 본관은 탐진(耽津), 자는 태약(泰若), 호는 백산(白山)이다. 7세 때부터 향리에서 집안 형 서강(西崗) 안익제(安益濟)로부터 한학을 배웠다. 이후 상경하여 사립 흥화(興化)학교에서 신학문을 배우고 1905년 보성전문학교 경제과에 입학하였다가 이어 양정의숙(養正義塾)으로 전학해 수학하였다. 이때부터 그는 청년 교육이 급선무임을 인식하고 1907년에 교남학우회(橋南學友會)를, 1908년에는 영남지방의 유지들과 교남교육회(橋南教育會)를 조직해 가난한 학생들에게 학비를 지원하고 민중 계몽운동을 전개하였다.

한편으로 그는 재원을 확보해 사립학교 설립에도 나섰다. 1907년 구포(龜浦)에 구명(龜明) 학교와 의령에 의신(宜新)학교를 설립하였으며, 1908년에는 자신의 향리인 입산리에 창남(刱南)학교를 설립하였다.

1909년 10월에는 서상일·김동삼 등 영남지역 인사들과 함께 비밀 청년결사체 대동청년단(大東青年團)을 결성하였다. 이 단체는 1907년 4월 안창호·양기탁·김구 등 서북지역 인사들을 중심으로 조직된 신민회(新民會)와 연계를 갖고 독립운동을 전개하였다.

1911년 봄 러시아 블라디보스토크로 망명하여 안창호·이갑·신채호 등 독립운동 지도자들을 만나 조국 광복의 방략을 논의한 뒤 만주를 거쳐 귀국하였다. 1914년 말경 부산 중앙동에 백산상회(白山商會)를 설립하였다. 겉으로는 상업활동을 표방하였으나 실상은 국내외 독립운동 단체들의 연락과 독립운동

자금을 전달하는 통로였다. 1916년경부터는 서울·대구·안동·원산·봉천 등지에 백산상회의 지점과 연락사무소를 설치하여 활동 지역을 확대하였다.

1919년 11월 그는 기미육영회(己未育英會)를 결성하여 우수한 청년을 선발해 국내외에 유학시켜 조국 광복과 민족국가 건설의 인재로 육성하고자 하였다. 1922년 12월에는 서울에서 민립대학설립운동 발기인으로 참여하였다. 3.1혁명 후 조선총독부는 문화통치를 표방하며 민간지 발행을 허가하였다. 그는 1920년 4월 〈동아일보〉 창립 발기인으로 참여하였으며, 1926년에는 〈시대일보〉를 인수하여 〈중외일보〉로 제호를 변경한 후 사장을 맡았다. 항일 언론을 표방한 〈중외일보〉는 총독부로부터 여러 차례 압수와 정간 처분을 받았다.

1920년 12월 북경에서 독립운동가들을 만나고 돌아오던 중 신의주에서 일경에 체포돼 27일간 취조와 고문을 당하였다. 풀려난 후 그는 새로운 독립운동 기지를 개척할 목적으로 1926년 9월부터 4개월간 동만주 일대를 답사하였다. 그 결과 1933년 발해의 고도(古都) 만주 동경성 일대에 대규모 토지를 구입하여 발해농장(渤海農場)을 설립하였다. 그는 이곳에서 한인 동포들을 자작농으로 육성하여 독립투쟁의 인적·물적 기반을 마련하고자 했다. 그는 한인 2세들의 교육을 위해 농장에 발해보통학교를 설립하고 자신이 교장을 맡았다.

만주에 근거지를 마련한 데는 대종교와의 인연도 한몫했다. 그는 1911년 10월 3일 개천절에 나철을 만나 대종교에 입교하였다. 1914년 3월 15일 영계를 받았으며. 이후 그는 참교, 지교로 승질되어 대종교 의결기관인 경의원 부원장을 맡았다. 1941년에 상교로 승질돼 총본사 전강과 교적(敎籍)간행회 회장으로 2년간 활동했다. 이듬해 10월에는 천전(天殿)건축주비회 총무부장에 임명됐다. 그는 일찍이 대종교에 입교하여 대종교 신앙을 독립운동의 일환으로 여겼다.

1926년 '대종교 포교금지령' 발포로 대종교는 시련기를 맞게 되었다.

1928년 1월 제6회 교의회에서 총본사를 밀산현 당벽진(當壁鎭)으로 옮기기로 결의하였다. 1928년에는 다시 밀산으로 피신한 후 1933년 포교권을 확보할 때까지 6년간은 은둔의 세월을 보냈다.

1934년 3월 윤세복 교주는 일제로부터 조건부 포교 허가를 받아 하얼빈에 '대종교 선도회'를 설치하고 그해 6월 총본사를 영안현 동경성으로 옮겼다. 1934년 여름에 총본사를 다시 영안현 발해농장 안으로 옮겼다. 그는 교무 행정에도 적극적으로 참여하며 활발한 포교 활동을 벌였다.

그는 교육, 기업, 언론, 종교 등 여러 방면에서 다양한 독립운동을 펼쳤다. 이밖에도 그는 임시정부의 거액의 독립자금을 조달한 인물로 유명하다. 그가 임시정부에 보낸 독립자금은 총 50만원(현 시가 150억 원)이었다. 그 돈의 수령자였던 백범 김구의 증언에 따르면, 당시 임시정부의 독립자금 중 60%를 그가 조달했다고 한다.

대종교를 감시해오던 일제는 1942년 여름 조선어학회 회장 이극로(李克魯)가 천진전(天眞殿) 건립과 관련해 윤세복 교주에게 보낸 편지를 빌미로 '임오교변'을 조작했다. 이 일로 그해 11월 19일 만주와 국내 각처에서 윤세복 교주 등 총 25명이 체포되었다. 이들은 영안현 경무과에 설치된 특별취조본부에 감금돼 취조를 받았다. 이들 가운데 10명이 고문으로 목숨을 잃었다.

당시 고향 의령에서 신병 요양 중이던 그는 목단강성 경무청 형사대에 체포돼 만주로 압송됐다. 그는 구금된 지 9개월 만에 병보석으로 풀려난 그다음 날인 1943년 8월 3일(음)에 목단강 영제(永濟)의원에서 59세로 별세했다. 유해는 고향으로 옮겨 반장(返葬)하였다. 1946년 8월 15일 정교(正敎)와 대형(大兄) 호를 받았으며, '임오십현(壬午十賢)'의 한 사람으로 추승되었다.

1962년 건국훈장 독립장이 추서되었다.

58

엄주동 (嚴柱東, 1897~1974, 건국훈장 애국장)

청산리전투에 참전한 대종교 핵심

엄주동은 1897년 5월 23일 충북 진천에서 태어났다. 본관은 영월(寧越), 호는 보본(普本), 교명은 주천(柱天)이다. '주천(柱天)'은 한배님의 기둥이 되라는 의미가 담겨있으며 '보본(普本)'은 '병일본(並日本)'이라는 뜻을 내포하고 있다. 그의 호와 교명은 그가 대종교에 입교할 때 나철이 지어준 것이다.

그는 서울에 올라와 보성중학을 마치고 경성고보 부설 임시 교원양성소에 입학했다. 재학 시절 보성중학 동창인 이진석(李鎭石) 등과 함께 조선산직장려계(朝鮮産織奬勵契)에 가입해 활동했다. 이 단체는 교원양성소 재학생 이우용·최규익 등이 1914년 일본으로 수학여행을 다녀온 후 민족경제 자립을 목적으로 1915년 3월에 조직한 비밀결사체였다. 이 단체의 취지와 목적은 1920년대의 물산장려운동과 궤를 같이 하는 데 1917년 일제에 의해 강제 해산되었다. 그는 이 단체에서 서기를 맡아 활동했다.

나철은 1916년 8월 4일(음) 구월산 삼성사 봉심(奉審)에 나섰다. 그때 김두봉(金枓奉) 등 6명이 나철을 수행하였는데 그는 그중 한 사람이었다. 나철은 그 달 15일(음) 밤 여러 통의 유서를 남기고는 조식법(調息法)을 이용해 스스로 생을 마감했다. 그는 나철의 유서에 따라 유품 일체를 수습해 상해로 망명하여 예관 신규식에게 전달했다. 그때 그가 상해에서 신규식을 만나 함께 촬영한 사진이 남아 있다.

1916년 1월 만주 무송현에서 윤세복 등이 서대령 지역의 밀정 여러 명을 살해한 혐의로 붙잡혀 투옥되었다. 이 사건을 해결하기 위해 신규식이 중국 측의 장작림(張作霖)을 만났는데 이때 그는 수행원으로 동행했다. 신규식의 노력으로 18개월간 구금돼 있던 독립투사 13명이 모두 석방되었다.

1917년 3월 5일 그를 비롯해 조선식산장려계 임원과 계원들이 보안법 위반 혐의로 체포되었다. 이후 그는 중국으로 망명해 대종교 서도본사(신규식), 총본사(김교헌), 동도본사(서일) 간에 핵심 연락책으로 활약했다. 대종교인으로 '임오교변' 때 체포돼 옥고를 치른 이현익의 증언에 따르면, 그는 북로군정서 창설과 1920년 청산리전투에도 참여했다고 한다.

1921년 8월 28일 대한독립군단 총재 서일이 자진 순교하자 그의 유서를 대종교 총본사 김교헌 종사에게 전달하였다. 1922년 3월~1923년 2월까지 연길현 대종교 동도본사의 선리부령을 맡아 관할 시교당(연길-화룡-왕청-훈춘)을 책임지고 관리했으며, 군자금 조달을 위해 용정 시내에서 미곡상을 운영했다. 1926년 11월 밀정의 밀고로 일경에 체포돼 옥고를 치르기도 했다.

해방 후 그는 1946년 2월 28일(음) 대종교 총본사가 서울로 환국할 때 함께 귀국했다. 이후 1946년~1949년까지 대종교 총본사에서 교무행정의 중추 요직인 전리와 전범을 맡았다.

그는 1974년 2월 15일 서울 자택에서 78세로 별세했다. 1996년 10월 대전현충원 독립유공자묘역에 묘소가 마련되었다.

1990년 건국훈장 애국장(1977년 건국포장)이 추서되었다.

59 여준 (呂準, 1862~1932, 건국훈장 독립장)
서전서숙 숙장, 신흥학교 교장 역임

여준은 1862년 경기도 용인에서 태어났다. 본관은 함양, 자는 성무(聖武), 호는 시당(是堂)이다. 본명은 조현(祖鉉)이며 한자가 다른 조현(肇鉉)이란 이명도 사용하였다.

유년 시절에 외가에서 세운 서당에서 한문을 수학하였는데 '절재(絶才)' 소리를 들은 걸로 봐 재주가 빼어났던 걸로 보인다. 그는 신학문을 공부하면서 과거에도 관심을 가졌다. 1896년 동문수학한 이상설(李相卨)이 성균관 관장이 되자 그를 발탁해 성균관 직원(直員)에 임명되었다. 그런데 이상설이 한성사범학교 교관으로 자리를 옮기면서 그도 성균관을 그만두었다.

그는 이상설·이회영·이강연 등과 교류하면서 외국의 신간 서적을 구입해 공부하는 한편 이를 번역해 출간하기도 했다. 그 무렵 그는 중국 양계초(梁啓超)가 지은 〈음빙실문집(飮氷室文集)〉을 읽고 개혁적 자강운동에 관심을 갖게 됐다. 그는 이상설·이동녕 등과 황무지개척권 양여 반대 및 을사늑약 강제 체결 반대 운동을 통해 민중 교육의 중요성을 절감하였다. 이는 1906년 10월 북간도 용정에서 서전서숙(瑞甸書塾) 설립으로 이어졌다. 그는 숙장(塾長·교장)으로 있던 이상설이 헤이그 특사로 떠난 뒤 서전서숙 운영을 맡아 운영하였다.

이듬해 8월 서전서숙이 문을 닫게 되자 귀국한 그는 1907년 4월 결성된 신민회에 가입해 활동했다. 이 과정에서 남강 이승훈을 알게 돼 1907년 12월 오산(五山)학교 설립에 참여하게 되었으며, 이후 교사로 초빙되었다. 그는 수신·역사·지리·산술·대수·한문·법학통론 등을 가르쳤다. 그는 오산학교 교가를 지어 학생들에게 애국가와 함께 부르게 했으며, 1909년 10월 26일 안중근 의거로 이토 히로부미가 피살되자 전교생을 불러 모아 연설을 하기도 했다.

1908년 9월 그는 어린 시절을 보낸 고향의 원삼면 죽릉리에 초등 과정의 삼악(三岳) 학교를 세웠다. 1910년 국권 상실 후 그는 자신과 형의 가족을 대동하고 1911년 서간도로 망명하였다. 그는 당시 재정난에 빠진 신흥무관학교를 살리기 위해 이탁(李鐸) 등과 신흥학교 유지회를 구성해 재정난 해결에 앞장섰다. 그는 신흥무관학교에서 영어 등을 가르치다가 1913년 이상룡의 후임으로 교장에 취임하여 실제 학교 운영을 맡았다. 그는 또 1912년에 결성된 한인자치기관인 부민단(扶民團)에도 참여해 활동했다.

1917년 12월 그는 신흥무관학교를 그만두고 정안립 등과 동삼성한족생계회를 조직해 만주로 이주한 동포들의 구제 활동을 위해 힘썼다. 1919년 2월에는 길림 그의 집에서 조소앙·박찬익·황상규·김좌진 등과 함께 대한독립의군부를 결성하고 정령(正領)에 추대되었다. 그 무렵 그는 대종교인 김교헌·조소앙 등이 주도한 대한독립선언서의 서명자 39명 중 한 사람으로 참여하였다. 그해 3월에는 박찬익 등과 길림에서 대한독립의군부 후신으로 길림군사독판부(일명 길림군정사)를 조직하고 단장을 맡았다.

1919년 3.1혁명 후 부민단은 조직을 확대 개편하여 한족회(韓族會)로 개편하고 기관지로 〈한족신보〉도 발행하였다. 한족회는 독립전쟁을 수행할 주체로 군정부(軍政府) 건립에 착수했다. 상해 임시정부 수립 후 서로군정서로 명칭을 변경하였는데 그는 이때 부독판(副督辦)을 맡았다. 그해 10월 그는 윤세복과 급진단(急進團)을 조직해 단장을 맡아 독립군 규합과 독립운동 자금 조달에 힘썼다. 그해 12월 4일 임시정부에서 대한광복단, 대한국민회 등을 통합해 간서총판부(間西總辦府)를 설치하자 그는 총판(總辦)에 선임되었다.

1920년대 초반 상해 임시정부는 독립운동 노선을 둘러싸고 갈등이 커졌다. 그는 무장투쟁 노선을 견지하면서 임시정부 개조(改造)와 함께 국제연맹에 위임통치를 청원한 이승만의 퇴진을 주장하였다. 그러나 임정의 변화가 기대에 미치지 못하자 신흥무관학교로 돌아와 교육 활동에 전념하였다. 그는 신흥무관학교를 액목현으로 옮겨 검성(儉成) 중학교를 세워 교장을 맡았다. 그는 이곳에서 둔전제(屯田制)를 실시하여 장기 항일투쟁 전략을 세웠다고 한다.

검성학교는 그 뒤 좌경화되면서 1927년 청년강습소로 개칭되자 그는 검성학교와 관계를 끊었다. 1930년 7월 북만주에서 결성된 한국독립당에 참여해 고문을 맡았다. 그는 오상현에 살다가 1932년 만주사변 와중에 최후를 맞았는데 그의 죽음에 대해서는 엇갈린다. 아들이 일본군에 끌려간 후 자기 집에 불을 질러 부인과 함께 불에 타 죽었다는 설(허은)과 중국 군벌에게 매를 모진 배를 맞고 죽었다는 설(공훈록)이 그것이다.

그의 대종교 관련 기록은 남아 있지 않지만 대종교인임이 분명하다. 그는 서일(徐一)이 이끌던 동일도본사 소속 핵심 교인으로 박찬익·정신·신팔균·이규·김동삼 등과 함께 활동했다. 그는 또 이상설·이동녕 등과 서전서숙 설립 운영에 참여했으며, 이후 신흥학교 교장, 동삼성한족생계회 회장, 길림군사독판부 단장, 서로군정서 부독판 등을 역임하면서 대종교인들과 함께 활동했다. 1919년 2월 대종교에서 주도한 대한독립선언서에도 서명자로 참여하였다.

1968년 건국훈장 독립장이 추서되었다.

그의 훈장은 후손이 없어서 그간 정부가 보관해오다가 1999년 2월 그가 근무했던 오산학교에 전달되었다. 서울 현충원 무후선열 제단에 위패가 마련돼 있다.

60

오기호 (吳基鎬, 1865~1916, 건국훈장 독립장)

비밀결사체 결성 을사오적 처단 나서

오기호는 1865년 11월 18일 전남 강진에서 태어났다. 본관은 해주(海州), 자는 경숙(景琡), 호는 손암(巽菴)이다. 대종교 교명은 오혁(吳赫)이다. 1910년 1월 25일자 〈황성신문〉 광고란에서 그는 오혁으로, 나인영은 나철로 이름을 고쳤음을 알렸는데 실지로는 1909년 12월에 고쳤다.

30세 때인 1894년 상경하여 지사들과 교류하였다고 한다. 1902년 1월 1일자로 충청북도 관찰부 주사를 사직한 후 나철, 이기(李沂) 등과 친교를 맺으면서 구국의 길을 도모했다. 1905년 초에 국권 수호를 열강에 호소하기 위해 나철·이기 등과 함께 러-일 강화 회담이 열리는 미국 포츠머스로 가려고 했으나 일제의 방해 공작으로 뜻을 이루지 못하였다.

그해 6월 나철 등과 함께 일본으로 건너가 이토(伊藤博文) 등 일본 정계의 거물들을 만나 동양 평화를 위해 한국·중국·일본 3국이 서로 협력하고 일본은 한국의 독립을 보장할 것을 역설하였다. 그해 11월 이토가 특명전권대사로 한국에 건너가 외교권을 박탈할 것이라는 보도가 나오자 나철과 연명으로 이토와 메이지(明治) 일왕에게 각각 장문의 글을 보내 이를 저지하려고 하였다.

1906년 5월, 9월 두 차례에 걸쳐 나철과 함께 도일하여 을사늑약 철회를 요청하였으나 성과 없이 돌아왔다. 1907년 2월 나철 등과 협의하여 매국 5적을 처단하기로 결정하고 비밀결사체 '자신회(自新會)'를 조직하였다. 거사는 3월 25일로 정하였으며, 그는 박제순 처단 결사대의 책임을 맡았다. 당일 10시경 박제순이 광화문 앞에 이르렀을 때 그는 결사대원에게 거사를 지시하였으나 대원이 잠시 주저하는 사이에 박제순이 광화문 안으로 들어가는 바람에 실패하고 말았다.

대한제국 정부는 이 사건을 '정부 전복을 위한 내란'으로 단정하였고 관련자 검거에 나섰다. 현장에서 체포된 사람들은 전부 평리원으로 압송해 취조를 벌였다. 4월 1일 그는 나철, 김인식 등과 평리원에 자진 출두해 매국노 처단 거사를 세상에 공개했다. 7월 4일 평리원에서 유배 5년 형을 선고받고 전남 진도에서 귀양살이를 하였다. 1908년 2월 23일 고종 황제의 특사로 유배 7개월 만에 풀려났다. 이후 법부(法部)의 제청으로 3월 25일 징계가 면제되었다.

1909년 1월 15일(음) 나철은 서울 북부 재동에서 '단군대황신위'(檀君大皇神位)를 모셔놓고 단군교(이듬해 대종교로 개칭) 포교를 선포했다. 나철과 오랜 동지인 그는 유근(柳瑾)·정훈모(鄭薰模) 등 다른 동지들과 함께 이 자리에 참여했다. 대종교는 1910년 8월 5일(음) 서울 시내에 남부지사(南部支司)를 설치하고 그를 사교(司敎)로 임명하였다. 그는 〈대종교 시교문〉을 작성하는 등 나철을 보좌하며 포교 활동에 힘썼다.

그는 1916년 12월 24일 서울 종로구 권농동 자택에서 51세로 별세했다. 유해는 본적지로 옮겨 장례를 치렀는데, 2010년 6월 대전현충원 독립유공자 묘역으로 이장하였다.

1962년 건국훈장 독립장이 추서되었다.

61 우덕순 (禹德淳, 1876~1950, 건국훈장 독립장)
'하얼빈 거사' 동지에 귀순 논란도

우덕순은 1876년 2월 26일 충북 제천에서 태어났다. 본관은 단양(丹陽), 자는 일선(日善), 호는 단운(檀雲)이다. 독립운동 당시 우연준(禹連俊), 우홍(禹鴻)이라는 이름을 사용하였다.

4~5세경 그의 집안이 서울로 이주하여 동대문 근처에서 살았다고 한다. 1905년 이상설·전덕기·이시영 등이 조직한 상동(尙洞) 청년회에 가입하여 활동하였으며, 그해 11월 을사늑약이 강제 체결되자 반대운동에 참가하였다. 1908년 상동청년회가 해체되고 관련 인사들이 해외로 망명하자 그는 블라디보스토크로 망명하였다. 그곳에서 이범윤(李範允)이 이끄는 의병 부대에서 활동하다가 안중근(安重根)을 처음 만났다.

1908년 5월경 홍범도는 이범윤 부대에 군수물자 원조를 요청하였다. 그해 6월 안중근 등과 함께 홍범도를 지원하기 위해 국내진공작전을 펼쳤다. 그러나 일본군의 습격으로 작전이 실패하여 퇴각하던 중에 일본군에 체포돼 함흥으로 이송되었다. 재판에서 사형이 구형돼 복역 중이었는데 감옥 동료들의 도움으로 탈옥에 성공하였다. 이후 그는 원산을 거쳐 1909년 봄 다시 블라디보스토크로 돌아왔으며, 안중근은 그해 9월에 귀환하였다.

그 무렵 이토 히로부미가 10월에 중국 하얼빈에서 러시아의 재무대신 코코프체프와 회담을 가질 것이라는 소식이 전해졌다. 두 사람은 의기투합하여 이토 처단하기로 작정했다. 이들은 10월 21일 하얼빈으로 출발하였는데 중간에 통역으로 조도선과 유동하를 합류시켰다.

그는 조도선과 함께 채가구(蔡家溝) 역에서, 안중근과 유동하는 하얼빈역에서 이토를 기다렸다. 그런데 이토는 채가구 역에는 내리지 않았다. 10월 26일 아침 안중근은 하얼빈역에서 이토 처단 거사에 성공하였다.

안중근이 체포되자 공범인 그도 곧 체포돼 여순(旅順) 감옥에 수감되었다. 이듬해 2월 14일 열린 선고 공판에서 안중근은 사형, 그는 징역 3년을 선고받았다. 복역 도중에 함흥 감옥에서 탈출한 사실이 드러나 2년의 형량이 추가되어 1915년에야 출옥하였다. 출옥 후 그는 만주로 망명하여 그곳에서 교육 및 종교활동을 하였다. 당시 그는 함흥 감옥에서 탈옥할 당시 의형제를 맺은 김좌진(金佐鎭)과 교류하며 지냈다.

대종교 2대 교주 김교헌은 1923년 하얼빈에 만몽(滿蒙) 산업회를 설립하였다. 이 협회는 김교헌을 비롯해 대종교인인 김좌진·조성환·현천묵 등이 주도하였는데 그도 여기에 참여하였다.

그 무렵 대종교에 입교한 그는 하얼빈 시내에 북1도 제1지국 시교당을 설치해 사무를 총괄하는 전무(典務)로 활동하였다. 당시 합성(哈成) 시교당의 교인은 찬무(贊務) 최종성 등 15~6인이었다고 한다. 참고로 그는 해방 후 1946년 3월 24일(음) 지교(知敎)로서 김승학 등과 함께 성재 이시영이 원장을 맡고 있던 경의원 참의로 활동하였다.

1925년 7월 이후 해방 때까지 근 20년 동안 그의 행적은 분명치 않다. 그가 1925년 4월 30일 하얼빈 주재 일본총영사관에서 6,175엔을 받았으며, 또 하얼빈 조선인민회 회장을 지낸 사실을 두고 그가 일제에 귀순한 게 아니냐는 의혹이 제기됐다.

1937년 12월 22일자 〈조선일보〉 기사에는 신경(新京·현 장춘)에 10여 년째 거주하면서 평안상회(平安商會)를 경영하며 곡물계의 거상(巨商)으로 불리는 '禹

德淳'이 등장하는 데 그와 동명이인 여부는 확인되지 않았다.

그는 1945년 12월 중순 가족과 함께 귀국해 이후 다양한 활동을 했다. 가장 먼저 시작한 일은 안중근 기념사업으로 1946년 3월 '안중근 의사 순국 37주기 추도 준비회' 위원장을 맡아 안 의사 동상 건립도 추진하였다.

그해 5월에는 〈부녀신문〉을 창간하여 편집 겸 발행인을 맡았으며, 그해 8월에는 평화보육원 창립에도 참여하였다. 1948년 대한국민당 창당에 관여하면서 그는 본격적으로 정치에 입문하였다. 1949년에는 대한국민당 최고위원 겸 중앙당무위원장으로 활약하였으며, 당내에서 국무총리 후보로 거론되기도 했다.

"안중근 의사의 유일한 동지"로 불린 그는 고국에 돌아온 후 안중근을 알리고 기리는 일에 최선을 다했다. 그러던 중 1950년 6.25 전쟁 때 북한군에 납치돼 그해 9월 26일 평양 형무소에서 별세한 걸로 알려져 있다.

1968년 9월 서울 현충원 애국지사 묘역에 묘소가 마련됐다.

1962년 건국훈장 독립장이 추서되었다.

62

유근 (柳瑾, 1861~1921, 건국훈장 독립장)

황성신문 창간한 항일 언론인 표상

유근은 1861년 9월 26일 경기도 용인에서 태어났다. 본관은 전주, 호는 석농(石儂)이다. 농(儂)은 '나'를 뜻하니 그의 호는 '나는 돌이다'란 뜻이다.

그는 어려서 한학에 뛰어나 동네에서 수재로 불렸다고 한다. 34세 되던 1894년 서울로 올라가 김홍집 내각의 탁지부 주사가 되었다. 이후 1895년 을미사변, 이듬해 아관파천으로 김홍집 내각이 무너지자 1896년 관직에서 물러났다. 그해 4월 서재필이 독립신문을 창간하였고 이어 7월에는 독립협회가 결성되었다. 그는 독립협회에 가입하여 각종 토론회를 지도하고 11월의 만민공동회 때는 간부로 활동했다. 여기서 남궁억, 장지연, 박은식 등을 만나 평생동지로 지냈는데 장지연(張志淵)과는 나중에 사돈지간이 되었다.

1898년 9월 남궁억, 박은식, 장지연 등과 함께 〈대한황성신문〉의 판권을 인수하여 일간지 〈황성신문〉을 창간했다. 이 신문은 국한문혼용체를 사용하였는데 그는 주필로 활약했다. 1905년 11월 17일 을사늑약이 강제로 체결되자 그는 장지연과 함께 이를 규탄하는 명논설 '시일야방성대곡(是日也放聲大哭)'을 집필한 후 밤을 새워 인쇄해 전국에 배포했다. 이 사설은 을사의병 궐기에 불을 지폈다. 이 일로 그와 장지연을 비롯한 10여 명의 사원이 구속되었고 신문은 무기 정간 조치를 받았다. 1906년 2월 〈황성신문〉이 속간되자 장지연의 뒤를 이어 사장을 맡아 언론 활동을 이어갔다.

1905년 을사늑약 후 국권 회복을 위한 애국계몽운동이 일자 그는 1906년 대한자강회에 가입하였다. 이듬해 8월 대한자강회가 해산되자 11월에 남궁억, 오세창 등과 함께 대한협회를 발기했다. 이에 앞서 그해 4월 안창호 등이 비밀결사체 신민회를 창립하자 이에 가입해 활동했다. 최남선이 창립한 조선광문회(朝鮮光文會)에도 참여하여 고전 출판에 힘을 보탰으며, 그 자신도 〈신정동국역사〉, 〈초등본국역사〉 〈신찬초등역사〉 등을 저술했다.

1909년 1월 나철이 서울 재동에서 대종교를 중광할 때 김윤식, 강우 등과 함께 참석해 입교하였다. 1911년 1월 참교가 되었으며, 그해 6월 지교로 승질되었다. 또 1914년 5월 상교, 1918년 7월 정교로 승질되면서 대형(大兄) 호를 받았다. 그는 대종교가 일제의 탄압을 피해 만주로 본부를 옮기자 강우(姜虞) 등과 함께 서울의 남도 본사를 지켰다. 그는 또 대종교 규제기초위원, 본사 전무, 단조(檀祖)사고편찬위원 등을 맡아 대종교 발전에 크게 기여했다.

1915년 4월 인촌 김성수가 경영난에 빠진 중앙학교를 인수했다. 김성수는 저명한 언론인 출신의 그를 중앙학교 교장으로 추대하고 학감에는 와세다대 출신의 안재홍을 앉혔다. 1920년 4월 〈동아일보〉가 창간되자 언론계의 원로로서 양기탁과 함께 편집 감독으로 추대되었다. 그는 4월 1일자 창간호 1면에 기고한 '아보(我報)의 본분과 책임'이라는 글을 통해 동아일보가 민족지로서의 책임을 다할 것을 촉구했다. '동아일보(東亞日報)'라는 제호 역시 그가 지었다. 이런 인연으로 동아일보는 대종교에 대해 호의적인 보도 태도를 취했다.

1919년 3.1혁명 후 그해 4월 서울에서 임시정부 조직을 위한 국민대회가 열렸는데 그는 13도 대표로 참석하였다. 이후 그는 한성 임시정부에서 각료 선임과 정부 체제를 결정할 때 참여하였는데 이 일로 일경에 체포되었다. 그에 앞서 1915년 경성고보 부설 교원양성소 학생들이 조선물산장려계(朝鮮物産獎勵契)를 조직해 활동하다가 1917년에 발각되어 체포되었을 때 그들을 지도했다는 혐의로 체포돼 조사를 받았다.

고령에다 여러 차례 감옥생활로 병을 얻은 그는 1921년 5월 20일 소격동 자택에서 별세했다. 창간 초기부터 그가 몸담았던 동아일보는 22일자 1면에 4단 크기로 장문의 조사를 실었다. 고하 송진우(宋鎭禹)는 24일자에 기고한 조사에서 그의 삶을 두고 "깨끗으로 시작하여 깨끗으로 마친 생활"이라고 평했다. 장례는 25일 발인하여 용인시 처인구 김량장리 선영에 안장되었다. 상해 임시정부에서 고인의 추도식을 열었으며, 대종교 남도 본사에서도 6월 19일 청년회 주최로 별도의 추도회를 열었다.

1962년 건국훈장 독립장이 추서되었다.

63

유동열 (柳東說, 1879~1950, 건국훈장 대통령장)

일본육사 출신의 임시정부 군사통

유동열은 1879년 3월 26일 평안북도 박천(博川)에서 태어났다. 본관은 문화(文化), 호는 춘교(春郊), 이명으로 동열(東悅)·동열(東烈)·청송(青松)이 있다.

어린 시절 집안에서 전통 교육을 받았다 19세 때인 1898년 종형 유동작(柳東作)과 함께 미국으로 건너가 샌프란시스코의 한 중학교에서 수학하였다. 그해 10월 일본으로 건너가 성성(成城) 학교에 입학해 3년간 군사교육을 받았다.

1902년 12월 일본육군사관학교 제15기생으로 기병과에 입학해 1903년 11월 졸업하였다. 이후 견습 사관으로 일본군 근위 사단 예하 기병연대에 배속되었다. 1904년 러일전쟁 발발하자 일본군 견습 사관 신분으로 참전하였다.

귀국 후 그는 대한제국 육군 기병 참위(소위)에 임관되었다. 1905년 3월 육군 기병 부위(중위), 10월에 육군 기병 정위(대위)로 진급한 후 기병 대대장, 군무국 마정과장 등을 거쳤다. 을사늑약 체결 후 그는 일본 육사 동기생 이갑(李甲) 등과 효충회(效忠會)를 조직해 구국의 길을 모색하였다. 1907년 헤이그 밀사 사건으로 고종이 양위를 강요받게 되자 효충회 회원들과 무력 항쟁과 친일파 대신 암살 등을 계획하였으나 실패하자 군부를 떠났다.

1906년 기병 대대장으로 재직하던 중 서우학회(西友學會) 평의원으로 활동하였다. 그는 30여 칸의 가옥을 서우학회에 기증하여 회원들의 모임 장소로 제공하였으며, 학회 기관지 〈서우(西友)〉에 기고하기도 했다. 1907년 4월 비밀결사체인 신민회 결성에 참여해 이갑·김구(金九) 등과 함께 평의원으로 선출돼 애국계몽운동에 참여하였다. 1909년 3월에는 일본으로 건너가 유학생 단체인 대한흥학회 본회에 참석해 학생운동을 격려하였다.

1909년 10월 초 상해를 거쳐 북경으로 가 안창호·이갑·이강 등과 합류하였다. 그는 조성환 등과 논의하여 청도(靑島)를 근거지로 삼아 구국 활동을 벌이기로 합의하고 청도로 향했다. 1910년 4월 향후 독립운동 방향과 방략을 논의하기 위한 청도회의(靑島會議)에서 군인 출신인 그는 무장투쟁을 지지하였다. 이들은 길림성 밀산현에 땅을 사서 개간하고 사관학교를 세우기로 했으나 돈을 대기로 했던 이종호가 출자를 거부해 이 계획은 좌절되었다.

그는 다시 북경으로 돌아와 독립운동 자금 마련에 착수하였으나 상황이 여의치 않자 국내에서의 자금모집을 계획하고 국내로 잠입하였다. 당시 '안악(安岳) 사건'으로 일경의 감시가 심해 일본 헌병대에 체포되었으나 다행히 12월 26일 석방되었다. 얼마 뒤 소위 '105인 사건'에 연루돼 다시 체포돼 1911년 8월 경성지방법원에서 징역 10년을 선고받았다. 약 2년간 투옥되었다가 1913년 3월 경성복심법원에서 무죄로 방면되자 그는 다시 중국으로 망명하였다.

1915년 3월 상해에서 성낙형·박은식·신규식·이상설 등과 함께 신한혁명당을 결성하였다. 당시 신한혁명당에서는 고종(高宗)을 당수로 추대하기 위해 외교부장 성낙형이 고종의 신임장을 받으러 국내에 잠입했다가 일경에 체포되면서 이 계획은 무산되었다. 이후 그는 연해주로 가서 이동휘(李東輝)를 도와 한인사회당 창당에 참여하여 군사부장 겸 군사학교장에 선임되었다.

이 무렵 그는 북간도 지역 독립운동 세력과의 연계하여 1919년 2월 국내외 대표 39명의 명의로 발표한 대한독립선언서에 참여하였다. 그해 9월 임시정부가 통합을 이루자 국무총리 이동휘 체제에서 참모총장에 취임하였다. 그러나 이동휘가 이승만과의 갈등으로 사퇴하자 그도 사퇴하고 러시아 이르쿠츠크로 갔다. 1921년 5월 이르쿠츠크에서 고려공산당을 창립하고 군정위원으로 선출되었다. 자유시참변 후 만주로 옮겨 1922년 8월 서로군정서와 대한독립단이 통합, 대한통군부를 결성하자 군정위원에 선임되었다.

1920년대 중반 국내외 독립운동 전선에 유일당 운동이 시작되었다. 1929년 4월 국민부의 중앙위원으로 선출되었으며, 그해 12월 조선혁명당이 창당되자 중앙집행위원으로 선출되었다. 1935년 7월 5개 단체가 통합해 민족혁명당을 창당하자 중앙집행위원 겸 군사부장으로 선임되었다. 1937년 7월 중일전쟁 후 다시 임시정부에 참여하여 군사위원회 위원으로 선임돼 군대 편성에 착수했다. 1940년 9월 17일 중경에서 한국광복군 총사령부가 성립되자 참모총장에 임명돼 임시정부의 군사정책과 활동을 주관하였다.

그의 대종교 관련 기록은 남아 있지 않다. 다만 그는 1919년 2월 대한독립선언에 참여하였는데 이는 신민회 계통의 이시영·이동녕 등과 같은 대종교인과의 교류에서 그 배경을 찾을 수 있다. 그해 4월 연해주 니콜리스크에서 대종교인 조성환·박은식·신채호 등과 함께 대일투쟁을 협의하였으며, 7월에는 길림군정사 독판(督辦)을 맡는 등 그는 독립운동 내내 대종교인들과 함께 활동했다.

광복 후 임시정부 요인 제1진으로 귀국하여 1946년 6월 미군정 통위부장으로 임명되었다. 정부 수립 후에는 민족진영의 단합을 위해 노력하였다.

1950년 6.25 전쟁 당시 납북돼 끌려가던 중 10월 18일 평북 희천의 한 농가에서 별세한 걸로 알려졌다. 묘소는 평양 근교 신미리 애국열사릉에 있다.

1989년 건국훈장 대통령장이 추서되었다.

64 유인식 (柳寅植, 1865~1928, 건국훈장 독립장)

유림 혁신 앞장선 신간회 안동지부장

유인식은 1865년 5월 3일 경북 안동에서 태어났다. 본관은 전주(全州), 자는 성래(聖來), 호는 동산(東山)이다. 그는 어려서부터 의롭지 않을 일을 보면 참지 못했다고 한다. 그의 이런 격정적인 기질은 나중에 보수성이 강한 이 지역 유림을 혁신하는 데 원동력이 되었다. 그의 부친은 소위 '파리장서 의거'에 유림의 한 사람으로 참여했던 유필영(柳必永)이다.

28세 때인 1893년 그는 과거를 보러 상경했다. 조선조 마지막 시험이었던 이 과거에서 그는 제도의 문란과 조정의 부패를 목격하고서 참담한 심정으로 귀향하였다. 1895년 을미사변과 단발령을 계기로 그는 이중업·이상룡·권재중 등과 함께 의병을 일으켜 청량산 산성에 들어가 의병항쟁을 펼쳤다. 그러나 관군에게 패하게 되자 수년간 전국 각지를 떠돌며 구국의 길을 모색하였다.

1903년 그는 서울 성균관으로 유학길에 올랐다. 이때 신채호를 만나면서 사상과 행동에 커다란 전기를 맞게 됐다. 특히 유근·장지연 등을 만나면서 혁신 유림의 길로 들어섰다. 1904년부터 그는 안동지방에 신교육 기관을 설치하고 계몽운동을 시작하였다. 보수 유림의 저항을 딛고 1907년 협동(協東)학교를 출범시켰다. 협동학교는 3년제 중등학교로 출범했는데 김대락(金大洛)의 사랑채를 임시교사로 사용하였다.

1907년 4월 양기탁·안창호·이동녕 등이 비밀결사체 신민회를 결성하자 이에 가입하여 경북지회에서 활동하였다. 그해 11월 대한협회가 발족하자 유근 등과 함께 발기인으로 참여하였다. 그는 대한협회 안동지회를 설립하고는 석주 이상룡(李相龍)을 지회장으로 선출하였다. 이듬해에는 교남(嶠南)교육회 조직에도 참여하였는데 이는 영남지역 교육계의 변혁을 재촉하기 위해서였다. 그 무렵 그는 서울과 안동을 오가며 교육 구국운동을 펼쳤다.

1910년 나라가 망하자 석주 이상룡과 일송 김동삼이 만주로 망명하였다. 그도 유동태에게 협동학교를 맡기고 만주로 떠났다. 이들은 1911년 4월 유하현 삼원보에서 경학사(耕學社)를 조직했는데 이상룡이 사장, 이회영이 내무부장, 그는 교육부장을 맡았다. 부속기관으로 신흥강습소를 설치해 청년들을 훈련시켰는데, 나중에 신흥무관학교로 발전하여 독립군을 양성하였다.

이듬해 7월 고향의 가산을 정리하려고 일시 귀국했다가 일경에 체포돼 곤욕을 치렀다. 그 후 석방되자 1907년 고향으로 돌아와 교육과 역사서 집필에 전념하였다. 유동태에게 맡겼던 협동학교의 교장을 다시 맡아 활동하였다. 그런데 이 학교 학생들이 1919년 3.1혁명 때 안동지역 시위에 참여한 것이 문제가 돼 휴교에 들어갔다가 결국 문을 닫게 되었다. 귀국 후부터 그는 근 10년에 걸쳐 〈대동사(大東史)〉를 집필했다. 이 책은 민족사학자 신채호의 〈독사신론〉, 박은식의 〈한국통사〉와 맥을 같이 하는 역사서로 평가된다.

그는 이 책에서 단군을 국조(國祖)로, 만주 지역을 한민족의 영토로 파악하면서 단군 기원을 사용하였다. 1909년 나철이 대종교를 중광하자 그는 포고문을 쓴 것으로 전해진다. 대종교 남도 본사 소속으로 성주에서 시교당을 이끌었던 성세영은 1922년 본사를 다녀온 후 〈본사행일기〉를 남겼다. 이 일기에는 안동 일대의 대종교인 명단이 기록돼 있는데 그 속에 그의 이름도 들어 있다. 정확한 입교 시기는 알 수 없으나 그는 대종교인이었다.

1920년대 들어 그는 교육 운동의 수준을 한 단계 더 높였다. 우선 대구, 안동지역의 여러 사설 학교들을 점검하고 고등보통학교 설립을 추진하였다. 그 무렵 서울에서 조선민립대학 설립 운동이 시작되었다. 1922년 11월 그는 이상재·조만식 등과 함께 조선민립대학기성회 발기회에 참가하였으며, 경상남북도 지역 담당 선전부장을 맡아 민립대학의 필요성을 홍보하고 기성회 자금도 모집하였다. 이듬해 6월 조선교육협회가 조직되자 여기에도 참가하였다.

그 무렵 그는 청년, 노동자를 대상으로 사회운동에도 관심을 쏟았다. 3.1혁명 후 안동지역에도 여러 사회단체가 조직되었다. 1920년 4월 서울에서 조선노동공제회가 설립되었고, 그해 9월에 안동지회가 출범하였는데 임원진은 전부 그의 제자들이었다. 1920년 8월 평양에서 조선물산장려회가 발족하자 그는 안동지방 물산장려운동을 이끌었다. 1927년 2월 서울에서 신간회가 결성되자 그해 8월에 안동지회가 조직되었는데 그는 초대 회장에 추대되었다.

말년에 안동 예안 자택에서 요양 중이던 그는 1928년 4월 29일 63세로 별세했다. 애초 그의 장례는 사회장으로 치를 예정이었으나 일제 당국의 불허로 성사되지 못했다. 2005년 10월 대전현충원 애국지사묘역으로 이장되었다.

1982년 건국훈장 독립장이 추서되었다.

65 윤기섭 (尹琦燮, 1887~1959, 건국훈장 대통령장)

'차렷!' 구령 만든 임정 군무부 차장

윤기섭은 1887년 4월 4일 경기도 파주에서 태어났다. 본관은 해평(海平), 자는 중규(仲珪), 호는 규운(糾雲)이다.

어려서 문중에서 설립한 사숙에서 한문을 배우다가 10세 때 강원도 철원

의 부호이자 문장가 박초양(朴楚陽)의 문하에서 공부하였다.

1906년 봄 서울 보성학교에 입학해 1909년 4월 제1회로 수석 졸업하였다. 이후 정주의 오산(五山)학교 교사로 부임해 만 2년간 근무했다. 1907년 양기탁·안창호 등이 조직한 신민회 가입을 계기로 민족운동에 투신하였는데 1911년 2월 소위 '안명근(安明根) 사건'으로 오산학교가 어려워지자 사직하였다.

1911년 8월 서간도 류하현 삼원보(三源堡)로 망명하였다. 그는 이시영·이동녕 등과 함께 한인자치기관 경학사(耕學社)를 설립하였는데 이는 서간도 지역 최초의 독립운동 단체로 꼽힌다. 그는 경학사 산하의 신흥무관학교 창립에 참여하였으며, 학감과 교장을 맡아 독립군 양성에 진력했다. 1919년 4월 서간도 지역 민족지도자들이 통일된 조직으로 부민단(扶民團)을 확대 개편하여 한족회(韓族會)를 설립하였는데 그는 학무부장을 맡았다.

1920년 2월 임시의정원 서간도 의원으로 선출돼 상해로 향했다. 4월 말 임시정부 국무원의 결정에 따라 안정근·왕삼덕 등과 함께 간도 지역 시찰원으로 선임돼 파견되었다. 1921년 2월경 상해로 귀환했는데 그 무렵 임정을 놓고 해체 논의가 일자 그는 임정 옹호론을 폈다.

1922년 10월 임정의 장기적인 대일전쟁 준비를 위해 창설된 한국노병회(韓國勞兵會)의 교육부장을 맡아 〈보병조전(步兵操典)〉이라는 군사 교육서를 발간하기도 했다. 군대 제식훈련 등에서 사용하는 '차렷!' '열중쉬어!' 같은 우리말 구령은 그때 그가 만든 것이다.

1922년 상해 한인 교포 자제를 위한 초등 교육기관인 인성(仁成)학교의 학감으로 초빙돼 한국 역사와 국어를 가르쳤다. 한글학자 김두봉도 그와 함께 근무했다. 1923년 4월 그는 임시의정원 7대 의장에 선출됐으며, 1935년까지 임시 의정원 의원으로 활동하며 임시정부의 정상화를 위해 노력했다. 1932년 4월 상해 윤봉길 의거 이후 활동근거지를 남경으로 옮겨 신익희 등과 함께 한국혁명당을 결성했다. 1935년 7월에는 김원봉과 협력해 민족혁명당을 창당했다.

일본군의 남경 함락이 임박하자 1937년 11월 가족들과 남경을 탈출해 이듬해 3월 국민당 정부의 수도 중경(重慶)에 도착했다. 뒤이어 임시정부 요인들도 중경에 합류하자 대동단결 논의가 자연스럽게 제기되었고 그는 민족혁명당과 함께 임정에 참여하였다.

1941년 12월 태평양전쟁 발발 이후 미국을 중심으로 한국을 국제 공동관리로 하자는 논의가 일자 그는 이에 반대하는 운동을 폈다. 1943년 3월 임시정부 군무부 차장에 선임된 그는 중국 정부가 한국광복군의 활동을 제약하던 '한국광복군 행동 9개 준승(準繩)' 철폐를 위해 노력했다. 1944년 6월에는 임시정부 국무회의에서 생활위원회 위원장으로 선임됐다.

8.15해방 후 그는 생활위원회 위원장으로서 교민들의 귀국 업무를 돕느라 1946년 4월 말에 귀국하였다. 그해 10월 미군정 입법기관인 남조선과도입법의원에 출마하여 당선되었으며, 12월 개원 때 부의장에 선임되었다.

1950년 5월 30일 2대 국회의원선거 때 무소속으로 출마해 당선되었으나 6·25전쟁 당시 임시정부 요인들과 함께 납북되었다. 휴전 후 1956년 7월 북한에서 재북평화통일촉진협의회 집행위원 겸 상무위원을 역임했다.

그가 대종교에 입교한 기록은 남아 있지 않다. 그러나 그는 1922년 당시 이시영·이회영 등과 함께 대종교 서일도본사에 소속되어 활동하였다. 그 무렵 상해 한인 교포 자제를 위한 초등 교육기관인 인성(仁成)학교의 학감으로 활동하면서 김두봉과 가까이 지냈는데 김두봉은 대종교 중진이었다.

1948년 8월 정부 수립 후 그는 정치 일선에서 물러났다. 당시 국학대학 학장으로 있던 위당 정인보가 감찰위원장이 되자 위당의 후임으로 9월 1일 국학대학 학장에 취임했다. 국학대학은 대종교에서 세운 대학이었다.

그는 1959년 2월 27일 평양에서 73세로 별세했다. 유해는 평양 교외 애국열사릉에 안장됐다. 서울 현충원 무후선열 제단에 위패가 마련돼 있다.

1989년 건국훈장 대통령장이 추서되었다.

66 윤복영 (尹復榮, 1868~1967, 건국훈장 애국장)
독립군 양성 및 기지 건설에 앞장서

윤복영은 1868년 4월 28일 경기도 장단(長湍)에서 태어났다. 본관은 해평(海平), 초명은 각(覺), 호는 화전(樺田), 이명은 주영(胄榮)이다.

그의 학력은 알려져 있지 않으나 약관 때 한학에 조예가 깊었다고 한다.

1891년 증광 생원에 1등으로 합격하였으며, 1895년 외부(外部) 주사로 임명되었다. 1896년 백천 군수, 1897년 해주 군수를 거쳐 1899년 정3품으로 승진하였다. 1900년 순회재판소 판사로 임명돼 2년간 근무하였고, 1903년 영광군수, 1906년 안악 군수로 임명됐으나 부임하지 않았다.

1912년 압록강을 건너가 중국 남·북부를 5년간 유람하였다.

1919년 3.1혁명 후 서일·김좌진이 이끈 북로군정서에 참여해 길림분서(吉林分署) 고문으로 활동하였다. 1922년 각 독립운동단체의 통합을 목적으로 결성된 전만(全滿)통일준비회의 집행위원으로 활동하였다.

1925년 북만주에서 신민부(新民府)가 조직되자 이에 참여하여 고문 및 길림성역 전임외교위원에 임명되었으며, 그해 길림성 한족동향회(韓族同鄕會) 회장을 맡았다.

1925년 중국의 동북 군벌과 일본당국 사이에 소위 '삼시협정(三矢協定)'이 체결돼 대종교 포교 활동이 전면 금지되었다. 이에 3대 교주 윤세복은 총본사를 중·러 국경지대인 밀산현 당벽진(當壁鎭)으로 옮기고 임시정부 외사국장으로 있던 박찬익에게 도움을 요청하였다.

그는 박찬익·조성환 등과 협의 후 해금 청원서를 동북 정권 당국에 제출하였으나 별 성과를 보지 못했다. 그러자 박찬익이 남경 중앙정부와 교섭한 결과 1929년에 해금령이 떨어져 포교 활동이 재개되었다.

1929년에 남북 만주의 독립운동단체 통합을 위한 회의가 개최되자 그는 길림 교민대표로 참석하여 군민의회(軍民議會)와 한국독립당 조직을 위해 힘썼다.

1930년 황무지와 마초장(馬草場)을 개간하여 독립군 기지 건설과 독립군 양성을 위해 노력했다. 그러나 이듬해 만주사변이 발발하여 뜻을 이루지 못하게 되자 1932년 귀국하여 두문불출하였다.

그는 1922년 12월 6일 참교 교질을 받았다. 1924년 3월 16일 지교로 승질하였으며, 한기욱(韓基昱) 이끈 북일도본사 소속으로 활동하였다. 해방 후 1946년 3월 6일 경의원 참의에 임명되었으며, 그달 24일 상교로 승질하였다. 이듬해 1947년 6월 10일 정교와 대형 호를 받았으며, 1949년 2월 21일 경의원 참의에 다시 임명되었다. 1950년 5월 7일 원로원 참의로 임명돼 17년간 근무하였다.

그는 1967년 1월 2일(음) 서울 종로구 창성동 자택에서 별세하였다. 향년 100세. 2006년 11월 대전현충원 독립유공자묘역에 안장되었다.

1990년 건국훈장 애국장(1977년 건국포장)이 추서되었다.

[윤세용-윤세복-윤세주 형제]

윤세용 (尹世茸, 1868~1940, 건국훈장 독립장)

67 밀양 출신 독립운동가 3형제 맏이

윤세용은 1868년 12월 12일 경남 밀양에서 태어났다. 본관은 무송(茂松), 호는 백암(白菴)이며, 이명으로 윤세두(尹世斗)·윤성좌(尹聖佐)·윤세용(尹世容) 등이 있다. 대종교 3대 교주 윤세복(尹世復)과 의열단원 윤세주(尹世冑)는 그의 동생들이다.

어려서 고향에서 한문을 배웠다. 1910년 나라가 망하자 동생 윤세복(尹世復)과 상의하여 가산을 정리한 후 1912년 1월에 만주 봉천성 환인현(桓仁縣)으로 망명하였다. 그는 장차 독립전쟁에 대비하기 위해 인재 양성이 시급하다고 보고 환인현에 동창(東昌)학교를 설립해 한인 2세 교육에 힘썼다.

그는 이 무렵에 대종교에 입교하였는데 1914년 5월 참교로서 서도본사 소속으로 활동하였다.

1919년 3.1혁명이 일어나자 그는 동지들과 협의하여 한교공회(韓僑公會)를 조직하여 항일운동에 나섰다. 이어 박장호·조맹선·백삼규·조병준·전덕원 등이 유하현(柳河縣)에서 조직한 대한독립단에 가입하였으며 1920년 6월에는 홍주(洪疇)와 함께 총탄 운반 작업을 하였다.

1921년에는 코민테른 극동인민대표회의에 천진교민단 대표로서 손서하(孫西夏) 등과 함께 참석하였다. 그는 또 이보다 앞서 부민단, 한족회 등에 가입하여 교육 활동을 전개하였다. 1922년에는 대한통의부에 가담하여 참모로서 손병헌·이장녕·오석영·독고욱 등과 함께 참모부장 이천민·부감 전덕원 등을 보필하였다. 1925년에는 현천묵·조성환 등과 함께 대한민국 임시정부의 국무원으로 임명되었으나 주변 사정으로 인해 부임하지 않았는데 1926년 10월 10일 다시 임명되기도 하였다.

1926년에는 남만주의 참의부가 1925년에 있었던 고마령(古馬嶺)전투에서 간부를 비롯한 29명의 전사자를 내자 크게 위축되었다. 그는 참의장으로서 금 남·이관진·이춘·김우일 등과 함께 참의부의 체제 정비에 힘썼다. 1927년 3월 참의장을 사임한 그는 북만주 빈강으로 옮겨 독립운동에 헌신하다가 1940년 2월 2일 지병으로 별세하였다. 묘소는 서울 현충원 애국지사묘역에 있다.

1962년 건국훈장 독립장이 추서되었다.

68

윤세복 (尹世復, 1881~1960, 건국훈장 독립장)

대종교 3대 교주로 교단 지켜내

윤세복은 1881년 3월 29일 경남 밀양에서 태어났다. 본관은 무송(茂松), 자는 상원(庠元), 도호는 단애(檀崖), 당호는 허당(虛堂), 본명은 세린(世麟)이다. 교단에서는 그를 단애종사(檀崖宗師)라고 부른다.

참의부 참의장을 지낸 윤세용(尹世茸)은 그의 형이며, 의열단에서 활동한 윤세주(尹世胄)는 그의 동생이다.

6세 때 밀양의 응천제라는 서당에서 한학을 배웠다. 1906년 대구부(府) 토지조사국 측량과에서 3년간 수학(數學)을 공부했다. 이후 고향의 신창(新昌)소학교, 대구 협성(協成)중학교에서 5년간 교사로 근무했다. 1909년 영남 출신 안희제·이원식·김동삼 등과 함께 비밀결사체 대동청년당 결성에 참여하였다.

1910년 12월 서울 간동(諫洞) 대종교 총본사에서 나철을 만나 대종교와 시국에 대한 깨우침을 얻고 그달 29일 대종교에 입교하였다. 이때 본명 윤세린(尹世麟)을 윤세복(尹世復)으로 고치고 단애(檀崖)라는 도호(道號)를 받았다. 1911년 1월 29일 참교가 되어 시교사(施教師)에 임명된 그는 친형 윤세용과 상의하여 만주행을 결정하고 모든 가산을 정리하였다. 그해 10월 3일 만주 봉천성 환인현(桓仁縣)에 시교당을 설립을 시작으로 본격 포교 활동에 나섰다.

그는 간도로 이주해 온 한인 동포 2세들의 교육에도 진력했다. 이에 환인현에 동창(東昌)학교, 무송현에 백산(白山)학교, 북만주 밀산 당벽진에 대흥(大興)학교, 영안현 동경성에 대종학원(大倧學園)을 설립하여 운영하였다. 이를 통해 동포 2세에게 민족교육을 하는 한편 대종교 포교 활동에도 힘을 쏟았다. 그는 교학일여(教學一如), 전교건학(傳教建學)의 이념을 행동으로 실천하였다.

1914년 1월 30일 지교, 1916년 4월 1일 상교로 승질한 후 이후 5년간 무송현에 송광, 안도현에 하광, 화전현에 화광, 반석현에 석광 등의 교당을 설치한 후 신입 교우 7,000여 명을 모았다. 1922년 6월 5일 서일도본사 전리에 임명되었으며, 이듬해 11월 18일 2대 교주 김교헌이 별세하자 그의 유언에 따라 사교(司教)로 승질하였다. 1924년 1월 22일 제3대 도사교(교주)로 취임하였다.

1918년 2월 김교헌 등 대종교인이 주축이 돼 대한독립선언서를 발표할 때 그는 서명자 39인의 한 사람으로 참여하였다. 1919년 7월에는 무송현에서 김호·김혁 등과 함께 흥업단(興業團)을 조직해 단장을 맡았다. 1923년 제3대 교주로 취임한 후 만주의 상황은 아주 열악했다. 1925년 6월 총독부와 만주 군벌 장작림(張作霖) 사이에 체결된 소위 '삼시(三矢)협정'에 따라 길림성장 장작상(張作相)은 이듬해 12월 '대종교 포교 금지령'을 내렸다. 이에 대종교 측은 임시정부의 중국통 박찬익의 도움으로 1930년 대종교 해금령을 받아냈다.

그러나 이듬해 1931년 만주사변 발발로 그나마 수포로 돌아가고 말았다. 특히 만주의 동·서·북 3개의 도본사(道本司)가 해체되자 더이상 포교 활동이 불가능하게 되자 그는 밀산 당벽진에 은거하며 6년간 수도 생활에 전념하였다. 1933년 그는 죽음을 각오하고 현실 타개에 나섰다. 그해 4월 그는 하얼빈으로 가서 관동군 당국자 등을 만나 만주 지역 시교(포교) 허가를 받아 하얼빈 시내 안평가에 '하얼빈 선도회(宣道會)'를 설치했다.

이를 두고 일제에 굴복했다는 비판도 제기됐으나 그로서는 대종교를 지켜내기 위한 고육지책이었다는 옹호론도 있다. 이때 대종교는 처음이자 마지막으로 대대적인 교적(教籍) 간행사업을 했는데 그 자금의 상당 부분은 백산 안희제가 댔다. 선도회가 재정난에 허덕이자 1934년 여름 총본사를 동경성 발해 농장 안으로 옮기고 대종학원(大倧學園)을 병설하여 교우 자제들을 교육시켰다. 이와 함께 발해 옛터에 천진전(天眞殿·단군전) 건립 계획도 세웠다.

시교권 허가를 구실로 일제는 대종교에 대한 감시와 간섭을 한층 강화했다. 특히 총독부 촉탁 조병현(趙秉炫)을 교인으로 가장하여 잠입시켜 대종교 내부의 동향과 교인들의 일거수일투족을 정탐하였다. 기회를 노리고 있던 일제는 1942년 여름, 조선어학회 회장 이극로(李克魯)가 천진전(天眞殿) 건립과 관련해 윤세복 교주에게 보낸 편지 속에 '널리 펴는 말'이라는 원고가 동봉된 사실을 주목했다. 그 말미에 '일어나라 움직이라!'를 '봉기하자 폭동하자!'로 바꾸고는 이극로가 보낸 원고의 제목을 '조선독립선언서'로 날조하였다.

이를 근거로 일제는 11월 19일 만주와 국내 각처에서 그를 포함해 총 25명을 체포했다. 이들은 영안현 경무과에 설치된 특별취조본부에 감금돼 취조를 받았는데 이들 가운데 안희제 등 10명은 혹독한 고문을 받고 목숨을 잃었다. 1944

년 5월 판결 당시 8명은 무혐의로 앞서 풀려났고, 생존자는 그를 포함해 총 7명이었다. 교주인 그는 7명 중에서 최고형인 무기징역을 선고받았다. 이들은 목단강성 액하(掖河) 감옥에서 옥고를 치렀는데 1945년 8월 12일 소련군이 소만(蘇滿) 국경을 넘어 진격하자 다른 동지들과 함께 감옥에서 풀려났다.

1946년 1월 16일 그는 총본사와 함께 환국했다. 숱한 역경을 헤쳐온 그는 총본사를 재건하고 활발한 활동을 펼치다가 1960년 2월 13일 총본사 대일각에서 80세로 별세했다. 대종교 역사에서 1대 교주 나철은 대종교를 일으켰고, 2대 교주 김교헌은 교사(教史)를 찾았고, 서일은 교리(教理)를 다듬었으며, 3대 교주인 그는 교단(教壇)을 사수했다는 평가를 받고 있다.

대종교는 그가 별세하기 이틀 전인 2월 11일 중광절에 그에게 종사(宗師)와 철형(哲兄) 호를 추대하였다. 장례는 그의 유언에 따라 교회장으로 치르고 홍제동 화장장에서 화장하여 한강에 뿌렸다.

2000년 11월 서울 현충원 애국지사묘역에 묘소가 마련되었다.

1962년 건국훈장 국민장이 추서되었다.

69 윤세주 (尹世胄, 1901년~1942, 건국훈장 독립장)

조선의용군, '태항산 전투'의 영웅

윤세주는 1901년 6월 24일 경남 밀양에서 태어났다. 본관은 무송(茂松), 호는 석정(石正), 아명은 소룡(小龍)이다. 윤세용(尹世茸)과 대종교 3대 교주 윤세복(尹世復)은 모두 그의 친형이다.

그는 어릴 때부터 반일 사상이 강했다고 한다. 1910년 밀양보통학교 재학 중 일왕 생일(천장절) 때 일장기를 나눠주자 이를 "똥구덩 속에 꽂아서" 버렸다고 한다. 이후 밀양의 사립 동화(同化)학교로 전학한 후 개천절 기념행사를 열고 시위를 벌였는데 이 일로 동화학교는 1912년에 폐쇄되었다.

1919년 3·1혁명이 일어나자 밀양에서 만세 시위를 주도했다. 사전에 면사무소의 등사기를 몰래 빼내 독립선언서와 태극기를 수백 매를 인쇄하여 3월 13일 밀양 성내시장 장날 때 군중들에게 태극기와 독립선언서를 나눠주면서 시위행진을 하였다. 이 일로 그는 4월 14일 부산지방법원 밀양지청에서 보안법 위반으로 징역 1년 6월을 선고받고 옥고를 치렀다.

출옥 후 그는 만주로 망명하여 유하현 신흥(新興)학교에 입학해 군사훈련을 받았다. 1919년 11월 9일 그는 길림성 파호문(巴虎門) 밖 화성여관(華盛旅館)에서 고향 사람 김원봉(金元鳳)을 비롯해 황상규·곽재기 등과 조선 의열단(義烈團)을 조직하고 무장 항일투쟁을 결의하였다. 제1차 목표로 일제 요인 암살과 총독부, 동양척식회사 등 주요 기관 폭파 계획을 세웠다.

이듬해 3월 상해에서 폭탄 3개를 구입하여 동지들과 국내 반입 및 군자금 모금 등을 협의한 후 각기 별도로 국내에 잠입하였다. 그해 6월 서울 인사동에 모여 거사 시기와 지점을 물색하던 중 일경에 붙잡혀 1921년 6월 경성지방법원에서 폭발물취체벌칙 위반 혐의로 징역 7년을 선고받고 두 번째로 옥고를 치렀다. 1927년 2월 7일 출옥한 후 고향으로 돌아가 한동안 〈중외일보(中外日報)〉 기자, 경남 주식회사 사장 등을 지내며 일경의 감시를 피했다.

이후 중국 남경으로 건너간 그는 1932년 10월 중국 국민당 정부의 지원 아래 개설된 조선혁명간부학교에 1기생으로 입학했다. 졸업 후 교관으로 발탁돼 2기생 교육을 맡았다. 1938년 2월에는 중앙육군사관학교 성자(星子) 분교의 한국 학생 독립중대에서 교관으로 임명돼 활동했다. 앞서 1937년 김원봉과 함께 조선민족혁명당을 창립하고 이듬해 1월 한구(漢口)에서 조선의용대를 창설해 정치위원을 맡았다.

1942년 2월 일본은 제36·41사단 등 주력군 3만여 명을 동원하여 하북 지역의 항일 무장세력을 섬멸하기 위해 태항산(太行山) 근거지를 공격하였다. 5월에는 20개 사단 40만 명의 병력으로 태항산을 완전히 포위한 후 전투기와 전차까지 동원해 군사작전을 폈다. 5월 29일 중국 팔로군과 조선의용군으로 구성된 한중 연합군사령부는 조선의용대에게 퇴로 확보를 명령했다. 그는 진광화(陳光華) 등과 함께 작전 개시 5시간 만에 탈출로를 확보했다.

이 전투 과정에서 그는 적탄을 맞고 6월 3일 순국했다. 그 외에 진광화 등 조선의용군 10여 명도 함께 전사하였다. 그의 시신은 진광화와 함께 중국공산당 간부들의 묘소 옆에 안장되었다.

1982년 건국훈장 독립장이 추서되었다.

70 이강훈 (李康勳, 1903~2003, 건국훈장 독립장)
신민부 출신의 '육삼정 모의' 주역

이강훈은 1903년 6월 13일 강원도 김화(金化)에서 태어났다. 본관은 전주(全州), 호는 청뢰(靑雷)이다.

어려서 고향의 사숙(私塾)에서 한문을 수학하고 16세에 철원 공립보통학교(4년제)를 졸업하였다. 17세 때인 1919년 3.1혁명이 일어나자 고향에서 만세 시위에 참가했다가 경찰서에 잡혀갔으나 나이가 어려서 훈방으로 풀려났다.

1920년 2월 독립운동 단체 간부로 있던 6촌 형을 찾아 북간도에 갔다가 곧 상해 임시정부로 가서 1년간 도왔다. 그는 장차 큰일을 하려면 공부를 더 해야 한다는 생각에 다시 북간도로 가서 연길 도립(道立)사범학교에서 3년간 수학했다. 이후 고향에 돌아와 〈동아일보〉 김화 분국(지국)을 경영하다가 1925년 이를 그만두고 안동현으로 건너가 안도(安圖) 민립학교 교사가 되었다.

1926년 김좌진을 지시로 백두산 북쪽 안도현 삼인방(三人坊)에서 신창(新彰) 학교 교사를 지내며 후진 양성에 힘썼다. 이후 그는 1932년까지 신민부 산하 각급 학교에서 한인 동포 자제들의 민족정신 고취에 힘썼다. 1929년 7월 3부(참의부·정의부·신민부) 통합운동이 실패하자 김좌진·정신 등은 북만주의 대종교 신도와 농무회(農務會), 무정부주의 청년들을 규합하여 한족(韓族)총연합회를 결성하자 이에 참여하였다. 그해 12월 흑룡강성 목단강시 해림(海林)에서 민립 중학을 설립하여 한인 청년에게 민족정신을 고취하였다.

1931년 만주사변 이후 일제의 만주 침략이 노골화되자 그는 1932년에 북경을 거쳐 다시 상해로 건너갔다. 1930년 4월 상해에서 유자명·정화암·백정기 등이 재만조선무정부주의자연맹을 새로 개편하여 남화한인(南華韓人) 청년연맹을 창립하자 이에 가담하여 활동하였다. 이 단체는 무정부주의 독립운동 단체로서 일본의 폭력과 독재에 저항하는 급진적인 의열투쟁을 추구하면서 행동단체로 흑색공포단을 조직했는데 그는 여기에도 참여했다.

1932년 4월 윤봉길 의거 당시 부상당한 주중공사 시게미쓰 후임으로 아리요시 아키라(有吉明) 전 브라질 대사가 그해 9월 4일 상해에 도착했다. 당시 중일 관계가 악화된 상태여서 중국인들도 아리요시를 암상 대상으로 삼고 공격했다. 흑색공포단 소속의 원심창(元心昌)은 아리요시 폭살을 계획하고 있던 차에 '오키'라는 일본인으로부터 아리요시가 모종의 거래차 장개석을 만나고 돌아가는 길에 상해 홍구(虹口)의 모 요정에서 유지들과 송별연을 연다는 정보를 입수하였다.

이에 그를 비롯해 거사에 참여하기로 한 백정기, 원심창 등 3인은 아리요시가 송별연을 열기로 한 요정 육삼정(六三亭) 현장답사를 마치고 예행 연습도 했다. 이들은 아리요시가 육삼정을 나와 자동차에 타려 할 때 백정기가 도시락 폭탄을 던지고 만에 하나 불발일 경우 그가 수류탄을 투척한 후 혼란을 틈타 도주하기로 했다. 1933년 3월 17일, 일행은 거사를 위해 육삼정에 갔다가 현장에서 모두 일경에 체포됐다. 나중에 알고 보니 '오키'는 일제의 밀정이었고, 이는 상해 일본영사관의 역공작에 의한 음모였다.

그를 포함해 3인은 살인예비 및 치안유지법 위반 등의 혐의로 기소돼 7월 5일 예심을 마치고 일본 나가사키(長崎) 지방재판소의 공판에 회부되었다. 그해 11월 24일 재판에서 원심창과 백정기에게 무기징역, 그는 징역 15년을 선고받았다. 이후 그는 9년으로 감형돼 1942년 7월 23일 형 만기 때 다시 재판을 받았는데 위험인물로 지목돼 예방구금(기한 없는 구속) 판결을 받고 도쿄 교외 부중(府中) 감옥에 다시 수감되었다.

해방 후 그는 일본에서 순국한 윤봉길·이봉창·백정기 3의사의 유해봉환을 위해 노력했다. 한동안 재일교포 거류민단에서 활동하던 그는 민단이 정치에 휘말리자 탈퇴하고 1960년 귀국하였다.

4·19혁명 후 한국사회당 창당에 참여했으며, 1961년 5.16쿠데타 후 혁신계 정당 간부로 활동하다가 투옥돼 1963년에 석방되었다. 이후 독립운동사 편찬에 전념하여 〈독립운동대사전〉 〈대한민국임시정부사〉 〈마적과 왜적〉 〈무장독립운동사〉 〈민족해방운동과 나〉 〈청사에 빛난 선열들〉 〈항일독립운

동사〉 등을 펴냈다. 1988년 제11대 광복회장에 취임해 백범 김구 암살 진상 규명을 위해 노력했다.

그가 대종교에 입교한 기록은 남아 있지 않지만 그는 대종교인이었음이 분명하다. 그는 백포 서일을 스승으로 모셨던 김좌진의 신민부에서 활동했다. 신민부는 대한군정서를 계승한 단체로서 구성원의 대부분이 대종교인이었다. 그는 생전에 "신민부의 기본 철학은 대종교의 홍익인간과 중광(重光) 정신이었다"고 회고한 바 있다. '청구(靑丘) 반도의 우레'라는 뜻인 그의 호 청뢰(靑雷)는 신민부의 중앙집행위원장을 지낸 김혁(金赫)이 지어준 것이다.

그는 2003년 11월 12일 만 100세로 별세하였다. 유해는 서울 현충원 애국지사 묘역에 안장됐다.

1977년 건국훈장 독립장을 받았다.

71

이광 (李光, 1879~1966, 건국훈장 독립장)
임정 외무위원으로 한-중 외교 담당

이광은 1879년 충북 청주에서 태어났다. 본관은 전주(全州), 호는 성암(星巖)이다.

1894년 한성사범학교에 입학해 수학했다. 1904년 일본으로 건너가 와세다(早稻田)대학 정경학부에 입학해 공부하다가 1905년 중퇴하고 귀국해 서울 상동의 공옥(攻玉) 학교 교사로 부임해 청소년을 교육하였다.

1907년 전덕기·이동녕·양기탁·이회영 등이 주도해 조직한 신민회(新民會)

에 가입해 주권 수호 운동을 전개하였다. 1910년 국권이 강탈당하자 공옥 학교를 사직하고 만주로 망명해 이시영 등과 같이 교민 자치기관인 경학사(耕學社)와 독립운동 인재를 양성할 신흥학교(新興學校)를 설립하여 독립운동기지 건설에 참여하였다.

1912년 중국 상해로 가서 신규식이 주도하는 동제사(同濟社)에 가입하였으며, 남경 민국(民國) 대학에 입학해 1916년에 졸업하였다. 1919년 2월 북간도에서 김교헌 등이 주도하여 대한독립선언서를 발표하였는데 그는 서명자 39인 중 한 사람으로 참여하였다.

1919년 4월 대한민국 임시의정원 의원으로 선출돼 임시정부 수립에 참여하였다. 1921년 임시정부 외무부의 북경주재 외무위원으로 임명돼 한중 양국의 외교 연락업무와 교민들의 거주권 확보에 힘썼다. 1930년 북경에서 박용태 등과 대한독립당주비회(籌備會)를 결성하고 기관지 〈한국지혈(韓國之血)〉을 순간(旬刊)으로 발행하였는데 그는 기자로 활동하였다.

1932년 남경에서 각 단체 연합체인 한국광복진선(韓國光復陣線)을 결성하여 선전 활동에 나섰으며, 1938년에는 장사(長沙)에서 임시정부의 호남성 외교 연락대표로 활동하였다. 1944년 3월에는 한국독립당 당원으로서 임시정부를 적극 지원하였다.

1945년 광복 이후 임시정부 화북 선무단장(宣撫團長)으로서 화북지방 교포들의 귀국사무를 담당하였다. 이승만 정권하에서 1949년 초대 충북지사에 임명됐으며, 1952년부터 2년간 감찰위원장을, 1954년 제6대 체신부 장관에 임명돼 2년간 근무하였다.

그가 대종교에 입교한 시기는 분명치 않다. 다만 그가 1925년 3월 10일 지교로 승질한 걸로 봐 그 이전에 입교한 것은 분명하다. 1953년 7월 25일 상교로 승질하였으며, 이듬해 1954년 정교와 대형(大兄) 호를 받고 원로원 참의에 임명되었다. 그해 7월 20일 원로원장에 임명되었으나 곧 그만두었다.

그는 1966년 11월 26일 서울 성북구 쌍문동 자택에서 87세로 별세했다. 유해는 경기도 고양군 벽제리 선영에 안장하였다.

1963년 건국훈장 독립장을 받았다.

72

이규채 (李圭彩, 1884~1947, 건국훈장 독립장)

서화가 출신으로 한독당 간부 활동

이규채는 1884년 6월 7일 경기도 포천에서 태어났다. 본관은 경주(慶州), 자는 공삼(公三), 호는 경산(庚山), 우정(宇精)이다. 동아(東啞), 규보(圭輔)라는 별명도 있다. 24세 되던 1908년까지 고향에서 한문 공부를 하였다. 1908~1910년까지 포천의 청성(靑城) 학교에서 교원으로 근무하였다. 1923년 당시 서울 공평동 창신서화연구회(創新書畫研究會)에서 청년 남녀들에게 서화와 미술사상을 가르쳤다. 이 모임은 국내 최초의 여성 서화 교육기관으로 1922년 12월 출범했다. 회장은 영친왕 보모 출신의 최송설당(崔松雪堂), 간사는 10명, 평의원은 위관식(魏寬植) 등 4명, 고문은 이완용(李完用)이었는데 그는 강사로 활동했다.

1923년 음력 12월경 그는 서화(書畫) 연구차 상해로 건너갔다. 상해 임시정부의 재무 총장 이시영 등과 만나 독립운동에 관해 상의하였다. 1924년 1월 15일 고향으로 왔다가 포천경찰서에 검거되어 3차례 취조를 받았으나 특이

사항이 발견되지 않아 석방되었다. 그해 2월 17일 다시 상해로 건너가 임시의정원의 의원으로 선임되었다.

1930년 한국독립당의 정치부 위원 겸 군사부 참모장으로 활약하였으며, 1932년 총무위원장이 되었다. 1933년 중화민국 길림육군(吉林陸軍) 제3군의 상교참모(上校參謀)로 활동하였다. 1934년 신한독립당 감찰위원장으로 활동하다가 1935년 1월 초 상해 일본영사관 붙잡혀 2월 초 경기도 경찰부로 압송돼 취조를 받았다. 그해 2월 26일 경성지방법원에서 치안유지법 위반으로 10년 징역형을 선고받고 복역하다가 1940년에 가출옥하였다.

해방 후 1945년 10월 국내외에서 활동한 애국지사들이 '대한민국 군사교육 촉성위원회'를 결성하였는데 그는 원세훈, 백관수, 조병옥 등과 함께 위원을 맡았다. 1946년 4월 대한독립촉성국민회가 결성되자 이시영은 회장, 그는 부회장에 선임되었다. 그밖에도 그는 해방 공간에서 반탁국민연맹회 상무위원, 미소공동회의 대책국민연맹 대표위원 등을 맡아 활동했다.

그는 대종교와도 인연을 맺었다. 1945년 10월 24일 서울 천도교당에서 단군전봉건기성회 출범식이 열렸는데 그는 이 행사에서 사회를 맡았다. 1946년 3월 단군전봉건회(檀君殿奉建會)는 조직을 정비하였는데 고문으로는 권동진·김두봉·조완구 등을, 위원장은 조소앙, 그는 부위원장에 선임되었다. 그해 2월 그는 지교(知教)로서 대종교 남도 본사에서 선범을 맡았다. 3월에는 총본사 직할 한선시교당의 참교를, 5월에는 참의를 맡았다.

그는 1947년 3월 2일 서울 관훈동에서 숙환으로 별세했다. 장례는 3월 8일 포천군 가산면 방축리 자택에서 독촉 국민회장으로 치러졌다. 3월 23일 대종교 총본사와 단군전봉건회 공동주최로 추도식이 열렸다. 유해는 고향 선영에 안장되었다가 2008년 9월 대전현충원 독립유공자 묘역으로 이장되었다.

1963년 건국훈장 독립장이 추서되었다.

73

이극로 (李克魯, 1896~1978)

한글학자 출신의 독일 경제학 박사

이극로는 1896년 8월 23일 경남 의령에서 태어났다. 본관은 전의(全義), 호는 고루, 물불, 동정(東正) 등이 있다. 고루는 우리말 '골고루'의 '고루'에서 따온 것이라는 주장도 있고, 이름 '克魯'의 중국어 발음이라는 견해도 있다.
동네 서당에서 어깨너머로 한문을 익혔는데 시재(詩才)가 뛰어났다고 한다. 1910년 마산 창신(昌信)학교에 들어가 고등과와 보통과를 다녔다.

1912년 서간도 환인현으로 건너가 윤세복이 세운 동창(東昌)학교에서 박은식 등과 같이 교사로 근무하면서 국어를 가르쳤다. 여기서 주시경의 제자이자 김두봉의 벗이었던 김진(金振, 본명 金永肅)을 알게 됐다. 그는 김진을 통해 주시경을 알게 되었고, 그것이 계기가 되어 한글 연구를 하게 됐다.

1913년 그는 군사학을 공부하려고 러시아로 떠났으나 1차 대전 발발로 무산되었다. 한인현으로 되돌아온 그는 윤세복을 따라 백두산 기슭에 있던 대종교계열의 백산(白山) 학교에서 교편을 잡았다. 1915년 여름 백두산에 올랐는데 그 감격을 장편 서사시로 읊은 바 있다. 그해 겨울 그는 배편으로 상해로 가 1916년 4월 동제(同濟) 대학에 입학했다. 재학 시절 상해 유학생 총무로 일하면서 상해 임시정부 요인을 비롯해 독립운동가들을 두루 만났다.

1920년 2월 동제 대학 예과를 마친 그는 이듬해 6월 독일로 가 1922년 4월 베를린대학에 입학했다. 그해 12월 베를린대학에 조선어 강좌를 개설하여 3년간 강사로 활동했다. 유학 시절 그는 조선의 독립운동과 일본의 침략 정책에 관한 책을 저술해 유럽사람들에게 알렸다. 1924년 2월 베를린에서 펴낸 〈조선근세사〉를 통해 조선은 서기전 2333년에 단군이 건국하였으며, 일본의 침략으로 가장 큰 피해를 입었다고 썼다.

그는 1927년 5월 베를린대학에서 경제학 박사 학위를 받았다. 그해 2월 20일 그는 벨기에 수도 브뤼셀에서 열리는 세계 약소민족 대회에 황우일, 이의경(이미륵)과 함께 참가해 조선 총독정치 즉각 철폐와 상해 임시정부 승인 등을 제안하는 문건을 제출했다.

베를린 유학을 마치고 다시 영국 런던대학 정치경제학부에 등록해 한 학기를 마친 후 다시 베를린으로 돌아왔다. 1928년에는 베를린, 런던, 파리를 오가면서 언어학과 음성학을 연구하였다. 그해 6월 19일 미국 뉴욕에 도착했는데 귀국 후의 계획을 묻자 서슴지 않고 '코리앤 띅슌애리(우리말 사전)'을 만들겠다고 포부를 밝혔다.

1929년 1월 부산항으로 귀국한 그는 4월에 조선어연구회에 가입하였다. 대학에서 경제학으로 박사 학위를 취득하였으나 그는 어문운동을 활성화하여 민족문화의 기초를 세우는 일에 나섰다. 그는 신채호, 박은식의 역사 민족주의에 크게 공감하였으며, 한편으로는 어문 민족주의를 지향하였다. 그 저변에는 윤세복과의 만남에서 시작된 대종교 신앙이 자리 잡고 있었다.

1929년 〈조선어사전〉 편찬 집행위원을 시작으로 1930년 한글맞춤법 제정위원, 1935년 조선어 표준어 사정위원, 1936년 조선어사전 편찬 전임위원 및 조선어학회 간사장을 지냈다. 1942년 7월 조선어학회사건 당시 그는 최현배, 이윤재와 함께 핵심 인사로 지목돼 구속되었다. 그해 10월 1일 함흥재판소에서 징역 6년을 선고받고 함흥 감옥에서 복역하다가 1945년 광복 이틀 후 8월 17일 감옥에서 풀려났다.

해방 후 조선어학회가 재건되자 회장에 취임해 다시 한글 연구에 전념했다. 1945년 말 신탁통치 문제가 논란이 되자 그는 반탁운동에 참여했다. 이후 정계에 입문하여 1946년 6월 좌우 및 남북합작을 위해 조선 건민회(建民會)를 조직해 위원장을 맡았다. 1947년 초 조봉암과 함께 민주주의독립전선을 결성했으며, 그해 12월 20일 김규식이 주도한 민족자주연맹 결성식에서 정치위원으로 선임되었다. 1948년 4월 건민회 대표로 평양에 가 남북협상에 참여하였고, 이후 평양에 잔류하였다.

1948년 9월 조선민주주의인민공화국 정부가 수립되자 1953년 12월까지 제1차 내각의 무임소상(無任所相)에 발탁되었으며 1953년 최고인민회의 상임위원회 부위원장 등을 지냈다. 1962년에는 과학원 조선어 및 조선문학연구소 소장, 1966년 조국전선 중앙위 의장에 선출되었으며, 1966년 이후 본격화된 북한 언어 규범화 운동인 문화어 운동을 주도하였다. 그는 생전에 한글 연구 등의 공로로 북한 정권에서 조국통일상과 국기(國旗)훈장 제1급을 받았다.

그가 대종교에 입교한 시기는 분명치 않으나 1912년 윤세복의 동창학교에 근무할 무렵 입교한 것으로 보인다. 이후 그는 대종교의 핵심 인물로 활동하였는데, 그의 주변에는 윤세복·박은식·신채호·김두봉 등 대종교인이 두루 포진해 있었다. 그는 대종교 경의원 참사로 활동하면서 1942년 6월 10일에 대종교의 교가(敎歌)인 '한얼노래'를 만들었다. 이 노래는 윤세복의 의뢰로 총 37곡이 만들어졌는데 이 가운데 26곡을 그가 지었다.

그는 1978년 9월 13일 평양에서 별세했다. 묘소는 평양 교외 신미리 애국열사릉에 마련됐다.

월북자여서 독립유공자 서훈에서 제외됐다.

74 이기 (李沂, 1848~1909, 건국훈장 독립장)
나철·오기호 등과 을사오적 처단 나서

이기는 1848년 전북 김제에서 태어났다. 본관은 고성(固城), 자는 백증(伯曾), 호는 해학(海鶴), 재곡(梓谷)이다. 질재(質齋)라는 이명도 있다.

그는 어려서부터 총명하고 문재(文才)가 비범해 독학으로 학문을 익혔다. 여러 차례 과거에 응시하였으나 실패한 후 28세에 과거를 포기하였다.

가세가 기울자 그는 전국을 떠돌며 장사를 하면서 십여 년을 보냈다. 1894년 동학농민혁명이 일어나자 전봉준을 찾아가 혁명군을 이끌고 서울로 진격하여 민씨 정권을 전복하고 새로 국헌(國憲)을 제정하여 나라를 구할 것을 제의하였다.

이후 농민들의 생활 안정과 국권을 회복하기 위해 토지개혁이 급선무라고 생각한 그는 1895년 탁지부대신 어윤중에게 전제(田制) 개혁 등을 건의하였다. 그 해 을미사변이 일어나자 친구인 매천 황현(黃玹)에게 편지를 보내 "산림에 은거한 처사로 지내면 외세의 침략을 막아내지 못할 것"이라며 비분강개했다.

1896년 경상도 관찰사 이남규의 막료로 초빙되어 모병과 교련 등을 담당했다. 1899년 양지아문(量地衙門)에 들어가 양지 위원으로서 충청도 아산 지방의 토지측량 업무에 종사하기도 했다. 1900년 구국(救國)에 대한 방책을 중추원에 건의하는 한편 국민들에게 자강책(自强策)을 제창하고 분기할 것을 호소하였다. 1905년 통감부가 설치돼 일본의 국권 침략이 노골화되자 고종에게 망국의 책임을 묻는 상소를 올렸다.

1905년 러일전쟁이 일본의 승리로 끝나고 미국 포츠머스에서 강화회의가 열렸다. 그는 나인영(나철)·오기호(오혁)·윤주찬 등과 함께 강화회의에 대표를 파견할 것을 외부대신 이하영에게 건의했다. 그러나 반응이 없자 자신들이 직접 미국에 건너가 그 회의에 참관하려고 했으나 일본 공사 하야시(林權助)의 방해로 실패하였다. 차선책으로 그해 9월 나인영·오기호 등과 일본으로 건너가 일황과 일본 정계 요인들에게 서신을 보내 일본은 마땅히 한국의 독립을 존중해야 한다고 주장했다.

그러나 그들이 귀국하기도 전인 그해 11월 일본은 을사늑약을 강제로 체결해 한국의 외교권을 박탈하였다. 그는 울분을 삭이며 한성사범학교 교관(教官)으로 들어가 후진 양성에 진력하였다. 1906년에는 장지연·박은식 등과 함께 애국 계몽단체 대한자강회를 조직해 사회 계몽운동에 나섰다.

1907년 2월 그는 나인영·오기호 등과 함께 을사오적을 처단하기로 하고 동지들을 규합해 비밀결사체 자신회(自新會)를 조직하였다. 3월 25일, 결사대와 함께 거사에 나섰는데 상호 연락 미비와 계획 차질로 권중현에게만 가벼운 총상을 입혔을 뿐 실패하였다.

대한제국 정부는 이 사건을 '정부 전복을 위한 내란'으로 단정하였고 관련자 검거에 나섰다. 현장에서 체포된 사람들은 전부 평리원으로 압송해 취조를 벌였다. 그는 7월 4일 평리원에서 유배 5년 형을 선고받고 전남 진도에서 귀양살이하다가 그해 겨울에 사면을 받고 풀려났다. 이후 법부(法部)의 제청으로 이듬해 3월 25일 징계가 면제되었다.

이후 그는 〈호남학보〉 등에 다양한 논설을 실어 언론 활동을 시작하였다. 그는 사대주의적 사관을 탈피하고 자주 독립정신을 강조하였다. 또 한문 전용의 폐단을 타파하고 배우기 쉬운 국문을 통한 교육을 주장하는 등 진취적 사상을 가진 계몽사상가로 활동했다.

1909년 1월 15일(음) 나철은 서울 북부 재동에서 단군대황조(檀君大皇祖) 신위를 모셔놓고 대종교를 중광했다. 나철과 오랜 동지인 그는 오기호·유근(柳瑾)·정훈모(鄭薰模) 등과 함께 이 자리에 참여했다. 고려말 명신 이암(李嵒)의 후손인 그는 〈환단고기(桓檀古記)〉를 전해준 주인공으로 알려져 있다.

위당 정인보가 쓴 그의 묘지명에 따르면, 그는 훤칠한 키에 수척한 모습으로 문장을 잘 구사하고 담력과 용맹이 남들보다 뛰어났으며, 충의심(忠義心)이 강한 사람이었다고 한다. 그가 남긴 상소, 논설, 그밖의 각종 문장은 〈해학유서(海鶴遺書)〉로 묶여 출간되었다.

그는 1909년 6월 26일 서울에서 61세로 별세했다. 3년 후 김제의 송산(松山) 선영으로 이장(移葬)하였다가 1975년 8월 서울 현충원 애국지사묘역으로 다시 이장하였다.

1968년 건국훈장 독립장이 추서되었다.

75 이동녕 (李東寧, 1869~1940, 건국훈장 대통령장)
임정 주석·의정원 의장 등 지낸 원로

이동녕은 1869년 10월 6일 충남 천안에서 태어났다. 본관은 연안(延安), 자

는 봉소(鳳所), 호는 석오(石吾)·암산(巖山)이다.

1885년 17세 때 일가가 상경하여 서울 종로 봉익동에 정착하였다. 1892년 24세 때 진사 시험에 합격하였으며, 1893년 부친을 따라 원산(元山)으로 가 광성(光成) 학교를 세워 교육 계몽운동을 하였다. 1896년 서재필·윤치호·이상재 등이 조직한 독립협회에 가담하여 근대 민권운동과 국권 수호 운동을 했으며, 만민공동회에서 활동하다가 이준·이승만과 함께 옥고를 치렀다. 출옥 후에는 이종일의 권유로 〈제국신문〉 논설위원으로 활동하며 개화 자강론을 폈다.

1903년 이상재·전덕기 등과 함께 YMCA 운동을 전개하였고, 1904년 한일협약이 강제 체결되자 서울 상동(尙洞)교회에서 전덕기·양기탁·신채호·조성환 등과 같이 청년회를 조직해 국권 회복 운동을 전개하였다. 1905년 11월 을사늑약이 강제로 체결되자 덕수궁 대한문 앞에서 연좌시위를 벌이며 일제의 침략행위를 규탄하고 결사대를 조직해 을사오적 처단을 계획하였다. 이 일로 그는 일본 헌병에게 체포돼 2개월간 옥고를 치렀다.

1906년 북간도 용정으로 망명한 그는 이상설·여준 등과 함께 최초의 해외 사립학교인 서전의숙(瑞甸義塾)을 설립해 한인 동포와 그 2세들의 민족 교육을 시작했다. 이듬해 이상설이 헤이그 만국평화회의에 특사로 파견되자 일시 귀국하여 안창호·전덕기·양기탁·이동휘 등과 신민회(新民會)를 조직하였다. 그는 장차 무장투쟁에 대비해 해외 독립군 기지 개척론을 주창했는데 이는 1910년 11월 서간도에 경학사와 신흥강습소 설립으로 실현됐다, 그는 신흥무관학교의 전신인 신흥강습소 초대 소장을 지냈다.

1914년 이상설 등과 함께 노령 블라디보스토크에서 대한광복군정부를 조직해 장차 일제와 일대 결전을 대비하였다. 대한광복군정부는 만주·노령 지역을 3개 군구(軍區)로 나눠 통제권을 행사하였는데 국경지대인 북만주 왕청현 나자구(羅子構)의 한인촌에 광복군 사관 양성을 위한 나자구 사관학교를 설립해 독립군 간부를 양성했다. 이들의 독립전쟁 계획은 제1차 세계대전의 발발로 러시아와 일제가 동맹국이 됨으로써 물거품이 되고 말았다.

그 무렵 그는 대종교에 입교하여 활동하였다. 1915년 나철은 신규식과 함께 그를 서도 본사의 책임자로 임명하였다. 이 점을 고려하면 그는 1915년 이전에 입교한 셈이며, 1918년 2월 23일 참교가 되었다. 대종교 3대 교주 윤세복은 그 무렵의 그를 두고 "대종교에 들어가시어 지교로 오르시고 조국의 본정신을 믿으시며 청년의 지도와 동지들의 수련(修練)함에 힘쓰셨다"고 기록했다. 윤세복은 그를 비롯해 단재 신채호, 일송 김동삼, 백산 안희제를 대종교의 '네 분 선생님'으로 받들었다.

1918년 2월 2대 교주 김교헌이 길림에서 조소앙·조완구·김좌진·여준 등 민족대표 39명과 함께 대한독립선언서를 선포할 때 이에 참여하였다. 1919년 3·1혁명이 일어나자 상해로 건너가 임시의정원의 초대 의장으로 선임돼 대한민국 임시정부 탄생에 큰 역할을 했다. 4월 13일 임시정부 수립을 내외에 선포하고 국무총리에 취임하였으며, 1924년 이후 이승만의 장기 궐석으로 직무수행이 어렵게 되자 대통령 권한을 대행하였다.

1925년 두 번째로 의정원 의장이 되었다. 1926년 임시정부 헌법이 국무령제로 개정되자 잠시 국무령(國務領)을 맡아 법무 총장도 겸임하면서 2차 개헌에 따른 국무령 지도체제의 안정화를 도모했다. 1927년 임시정부의 주석(主席)이 되어 약화된 임시정부의 기반을 튼튼한 반석 위에 올려놓았다. 1928년에는 김구 등과 같이 한국독립당을 조직해 이사장에 추대되었으며 당 기관지

〈한보(韓報)〉와 〈한성(韓聲)〉을 발행하였다.

1929년 10월 세 번째로 의정원 의장이 되어 임시정부의 존폐 위기를 겨우 극복한 후 두 번째로 주석을 맡았다. 1935년에는 세 번째로 주석이 되었으며, 1939년에는 다시 네 번째 주석을 맡아 김구(金九)와 함께 전시내각을 구성하였다. 1919년 상해 임시정부에 몸담은 이후 그는 주석 4차례, 의정원 의장 3차례와 국무령, 국무총리 등을 두루 역임했다. 이는 임시정부 역사상 전례가 없는 기록이다.

그러나 이런 감투는 그가 원해서 맡았던 것은 아니었다. 그는 재덕(才德)이 출중했으나 남 앞에 잘 나서지 않았다. 임시정부나 독립군 진영이 지역이나 계파, 이념으로 나뉘어 갈등과 분열을 반복할 때마다 그는 구원투수로 영입돼 사태를 원만하게 해결했다. 쟁쟁한 독립운동가들도 그의 이름 앞에서는 고개를 숙이고 경의를 표할 정도로 그는 독립진영에서 '큰 어른'으로 통했다.

그는 1940년 3월 13일 중국 사천성 기강(綦江)에서 급성폐렴으로 별세했다. 향년 72세. 임시정부는 국장(國葬)으로 장례를 치르고 유해를 기강 현지에 안장하였다. 광복 후 김구의 주선으로 유해를 봉환하여 1948년 9월 22일 사회장으로 봉안식을 거행하고 서울 효창공원 임시정부 요인 묘역에 이장하였다.

1962년 건국훈장 대통령장이 추서되었다.

76

이동하 (李東廈, 1875~1959, 건국훈장 애족장)

여관 경영하며 독립운동가 거점 역할

이동하는 1875년 4월 18일 경북 안동에서 태어났다. 본관은 진성(眞城),

호는 백농(伯農·白農)이다. 이외에 이동후(李東厚)·이원식(李元植)·이철(李轍) 등의 별명이 있다.

7세 때부터 13년간 한학을 공부하였으며, 1906년 9월 서울 보광(普光)사범학교를 졸업했다. 그해 10월부터 서울 계산(桂山)학교 교사와 대구 협성(協成) 학교 교감을 역임하였다.

1908년 3월 서울에 거주하고 있던 영남 출신 인사들이 창립한 교남(嶠南)교육회에 참여하여 교육 구국운동을 전개하였으며, 그해 10월 안동 예안에 보문의숙(寶文義塾)을 세워 청년들에게 애국심을 고취시켰다.

1909년 대동청년단(大東青年團)에 가입해 활동하였다. 이 단체는 1909년 10월 경남 동래에서 남형우·박중화·서상일·안희제 등이 조직한 항일 비밀결사체로 근대 교육을 받은 청년이나 개신 유학자들이 참여하였다.

1910년 나라가 망하자 이듬해에 김동삼·박은식·윤세용 등과 함께 만주로 망명하였다. 이때 그는 집안의 노비를 모두 풀어주고 노비문서를 소각했다. 경북 안동 출신의 대종교인들이 대부분 유하현에 장착했던 반면 그는 환인현에서 윤세복과 함께 동창(東昌)학교를 설립하고 교장에 취임하였다. 이는 그가 협동학교 교감과 보문의숙 설립자로 활동한 경력이 작용했을 것으로 보인다.

그는 또 흥경현에 흥경(興京) 학교를 설립하는 등 이 지역 한인 2세들의 민족 교육에 앞장섰다. 당시 그는 환인현 성내에서 동창점(東昌店)을 운영하여 생계를 유지하면서 학교를 지원했다. 동창점은 국내 및 북·서간도 독립운동가들을 이어주는 중간 거점 역할을 했다.

그는 장차 독립전쟁을 준비하기 위해 봉천성 안동현으로 출장을 가 군자금을 모집해 오기도 했다. 당시 일제 경찰은 그를 "위험 사상을 가진 인물"로 주목하여 감시하였다. 이후에도 계속해서 항일 활동을 펼치던 그는 1916년 일본 경찰에 체포돼 청진지방법원에서 실형을 선고받았다. 석방 후 다시 망명해 국적(國賊) 암살사건, 봉천 폭탄 사건, 상해 임시정부 군자금 사건, 김지섭(金祉燮) 연락사건 등으로 전후 다섯 차례에 걸쳐 구금되었다고 한다.

1930년 대구로 이주하여 하해(河海)여관을 운영하며 독립운동가를 지원했다. 하해여관은 간판만 여관일 뿐 실상은 독립운동가들의 비밀 연락장소였다. 일제의 감시와 탄압을 피해 거처를 옮겨 다니던 그는 경주 양남면에서 8.15해방을 맞았다. 해방 후 남한 단독정부 수립 반대운동을 했으며, 1951년 8월에는 이승만 대통령의 하야를 촉구하는 경고문을 발표했다. 또 1952년 6월 20일 반독재호헌구국선언대회에 이시영과 함께 참석했으며, 1956년 죽산 조봉암의 진보당에서 경북도당 위원장을 맡아 활동했다.

그는 1911년 음력 1월에 대종교에 입교했다. 그달 29일 참교 교질을 받았으며, 이후 윤세복이 세운 동창학교의 교장을 맡았다. 해방 이듬해 1946년 2월 23일 상교로 승질하여 그해 3월 6일 경의원 부원장에 임명되었다. 1949년 2월 9일 남도 본사 전리에 임명되었으며, 1950년 1월 4일 정교(正教)로 승질하면서 대형(大兄) 호를 받았다. 그해 5월 7일 원로원 침의, 동월 22일 남도 본사 전무에 임명됐으며, 1952년 6월 23일 사임하였다.

일제하에서는 민족주의 독립운동을, 해방 후에는 진보적 민주주의 활동을 폈던 그는 1959년 3월 18일 대구 남산동 자택에서 숙환으로 별세했다. 향년 85세. 3월 24일 대구역전 광장에서 사회장으로 장례를 치렀으며, 현재 묘소는 대구 신암선열공원에 마련돼 있다.

1990년 건국훈장 애족장(1963년 대통령 표창)이 추서되었다.

77

이범석 (李範奭, 1900~1972, 건국훈장 대통령장)

청산리전투 참전한 한국광복군 참모장

이범석은 1900년 10월 20일 서울에서 태어났다. 본관은 전주(全州), 자는 인남(麟男), 호는 철기(鐵驥, 哲琦)이다. 이명으로는 이국근(李國根)·윤형권(尹衡權)·김광두(金光斗)·왕운산(王雲山)·왕모백(王慕白) 등이 있다.

10세 때인 1910년 서울의 사립 장훈(長薰) 학교에 입학하였다가 이듬해 부친이 이천(伊川) 군수로 부임하게 되자 이천에서 보통학교를 다녔다. 1913년 서울로 올라와 경성고등보통학교에 입학하였다.

16세이던 1915년 그는 여운형과의 인연이 계기가 돼 경성고보 재학 중에 중국으로 망명하였다. 신의주를 거쳐 상해에 도착한 그는 예관 신규식의 추천으로 1916년 운남강무학교(雲南講武學校) 기병과에 입학해 군사교육을 받았다.

그는 3년간의 교육 기간을 마치고 1919년 3월 기병과를 수석으로 졸업하였다. 기병과 교관 서가기(徐家驥)는 그의 수석 졸업을 기념하여 자신의 이름 기(驥)자 앞에 철(鐵)자를 붙여 '철기(鐵驥)'라는 호를 지어주었다. 졸업 후 그는 중국군 기병 부대에 배속돼 견습 사관으로 근무하였다.

1919년 4월 상해 임시정부가 수립되자 상해로 돌아온 그는 임시정부 요인들을 만나게 되었는데 이시영은 그에게 신흥무관학교로 갈 것을 권하며 추천장을 써주었다. 그해 10월 신흥무관학교에 도착해 교관으로 활동하였다. 1920년 4월 북로군정서 총사령관 김좌진의 요청으로 북간도에 가서 북로군정서 산하 사관연성소(士官練成所) 교수부장에 임명되었다.

1920년 6월 봉오동전투에서 패한 일본군은 대규모 병력을 투입해 만주

지역 독립군을 추격하였다. 그는 김좌진 총사령관과 함께 북로군정서 부대를 이끌고 백두산으로 이동하던 중 10월 21~26일 청산리 일대에서 홍범도 부대 등과 연합하여 일본군을 크게 무찔렀다. 이를 청산리대첩이라고 부른다.

이후 독립군부대는 연해주로 이동하면서 그해 12월 소만(蘇滿) 국경지대인 밀산에서 대한독립군단으로 재편하였다. 이때 서일(徐一)은 총재로 추대되었고 그는 학도대 대장을 맡았다. 1921년 1월 독립군은 중국 국경을 넘어 러시아의 이만에 도착하였다. 여기서 김좌진의 북로군정서는 북만주로 되돌아와 소위 '자유시참변'을 모면하였다.

1922년 6월 그는 송전관(松田關·일명 솔밭관)의 한족(韓族) 공산당 군대에서 활동하였다. 이 부대는 연해주에서 결성된 한인 공산주의 단체였는데 여러 독립군 세력들이 참여하고 있었다. 이 부대는 1922년 9월 고려혁명군으로 개편되었는데 이때 그는 기병대장을 맡아 활동하였다. 1925년 3월 고려혁명군이 중국군 장종창(張宗昌) 부대에 무장해제를 당하자 이를 계기로 장종창 부대에서 활동하였는데 이때 윤형권(尹衡權)이란 이름을 사용하였다.

1925년 7월 김좌진의 부름을 받고 영고탑(寧古塔)에 가서 성동(城東)사관학교 설립을 추진하였으며, 1931년 만주사변 후에는 중국의 소병문(蘇炳文)·마점산(馬占山) 부대에서 활동하였다. 당시 소병문과 마점산은 하얼빈 이북 지역을 중심으로 일본군과 전쟁을 벌이고 있었는데 그는 참모장 또는 작전 과장으로 활동하였다. 이후 마점산 부대가 일본군에 패해 러시아 톰스크로 이동하자 그들과 함께 톰스크 피난민 수용소에서 지냈다.

1934년 2월 임시정부가 낙양(洛陽)군관학교에 한인 특별반을 설치하자 학생대장에 임명되었는데 이때 왕운산(王雲山)이라는 이름을 사용하였다. 1936년 12월 다시 중국군에 들어가 활동하다가 임시정부가 한국광복군 창설을 추진하자 1940년 6월 임시정부로 돌아왔다. 그는 박찬익·지청천·유동열·김학규·조경한 등과 한국광복군창설위원회 위원으로서 광복군 창설 실무를 담당하였다.

1940년 9월 17일 중경에서 한국광복군이 창설되자 총사령은 지청천, 그는 참모장을 맡았다. 1942년 10월 서안(西安)의 2지대장으로 부임해 초모 활동에 진력하였다. 1944년 10월 미군의 전략 첩보 기구인 OSS(Office of Strategic Services)와 접촉해 이듬해 5월 2지대 대원 50명을 선발해 OSS와 합동훈련에 들어갔다. 1945년 8월 7일 훈련받은 대원들을 국내로 파견하기로 협의한 후 그달 18일 국내 정진대가 여의도 비행장에 내렸으나 준비 부족으로 별 성과 없이 서안으로 복귀하였다.

그는 1946년 6월 3일 광복군 대원 500여 명을 인솔해 귀국하였다. 그해 10월 조선민족청년단(족청)을 조직해 활동하면서 해방정국에서 영향력 있는 인물로 부각되었다. 1948년 8월 15일 대한민국 정부가 수립되면서 초대 국무총리와 국방부 장관을 겸임하였다. 1951년 12월 자유당 창당에 참여하였고 1952년 원외 자유당 부당수로 부통령 후보로 나섰다가 낙선하였다. 1960년 자유연맹 소속으로 참의원 의원에 당선되었다.

그는 1920년 대종교에 입교하였는데 그해 4월 김좌진의 요청으로 북로군정서 산하 사관연성소 교수부장으로 근무할 때로 추정된다. 해방 이듬해 1946년 5월 25일 지교로 승질하고 그날 경의원 참의에 임명되었다. 1949년 1월 3일 상교로 승질하였으며, 2월 21일 경의원 참의에 연임되었다. 1960년 10월 17일에 정교(正教)와 대형(大兄) 호를 받았으며, 그날로 원로원 참의에 임명되었다. 1968년 6월 7일에 사교(司教)와 도형(道兄) 호를 받았다.

그는 1972년 5월 11일 지병인 심근경색으로 서울 명동 성모병원에서 별세했다. 장례는 5월 17일 서울 남산광장에서 국민장(國民葬)으로 치렀으며, 서울 현충원 국가유공자 제2 묘역에 안장됐다.

1963년 건국훈장 대통령장을 받았다.

78 이범윤 (李範允, 1856~1940, 건국훈장 대통령장)

러시아 의병 지도자 출신 독립군 원로

이범윤은 1856년 12월 29일 서울에서 태어났다. 본관은 전주(全州), 자는 여옥(汝玉) 또는 국보(國甫)이다. 구한말 정치가 겸 외교관을 지낸 이범진(李範晋)은 그의 6촌 형이다.

그의 학력과 성장 과정에 대해서는 잘 알려져 있지 않다. 그는 46세 때인 1902년 5월 간도시찰(間島視察)로 처음 벼슬길에 들어섰다. 간도 지방은 예로부터 한민족의 활동무대였으나 조선 후기 이후 조선인들이 간도로 이주하여 농경을 시작하면서 청국과 사이에 간도 귀속 문제가 야기되었다. 이에 조선 정부는 1883년 어윤중을 서북경략사(西北經略使)로 파견하여 이 지역이 조선의 영토임을 주장하였다. 1901년 조선 정부는 간도 한인들에 대한 행정·보호 기관으로 변계경무서(邊界警務署)를 설치하였다.

1903년 간도관리사로 임명된 그는 간도 지역 조선인에 대한 행정 업무를 전담하였다. 그는 이 지역의 포수들을 규합해 사포대(射砲隊)를 조직하였는데 이는 훗날 간도 지역 의병의 모태가 되었다. 1904년 러일전쟁이 발발하자 그는 러시아 군대와 연대하여 함경북도 지역에서 일본군과 싸웠다. 1905년 일본이 러일전쟁에서 승리한 후 을사늑약을 강제 체결하자 그는 자신을 따르는 사람들을 이끌고 1906년 초 러시아령 연추(煙秋·크라스키노)로 근거지를 옮겼다.

이후 이 지역 한인사회의 유지이자 거부인 최재형(崔在亨)의 지원으로 의병 부대 편성에 나섰다. 그곳에서는 민간인의 총기 소유는 물론 총기나 탄약구입도 자유로워 의병 부대가 전투력을 갖출 수 있게 되었다. 1908년 여름 그는 연추에서 최재형과 연합하여 3~4천 명에 달하는 청년들을 모아 의병 부대를 편성하였다. 그는 총독을 맡았고, 유인석(柳麟錫)은 총대장, 안중근(安重根)은 우영장을 맡았다. 연추 의병 부대는 1908년 7월부터 9월까지 약 2개월에 걸쳐 지속적으로 두만강을 건너 국내 진공 작전을 벌였다.

1909년 10월 26일 안중근 의사의 하얼빈 거사가 성공하자 그는 이를 계기로 투쟁역량을 결집하여 재차 항일 의병투쟁을 전개하고자 1910년 6월 유인석과 함께 13도의군(義軍)을 조직하였다. 이 부대는 유인석 도총재 아래 창의군(彰義軍)과 장의군(壯義軍) 두 부대로 편제되었는데 그는 창의군 총재로 선임되었다. 1910년 8월 한일병탄조약이 체결되자 성명회(聲明會)를 조직해 '합병무효'를 선언하였다. 이 일로 러시아 정부는 그들에게 체포령을 내렸다.

연추에 은신하던 그는 그해 10월 24일 러시아 당국에 체포되었다. 이르쿠츠크에서 7개월간의 유형 생활 끝에 1911년 5월 18일 석방돼 연해주 블라디보스토크로 돌아왔다. 그 직후에 이종호·이상설·최재형 등 연해주 한인 독립운동가들은 현실적이고도 지속적인 독립운동의 방략을 구상한 끝에 자치기관으로 권업회(勸業會)를 창립하였다. 창립 당시 회장은 최재형, 부회장은 홍범도가 맡았는데, 그해 12월 총회에서 체제 개편으로 유인석이 수총재(首總裁), 그를 비롯해 김학만·최재형·최봉준이 총재로 선임되었다. 권업회는 1914년 무렵 회원 수가 8,579명에 달할 정도로 위세가 커졌다.

1919년 2월 만주·노령의 지도자들이 대한독립선언서를 발표할 때 그는 서명자 39인 중 한 사람으로 참여하였다. 그해 4월 만주에서 활약하던 의병들이 연길현 명월구에서 의군부(義軍府)를 조직하였는데 이때 그는 총재로 추대되었다. 또 서북간도 일대의 복벽주의(復辟主義) 독립운동가들이 조직한 광복단의 단장으로 추대되기도 했다. 자유시참변 이후 북만주로 복귀한 독립군은 1922년 8월 대한독립군단으로 재편하였는데 이때에도 총재로 추대되었다.

대한독립군단이 중심이 되어 북간도 지역 독립군단들을 통합하기 위해 1925년 3월 길림성 액목현에서 부여족 통일회의가 개최되었다. 여기서 대한독립군단과 북간도에서 재정비한 북로군정서 등이 통합하여 새로 신민부(新民府)를 창립하였다. 이때 그는 혁명 원로로서 신민부의 자문기구로 설치된 참의원 원장으로 추대되었다. 또한 신민부가 무관 양성을 위해 목릉현 소추풍(小秋風)에 설립한 성동(城東)사관학교의 고문으로도 활동하였다.

근왕주의(勤王主義) 성향의 그가 언제 어떤 계기로 대종교로 입교했는지는 정확히 알 수 없다. 다만 연해주에서 대종교인들과의 관계에서 대종교에 귀의한 것으로 추정된다. 그는 대종교인 백순(白純)과 연합하여 독립투쟁을 전개하였으며, 1919년 의군부(義軍府) 총재가 된 이후 청산리전투 연합작전 때 대종교인들과 함께 참가하였다. 또 대종교의 핵심 인물인 서일이 이끌던 대한총군부의 총장을 지냈으며, 김좌진 등과 신민부를 조직하고 참의원장을 맡았다.

그는 1940년 10월 20일 노환으로 별세하였다. 향년 84세. 1968년 9월 서울 현충원 애국지사묘역에 묘소가 마련되었다.

1962년 건국훈장 대통령장이 추서되었다.

79 이병기 (李秉岐, 1892~1968, 건국훈장 애국장)

조선어 연구에 가담한 시조 문학 대가

이병기는 1891년 3월 5일 전북 익산에서 태어났다. 본관은 연안(延安), 호는 가람(嘉藍)이다.

8세 때인 1898년부터 고향의 사숙(私塾)에서 한학을 공부하다가 당대 중국의 사상가 양계초(梁啓超)의 〈음빙실문집(飮氷室文集)〉을 읽고 신학문에 뜻을 두었다고 한다. 1910년 전주 공립보통학교를 마치고 서울로 올라가 1913년 관립 한성사범학교를 졸업하였다. 사범학교 재학 중인 1912년 조선어 강습원에서 주시경(周時經)으로부터 조선어 문법을 배웠다.

사범학교 졸업 후 1913년부터 남양(南陽)·전주 제2·여산(礪山) 등의 공립보통학교에서 교편을 잡았다. 이때부터 국어국문학 및 국사에 관한 문헌을 수집하면서 시조(時調)를 중심으로 시가 문학을 연구, 창작하였다. 서울대 도서관의 '가람문고'는 이때 수집한 책들을 기증한 것이다.

1921년 권덕규·임경재 등과 함께 조선어문연구회를 조직해 간사를 맡았다. 1922년부터 동광·휘문고보에서 교편을 잡으면서 시조에 뜻을 두고 1926년 '시조회(時調會)'를 발기하였다. 1927년 2월 권덕규·최현배·정열모·신명균 등과 같이 '한글사(社)'를 조직하고 월간 잡지 〈한글〉을 발간하여 민족의식 고취에 힘썼다. 1929년에는 조선어연구회가 조직한 조선어사전편찬회 발기인이 되어 사전편찬을 추진하였다.

1930년 조선어연구회의 '한글맞춤법통일안' 제정위원으로 선출되었으며, 이듬해에는 동아일보사의 지원으로 조선어학회(조선어연구회 후신)의 전국 순회 조선어강습회 강사로 청년들에게 한글 강습을 하였다. 1934년 5월 국학 연구 단체인 진단학회(震檀學會) 창립 발기인으로 참여해 국학운동에도 적극 참여하였다. 1936년 1월에는 조선어학회가 조직한 조선어표준 사정위원회(査定委員會) 위원으로 선출되어 활동하였다.

1942년 소위 '조선어학회사건'에 연루돼 그해 10월 18일 일경에 체포되었다. 그는 함경남도 홍원경찰서와 함흥경찰서에서 조사를 받고 1943년 9월 18일 함흥지방법원에서 기소유예로 석방되었는데 사실상 1년간의 옥고를 치렀다. 이 사건으로 인해 조선어학회는 해산되었고, 사전(辭典) 원고는 증거물로 경찰서 두 곳을 옮겨 다니다가 상당 부분 망실되었다.

출옥 후 그는 한때 귀향하였다가 8.15광복 후 상경하여 미군정청 편수관, 편수과장을 지냈다. 이후 1946년부터 서울대 교수, 전북대 문리대학장, 학술원 회원 등을 역임하면서 국문학 및 서지학 연구에 큰 업적을 남겼다. 또 그는 난초 등을 주제로 한 다수의 시조 작품을 남겨 현대시조의 개척자로 불린다.

그는 1920년 11월 21일에 대종교에 입교하였다. 그의 스승 주시경을 비롯해 김두봉·이극로·최현배·한징·신명균·안확 등 당시 한글 운동을 하던 인사 중에는 대종교인이 많았다. 이들 중 대다수는 조선어학회사건에 연루돼 옥고를 치렀으며, 이윤재와 한징은 감옥에서 옥사하였다.

평소 그는 대중 앞에 잘 나서지 않는 성격이었다. 그러나 개천절 행사나 어천절 행사 때는 대종교 중앙교당에 가 축사를 하곤 했다. 행사를 마치고는 몇 사람이 함께 남산에 올라 조선인의 찌그러진 오막살이집을 보면서 식민지 조선의 참상을 한탄하기도 했다.

그는 일기(日記)에서 한배 님의 가르침(대종교 신앙)은 오랜 세월 전부터 우리 민족의 생활 속에서 삼신(三神) 신앙으로 전해져 온 것으로 이제와서 대종교를 믿는다는 것은 새삼스럽다고 했다. 그에게 한글 운동과 국학 연구는 독립운동의 일환이었다. 그의 수필 가운데 한 대목을 소개하면,

> "나는 다만 국학으로서 우리 독립 국가를 도와 희생하고자 한다. 또 (조선)어학회 사건과 같은 정신의 일이라면 나는 영어(囹圄)되어 썩드라도 기쁘게 참가하겠다."

그는 1968년 11월 29일 익산 자택에서 뇌일혈로 별세했다. 장례는 전북 예총장(藝總葬)으로 치러졌으며, 유해는 향리의 용화산 선영에 안장되었다.

1990년 건국훈장 애국장(1977년 건국포장)이 추서되었다.

80 이상룡 (李相龍, 1858~1932, 건국훈장 독립장)
서간도 독립군 이끈 임정 초대 국무령

이상룡은 1858년 11월 24일 경북 안동에서 태어났다. 본관은 고성(固城), 자는 만초(萬初), 호는 석주(石洲), 초명은 상희(象羲)이며 서간도 망명 후 한때 계원(啓元)이라는 이름을 사용하였다.

어려서 한학을 배웠으며 18세 때인 1876년부터 서산(西山) 김흥락(金興洛) 문하에서 수학하였다. 28세 때인 1886년 과거에 응시했다가 낙방하였다. 이때 탐관오리들의 부패상을 보고 과거를 포기하고 1년간 전국을 유람하였다.

1895년 을미사변과 그해 11월 단발령 반포를 계기로 전국에서 의병이 일어

나자 문중을 대표해 의병 활동 자금으로 500냥을 기부하였다. 1905년 11월 을사늑약이 강제 체결되자 가야산에 진지 구축에 나섰다. 1907년 유인식·김동삼 등과 협동(協東)학교를 설립하여 애국계몽운동을 전개하였다. 1908년 말 안동 지역 유림의 반발 속에 대한협회 안동지회 설립을 추진해 성사시켰다.

그 무렵 그는 가야산에 의병 진지를 구축한 일 등이 드러나 일경에 체포되었으나 한 달 만에 석방되었다. 1910년 나라가 망하자 만주에 독립군 기지 건설계획을 세우고 1911년 초 만주로 망명하였다. 뒤이어 도착한 가족들과 함께 애초 목적지인 서간도 류하현 삼원보(三源堡)로 이동했다. 그는 이동녕·이회영 등과 경학사(耕學社)를 조직해 사장에 선임되었는데, 곧이어 한인 2세 교육기관으로 신흥강습소(新興講習所)를 설립하였다. 초대 교장은 석오 이동녕.

1912년 경학사에 이어 두 번째 자치기관인 부민단(扶民團)을 건립하고 단장에 선임되었다. 논농사에 적절한 통화현 합니하(哈泥河)로 활동 근거지를 옮긴 후에는 동포들의 생활 안정에 힘썼다. 논농사를 위해 광업사(廣業社)라는 단체를 조직했으며, 농기구를 제작할 수 있는 철공장을 만들고 또 신성호(新成號)라는 금융기관을 세웠다. 이처럼 독립군 기지의 기반이 조성되자 1912년 5월 새로 옮겨온 통화현에 제2의 신흥강습소를 설립하였다.

1919년 2월 김교헌·김좌진·김동삼·박용만·이동녕 등 각 지역의 지도자들과 함께 '대한독립선언서'를 발표하였다. 얼마 뒤 고국에서 3.1혁명이 일어나자 서간도에서도 3월 12일 만세 시위를 벌였다. 그해 4월 서간도에 독립군 기지를 체계적으로 이끌어 갈 조직으로 한족회(韓族會)를 설립하고 회장으로 추대되었다. 11월에 한족회는 임시정부 산하 군사기관으로서 서로군정서로 개칭하면서 그는 총책임자인 독판(督辦)으로 선임되었다.

1919년 5월 신흥강습소를 신흥무관학교로 개편해 본격적인 독립군 양성에 나섰다. 초대 교장은 이세영, 연성대장은 지청천이 맡았다. 블라디보스토크에서 무기를 구입해 무장한 서로군정서는 1920년 5월부터 압록강을 넘어 일제 경찰서 등을 습격해 전과를 올렸다. 이에 일본군은 대규모 병력을 투입해 간도 지역 독립군 섬멸에 나섰다. 이때 서로군정서는 안도현으로 이동하다가 추격해오던 일본군과 청산리 일대에서 전투를 벌여 대승을 거뒀다.

1921년 북경에 가서 박용만·신숙 등과 군사통일회의에 참석한 후 서로군정서는 임시정부에서 이탈해 무장투쟁의 독자 노선을 견지하였다. 1923년 남만주 독립군 통합단체인 대한통의부가 분열되자 새로운 군정서를 조직해 독판을 맡았다. 1924년 11월 남만주의 새로운 통합 독립운동단체인 정의부(正義府)가 조직되자 직접 참여 대신 뒤로 물러나 후원자 역할을 하였다. 1925년 8월 상해로 가서 이승만 탄핵 후 개헌을 통해 지도체제가 국무령제로 바뀌자 임시정부 초대 국무령에 취임하였다.

그는 만주에서 무장투쟁을 한 참의부 출신들을 국무위원으로 중용했다. 그러나 임시정부 내의 사상적 대립과 파쟁으로 그는 정치적 경륜을 발휘할 수 없게 되었다. 그러자 그는 취임한 지 불과 5개월만인 1926년 2월 국무령을 사임하고 만주로 돌아와 정의부·참의부·신민부의 통합을 위해 힘썼다.

그가 대종교에 입교한 날짜는 정확히 알 수 없으나 그는 대종교의 중심인물로 활동했다. 그가 대종교 서도본사의 핵심 인물로 활동한 기록은 여러 군데서 나타나고 있다. 19107년 그와 함께 협동(協東)학교를 설립한 유인식·김동삼은 물론 만주에서 경학사와 신흥강습소 설립을 주도했던 이동녕·이회영 등도 모두 대종교인이었다. 그는 단군 계열인 단학회(檀學會)의 핵심 멤버들과 〈단학회보(檀學會報)〉를 발간했으며, 대종교 2대 교주 김교헌이 주도한 '대한독립선언서'에도 서명자로 이름을 올렸다.

그는 1932년 6월 15일 길림성 서란현 소성자(小城子)에서 향년 74세로 별세하였다. 유해는 그의 유언에 따라 현지에 가묘를 썼다가 1938년 동취원창(東聚源昶)으로 이장하였다. 1990년 10월 유해를 봉환해 대전현충원에 이장했다가 1996년 5월 서울 현충원 임시정부 요인 묘역으로 다시 이장하였다.

1962년 건국훈장 독립장이 추서되었다.

81

이상설 (李相卨, 1870~1917, 건국훈장 대통령장)
연해주 독립운동 개척한 '헤이그 특사'

이상설은 1870년 12월 7일(음) 충북 진천에서 태어났다. 본관은 경주(慶州), 아명(兒名)은 복남(福男)·상남(相男), 자(字)는 순오(舜五), 호(號)는 보재(溥齋), 당호(堂號)는 벽로방(碧蘆舫)이다.

어려서부터 신동으로 불렸으며 유학은 물론 신학문에도 남다른 재능을 보였다. 25세 때인 1894년 조선왕조 최후의 과거시험인 갑오년 문과에 병과(丙科)로 급제하여 출사하였다. 비서감(祕書監)의 좌비서원랑(左祕書院郎)을 거쳐 27세 때인 1896년 성균관(成均館) 교수 겸 관장에 임명되었다. 이후 한성사범학교 교관, 탁지부 재무관, 궁내부 특진관, 학부·법부 협판(協辦) 등을 거쳐 1905년 11월 1일 을사늑약을 보름 앞두고 의정부 참찬(參贊)에 발탁되었다.

그가 민족운동에 처음으로 나선 것은 일본의 황무지개척권 반대 투쟁을 주도하면서부터다. 일본은 1904년 6월 주한일본공사 하야시 곤스케(林權助)를 통해 대한제국 정부에 '황무지개척권 요구계약'안'을 제시하였다. 그는 박승봉과 연명으로 올린 상소를 통해 "토지는 국가의 근본이고 재물은 민생의 근본"이라며 반대하였다. 이후 그는 보안회(輔安會)를 조직하고 일본 규탄대회를 개최하는 등 반대 여론을 선도하였다. 결국 고종이 그의 상소를 받아들임으로써 '광무가지(光武嘉之)'라는 말까지 생겨났다.

1905년 11월 을사늑약이 체결되자 그는 사직 상소문을 올렸다. 그는 고종에게 단연코 인준을 거부하고 종묘사직을 위해 '순사(殉死)'하라고 강경하게 요구하였다. 황제에게 극단적 충언을 마다하지 않은 것은 그가 유일했다. 계속된 상소에도 불구하고 조약 파기가 불가능하다고 판단되자 11월 30일 평리원에서 복합 상소를 마치고 거리로 나가 민중들에게 비장한 연설을 하고 현장에서 자결을 시도하였다. 을사늑약 파기 투쟁은 그가 본격적으로 민족운동에 나서는 계기가 되었다.

1906년 4월 그는 러시아 블라디보스토크로 망명하였다. 망명 당시 고향 진천의 양부로부터 물려받은 많은 토지와 서울 저동의 저택을 매각하여 독립운동 자금으로 마련하였다. 그는 북간도 용정에 서전서숙(瑞甸書塾)을 개설하여 민족 교육을 실시하였다. 1907년 6월 15일 러시아 황제 니콜라이 2세의 주창으로 네덜란드 헤이그에서 제2회 만국평화회의가 개최되자 이준, 이위종과 함께 특사로 파견되었다. 이들은 각국 대표들을 만나 지원을 요청하였으나 거절당하자 활동을 중단하고 구미 열강 순방에 올랐다.

헤이그 특사파견을 빌미로 일제는 고종을 퇴위시켰다. 이어 정미칠조약을 강요하고, 대한제국 군대를 강제 해산시켰다. 이 무렵인 8월 9일 그는 궐석재판에 회부돼 사형이 선고되었다. 1908년 2월 그는 미국으로 건너가 독립 지원을 호소하는 외교활동을 계속하였다. 1909년 4월 블라디보스토크로 돌아온 그는 연해주 지역 한인 지도자들을 규합해 독립운동기지 건설을 구상하였다. 한인 청소년에게 근대적인 문무겸전(文武兼全)의 민족 교육을 실시해 광복군으로 양성하여 일제와 무장투쟁을 펼칠 계획이었다.

1910년 6월 이범윤·이남기 등과 함께 연해주와 국내의 의병을 규합하여 통합군단인 13도의군(義軍)을 편성하였다. 그해 7월 그는 유인석과 함께 고종에게 블라디보스토크로 망명할 것을 권유하였다. 이는 그의 보황주의적 정체성을 보여주는 대목이기도 하다. 강제 병합이 구체화 되자 그는 블라디보스토크에서 성명회(聲明會)를 조직해 강제 병합 반대 투쟁을 주도하였다. 이 일로 13도의군 대표들은 러시아 정부에 체포되었고, 그는 니콜리스크로 추방되었다.

1911년 12월 블라디보스토크로 돌아온 그는 동지들과 권업회(勸業會)를 조직하여 회무를 집행하는 회장을 맡았다. 1913년 그는 일제의 밀정으로 몰려 하바롭스크로 추방되었다. 그는 아무 변명도 없이 모든 공직을 내려놓고 이른바 '삼읍시(三泣詩)'를 짓고 하바롭스크로 떠났다. 이후 오해가 풀려 다시 블라디보스토크로 귀환하여 권업회를 이끌었으나 1914년 제1차 세계대전의 발발로 권업회는 해산당하고 말았다.

1915년 3월경 상해에서 박은식·신규식·조성환·유동열 등이 주도하여 신한혁명단을 조직하였다. 이들의 공통점은 모두 대종교인이었다. 그는 1913년에 이미 대종교 북도본사(北道本司)의 총책임자를 맡고 있었다. 그가 대종교에 입교한 정확한 날짜는 알 수 없으나 그는 대종교 중광 직후에 입교한 것으로 보인다. 그가 신한혁명단의 본부장에 추대된 것도 그런 연유에서다. 신한혁명단은 고종을 재차 망명시키려고 시도하였으나 실패하였다.

그는 '한국 근대 수학교육의 아버지'로 불릴 정도로 근대 수학과 과학 분야에 선구적인 업적을 남겼다. 여러 권의 입문서와 국내 첫 중등 수학 교과서로 불리는 〈산술신서(算術新書)〉를 펴내기도 했다. 그의 친동생 이상익(李相益)도 뛰어난 수학자였다.

상해에서 신한혁명단에 참여했다가 연해주로 돌아온 그는 1916년부터 병석에 누웠는데 이듬해 1917년 4월 1일 우수리스크 대년(大年) 병원에서 폐 질환으로 별세했다. 향년 48세. 그의 유해는 유언대로 화장하여 아무르강에 뿌려졌다. 서울 현충원 무후선열 제단에 위패가 마련돼 있다.

1962년 건국훈장 대통령장이 추서되었다.

82 이세영 (李世永, 1870~1938, 건국훈장 독립장)
을미의병 출신 통군부 군사부장 역임

이세영은 1870년 5월 29일 충청남도 청양에서 태어났다. 본관은 덕수(德水), 자는 좌현(佐顯), 호는 고광(古狂)·고광자(古狂子)이다. 이명으로 세영(世榮)·유흠(維欽)·천민(天民)이 있다.

양헌수에게 한학을 수학한 뒤 1889년 한국 최초의 근대식 공립 교육기관인 육영공원(育英公院)에 입학하였다.

1894년 동학혁명이 일어나자 이봉학과 향리에서 유회(儒會)를 설립, 스스로 약장(約長)이 되어 지방의 안정을 도모하였다. 1895년 을미사변에 격분하여 홍주(洪州·홍성)에서 이설 등과 함께 관찰사를 총대장으로 추대하고 의병을 일으켰으나 이승우의 간계로 패퇴하여 홍산(鴻山)으로 피신하였는데 이때 김복한 등 많은 동지가 붙잡혔다.

1896년 황재현·이관·김홍제 등과 남포(藍浦·보령)에서 다시 의병을 일으켰으나 실패하였다. 그 후 군주사(軍主事)에 제수되었으나 나아가지 않았다. 1897년 대한제국 군대의 육군 참위(參尉·소위), 1899년 부위(副尉·중위), 1902년 정위(正尉·대위)로 승진하여 헌병 대장 서리를 지냈으나 1903년 이후 나라가 기울자 이를 개탄하고 고향으로 돌아왔다.

1905년 을사늑약이 강제로 체결되자 민종식·채광묵 등과 함께 의병봉기를 모의하였다. 1906년 의병장 민종식의 참모장이 되어 홍주성을 함락시키는 등 활약하였으나 일군의 대대적인 공격을 받고 패하여 공주 진위대에 체포되었다. 그해 11월 23일 평리원(平理院)에서 종신 유배형을 선고받고 황해도 황주(黃州)로 유배되었다.

1907년 10월에 철도(鐵島)로 유배지가 옮겨졌으나 형(刑)이 중지되고 같은 해에 독립의군부(獨立義軍府) 충청·전라·경상 3도의 사령관에 임명돼 활약하였다. 1908년 동생 이창영(李昌永)과 함께 성명(誠明) 학교를 설립하여 교장이 되었고, 이듬해에 대한협회 은산지회(殷山支會)를 조직해 계몽 활동을 하였다.

1913년 3월 독립의군부 함경·평안·황해도의 3도 사령으로 활약하였으며 그해 6월 만주로 망명하여 통화현 합니하(哈泥河)에 독립군 양성과 후진 교육을 위해 설립된 신흥강습소의 소장 서리에 취임하였다. 1917년 6월 신흥강습소의 소장이 되었으며, 그해 11월 신흥강습소가 신흥무관학교로 개칭되자 교장으로 취임하여 청년 군관 양성에 힘썼다.

1919년 2월 길림에서 김교헌·여준·정안립·김동삼·김좌진 등이 대한독립선언서를 발표할 때 서명자 39인의 1인으로 참여하였다. 그해 국내에서 3·1 혁명이 일어나자 환인현에 거주하던 그는 손극장·독고욱·독고환 등과 함께 청년들을 규합하여 한교공회(韓僑公會)를 발족시켰다. 한교공회의 본부는 환인현

마권자(馬圈子)에 두고 인근 각처에 지부를 설치하여 일제의 침략 기관을 습격, 파괴하고 일본에 아첨하는 친일파 숙청 등 항일투쟁을 전개하였다.

1919년 4월 서울에서 13도 대표가 한성임시정부를 조직하였는데 이때 그는 참모부 차장에 임명되었으며, 그해 8월에는 상해 임시정부의 노동부 차장에 임명되었다. 1920년 5월 서로군정서에서 신흥학교를 정식 사관학교인 신흥무관학교로 개편하였는데 그는 계속해서 교장직을 맡았다. 1922년 2월 광한단(光韓團)·한족회(韓族會)·독립단·대한국민단대한청년연합회 등이 통합하여 관전현에서 대한통군부(統軍府)를 결성했는데 이때 채상덕(蔡尙悳)을 총장으로 추대하고 그는 군사부장을 맡았다. 그해 10월 통군부가 민정(民政)과 군정(軍政)을 병행하여 대한통의부(統義府)로 확대 개편되자 군사위원으로 또는 참모부장으로 계속 항일투쟁에 전념하였다.

그러나 청년 계층과 유림계층과의 알력으로 통의부 내에서 분규가 일어나자 그는 북경(北京)으로 가 버렸다. 전덕원의 간곡한 요청으로 다시 만주로 돌아온 그는 1923년 12월 군사 부문을 확대하여 진용을 강화하게 되자 통의부 군사부장에 임명되었다. 이후 일제의 추격을 피해 다시 북경으로 건너간 그는 1925년 5월 31일 임시정부의 내분을 규탄하는 교정서(矯正書)를 작성하여 연병호·박숭병 등과 같이 서명해 배포하였다. 그해 북경에서 한흥·원세훈 등과 〈앞잡이〉를 발행하기도 했다.

1930년 2월 북경에서 조성환·손일민 등과 한족동맹회(韓族同盟會)를 조직하였으며, 그해 7월에는 강구우(姜九禹) 등과 조선혁명당 제1 지부를 조직하여 항일투쟁을 계속하였다. 이후 중경(重慶)으로 옮겨 신사회(新社會) 부위원장, 요·길·흑민중후원회(遼吉黑民衆後援會) 간사 등을 맡아 활동하다가 1938년 2월 사천성 성도(成都)에서 별세하였다.

그는 1913년 5월 대종교에 입교하여 상교(尙敎)가 되었다는 주장도 있으나 정확하지는 않다. 다만 그는 대종교인들과 함께 독립투쟁을 벌였다. 1913년 만주로 망명하여 대종교인들이 주도한 신흥무관학교의 교장을 맡았으며, 1918년 2월에는 대한독립선언서에 서명자로 참여하였다. 또 1919년에는 대종교인 독고욱 등과 함께 한교공회를 결성했으며, 1930년에는 북경에서 조성환·손일민 등과 한족동맹회를 조직했다. 그는 대종교 네트워크 속에서 활동했다.

1963년 건국훈장 독립장이 추서되었다.

83 이시열 (李時說, 1892~1980, 건국훈장 애국장)

대종교 독립단체서 활동한 '운허 스님'

이시열은 1892년 2월 25일 평안북도 정주에서 태어났다. 본관은 전주(全州), 호는 단총(檀叢), 본명은 학수(學洙)다.

1911년 대종교에 입교하면서 이시열(李時說)로 개명했다가 일경의 추격 피해 박용하(朴龍夏)라는 가명으로 불교에 귀의하였다. 1962년 다시 이운허(李耘虛)로 개명한 후 그는 '운허 스님'으로 불렸다.

1908년 정주 향교에 임시 설치된 명륜(明倫) 측량강습소에서 측량술을 배웠다. 이후 평양에 가서 도근법(기준점 측량법)을 습득한 뒤 1909년 향리에서 측량 기수로 일했다. 1910년 9월 평양 대성(大成)중학교에 입학했으나 이듬해 소위 '105인 사건'으로 학교가 문을 닫자 귀향하였다.

1913년 봄, 그는 대성학교 동창생 김규환, 동향 출신의 김진호 등과 서간도 회인현(환인현 전신)에 있던 동창(東昌)학교를 찾아갔다. 이 학교는 대종교 시교사 윤세복이 설립한 회인현 최초의 민족학교이자 대종교를 포교하는 시교당이었다. 그는 1913년 대종교에 입교하였고 이듬해 1914년 5월 13일 참교(參敎) 교질을 받았다. 그는 김규환, 김진호와 함께 이곳에서 교사로 근무하였다. 교과는 단군을 민족사의 정통으로 삼는 것을 원칙으로 하였고, 국어와 역사 외에 군사훈련에 대비해 체조를 특별히 가르쳤다.

1913년 여름, 그는 안희제 등이 조직한 비밀결사체 대동청년단에 가입하였는데 이때 이름을 이학수에서 이시열로 바꾸고 단총(檀叢)이라는 호를 썼다. 일제의 감시와 탄압으로 동창학교가 문을 닫자 그는 1914년 겨울 귀향하였다. 이듬해 4월 그는 가족을 이끌고 흥경현 하가보(何家堡)로 이주했다. 1915년 6월 김규환 등과 일신(日新) 학교를 설립해 교사로 활동했는데 이듬해 2월 흥동(興東) 학교로 개칭하였다. 1918년 봄에는 통화현 반랍배(半拉背)에 배달(倍達)학교를 설립해 학생들에게 민족정신을 고취시켰다.

1919년 4월 서간도 지역 독립군 지도자들이 서로군정서를 조직하자 이에 가담해 〈한족신보(韓族新報)〉 발행 책임을 맡았다. 1920년 1월 중국 경찰대가 한족신보사를 수색해 인쇄기를 전부 압수해가자 그는 사장직을 사임하였다. 그해 3월 반랍배에서 무장 게릴라 단체 광한단(光韓團)이 결성되자 그는 단장을 맡았다. 1921년 2월 국내 각 단체들과 연락할 목적으로 조우석(趙祐錫)이란 가명으로 국내에 잠입했다가 발각돼 박용하(朴龍夏)로 이름을 바꾼 뒤 강원도 회양군 봉일사(鳳逸寺)에서 피신하였다.

그는 피신처인 봉일사에서 1921년 5월 사미계를 받았다. 이후 불교로 개종한 그는 1929년 4월 다시 통화현 반랍배로 가서 그해 7월 교포들이 설립한 보성(普成)학교 교장을 맡게 되었다. 그해 9월 국민부 소속 민족진영 유일당인 조선혁명당이 창당되자 가입하였다.

1932년 1월 5일 조선혁명당과 국민부, 조선혁명군의 주요 간부들이 비상회의를 열었는데 이 사실이 사전에 알려져 관련자 63명이 일경에 체포되었다. 그는 누이동생 집에 은신해 있다가 음력 2월경 남양주 봉선사(奉先寺)로 귀환했다. 그의 서간도 독립투쟁은 '신빈(新賓) 사건'이라 불리는 이 일로 막을 내렸다. 그는 1933년부터 1949년까지 봉선사에서 시무하였다.

대종교 총본사는 1946년 2월 28일 32년 만에 환국하였다. 종단에서는 기구와 직원 재편하고 본격 활동에 나섰다. 그는 그해 2월 23일자로 지교, 4월 24일자로 상교의 교질을 받았다. 비록 불교에 귀의하였지만 동창학교 시절 윤세복 교주와의 인연으로 대종교에 협조하였다. 1946년 6월 대종교 총본사 종리연구실에서 찬수를 맡아 〈삼일신고〉, 〈신리대전〉, 〈신사기〉, 〈회삼경〉을 국역 주해하였으며, 1954년 7월에는 종사편집부 주간을 맡아 활동했다.

그가 시무했던 남양주 봉선사(奉先寺)는 일주문 편액이 독특하다. 다른 사찰처럼 한자 가로쓰기가 아니라 한글 세로쓰기로 '운악산 봉선사'라고 씌어 있다. 또 대웅전(大雄殿)도 '큰 법당'이란 한글 편액이며 법당 기둥에 써 붙인 주련(柱聯) 역시 모두 한글이다. 대종교에 몸담고 있던 시절 그는 대종교인이자 한글학자인 이극로·최현배·이병기 등과 깊이 교류하였다. 그가 불경 한글 번역에 매진한 점, 봉선사에 한글 편액을 내건 것은 이들과의 인연과 무관치 않다.

봉선사에는 춘원 이광수(李光秀)의 흔적이 남아 있다. 그와 춘원은 6촌 간으로 어린 시절 같이 공부하며 자랐다. 일제 때 친일 작가로 활동한 춘원은 해방 후 신변에 위협을 느껴 한때 봉선사에 은거한 적이 있다. 그런 인연으로 1975년 봉선사 입구에 이광수 기념비가 세워졌다. 역대 수많은 종교인 가운데 유교·대종교·불교 3교를 두루 섭렵한 사람은 그가 유일할 것이다.

그는 1980년 11월 18일 봉선사에서 속랍 89세, 법랍 59세로 입적했다. 1991년 건국훈장 애국장(1963년 대통령 표창)이 추서되었다.

84 이시영 (李始榮, 1869~1953, 건국훈장 대한민국장)
임정 법무부장 지낸 대한민국 부통령

이시영은 1869년 12월 3일 서울에서 태어났다. 본관은 경주(慶州), 자는 성흡(城翕)·성옹(聖翁), 호는 성재(省齋), 본명은 성흡(聖翕)이다. 해방 전에는 시림산인(始林山人)이란 필명을 아호로 썼다.

7세 때부터 한학을 배워 17세 때인 1885년 소과에 합격하였다. 1891년 대과에 급제하였으며, 이듬해 홍문관 수찬, 교리를 지냈으며, 1894년 승정원 동부승지에 이어 우승지에 임명되었고, 갑오개혁 때 수석 참의로 있었는데 김홍집(金弘集) 총리대신은 그의 장인이다.

1905년 1월 외부(外部)의 교섭국장에 임명되었으며, 1905년 을사늑약이 강제 체결되자 사임하였다. 1908년 한성재판소장, 법부 민사국장, 고등법원 판사로 근무하였으며 1909년 종2품에 이르러 법전(法典) 조사와 전고(銓考) 및 법률 기초위원으로 근무하였다.

1908년 5월 대한학회 발기인으로 참여하였고 경기·충청 인사가 참여한 기호흥학회 찬무원으로 활동하면서 애국계몽운동에 참가하였다. 이에 앞서 1907년 신민회(新民會) 결성을 주도한 이회영·안창호·이동녕·이승훈·전덕기 등과 교류하며 시국에 대한 고민을 공유하였다.

그는 대한제국의 고위 관료로서 국왕의 총애를 받았던 근왕적 인사였다. 그러나 그는 상동 청년회와 신민회의 애국적 개화 인사들과 교류하였다. 또 서우학회, 기호흥학회, 대한학회 등 여러 단체에 가입해 활동하면서 그는 근왕적 성향에서 점차 근대적 인물로 진화하였다.

그의 삶에서 또 하나의 전기를 맞게 된 것은 1918년 4월 25일 대종교 입교였다. 이후 그는 대종교인들이 주도한 '대동단결의 선언'의 정신을 이은 대한독립선언서에 참여하였으며, 신규식 등 대종교인들과 더불어 대한민국 임시정부에서 핵심 인물로 활동하였다.

1910년 경술국치를 당하자 그는 위로는 건영·석영·철영·회영, 아래로는 소영·호영 등 7형제의 가족 50여 명과 함께 1911년 2월 남만주의 유하현 추가보(鄒家堡)로 망명하였다. 그해 4월 자치단체인 경학사(耕學社)를 설립해 이상룡을 초대 사장으로 추대하였다. 이어 5월에는 독립운동 기지 건설과 독립군 양성을 위해 신흥강습소를 설립하였다. 신흥강습소의 '신흥'은 신민회의 '신(新)'자와 다시 일어나는 구국 투쟁이라는 의미를 살려 '흥(興)'자를 붙인 것이다.

1919년 2월 대한독립선언서에 서명한 그는 3.1혁명 후 상해로 가서 임시의정원 구성에 참여하였다. 4월 11일 임시정부가 수립되자 그는 초대 법무 총장에 선출되었다. 그해 9월 통합 임시정부가 정식 출범하자 재무 총장에 선임돼 임정의 재정 업무를 총괄하였다. 이승만 탄핵 문제를 놓고 임정 내에서 갈등을 벌이던 중 임시 대통령 대리를 맡고 있던 이동녕이 사임하자 그도 재무 총장직을 내려놓고 임시정부에서 물러났다.

1930년 1월 한국독립당이 결성되자 발기인으로 참여하였으며, 1932년 4월 윤봉길 의거 이후 이동녕·김구 등 임정 요인들과 함께 피난길에 올랐다. 한국독립당이 해체되고 임시정부의 존립도 위태로운 지경에 처하자 1935년 11월 임시정부의 국무위원 겸 법무부장에 취임하여 임시정부를 지키는 데 앞장섰다.

1940년 5월 중경에서 한국독립당이 새로 결성되자 4인의 중앙감찰위원 가운데 한 사람으로 선임되었다. 1944년 4월 열린 제36차 임시의회에서 국무위원으로 선출돼 감찰위원장에 임명되었다.

1945년 8월 1일 일본이 항복하자 그해 11월 23일 김구·김규식 등과 함께 임정 요인 제1진으로 귀국하였다. 그해 12월 신탁통치 논란이 일자 이승만과 함께 독립촉성국민회를 조직하고 회장에 선출되었다. 1946년 봄 성균관 총재에 추대되었으며, 신흥무관학교를 부활시키고자 노력하였으나 여의치 않자 1949년 5월 2년제 신흥 초급대학으로 개교하였다. 1947년 9월 성명을 통해 임시정부의 국무위원과 임시의정원 의원을 사퇴하면서 정치 일선에서 물러났다.

1948년 한반도 통일문제가 논란이 되자 그는 남한만의 단독선거와 단독정부 수립을 지지하였다. 이로써 그는 오랜 동지로 지낸 김구와 결별하였고, 1948년 7월 20일 제헌국회에서 압도적인 표를 얻어 부통령에 당선되었다. 한국전쟁 와중에 발생한 국민방위군사건 진상조사를 놓고 권력 핵심부 인사들이 방해하자 이를 비판하며 부통령직에서 물러났다. 1952년 '부산 정치파동'이 일어나자 그는 서상일·조병옥·김창숙 등과 부산에서 반독재호헌구국선언대회를 개최하여 이승만 정권의 독재정치를 비판했다.

일제 하와 해방 후를 통틀어 그는 대종교와의 인연을 이어갔다. 1918년 4월 25일 대종교에 입교한 그는 그해 11월 9일 참교, 1924년 2월 22일 지교로 승질하였다. 1946년 3월 26일 상교로 승질하여 경의원 의장으로 선임되었으며, 8월 19일에는 정교(正教)와 대형(大兄) 호를 받았다. 이어 1950년 5월 8일 사교(司教)와 도형(道兄)의 호를 받고 원로원장에 선임되었다.

그는 1953년 4월 17일 동래 온천동에서 노환으로 별세했다. 향년 84세. 장례는 국민장으로 치러졌으며 유해는 서울 정릉에 안장되었다가 1964년 수유리 국가관리묘역으로 이장되었다.

1949년 건국훈장 대한민국장을 받았다.

85

이용태 (李容兌, 1890~1966, 건국훈장 애국장)

'임오교변' 때 투옥돼 수형 기록 남겨

이용태는 1890년 8월 12일(음) 충북 충주에서 태어났다. 본관은 광주(廣州), 자는 백삼(白三), 호는 단암(檀菴)이다.

5세 때인 1894년 제천으로 이사하여 한학을 배웠다. 1910년 4월 서울로 올라와 이종두와 함께 양(洋)약국을 경영하였다. 1913년 4월 충북 중원군 근좌면(현 제천시 봉양읍) 면서기로 임명돼 근무하던 중 그달 17일 제천에서 대규모 만세 시위가 일어났다. 그때 동생 이용준(李容俊·건국훈장 애국장)이 만세 시위에 참가했다가 일경에 체포되는 현장을 목격하고 자신도 독립운동에 참여하기로 결심하고 면장에게 사표를 제출하였다.

1920년 봉양면 청년회장에 선출되어 활동하였으며 봉양 모범서당을 설립하여 청년 교육에도 힘썼다. 1922년 1월에는 봉양면 소작인회를 발기하여 소작인들의 권익 보호에도 앞장섰으며, 그해 8월에는 봉양 농민조합을 조직해 농민들을 위해 활동하였다. 1924년 1월 봉양면장에 임명된 이후에도 그는 농민과 소작인들의 권익 옹호를 위해 계속 활동했다.

1924년 6월 산업조합장에 선출되었고, 1928년 3월에는 대동회를 발기하였으며, 1929년 12월 대동흥업사를 발기하여 산업진흥, 풍속개량, 문화향상을 꾀하였다. 그의 '대동사상'은 박은식의 영향을 받은 것으로 보인다. 1931년 광산업에 착수하였고, 1932년 농산물품평회 회장에 선출되었으며, 1933년에는 제천군 위촉으로 유림 순회 강연을 맡아 활동하였다. 1934년 1월 백운면장에 임명되어 덕동간이학교(德洞簡易學校)를 설립하였다.

1919년 3.1혁명 후 대종교를 통한 독립운동에 뜻을 품고 1928년 3월 20일 서울 대종교 남도 본사를 방문해 입교하였다. 이후 여러 차례 남도 본사를 방문 해 대종교 관련 서적을 입수해 탐독하였다.

1939년 7월 백운면장을 사직한 그는 1939년 10월 중국으로 망명하였다. 영안현 동경성 대종교 총본사에서 본격 활동을 시작한 그는 그해 9월 3일 영계와 참교를 받아 그달 15일 총본사 찬범(贊範)에 임명되었다. 1941년 1월 16일 지교로 승질하였으며, 해방 직전인 1945년 7월 7일 상교로 승질하여 경의원(經議院) 원장에 임명되었다.

당시 일제는 대종교를 탄압할 기회를 호시탐탐 엿보고 있었다. 그러던 중 1942년 9월 조선어학회 회장 이극로가 천진전(天眞殿) 건립과 관련해 윤세복 교주에게 보낸 편지를 빌미로 '조선독립선언서'를 날조하였다. 이 일로 대종교 지도자들을 대거 검거하였는데 11월 19일 만주와 국내 각처에서 윤세복 교주 등 총 24명이, 이듬해 4월 이현익 등 총 25명이 체포되었다. 그는 11월 19일 충북 제천군 백운면 방학리 자택에서 체포돼 만주로 압송되었다.

검거된 25명은 영안현 경무과에 설치된 특별취조본부에 감금돼 취조를 받았다. 이들 가운데 8명은 조사과정에서 무혐의, 고령 등의 사유로 풀려났다. 안희제를 비롯해 권상익·이정·나정련·김서종·강철구·오근태·나정문·이창언·이재유 등 10명은 옥사('순교십현')하였다.

최종적으로 재판에 회부된 사람은 그와 윤세복 교주 등 총 7명이었다. 그는 1944년 5월 13일 징역 10년을 구형받았으나 6월 26일 목단강(牧丹江) 고등법원 재판에서 8년으로 감형되었다. 이후 목단강성 액하(液河) 감옥에 옥고를 치르다가 1945년 8월 일제 패망으로 풀려났다.

그는 옥중에서 '구금고황(拘禁苦況)'이라는 옥중일기를 남겼다. 이 속에는 검거 당시의 상황, 열악한 수형생활 실태, 순교십현의 최후상황 등이 상세히 기록돼 있다. 한 예로 일제는 취조 과정에서 불로 지지는 낙형(烙刑)을 비롯해 거물형·전기형·수형·곤봉 구타·형극궤자형·간지형 등의 각종 악형을 자행했다고 한다. 이 일기는 임오교변 당시 일제의 탄압상을 증언한 중요한 자료이다.

해방 후 그는 대종교에서 왕성하게 활동하였다. 1946년 3월 6일 경의원 참의로 전임하였으며, 그해 4월 1일 남도 본사 선리, 5월 11일 경의원 참의를 재임하였으며, 12월 1일 총본사 찬리에 임명되었다. 1949년 2월 15일 남도 본사 선리에 다시 임명됐으며, 1956년 10월 8일 정교(正教)와 대형(大兄) 호를 받았다. 이어 1957년 원로원 참의, 1958년 6월 23일 종사편집부 주간에 임명되었다. 이후 1959년 삼일원 대덕, 1960년 총본사 전무와 경리감정을 겸임하였으며, 1961년 삼일원 원주, 1963년 총본사 교무부장(전리)으로 시무하였다.

그는 1966년 8월 15일 서울에서 76세로 별세했으며, 9월 27일 사교(司教)와 도형(道兄) 호가 추승되었다. 1990년 11월 대전현충원 독립유공자 묘역에 묘소가 마련되었다.

1990년 건국훈장 애국장(1977년 건국포장)이 추서되었다.

86 이윤재 (李允宰, 1888~1943, 건국훈장 독립장)

'조선어학회사건' 옥고 중 고문 옥사

이윤재는 1888년 12월 24일 경남 김해에서 태어났다. 본관은 광주(廣州), 호는 환산(桓山), 한뫼, 한메다. 6세 때인 1894년부터 향리의 서당에서 10여 년간 한학을 배웠다. 1908년 김해 공립보통학교를 졸업하고 김해 합성(合成)학교에 교사로 재직하다가 다시 대구 계성(啓聖) 학교에 진학해 고등과정을 이수하였다. 그는 이때부터 우리 말과 글, 우리 역사에 관심을 갖게 돼 당시 한글 연구의 권위자인 주시경을 사숙하면서 한글 연구의 기초를 닦았다.

1913년부터는 마산의 첫 근대학교인 창신(昌信)학교에서, 1917년부터는 마산의 첫 여학교인 의신(義信) 여학교에서 국사와 조선어를 가르쳤다. 또 마산의 예수교 청년면려회(靑年勉勵會) 회장과 유년 주일학교 교장으로도 활동했다. 1919년 평북 영변(寧邊) 학교에서 교사로 재직 중 3·1혁명이 일어나자 이 지방의 만세 시위에 앞장서서 주동적 역할을 하였다. 이 일로 일경에게 붙잡혀 1919년 7월 31일 징역 1년 6월형을 선고받고 평양 감옥에서 옥고를 치렀다.

출옥 후 마산으로 돌아온 그는 그해 6월 중국 북경으로 망명하였다. 거기서 민족사학자 단재 신채호의 영향을 받아 북경 대학 사학과에 입학해 3년간 근대 역사학을 공부한 뒤 1924년 3월 졸업하였다. 재학 중 그는 최남선이 발행하던 잡지 〈동명(東明)〉에 중국 현대사와 민중운동에 관한 글을 다수 발표하였다. 1924년 9월 귀국해 정주 오산(五山)학교에서 교편을 잡았다. 1926년 4월 서울 협성 학교로 옮겨 근무하면서 수양동우회에 가입해 활동했다.

1927년 8월 그는 조선어학회의 전신인 조선어연구회에 가입해 조선어사전 편찬에 참여하였다. 1929년 10월 그를 포함해 각계의 저명인사 108명이 조선어사전 편찬위원회를 조직하였다. 그 무렵 그는 3회에 걸쳐 〈동아일보〉에 '세종과 훈민정음'을 연재하였다. 조선어연구회는 1931년 1월 조선어학회로 확대 개편하였는데 이때 그는 상임감사로 선출되었다. 당시 그는 동덕여고보와 경신학교, 연희전문학교에서 조선어를 가르치고 있어서 1인 4역을 했다.

1931년 봄 그는 상해로 가서 한글학자이자 독립운동가 김두봉(金枓奉)을 만나 사전편찬에 관한 자문을 받았다. 그해부터 1934년까지 조선어학회는 매년 여름방학 때 경향 각지에서 한글 강습회를 개최하였는데 그는 단골 강사로 활동했다. 그런 와중에도 그는 여러 신문과 잡지에 한국사와 관련한 글을 지속적으로 발표하였다. 특히 그는 세종대왕, 이순신, 감강찬, 충정공 민영환 등 국난극복의 영웅들과 민족문화 창조의 위인들을 소개하여 식민지하 조선인들의 패배주의를 극복하고 독립의 희망을 심어주려고 노력하였다.

1933년 10월 조선어학회는 사전편찬을 위한 첫걸음으로 '한글 맞춤법 통일안'을 제정해 발표했다. 1936년 10월에는 서울의 중류사회에서 사용하는 말을 기준으로 표준말 사정 작업을 거쳐 '조선어 표준말 모음'을 완성하여 발표하였다. 그러던 중에 1937년 6월 수양동우회사건이 터져 일경에 체포되었다. 이 사건으로 그는 경성복심법원에서 징역 2년에 집행유예 3년을 받고 상고하여 1941년 11월 17일 고등법원에서 무죄 방면되었다. 그 사이 그는 1년 6개월간 서대문 형무소에서 온갖 고초를 겪었다.

출옥 후 그는 다시 사전편찬 사업에 매진하였다. 1940년 4월 '한글 맞춤법 통일안' 개정안을 발표하였으며 6월에는 '외래어 표기법 통일안' 결정에 참여하는 등 조선어사전 편찬에 박차를 가했다. 그 무렵 일제는 조선어학회를 해산시키기 위해 1942년 10월 소위 '조선어학회사건'을 조작하였다. 이 사건으로 그를 포함해 최현배·김윤경 등 조선어학회 회원 33명이 검거되었다. 그는 함경남도 홍원경찰서에서 조사를 받고 함흥 감옥에서 옥고를 치르던 중 잔혹한 고문과 악형으로 1943년 12월 8일 55세로 옥사하였다.

그의 대종교 입교 여부는 분명치 않으나 호 환산(桓山)의 '환(桓)'을 환인, 환웅에서 따온 것으로 봐 대종교인임이 분명하다. 그는 단군의 종교성이 실재임을 들어 자연물 숭배나 추상적인 존재가 아니라고 주장했다. 특히 그는 대종교는 근대에 만들어진 종교가 아니라 민족사에 유구히 이어온 우리의 정체성이라고 강조했다. 그는 또 우리가 6대 문명국이 된 것은 단군 덕분이라며 후손들이 단군의 정신을 이어받지 못한 것을 반성해야 한다고 했다.

노산 이은상은 "그는 따뜻한 하루를 보내본 날이 없이 살다가 갔다"고 회고할 정도로 그는 평생 가난과 역경의 삶을 살았는데 사후에도 크게 다르지 않았다. 그의 사후에 아들이 시신을 수습해 화장하여 경기도 광주 집 근처에 봉분도 없이 임시로 가매장 하였다. 나중에 이런 사실을 알게 된 이극로 등이 나서서 1946년 4월 새로 묘소를 만들어 안장식을 갖고 한글 비문도 세웠다.

그런데 그의 셋째 사위가 사업 실패로 그의 묘소와 집터를 매도한 후 1973년 봄 그와는 아무런 연고도 없는 경북 달성군 다사면 이천동으로 불법 이장하였다. 이런 사연이 2013년 3월 한 언론에 보도된 후 사후 70년만인 그 해 9월 대전현충원 독립유공자묘역으로 이장돼 비로소 안식처가 마련되었다.

1962년 건국훈장 독립장이 추서되었다.

87 이탁 (李鐸, 1889~1930, 건국훈장 독립장)

3부 통합 앞장선 광복군총영 참모장

이탁은 1889년 3월 18일 평안남도 성천(成川)에서 태어났다. 본관은 전주, 본명은 제용(濟鏞), 호는 동우(東愚·東禹), 자는 태연(跆然)이다. 이명으로 동우(東雨)·춘우(春雨)를 사용하였다.

5세 때부터 한학을 배우고 14세 때인 1902년 대한제국 궁내부 주사를 지냈다. 1907년 성천·개천군 유지들과 협력하여 10여 곳에 소학교를 세웠다. 1908년 평양 대성(大成)학교 속성 사범과에 입학해 도산 안창호의 지도를 받았다. 이때 신민회에 가입하여 재학 중인 1909년 신민회의 사명을 띠고 남북 만주 일대를 답사하며 독립군 기지를 물색하였다.

1910년 만주로 망명해 유하현 삼원보(三源浦)에서 이시영 등을 도와 신흥강습소 설립에 참여하였다. 이듬해 귀향해 가산을 정리하던 중 체포령이 내려지자 동생 이석(李錫·본명 李濬鏞)과 재차 망명하여 유하현 제1구 야저구(野猪溝)에서 토지를 매입해 개간사업을 하였다. 1912년 서간도 거주 한인들의 자치기관인 공리회(共利會)와 부민단(扶民團) 조직에 참여했으며, 신흥학교 유지회를 조직해 학교 운영기금을 모았다. 1913년에는 유하현 소재 일신(日新) 학교 교장이 되었다.

1917년 5월 의병장 이진룡(李鎭龍)이 체포되자 그의 부하들을 재규합하여 독립군부대로 편성하였다. 그해 정안립·여준 등이 간도 한인 자치조직으로 동삼성한족생계회(東三省韓族生計會)를 조직하자 총무부장을 맡았다. 1919년 3월 고종의 인산일을 기해 이완용 등 '매국 7적(敵)'을 주살하기 위해 '27 결사대'를 조직해 단장을 맡아 서울로 왔다. 그러나 그들이 순종 가까이에 있어 계획을 실행하지 못하고 7적 성토문과 격문만 배포하였다. 그해 5월 만주에서 서로군정서가 조직되자 정무청장을 맡아 활동했다.

1920년 3월 안동현의 의용대가 광복단으로 개칭될 때 단장으로 선출돼 4월 19일 개최된 대한청년단연합회 2차 총회에 참석하였다. 이후 독립전쟁에 사용할 무기 구입을 위해 상해로 건너가 임정과 광복군 조직에 관해 협의했다. 그해 6월 임시정부의 동삼성(東三省) 외교위원부 위원장에 임명되었으며, 7월 임시정부에서 통합단체를 광복군사령부로 개편할 때 조맹선(趙孟善) 사령장 휘하에서 사령장 대리로 활동했으며, 광복군총영의 참모장도 맡았다.

1920년 8~9월경 미국 의원단이 중국을 거쳐 한국을 방문하는 것을 계기로 임시정부를 비롯한 독립군 단체는 선전효과를 노리고 '작탄(炸彈) 거사'를 추진하였다. 그는 광복군총영의 영장 오동진(吳東振)과 협의하여 안경신(安敬信·여)을 비롯해 3개 결사대를 국내로 밀파하여 친일파 처단과 식민기관 폭파 등의 거사를 추진하였다. 그러나 파견된 동지들이 붙잡힘에 따라 1921년 1월 경성지방법원의 궐석재판에서 징역 12년을 선고받았다.

1921년 5월 한중 연대활동을 위해 상해에서 한중호조사(韓中互助社)가 조직되었는데 9월에 열린 총회에서 그는 문서과 부주임에 선임되었다. 1922년 5월 독립운동단체 통합을 위한 국민대표대회주비회(籌備會)가 조직되자 서기로 임명돼 대회를 준비하였으며, 평안남도 대표로 대회에 참석해 손정도 등과 함께 재정분과 위원으로 활동했다. 1923년 3월 열린 국민대표회의는 창조파와 개조파의 갈등과 대립이 표면화되면서 파국으로 치닫자 김구·안창호 등과 시사책진회(時事策進會)를 구성해 노력하였다.

1923년 8월 북경으로 가서 안창호와 함께 이상촌 건설 사업에 뛰어들었다. 그는 만주 일대를 답사하면서 후보지를 물색한 후 1926년 길림성 교하(蛟

河) 일대에 토지를 매입하여 이상촌 건설을 위한 개간사업을 벌였다. 이와 함께 1927년 4월 농민호조사(互助社)를 조직해 한인 동포들의 영농 기반 마련과 생활 개선을 위해 힘썼다.

그는 또 안창호와 함께 민족유일당 결성을 촉구하였으며, 3부(신민부·정의부·참의부) 통합을 위해 노력하였다. 1929년 4월 국내로 잠입해 평양 등지에서 독립운동 자금 모금 활동을 했으며, 12월에는 상해로 가서 임시의정원의 만주·간도 지방 대표로 선임돼 활동하였다.

그의 대종교 관련 기록은 남아 있지 않다. 그러나 그는 이시영과 함께 신흥강습소에 참여했으며, 이후 대종교인이 주도한 부민단, 동삼성한족생계회를 비롯해 이상룡, 여준과 함께 서로군정서에서도 간부로 활동했다.

그는 1930년 5월 17일 상해 하비로(霞飛路) 고려물산공사에서 심장마비로 별세했다. 안창호는 "그는 일신이 모두 의와 담이다(滿身都是義膽人)"이라고 추모하였다. 장례는 임시정부와 교민단 합동 사회장으로 치렀으며, 상해 정안사로(靜安寺路) 외국인 공동묘지에 안장되었다.

1963년 건국훈장 독립장이 추서되었다.

88 이현익 (李顯翼, 1896~1970, 건국훈장 애국장)

신민부 출신 대종교 북만주 핵심 간부

이현익은 1896년 1월 22일 함경남도 단천에서 태어났다. 본관은 전주(全州), 호는 근재(槿齋)이다. 만주 신민부 시절에는 승림(承林), 귀일당(歸一黨)에서는 일림(一林)이라는 별명을 사용하였다.

11세 때인 1906년부터 사숙(私塾)에서 6년간 한문을 공부하였다. 이후 만주로 이주하여 1916년 윤세복·김소림·김일송·이소완 등과 함께 백산(白山)·흥동(興東) 학교를 설립하였다.

1919년 7월 봉천성 무송현에서 윤세복·김호·김혁 등 대종교 인사들과 함께 흥업단(興業團)을 조직해 한인 교포들의 산업진흥에 힘썼다. 1921년 흥업단과 군비단(軍備團)·태극단·광복단 등을 통합하여 광정단(光正團)을 조직하였는데 총단장은 김호, 부단장은 윤포, 총무는 오주환이 맡고 그는 북부 외교장에 임명되었다.

1924년 돈화(敦化)로 이주하여 대종교 시교당(施教堂)을 설치하고 농토를 개간하며 재만 동포의 생계안정을 도모하였다. 1925년 3월에는 김좌진·나중소·김혁·정신 등이 중심이 돼 조직한 신민부에 가입해 활동하였다. 1926년 교민자치기관인 고려동향회(高麗同鄉會)를 조직해 회장을 맡았으며, 1927년에는 국토도매방지위원회(國土盜賣防止委員會) 위원장으로 활동하였다. 특히 일본의 이간책으로 발생한 1929년 길돈사변(吉敦事變), 1930년 만보산(萬寶山) 사건 당시 한중(韓中) 양 민족의 화해를 위해 노력하였다.

1934년 영안현 동경성(東京城)으로 이주하여 대종교 3대 교주 윤세복과 함께 대종학원(大倧學院)을 세웠으며, 안희제 등과 함께 북만주 지역 30여 곳에 대종교 시교당(施教堂)을 설립하였다. 그의 대종교 입교 일자는 분명치 않으나 1922년 12월 5일 참교가 되었으며, 1936년 8월 15일 지교로 승질하여 대종학원 학감으로 임명돼 활동했다.

1942년 소위 '임오교변'으로 11월 19일 만주와 국내 각처에서 윤세복 교주 등 대종교 간부 총 24명이 체포되었다. 그는 일제의 추가 검속(檢束) 과정에 1943년 4월 3일 동경성에서 체포되었다. 그와 동지들은 이후 영안현 경무과에 설치된 특별취조본부에 감금돼 취조를 받았다.

1944년 6월 26 목단강(牧丹江) 고등법원에서 징역 7년을 선고받고 액하(液河) 감옥에 옥고를 치르던 중 1945년 8월 일제 패망으로 감옥에서 풀려났다. 출옥 후 영안현에서 교주 윤세복을 도와 대종교 총본사를 재건하였다. 그해 7월 7일(음) 총본사 전범에 임명됐으며, 10월 15일 서울로 출장을 가 총본사 환국 문제를 논의하였다.

환국 후 1946년 4월 1일 경의원 참의에 임명되었으며, 1948년 8월 16일 총본사 전범을 재임하였다. 또 1949년에 남일도본사 선범, 1950년 총본사 전범을 세 번째 맡았으며 그해 3월 27일 정교와 대형(大兄) 호를 받았다. 1960년 5월 총본사 전무를 다섯 번째 맡아 경리감정을 겸하여 5년간 시무하였으며, 1962년 (재)대종교유지재단 이사, 1964년 남도구 시교원, 1965년 총본사 전강, 1967년 6월 7일 사교와 도형(道兄) 호를 받았다. 그 외 대종교 운영위원, 원로원장 등 교단의 중책을 맡아 활동했다.

그밖에 사회활동으로는 광복동지회장과 재건국민운동본부중앙위원을 지냈으며, 1963년 4월 독립운동가들이 주최한 구국(救國)민족회의에 김승학·이광·신숙·조경한 등과 함께 참석하였다.

말년에 그는 자신의 독립운동 경험과 목격담을 담아 '대종교인과 독립운동 연원(淵源)'이라는 글을 남겼다. 이 글은 그가 1962년 7월에 작성한 것으로, 일제하의 주요 사건과 독립운동 단체, 대종교의 독립운동사 등을 소상히 기록하고 있다. 특히 후반부에 대종교인 126명의 약력과 활동상을 싣고 있어 대종교와 독립운동사 연구에 귀중한 자료로 평가되고 있다.

그는 1970년 2월 19일 경기도 광주에서 별세했다. 향년 74세. 1991년 6월 대전현충원 독립유공자묘역에 묘소가 마련되었다.

1990년 건국훈장 애국장(1977년 건국포장)이 추서되었다.

89 이홍래 (李鴻來, 1870~1943, 건국훈장 독립장)
군자금 모금한 북로군정서 모연국장

이홍래는 1870년 12월 27일 서울에서 태어났다. 원적은 함경북도 회령, 본관은 광주(廣州). 학력이나 성장 과정 등에 대해서는 알려져 있지 않다.

그는 1907년 나철·오기호 등이 주도한 을사오적 처단 계획에 참여하여 그 해 3월 25일 강원상 등과 함께 군부대신 권중현 처단을 시도하였다. 권중현이 인력거를 타고 입궐하자 결사대원이 권총을 발사했으나 훈련 미숙으로 명중시키지 못했다. 이후 다른 사람들은 현장에서 체포되었으나 그는 곧바로 간도 왕청현 동불사(銅佛寺) 북구(北溝)로 망명하였다.

1911년 3월 그는 서일(徐一)을 비롯해 백순·현천묵·박찬익·계화 등과 중광단을 조직하였다. 중광단은 1910년 경술국치 이후 만주로 망명한 의병 세력을 흡수하여 결성되었는데 지도이념은 대종교였다. 1912년 음력 8월 대종교 비밀단체 동원당(東園黨)이 결성되자 여기에도 참여하였다.

1919년 3·1혁명 후 중광단은 공교회(孔敎會) 등 다른 종교단체 교인들과 힘을 합쳐 그해 5월경 대한정의단(大韓正義團)을 결성했다. 대한정의단은 산하에 독립투쟁을 위한 무장단체로 군정회(軍政會)를 조직해 무장투쟁에 대비했다. 그해 10월 대한정의단과 군정회는 대한군정부(大韓軍政府)로 개편하였다가 다시 북로군정서(北路軍政署)로 개명하였다. 총재는 서일, 사령관은 군사전문가 김좌진(金佐鎭)이 맡았으며, 그는 모연(募捐) 국장에 임명돼 군자금 모금 활동을 벌였다.

1988년 3월에 처음 공개된 〈나운규 전기(傳記)〉에 따르면, 1919년 4월 2일 함경북도 회령 만세 시위가 가담했다가 일경에 쫓기는 몸이 된 나운규는 신흥무관학교에 입교하기 위해 북간도 용정으로 갔다가 거기서 독립군으로 활동하고 있던 그를 만나게 되었다. 나운규는 그의 앞에서 무명지를 깨물어 '조국광복에 내 생명을 바치치라'는 글귀의 혈서를 썼다고 한다.

1923년 김승학·이유필 등이 중심이 돼 조직한 참의부(參議府)에 가담하였다. 1924년 4월 그는 밀정 처단 및 군자금 모금 활동을 위해 하얼빈 부가전(傅家甸) 중국여관에 머물다 그달 6일 강민선(姜民善) 함께 하얼빈 영사관 경찰에 체포되었다. 그는 청진지방법원에서 징역 10년을 선고받고 불복하여 경성복심법원에 공소(控訴·항소)하였다. 1930년 4월 22일 만기 8개월을 앞두고 경성(京城) 형무소에서 가출옥으로 풀려난 후 마포 아현동 면수보호회(免囚保護會)에서 한동안 요양하였다.

출옥 후 간도로 복귀한 그는 1931년 10월 민성(民成)중학교 경영촉성회 집행위원으로 참여하였다. 1931년 만주사변 이후 사립학교에 대한 일제의 통제가 강화되면서 민족 학교로 불린 동흥(東興)·대성(大成)중학교가 통합돼 민성중학교가 되었다. 그해 11월 연길 국자가에서 연변한인회 창립대회를 앞두고 그는 강훈·김장섭·장원준 등과 준비위원으로 선출됐다.

1932년 중국공산당 만주성위원회 동만(東滿) 특별위원회의 조선공작 사건으로 검거된 이홍래(李鴻來)에 대한 불기소 사건 기록이 있는데 그와 동일인지 여부는 더 확인이 필요하다. 1930년대 중반 이후 그의 행적은 자세히 알려져 있지 않다.

그는 1910년 대종교에 입교해 동일도본사 소속으로 활동했다. 단군이나 대종교와의 인연은 훨씬 더 이전부터 시작된 것으로 생각된다. 1907년 을사오적 처단 거사 당시부터 나철의 영향으로 단군 사상을 접했을 걸로 보인다. 만주로 망명한 이후 그는 대종교와 한 몸이 되어 지냈다.

특히 그는 서일보다 11살이나 많아 서일의 사상 형성에 도움을 준 것을 보인다. 41세 때인 1911년 3월 중광단(重光團), 1912년 음력 8월 대종교 비밀단체인 동원당(東園黨)에 참여했으며, 대한군정서 모연(募捐)국장, 1922년 청년모험대 대장, 1923년 귀일당(歸一黨) 대표 등을 맡아 마지막까지 서일을 가까이서 보좌하였다.

그는 1943년 7월 16일 별세한 것으로 알려져 있다. 장례와 묘소 등에 대해서는 알려진 것이 없다. 서울 현충원 무후선열 제단에 위패가 마련돼 있다.

1963년 건국훈장 독립장이 추서되었다.

90 이회영 (李會榮, 1867~1932, 건국훈장 독립장)
6형제 이끌고 만주로 망명한 '삼한갑족'

이회영은 1867년 3월 17일(음) 서울에서 태어났다. 본관은 경주(慶州), 호는 우당(友堂)인데 이는 '벗들의 모임터'라는 뜻이다.

그는 유년 시절부터 유학을 공부했으나 벼슬길에 나가기보다는 새로운 지식을 배워 실천하기를 좋아했다고 한다.

20세가 지나면서 집안의 노비를 풀어주었으며, 남의 집 노비들에게도 존

댓말을 쓰기도 했다. 판서를 지낸 양반집 출신으로는 당시로선 상상할 수 없는 일이었다. 그는 또 과부가 된 누이동생을 기상천외한 방법으로 개가시키는 등 과감하게 인습을 타파하였다.

그는 1895년 을미사변 후 일어난 의병들의 활동을 지원하기 위해 개성 인근 풍덕(豊德) 지방에 삼포농장(蔘圃農場)을 경영하였다. 1898년 독립협회에서 활동하던 이상재·이상설·이범세 등과 교류하면서 시국을 논하였으며, 독립협회와 만민공동회에 참여하여 계몽 활동을 하였다.

이후 1899년 상동교회가 설립한 공옥(攻玉) 학교 학감(學監)으로 초빙돼 근무하였다. 1905년 을사늑약이 강제 체결되자 나철, 기산도 등과 을사오적 처단을 모의하였으나 실효를 거두지 못하자 보다 적극적인 방책을 도모하였다. 1907년 전덕기·이동녕·이동휘·안창호 등과 비밀결사체 신민회(新民會)를 조직한 것이 그것이다.

1910년 경술국치 후 그의 6형제는 해외에서 독립운동을 벌이기로 하고 그해 겨울 대가족을 이끌고 만주로 망명했다. 그는 원세개(袁世凱)와 동삼성 총독을 만나 만주에 활동 근거지를 확보한 후 1911년 만주 용정촌에 경학사(耕學社)를 설립했다. 경학사는 간도 최초의 항일투쟁 단체이자 재만 한인들의 자치기관으로 초대 사장에는 안동 유림의 대표 석주 이상룡을 추대하고 그는 내무(內務)를 맡았다. 이어 독립군 양성을 위해 신흥강습소를 설립하여 1912년 가을 제1회 졸업생 11명을 배출했다. 신흥강습소는 이후 신흥무관학교로 개편돼 1919년 8월 폐교될 때까지 약 3천5백여 명을 배출했다.

그와 형제들은 만주행에 앞서 전 재산을 처분하여 거액을 마련하였다. 그러나 경학사와 신흥학교 설립 및 운영에 거금을 투입한 후 자금이 바닥이 났다. 할 수 없이 그는 자금조달을 위해 1913년 봄 비밀리에 국내로 잠입하였다. 1915년 일경이 그의 귀국 사실을 탐지해 결국 그는 체포되었고, 3주간 구류처분을 받았다. 2년여 국내에 체류하는 동안 그는 일경의 감시 속에서도 거액의 독립자금을 조성하였다. 그는 또 고종의 중국 망명을 비밀리에 추진하였는데 이 일은 고종의 갑작스런 사망으로 인해 실패하였다.

1919년 2월 그는 아들 규룡(圭龍)을 데리고 북경으로 가서 동생 성재 이시영과 합류하였다. 상해 임시정부 조직 문제를 놓고 동생 시영과 뜻을 달리한 그는 1919년 5월 상해에서 북경으로 돌아왔다. 이후 무정부주의(아나키즘)에 관심을 갖게 됐다. 그의 아나키즘은 '무정부'보다는 오히려 '무지배' '무수탈'에 가까웠다.

1924년 재중국조선무정부주의자연맹을 설립하였고, 1925년에는 비밀결사체 다물단(多勿團)을 조직해 친일파 처단에 나섰다. 1931년에는 한중 아나키스트 합작의 항일구국연맹을 결성해 의장에 취임하였으며 산하에 행동대로 흑색공포단을 조직해 일제의 요인 암살과 주요 기관을 폭파하였다. 이는 윤봉길·이봉창 의사의 거사보다도 앞선다.

1932년 11월 그는 만주의 연락근거지 확보와 지하공작망 조직, 만주 주재 일본군 사령관 처단 작전을 추진하기 위해 상해에서 대련(大連)으로 가는 배를 타고 만주로 향했다. 그는 이 사실을 가족 중에서 상해에 있는 형 석명(石榮)에게만 알려주었다. 석영은 양가(養家)의 막대한 재산을 모두 팔아 6형제의 만주행을 뒷바라지해준 최고의 은인이었다. 그런데 불운하게도 그의 만주행이 밀정에게 탐지돼 일경에 넘겨졌다. 그가 대련항에 도착하자 일본 수상(水上)경찰이 기다리고 있다가 현장에서 그를 체포해 일본영사관 감옥에 수감하였다.

당시 65세의 고령이었던 그는 취조 과정에서 혹독과 고문 끝에 1932년 11월 17일 여순감옥에서 옥사했다. 일경은 고문 행위를 숨기려고 그가 쇠창

살에 목매 자살했다는 낭설을 퍼트렸다. 그의 사후에 일제가 서둘러 시신을 화장한 걸로 봐 고문사가 분명해 보인다. 놀라운 사실은 그를 밀고한 밀정 이규서(李圭瑞)와 연충렬(延忠烈)의 신분이다. 이규서는 그가 유일하게 만주행을 사전에 알려주었던 둘째 형 석영의 차남이며, 연충렬은 상해 임시정부의 외교부장 엄항섭의 처남이다.

그는 1918년 대종교에 입교해 서도 본사 소속으로 활동한 것으로 알려져 있으나 정확한 자료는 남아 있지 않다. 그가 대종교와 인연을 맺게 된 것은 나철과 함께 을사오적 처단을 모의하면서부터로 추정된다. 그가 관여했던 신민회에는 대종교 핵심 멤버가 많았으며 신민회가 만주를 활동무대로 잡은 것도 대종교와 무관치 않다. 그가 가까이 지낸 대종교인으로는 그가 스승으로 모셨던 이상설을 비롯해 백순(白純), 이광(李光) 등이 있다. 서간도에서 같이 활동했던 경북 안동 출신의 김동삼·김정식·유인식·이동하 등도 모두 대종교인이었다.

그의 사후 42년만인 1974년 10월 서울 현충원 애국지사묘역에 묘소가 마련되었다. 중국 정부는 2000년 그에게 항일혁명열사 증서를 수여하였다.

1962년 건국훈장 독립장이 추서되었다.

91 이흥수 (李興秀, 1896~1973)

봉오동전투 참전한 홍익대 초대 이사장

이흥수는 1896년 1월 22일 서울에서 태어났다. 본관은 천안(天安), 호는 송암(松巖)이다.

그의 부친은 독립협회 재정부장과 〈독립신문〉의 초대 논설위원을 지낸 이

준일(李准鎰)이며, 상동 기독교 청년학원에서 한글 교사를 지낸 이필수(李弼秀)는 그의 형이다.

그는 상동 기독교 청년학원에서 3년간 수학한 후 1912년 형 이필수를 따라 블라디보스토크로 망명하였다. 그곳에서 동양학원 어문학부에 입학해 1920년에 졸업하였다. 그는 문창범(文昌範)이 주임으로 있던 전(全)한국민의회에 가입해 활동했으며, 이어 대한신민단(新民團)에 가입해 〈신민보〉의 주필을 맡았다. 신민단은 김규면(金奎冕)의 주도로 초당파적 민족 대동주의를 표방하며 1919년 블라디보스토크에서 설립된 반일 단체인데 당시 단원이 3만 명에 달했다.

1920년 4월 블라디보스토크에서 러일 양군 충돌을 기화로 일제가 연해주 일대 반일 세력 탄압에 나서자 반일 단체 간부들은 각지로 도피하였다. 이때 그는 북간도 왕청현으로 은신하여 무장투쟁에 필요한 무기와 탄약 구입을 위해 노력했다. 그가 속했던 신민단은 봉오동전투의 시작을 알린 6월 4일 삼둔자(三屯子) 전투에서부터 참여하였다. 6월 7일 봉오동전투 때 그는 신민단 단원 60여 명을 이끌고 참여했으며, 홍범도 부대 등과 연합하여 전투를 승리로 이끌었다. 그는 넉 달 뒤 그해 10월의 청산리전투에도 참가하였다.

1922년 연해주에서 원동(遠東) 정부가 수립되자 민족진영은 〈원동일보〉를 발행하였는데 그는 니콜리스크에서 〈원동일보〉 편집을 맡아 활동했다. 이후 그는 돈화현으로 가서 방진성·김창순 등과 고려공산당돈화현군회를 조직하였다. 얼마 뒤에는 연길현 명월구에 와서 선전부를 조직하고 출판부장을 맡았다. 평소 민족진영 내의 이념과 파벌주의 배격을 주장해온 그는 만주와 연해주 독립단체들의 분열과 갈등에 실망한 나머지 1928년 결국 귀국하였다.

귀국 후 그가 정착한 곳은 서울이 아니라 전북 군산이었다. 그의 둘째 형

이만수가 군산에서 고무신 유통상을 하면서 자리를 잡자 가족이 모두 군산으로 이주하였다. 게다가 큰형 이필수도 군산에서 신간회 군회(郡會) 부위원장으로 활동하고 있어서 군산은 그가 정착하기에 여러 가지로 여건이 좋았다. 그는 〈신민보〉 주필과 〈원동일보〉 편집 경력을 살려 당시 몽양 여운형이 사장으로 있던 〈조선중앙일보〉의 군산지국장을 맡게 되었다.

그가 대종교에 정식으로 입교한 것은 1946년이다. 그해 3월 24일 참교가 되어 경의원 상무참의에 임명되었다. 그해 5월 1일 지교로 승질하고 6월 8일 총본사 찬리에 임명되었으며, 8월 19일 상교로 승질하였다. 그는 단기간에 고속으로 승질하였는데 그가 대종교와 인연을 맺은 것은 이보다 훨씬 이전부터였다. 그는 1926년 9월 북만주 영안현에서 조직된 대종교 비밀결사체 귀일당(歸一黨)에 가입해 활동했으며, 대종교인 안희제(安熙濟)가 설립한 발해농장과 발해학원, 그리고 천진전(天眞殿·단군전) 건립에 거금을 지원하였다.

귀국 후 그는 군산에서 경성고무공업사를 설립해 경영하였으며 해방 후 1946년 5월에는 세일(世日) 광업주식회사 사장에 취임하였다. 그는 또 둘째 형 이만수가 경영하던 경성고무 합자회사와 보인(輔仁) 광업회사 등에 투자하여 큰돈을 모았다. 이런 물적 기반을 토대로 그는 대종교를 재정적으로 적극 지원하였다. 그는 장차 민족을 이끌 인재 양성을 위한 민족대학 설립에 자신의 모든 재산을 기부하기로 하였다.

1947년 5월 대종교 원로회의에서 단군의 홍익인간(弘益人間) 이념을 바탕으로 재단법인 홍익학원을 설립하기로 결의했다. 그는 사재 1억 환을 기부하고 초대 이사장을 맡았다. 1949년 6월 27일 대한민국 정부의 대학령(令) 제1호 대학으로 4년제 홍익대학교로 인가를 받았다. 초대 학장은 국어학자 정열모가 맡았다. 홍익대는 백범 김구가 해방 후에 조직한 건국실천원양성소(건실)을 흡수하는 등 민족주의 노선을 지향했다. 그러나 1961년 5.16 군사쿠데타 이후 재단 주인이 바뀌면서 지금은 대종교의 흔적조차도 남아 있지 않다.

이후에도 그는 대종교에서 중책을 맡아 대종교 발전에 헌신했다. 1949년 2월 16일 남일도본사 선리에 임명되었으며, 5월 3일 정교와 대형(大兄)의 호를 받고 원로원 참의에, 6월 7일에는 삼일원 대덕으로 선임되었다. 이어 1960년 남이도 전교, 1964년 4월 27일 제4대 총전교로 선임돼 2년간 재임하였다. 그 해 5월 15일 사교(司敎)와 도형(道兄) 호를 받았으며, 이듬해 1965년 2월 9일 재단법인 대종교유지재단 이사장을 맡아 단군전 건립을 주도하였다.

그는 1973년 대종교 충청남도 본사에서 77세로 별세했다.

그는 만주와 연해주에서 독립운동에 헌신했으며, 특히 봉오동·청산리 전투에 참전했음에도 여태 건국훈장을 받지 못했다.

92 장도빈 (張道斌, 1888~1963, 건국훈장 독립장)

항일 언론 활동 이어 역사 대중화 앞장

장도빈은 1888년 10월 22일 평안남도 중화(中和)에서 태어났다. 본관은 결성(結城), 호는 산운(汕耘)이다. 어려서 조부 밑에서 한문을 배웠는데 재주가 비범해 신동(神童)으로 불렸다고 한다. 1902년경 평양 감사의 추천으로 한성사범학교에 입학해 1906년에 졸업하였다. 1907년 4월 성주 공립보통학교 부교원으로 임명받았으나 부임하지 않았다. 갑작스럽게 부친이 사망한 데다 헤이그 특사 사건 등으로 국운이 위태로워지자 그는 국권 수호를 위한 방안을 모색하였다.

1908년 봄 두 번째로 상경한 그는 상동 기독교 청년학원에서 발해사 등 우리 고대사를 강의하였다. 이때 상동교회에서 안창호·전덕기·이준·이갑 등과 교류하면서 나중에 이들이 주도한 신민회 결성에 참여하였다. 연해주 망명 당시 안창호가 그를 미국으로 초빙한 것은 여기서 연유한 것이다. 1907년 2월 대구에서 국채보상운동이 시작되자 여기에도 동참하였다.

1908년 그는 관서 지역 인사들이 중심이 돼 1906년 10월에 조직한 서우학회에 가담해 활동하던 중 〈황성신문〉 주필 박은식의 소개로 〈대한매일신보〉의 기자 겸 논설위원으로 입사하였다. 동시에 보성전문학교 야간부에 입학해 법률 공부도 병행하였다. 이 시기에 그는 박은식·양기탁·신채호·장지연 등과 교류하면서 역사 연구의 중요성을 인식하게 되었는데 이는 훗날 그가 국사 연구에 일생을 바치는 중요한 계기가 되었다.

1910년 한일병탄 후 〈대한매일신보〉가 문을 닫자 그는 오성(五星)학교 학감으로 자리를 옮겨 1912년까지 근무했다. 이 학교는 서부학회에서 설립한 협성(協成) 학교 후신으로 도쿄 2.8 독립선언의 주역인 최팔용·한위건 등이 이 학교 출신이다.

1911년 일제는 소위 '105인 사건'을 조작해 신민회 간부들을 대거 체포했다. 신변에 불안을 느끼던 그는 1912년 정월 부산에서 배를 타고 원산을 거쳐 북간도로 망명했다. 이후 그는 신채호가 있는 권업회(勸業會)를 찾아 연해주로 이동해 1912년 4월경 신한촌에 도착하였다.

그는 그곳에서 신채호가 신병으로 잠시 빠진 〈권업신문〉의 주필을 맡아 활동하였다. 1년여 연해주에 머무는 동안 그는 논설 집필 활동 이외에 발해와 고구려의 유적지를 답사하여 국사 연구의 좋은 기회로 삼았다. 1913년 겨울 그는 안창호로부터 미국행 초청 편지와 여비를 받았다. 그러나 불행히도 그의 신경쇠약 증세가 심해져 결국 미국행을 포기하고 1914년 8월 심양-안동(단동)을 거쳐 귀국하였다.

귀국 후 그는 평안북도 영변의 서운사(棲雲寺)에서 요양하면서 민족주의 사관에 입각한 국사 연구와 출판사업에 전념하였다. 1916년 첫 저서인 〈국사〉 발간을 계기로 정주 오산(五山)학교에 초빙돼 1년간 국사 교사로 근무하였다. 1919년 12월 월간종합지 〈서울〉을 발행한 데 이어 1920년 5월 한성도서주식회사 출판부장을 맡아 잡지 〈서울〉 〈조선지광〉 등을 발간하였다. 또 출판사 고려관(高麗館)을 설립해 〈조선사요령(朝鮮史要領)〉 〈조선위인전(朝鮮偉人傳)〉 〈조선역사록(朝鮮歷史錄)〉 등 많은 역사서를 편찬하였다. 그는 또 여러 신문에 우리 역사를 연재하거나 청년단체 강연을 통해 역사 대중회에 앞장섰다.

그의 고대사 인식 가운데 주목할 점은 환인(桓因)을 조선인으로 보고 〈신지비사(神誌祕詞)〉를 실재한 역사서로 평가하였다. 즉 그는 단군을 신화적인 존재가 아니라 역사적인 실체로 인정하였는데 이는 당시 대부분의 민족주의 사가들과 같은 입장이었다. 그는 단군의 실재에 대해 적극적인 입장에서 민족의 시원으로 서술하였다. 1927년 대종교 남일도본사에서 교양 월간지로 펴낸 〈한빛(大光)〉에 최남선·문일평 등과 필자로 참여하였다. 또 단군 성적(聖蹟)보존회를 조직해 활동했으며, 1954년 대종교의 삼일원(三一園) 원주(園主)를 지냈다.

해방 후 그는 반탁운동에 동참하였으며 한중협회 조직에도 관여하였다. 또 이준 열사 등 순국선열 추모사업에도 힘을 보탰으며. 미군정 하에서 〈민중일보〉를 창간해 언론 활동도 재개하였다. 해방 후 백범 김구가 세운 건국실천원양성소(건실)에서 국사 강사로 활동했으며, 보성전문 출신의 장형(張炯)이 단국대학을 세우자 초대 학장으로 부임하였다. 아울러 국사원(國史院)이라는 출판사를 설립해 〈국사개론〉 등 자신이 연구한 성과물을 지속적으로 발간했다.

그는 1963년 9월 12일 서울 돈암동 자택에서 76세로 별세했다. 14일 장례를 치른 후 유해는 경기도 광주 고덕리 가족 묘지에 안장됐다. 2000년 10월 대전현충원 독립유공자묘역으로 이장되었다.

1990년 건국훈장 독립장이 추서되었다.

[정신-이함 부부]

93

정신 (鄭信, 1898~1931, 건국훈장 독립장)

신민부서 김좌진 보좌한 역사·언어학자

정신은 1898년 함경남도 홍원에서 태어났다. 본관은 동래(東萊), 초명은 윤(潤), 호는 일우(一雨)이다. 그의 성장 과정과 학력, 만주 망명 시기 등에 대해서는 자세히 알려져 있지 않다.

그는 서일(徐一)이 백순·현천묵·박찬익·계화 등과 1911년 3월 북간도에서 조직한 중광단(重光團)에 가입해 활동했다. 1919년 2월 대종교 2대 교주 김교헌과 국내외 독립운동가들이 대한독립선언서를 선포할 때 여기에 참여했다고 하나 서명자 39인의 명단에는 들어 있지 않다.

1919년 중광단이 북로군정서(北路軍政署)로 개편되자 그는 인사국장에 임명되었다. 또 대한민국 임시정부가 재만 교민의 규합 단체로 총판부(總辦府)를 조직하자 그는 간북북부(墾北北部) 총판부의 재무관 겸 참사로 임명돼 교민 단결과 자치를 위해 힘썼다.

1922년 10월 상해에서 개최된 국민대표회의에 북간도 대한독립군 대표로서 참가하였으며, 1923년 2월 지청천·배천택·신일헌·김동삼·최기현·김철 등과 함께 군사분과 위원이 되어 활동하였다. 1924년 상해 교민단 제110회 정기이사회에서 회계검사원으로 임명되었다. 그해 이동녕이 임시정부 국무총리에 임명되어 대통령 권한을 대행할 때 국무원 비서장에 임명되었다.

1925년에 다시 북간도로 돌아와 영안현에서 김좌진·김혁·나중소 등과 함께 신민부(新民府)를 조직하고 연락부 위원장으로 활동하였다. 대종교인이자 신민부에서 활동한 이현익은 그를 "김좌진의 유일한 동지요, 최고의 비서"라고 평했다. 1927년 신민부 중앙집행위원장 김혁 등의 간부가 체포된 뒤에는 경리부 위원장을 맡았으며, 군민의회(軍民議會) 민사부 위원으로도 활동하였다.

1929년 신민부 군정파, 참의부 주류 그리고 정의부의 지청천·김동삼 등과 3부를 통합하여 '민족유일독립당 재만책진회(在滿策進會)'를 조직하였으며, 김좌진·황학수·김시야 등과 함께 신민부 군정파 대표로서 혁신의회(革新議會) 및 임시기관의 임무를 수행하였다. 그해 7월 김좌진·김종진·이을규 등과 함께 한족(韓族)총연합회를 조직해 북만주 한인 동포들의 민생안정을 위해 노력했다. 1930년 1월 김좌진이 순국한 후에는 지청천·홍진 등과 함께 한국독립당을 조직하고 선전부장을 맡았다.

그는 대종교의 중진 가운데 한 사람이다. 1915년 1월 12일 대종교에 입교한 그는 1925년 11월 참교로 승질되었으며, 사후인 1945년 11월 지교, 1946년 3월 상교, 1949년 1월 정교(正教)로 승질되었다. 1920년 청산리전투 후 그는 영안현에서 김교헌 교주와 함께 대종교 부흥 운동을 전개하였다. 그는 또 1923년 상해에서 김교헌의 저술 〈신단민사(神壇民事)〉 〈신단실기(神壇實記)〉 〈배달족역사〉 등을 출판하여 국내외에 배포하였다.

사학자이자 언어학자였던 그는 〈사지통속고(史誌通俗攷)〉를 저술했는데 이 책은 역대 우리나라와 임금, 사람, 산수(山水) 이름의 우리말 어원을 문화·풍속 사적으로 설명한 언어 연구서이자 종합 인문서로 평가되고 있다.

그는 1931년 1월 길림 실업청장(實業廳長) 교섭차 방문했다가 길장현(吉長縣) 화피역(樺皮驛)에서 공산당원에게 피살되었다. 그의 장례나 묘지에 대해서는 자세히 알려진 것이 없다. 서울 현충원 무후선열 제단에 위패가 마련돼 있다.

1963년 건국훈장 독립장이 추서되었다.

94

이함 (李涵, 1902~ ?)

'부인계의 걸출한 여장부'로 평가돼

이함은 1902년경에 태어났다. 출생지와 가계, 성장 과정, 학력 등은 자세히 알려져 있지 않다. 대종교인이자 대한군정서 인사국장과 한국독립당 선전부장을 지낸 정신(鄭信)은 그의 남편이다.

이함이 공식 기록에 등장하는 것은 20세 때인 1919년 북간도의 '3.13 만세 시위' 때부터다. 이날 왕청현 백초구(百草溝)에서 열린 만세 시위에 1,200여 명의 동포들이 참여하였다. 이날 대종교인 계화(桂和), 구자선(具子善) 등이 연사로 나와 독립쟁취에 관한 웅변을 했다. 〈독립신문〉 기사에 따르면, 그도 연단에 올라 동포들에게 항일의식을 고취시키는 연설을 했다.

'부인계의 걸출한 여장부'라고 불린 그는 그해 4월 간도부인애국회를 발기하고 항일운동 전면에 나섰다. 3.1혁명 후 국내외 곳곳에서 애국부인회가 조직돼 여성들이 항일투쟁에 적극 동참하였다. 간도부인애국회는 '취지서'에서 여성들도 독립사업에 직접 참여할 것을 독려했는데 1923년 11월 현재 회원

수가 3,000여 명에 달했다.

〈독립신문〉 기사에 따르면, 그는 1919년 6월 함경북도 회령지방에 건너갔다가 일경에게 붙잡혀 1주일간 악형을 당하였다. 그러나 끝내 함구함으로써 일경이 증거를 잡지 못해 풀려났는데, 이후 간도로 돌아와 부인회 사업을 계속했다고 한다. 1921년 5월에도 모종의 일로 다시 일경에 붙잡혀 1주일간 취조를 받았으나 이번에도 함구해 얼마 뒤에 결국 풀려났다고 한다.

그는 1922년 만주에서 정신(鄭信)과 결혼한 것으로 보인다. 1923년 당시 정신은 임시정부에 관계하느라 상해에 체류하였다. 정신은 상해에서 김교헌 교주의 저서 〈신단민사〉 등을 간행해 보급하면서 그에게도 책을 보냈다. 이를 탐지한 일경이 그해 11월 5일 왕청현 삼차구(三岔溝)에 있던 그의 집을 습격해 〈신단민사〉 130권을 압수해갔다.

정신은 1924년까지 상해에 머물렀는데 그는 이따금 상해를 다녀왔다. 그 무렵 그는 동아·조선일보의 동북 3성 특파기자로 활동하면서 정신과 함께 만주 답사를 다녀왔다. 여행 중에 정신은 각 지역 동포사회를 방문해 단군 한배검의 역사와 정신을 알리는 강연과 성금 모금에 나섰다.

1924년 12월 초 상해에서 만주로 가는 길에 그는 북경에 잠시 들러 김동성(金東成) 조선일보 특파원과 조동호(趙東祜) 동아일보 특파원을 만났다. 이들과 구면이었던 걸로 봐 그는 언론계와 교류가 깊었던 걸로 보인다. 그는 만주 지역의 유적 등을 자세히 살펴 '만주 답사'라는 제목으로 〈조선일보〉에 장기 연재했다. 그해 12월 6일자에 제1신을 실은 이후 1926년 1월 21일자에 91회가 실렸다. 이 답사기는 당시 재만 동포사회의 실상을 파악하는데 중요한 자료로 활용되고 있다.

1931년 1월 정신의 피살 소식은 그에게 큰 충격이었다. 이현익에 따르면,

그는 남편의 피살 소식을 듣고 광인(狂人)이 되어 어린아이를 데리고 다니며 통곡하고 방황하다가 결국 행방불명이 되었다고 한다.

그의 장례나 묘지에 대해 알려진 것이 없다.

현재 미서훈 상태다.

95

정열모(鄭烈模, 1895~1967)

'조선어학회사건' 옥고 치른 언어학자

정열모는 1895년 11월 1일 충북 회인(보은)에서 태어났다. 본관은 장기(長鬐), 호는 백수(白水)인데 이는 김천(金泉)의 '천(泉)'자를 파자(破字)한 것이다.

1911년경 충북 보은의 회인(懷仁) 보통학교를 마치고 상경하여 경성고등보통학교에 다녔다. 이때 한글학자 주시경이 세운 조선어 강습원에 들어가 1912년 3월 중등과(제5회), 1914년 3월에는 고등과(제2회)를 수석으로 수료하였다.

이후 1916년 경성고등보통학교 부설 교원양성소를 수료하고 보통학교 교원으로 임용돼 평안북도 자성(慈城) 보통학교와 의주(義州) 보통학교에서 교사로 근무했다.

1921년 3월 일본 와세다(早稲田)대학 고등사범학부 국어한문과에 입학하여 1925년 3월에 졸업하였다. 재학 중인 1922년 7월 유학생들로 교육과 실업을 중시한 교육실업단을 조직하여 방학 기간에 국내에서 순회 강연을 하였다. 그는 또 〈조선일보〉와 〈신소년(新少年)〉에 동화와 동시, 수필을 여러 편 싣기도 했다. 〈신조선〉은 국어학자 신명균이 주간을 맡고 그를 포함해 이병기·심의린 등 조선어연구회 관계자들이 참여해 만든 소년잡지였다.

귀국 후 그는 1925년 4월부터 서울 중동(中東)학교에서 조선어 교원으로 근무하다가 1932년 초 신설된 김천(金泉) 고등보통학교로 옮겨 조선어와 조선사, 수신(修身)을 가르쳤다. 이 학교는 영친왕의 보모 출신인 최송설당(崔松雪堂)이 재산을 기부하여 설립한 학교였는데 이듬해 1월 그는 2대 교장으로 취임하였다. 그는 김천의 '천(泉)' 자를 파자하여 백수(白水)를 호로 삼을 정도로 김천에 애착을 보였다. 이후 그는 아예 서울에서 김천으로 이사를 하였다.

그는 주시경의 조선어 강습원에 들어가 배울 정도로 한글 연구에 열의가 높았다. 이후 조선어연구회에 가입하였으며, 1927년 창간된 동인지 〈한글〉의 동인으로도 활동하였다. 또 1929년 조선어사전 편찬위원, 1930년 한글맞춤법통일안 제정위원, 1935년 표준어 사정위원 등을 맡아 한글 운동에 두루 참여하였다. 그는 김두봉·신명균·권덕규·장지영·최현배 등과 가까이 지냈으며, 특히 신명균(申明均)을 각별히 선배로 모셨다고 한다. 일본 유학 후 국어학자의 면모를 갖춘 그는 과학적 언어학으로 국어학을 인식했다는 평가를 받고 있다.

1942년 10월 1일 소위 '조선어학회 사건'이 터져 이극로·이중화·장지영·최현배·한징·이윤재·이희승·정인승·권승욱·이석린 등 조선어학회 간부 11명이 일경에 검거되었다. 이듬해인 1943년 3월까지 이우식·김법린 등 전국 각지에 있던 조선어학회 회원 및 사전편찬 후원회원들까지 총 33명이 치안유지법 위반으로 체포되었다. 이로 인해 그동안 회원들이 작업해놓은 원고들도 압수당해 사전편찬 작업은 중단되고 말았다.

이들은 함경남도 홍원경찰서에서 조사를 받았는데 그를 포함해 28명은 함흥형무소의 구치소로 이감되었다. 모진 고문과 혹한으로 인해 이윤재(李允宰)

와 한징(韓澄) 두 사람은 옥사하였다. 1942년 10월 20일 김천에서 검거된 그는 1944년 9월 30일에 열린 예심공판에서 장지영과 함께 공소 소멸로 석방되었다. 수감 중이던 1943년 3월 그는 김천고등학교 교장직을 사임하였다. 근 2년가량 옥고를 치르고 출옥한 후에는 김천의 한 농가에서 칩거하였다.

해방 후 그는 다방면에서 왕성하게 활동했다. 1945년 8월 18일 조선건국준비위원회 김천지방위원장으로 추대되었으며, 9월 8일 한국민주당 발기에 참여해 임시정부를 지지하였다. 또 12월에는 통일정권촉성회에 참여하여 좌우 정당의 합작을 촉구하였다. 1946년 3월 국학전문학교의 초대 교장을 맡았고, 1949년 6월에는 홍익대학 초대 학장에 취임해 1950년 2월까지 재임하였다. 1949년 조선어학회가 한글학회로 개칭하자 이사로 선임되었으며, 한글 연구를 재개해 〈신편고등문법〉 〈초급국어문법독본〉 〈고급국어문법독본〉 등을 펴냈다.

그는 1922년 4월 15일 대종교에 입교하여 3년 뒤 1925년 11월 13일 영계를 받고 참교가 되었다. 해방 후 1945년 11월 19일 지교로 승질하였으며, 이듬해 3월 24일 상교로 승질하였다. 그해 4월 24일 총본사 전강에 임명되었고, 6월 8일 종리연구실 찬수를 거쳐 11월 24일 총본사 전리에 임명되었다. 1948년 8월 16일 총본사 전리를 재임하였으며, 이듬해 1월 2일 정교와 대형(大兄) 호를 받고 총본사 전강에 임명되었다. 1950년 5월 7일에는 원로원 참의로 임명됐다. 이밖에도 그는 1949년 대종교 중흥회 교화부장과 중앙집행위원을 맡았으며, 단군성적호유회(檀君聖蹟護維會) 고문을 역임했다.

1950년 6.25 전쟁 때 그는 한글학자 홍기문(洪起文) 등과 함께 월북한 것으로 알려져 있다. 이후 1955년 10월 김일성종합대학 언어학 교수를 시작으로 1958년 4월 사회과학원 언어학 연구실 교수, 1964년 4월 사회과학원 후보

원사, 1965년 1월 사회과학원 언어학 연구실 교수와 후보 원사 등에 임명되어 왕성하게 한글 연구 활동을 했다. 그는 조선어학회 회장 출신으로 월북한 이극로(李克魯)와 함께 북한의 조선어 연구 기초를 닦은 것으로 알려져 있다.

그는 1967년 8월 14일 평양에서 73세로 별세하였다. 장례나 묘소에 대해서는 알려진 것이 없다.

월북자여서 수훈 대상에서 제외됐다.

96

정인보 (鄭寅普, 1893~1950, 건국훈장 독립장)

양명학·실학에 조예 깊은 국학 개척자

정인보는 1893년 5월 6일 서울에서 태어났다. 본관은 동래(東萊), 어릴 때 이름은 경시(景施). 자는 경업(經業), 호는 위당(爲堂)·담원(薝園)·미소산인(薇蘇山人)이다.

어려서는 부친한테서 한문을 배웠으며, 18세 때인 1910년부터 난곡(蘭谷) 이근방(李建芳) 문하에서 수학했다. 이때부터 실학과 양명학에 관심을 가졌다고 한다. 그는 당대의 다른 지식인들과 달리 신학문 교육기관을 다닌 적이 없으며 비정규 과정을 통해 독학으로 공부했다. 그러나 그는 그 당시부터 이미 한문의 대가로 불렸다.

부모를 따라 경기도 양근(楊根·양평), 충북 진천 등에서 살았는데 1911, 1912년 두 차례 집안일로 만주 서간도를 다녀왔다. 1913년 상해에 가서 신규식·신채호·박은식·김규식 등과 교류하면서 비밀결사체 동제사(同濟社) 조직에 참여했다. 귀국 후 충남 목천(木川·천안)으로 이사해 독서에 집중하였다. 그 무렵 인근 괴산 출신의 벽초 홍명희(洪命熹)와 깊이 교제하였는데 두 사람은 나중에 사돈이 되었다.

1923년 서울로 이사한 후 연희전문학교 전임(專任)이 되어 한학과 역사학을 강의하였다. 이듬해 동아일보에 여러 편의 산문을 기고하였으며, 1926년 순종이 타계하자 동아일보에 관련 논설을 3회 게재했다. 1927년부터 불교전문학교와 이화여전에 출강하였으며, 1931년에는 조선 고전 해제와 조선 후기 실학자들에 대해 신문에 연재하였다. 이듬해에는 다산 정약용의 문집인 〈여유당전서(與猶堂全書)〉 교열을 맡았다. 이때부터 '실학(實學)'이라는 용어가 사용되었는데 그가 사용한 실학은 진학(眞學)이라는 뜻이다.

1934년 '조선학에서 정다산(丁茶山)의 지위'라는 주제의 강연을 계기로 그는 조선학(국학)을 제창해 국학운동을 일으켰다. 1935년 1월 1일부터 동아일보에 '5천년 간의 조선의 얼'을 이듬해 8월까지 연재했다. 그해 다산 장약용(丁若鏞) 100주기 기념회를 발기했으며, 백남운·안재홍과 함께 다산에 관한 논설을 싣기도 했다. 이 시기 그는 실학파의 저술을 통해 역사연구를 시작했는데 이는 식민사학의 오류와 민족사학의 무기력에 대한 반성에서 시작됐다고 한다.

한편 그는 조선 양명학에 관심을 갖고 양명학자들의 학문을 추적해 1933년 동아일보에 '양명학연론(陽明學演論)'을 66회에 걸쳐 장기 연재하였다. 그해에 〈김추사전집(金秋史全集)〉을 펴내면서 '전집(全集)'이란 말을 처음 사용하였다. 1934년 안재홍·박한영·윤석오와 남도 여행을 다녀와 동아일보에 '남유기신(南遊寄信)'을 43회 연재하였다. 1936년 연희전문학교 교수가 되어 한문학·국사학·국문학 등 국학 전반에 걸쳐 강의하였다.

1937년 7월 일제는 중일전쟁을 일으켜 대륙침략을 본격화했다. 이후 일제는 조선을 인력과 전쟁물자 동원기지로 삼고 조선 민족 말살 정책을 폈다.

이로써 학교에서는 조선어나 조선 역사를 가르칠 수 없게 되었다. 1937년 그는 연희전문 교수직을 사임하고 두문불출하였다. 1940년 창동으로 이사하여 은둔생활을 하다가 1945년에는 아예 가족을 이끌고 전북 익산군 황화면 중기리 윤석오(尹錫五) 집으로 가서 은거하였다. 이 시기 그는 〈훈민정음 음운(音韻)〉 해제와 제문, 묘비문 등을 쓰면서 지냈다.

해방 직후 그는 익산에서 서울 왕십리로 거처를 옮겼다. 1946년 2월 미군정이 주도하여 과도정부 수립에 앞서 구성한 남조선 민주의원에 의원으로 활동하였으며, 같은 시기에 결성된 대한독립촉성국민회 부위원장을 맡기도 했다. 또 전조선문필가협회 회장에 취임하였고, 국학대학 설립 기성회에도 관여하였다. 1948년 8월 이승만 정부 수립 후 초대 감찰위원장을 맡았으나 정부의 지나친 간섭으로 취임 1년 만인 1949년 7월에 사임하였다.

그가 대종교에 입교한 기록은 남아 있지 않지만 그는 남일도본사 소속 대종교인이었다. 상해에서 대종교인 신규식 등이 주도한 동제사에 가입해 활동했으며, 대종교의 비밀결사체인 귀일당(歸一黨)에도 관여했다. 1928년 2월 4일 대종교 남일도본사 주최 대종교 중광 20주년 기념 강연회에서 '중광절과 조선'이라는 주제로 강연하였으며, 1928년 11월 24일 개천절 기념 강연회에서도 강연하였다. 개천절 노래의 가사를 그가 작사했으며, 1947년 대종교가 주도해 설립한 국학대학의 초대 학장을 맡기도 했다.

그는 1950년 6.25 전쟁 발발 후 그해 7월 31일 서울에서 납북되었는데 그해 11월에 별세한 것으로 알려져 있다. 유해는 현재 평양 룡성구역 '재북(在北) 인사 묘'에 안장돼 있으며, 서울 현충원 무후선열 제단에 위패가 마련돼 있다.

1990년 건국훈장 독립장이 추서되었다.

97

조경한 (趙擎韓, 1900~1993, 건국훈장 독립장)

한독당 선전위원장 출신 임정 국무위원

조경한은 1900년 7월 30일 전남 승주에서 태어났다. 본관은 옥천(玉川), 본명은 종현(鍾鉉), 호는 백강(白岡)·일청(一靑)이다. 독립운동을 하던 시절에는 안훈(安勳)·정일청(丁一淸) 등을 썼으며, 귀국 후에는 조경한(趙擎韓)이란 이름을 주로 사용했다. 일청(一靑)은 필명으로도 사용하였다.

어려서 조부와 부친으로부터 한학을 배웠다. 그가 항일의식을 갖게 된 데는 두 가지 사건이 있었다. 1905년 을사늑약 체결 후 송병선(宋秉璿)이 자결하자 송병선의 제자였던 그의 조부가 대성통곡하는 걸 목격했으며, 1909년 일본군이 그의 마을을 불법 점거해 만행을 저지르는 모습도 지켜봤다.

그는 18세 때인 1918년 만주에 근거를 둔 독립단의 국내 연락원으로 항일투쟁에 투신하였으며, 1927년 2월 말 중국 심양을 거쳐 북경으로 망명하였다. 북경에서 덕신의숙(德新義塾)·계명학원(啓明學院) 법정과에 수학하면서 당시 그곳에 머물고 있던 단재 신채호를 만났다. 단재는 혁명가는 가명이 필요하다며 그에게 '백강(白岡)'이란 호와 '경한(擎韓)'이란 이름을 지어주었다. 백강은 백두산의 산등성이를, 경한은 대한민국을 받들고 소중히 여기라는 뜻이다. 그러면서 단재는 임시정부는 분열돼 있으니 만주로 가서 직접 무력투쟁에 참여하라고 권했다. 1927년 11월경 그는 민족유일당 결성을 위한 만주 특파 접흡원(接洽員) 자격으로 만주로 떠났다.

그는 만주에서 대종교계열 독립운동 단체에 가입해 활동했으며, 배신(倍新)

학교 설립에도 관여하였다. 또 정의부의 농민 교과서 편찬위원으로 활동하면서 만주 지역 한인 교민들의 애국 사상 고취에 힘썼다. 이 시기 중국 관내를 비롯해 만주 지방에서도 민족유일당 운동이 전개돼 정의부·참의부·신민부 통합운동이 일었는데 그는 옵서버 자격으로 이를 도왔다. 그러나 3부 통합운동이 별 진전을 보이지 못하자 1928년 3월 북경으로 돌아가 학업에 전념하였다.

1930년 7월 그는 홍진·지청천·황학수·정신 등과 함께 한족청년회와 생육사(生育社)를 모체로 하여 한국독립당을 조직하였다. 이 당은 대체로 민족주의 및 반공적 색채를 띠었는데 이는 김좌진(金佐鎭)의 피살이 한 계기가 되었다. 그는 선전위원장을 맡아 당의 이념과 강령을 한인 교민들에게 널리 알리는 데 앞장섰다. 1931년 9월 만주사변 이후 한국독립당은 11월 중순 한국독립군으로 편제를 개편하였다. 총사령에는 지청천, 그는 재무 겸 외교관에 임명되었는데 당시 그는 안야산(安也山)이라는 이름을 사용했다.

그해 12월 한국독립군은 중국 항일군과 연합하여 공동투쟁을 벌이기로 합의하였다. 그러나 독립군은 병력도 적은데다 무기와 장비가 별로 없어서 실제 전투는 수행할 수가 없었다. 1932년 1월 일본군은 금주(錦州)에 이어 하얼빈을 침공하였다. 그는 권오진과 함께 북만주의 오상·서란 일대에서 모병한 1개 대대 병력(270명 내외)을 '한국독립군 유격독립여단'으로 명명한 후 중국 길림자위군과 함께 1월 29일 서란현 현성(縣城)을 공격하였다. 이 전투에서 한중 양군은 적 150명을 살상하고 다량의 무기 노획 등 큰 성과를 거뒀다.

1932년 9월 400여 명이 한국독립군과 길림자위군 연합부대는 일본군이 주둔한 쌍성보(雙城堡)를 공략하여 그곳에 주둔하던 일본군을 패퇴시켰다. 1933년 1월에는 '중한토일연합군(中韓討日聯合軍)'을 편성하여 그해 6월까지 경박호전투, 사도하자(四道河子) 및 동경성전투 등을 치르며 동·북만주 일대에서 큰 전과를 거두었다. 당시 그는 정훈 대표 등 참모직과 단위부대장 직책을 맡아 사령관 지청천을 보좌하였다. 1933년 4월 동경성전투를 치른 후 성공적으로 동경성에 입성하여 참모장에 임명되었다.

1934년 2월 낙양(洛陽)군관학교에 한인 특별반이 개설되자 교관을 맡았으며, 1935년 민족혁명당 결성에 참여하여 활동하다가 탈당해 조선혁명당을 결성하였다. 1939년 10월 임시의정원 의원으로 선출되었으며, 한국독립당 중앙상무집행위원 겸 훈련부장을 역임했다. 1940년 한국광복군이 창설되자 총사령부 총무처장 대리를 맡았으며, 이후 임시정부 국무위원회 부비서장, 국무위원을 지냈다. 해방 후 1945년 12월 2일 임시정부 요인 제2진으로 귀국했다.

그의 대종교 관련 기록은 남아 있지 않다. 다만 1대 교주 나철이 전남 승주 낙안(樂安·현 순천) 출신이어서 일찍부터 대종교를 접했을 걸로 보인다. 그는 나철이 무송현 시절 눈 속에서 72일간 석상(石上) 기도를 한 후 용정이나 훈춘, 밀산 등지에서 이적(異蹟)을 보인 사실을 증언한 바 있다. 또 서간도 시절 신채호·여준·김동삼·정신 등 대종교 출신 독립운동가들과 가까이 지냈으며, 1960년 2월 3대 교주 윤세복의 장례식 때 장문의 만장(輓章)을 썼다. 1964년에는 단군숭녕회(檀君崇寧會) 총재로 선출되기도 했다.

해방 후 그는 한국독립당 계열에서 활동하면서 신탁통치 반대운동에 동참했다. 1963년 민주공화당 소속으로 제6대 국회의원에 당선되었으며, 1964년 9월 '백범김구선생시해진상규명투쟁위원장'을 맡아 활동했다. 1981년 한국독립유공자협회 회장이 되어 헌법 전문에 대한민국이 임시정부의 법통을 계승한다는 조항을 넣는데 기여했다.

그는 1993년 1월 7일 서울에서 별세하였다. 장례는 1월 11일 사회장으로 치러졌으며, 서울 현충원 애국지사묘역에 안장되었다.

1962년 건국훈장 독립장을 받았다.

98

조병준 (趙秉準, 1862~1931, 건국훈장 독립장)
을미의병 출신 내몽고서 대종교 포교

조병준은 1862년 10월 2일 평안북도 의주에서 태어났다. 본관은 풍양(豐壤), 자는 유평(幼平), 호는 국동(菊東)이다.

3세 때부터 부친에게 한문을 배우다가 운암 박문일(朴文一)과 간재 전우(田愚)의 문하에서 수학했다. 박문일은 그를 두고 "기품이 청수(淸秀)하며 학문이 넓고 뜻이 돈독하다"고 칭찬했다고 한다.

1895년 을미사변 후 유인석(柳麟錫) 휘하에서 평안도 의병장이 되어 창성(昌城)에서 일본군과 싸우다가 체포되어 2년간 옥고를 치르다가 고종의 특사로 석방되었다.

1910년 경술국치를 당하자 산포수 대장 최원길 등과 평북 창성의 일본 헌병대를 습격하였다. 이후 일제의 병력이 증강돼 국내 활동이 어렵게 되자 압록강을 건너 만주로 망명하였다. 그는 의병장 전덕원·박장호·조맹선·백삼규 등과 봉천성 관전현·환인현 등지에서 농무계와 향약계를 조직하여 재만 동포들의 식산(殖産)과 교육에 힘썼다.

1919년 3·1혁명 후 압록강을 건너오는 조선 청년들이 늘어나자 남만주 유하현 삼원보(三源堡)에서 박장호·전덕원·백삼규 등과 함께 대한독립단(大韓獨立團)을 조직하고 총참모로 선임돼 활동하였다. 나중에 대한독립단이 복벽주의

파(기원독립단)와 민주주의파(민국독립단)로 갈라지자 그는 민국독립단에 속했다.

1919년 11월 임시정부의 평북 의주(義州) 조사원으로 임명돼 활동했으며, 그해 12월에는 임시정부 연통제(聯通制) 평북독판부 독판(督辦)에 임명되었다. 1920년 관전현 향로구(香爐溝)에서 임시정부 직할의 대한광복단 사령부를 조직할 때 평북독판부 대표로서 김승만과 함께 참여하였다. 그는 조맹선(趙孟善) 사령관(단장) 밑에서 참리부장(參理部長)을 맡아 교민들의 생활과 독립군 군수품 조달에 힘썼다.

청산리전투에서 대패한 일본군은 소위 '경신참변'을 일으켜 수많은 재만 동포를 학살했다. 장차 일제의 만주 침략을 예견한 그는 1923년 10월 동지와 가족 80여 명을 이끌고 내몽고 수원성(綏遠省) 포두현(包頭縣) 중탄(中灘)으로 이주하였다. 그는 도산 안창호의 자금 지원과 중국 국민당 정부의 주선으로 농지 3백여 향(약 60만 평)을 15년 기한으로 임차하여 배달(倍達)농장을 세웠다.

이들은 또 배달학교와 대종교 수광시교당(綏光施敎堂)을 설립하여 청년들에게 군사훈련과 함께 민족의식을 고취했다. 그는 임시정부 직할의 의민부(義民府)를 조직하여 배달농장의 수입금을 임시정부 독립 자금과 교통 연락비로 연 2회씩 송금하였다. 그가 총재로 있던 의민부는 중국 국민당과 합작하여 항일투쟁을 계속했다.

그는 1919년 남만주 유하현에서 대종교에 입교하여 서일도본사 소속으로 조맹선·박장호·김혁 등과 함께 활동하였다. 1923년 내몽고 중탄에 배달농장과 배달학교를 세웠는데 '배달'은 배달 민족에서 따온 것이다. 그는 배달농장에 삼위(三位, 단군 황조·고구려 주몽·임경업 장군)의 제단을 세워 봄, 가을에 이곳에 모여 제례를 올렸다. 그는 또 이곳에 수광시교당(綏光施敎堂)을 설립해 총책임자인 전무(典務)를 맡고 있었으며, 그의 제자 최준과 백기준은 부책임자인 찬무(贊務)

를 맡았다.

그는 1931년 10월 2일 내몽고 포두현 중탄에서 향년 70세로 별세했다. 유해는 제자들이 고국으로 옮겨 평북 의주군 월화면 주음동에 안장하고 묘비를 세웠다.

1963년 건국훈장 독립장이 추서되었다.

99 조성환 (曺成煥, 1875~1948, 건국훈장 대통령장)
무관학교 출신으로 임정 군무부장 역임

조성환은 1875년 7월 9일 서울에서 태어났다. 본관은 창녕(昌寧), 호는 청사(晴蓑), 이명은 조욱(曺煜·曺旭)이다.

어려서부터 집에서 한학을 공부했으며 혼자 중국말을 익혔다고 한다.

25세 때인 1900년 9월 신규식과 함께 육군무관학교 2기생으로 입학하였다. 졸업을 앞둔 1902년 1월 학부·군부의 부패와 비정상적인 무관학교 운영을 시정하고자 동맹 퇴교를 계획하다가 발각돼 그를 포함해 13명이 구속되었다. 그는 주모자로 지목돼 역종신형(役終身刑)을 선고받았다가 15년형으로 감형되었는데 그 혼자 실형을 살았다. 1904년 6월 칙령으로 모두 복권되었고 1902년 7월 보병 참위(參尉·소위)로 임관되었으나 그 혼자 보직을 받지 못했다.

직책도 없던 초급 장교 시절 그는 상동(尙洞)교회를 드나들며 상동청년회에 가입해 활동하면서 1908년 이후 상동청년학원 한문 교사를 지냈다. 1907년

4월 전덕기·안창호·양기탁 등과 함께 신민회(新民會) 창립에 참여하였으며, 평양 기명(箕明) 학교 교사로 있으면서 안중근(安重根)이 만주로 갈 때 도움을 주기도 했다. 1908년 1월 연해주서 최재형 등을 만나 독립운동 기지 건설을 논의하였으며, 그해 8월 기호흥학회에 가입해 활동하였다.

1909년 2월 북경으로 가 활동하였는데 이때부터 조욱(曺煜)이란 이름을 사용하였다. 이는 기독교인이던 그가 그 무렵 대종교로 개종하여 외자 이름으로 바꾼 것이다. 그는 무관학교 시절의 동기생 신규식, 신민회에서 만난 김교헌·박찬익·박은식, 기호흥학회에서 교류한 유근 등의 영향을 받아 대종교로 개종한 것으로 보인다. 이들은 모두 열렬한 대종교인이었다.

1911년 10월 신해혁명이 일어나자 그는 신규식과 함께 남경으로 가서 새 공화국 중화민국의 탄생을 지켜보았다. 그는 신규식과 함께 자유당과 공화헌정회(共和憲政會)에 가입하여 중국혁명의 핵심 인물과도 교류하였다. 1912년 7월 그는 신규식 등과 함께 상해의 첫 비밀결사체인 동제사(同濟社)를 조직하였다. 그런데 8월 7일 갑자기 그가 일경에 체포돼 국내로 끌려왔다. 가쓰라(桂太郎) 전 일본 수상의 러시아 방문 때 암살 계획을 모의했다는 혐의 때문이었다. 이 일로 그는 1년간 외딴 섬에 유배되었다가 1913년 말에 풀려났다.

1917년 7월 신규식·박은식·박용만 등과 함께 '대동단결선언'을 발표했으며, 1919년 2월 만주에서 김교헌 등이 주도하여 대한독립선언서를 발표할 때 '조욱(曺煜)'이란 이름으로 참여하였다. 국내에서 3.1혁명이 일어나자 이동녕·조완구 등과 함께 상해로 가서 임시정부 수립에 참여하였다. 그는 임시정부 군무 차장에 선임되었다가 4월 21일 열린 제2회 임시의정원 회의에서 차장제를 위원제로 변경하자 군무위원장이 되어 군사 업무를 맡았다.

그해 10월 그는 임정에서 나와 연해주 니콜리스크로 가서 박용만을 만났다. 그와 함께 대한국민군을 편성하여 간도와 길림 지역 동지들과 독립운동을 전개하자고 뜻을 모았으나 끝내 이루지 못했다. 그는 북간도로 가서 대한정의단에 합류하였다. 대한정의단은 1919년 4월 서일(徐一)이 대종교 독립운동단체인 중광단(重光團)을 확대·개편하여 조직한 단체였는데 그해 10월 대한군정회와 통합하여 대한군정부로 개편되었다.

대한군정부는 그해 12월 대한군정서(大韓軍政署)로 개명한 뒤 임시정부 소속으로 편제되었다.

그는 1920년 중반까지 북로군정서 총사령관 겸 사관연성소장 김좌진과 함께 독립군 간부 양성에 힘을 쏟았다. 총재 서일, 재무부장 계화(桂和) 등과 함께 러시아로 가서 무기를 구입해 왔는데 이 무기로 청산리전투에서 대승을 거두었다. 뒤이어 경신참변이 발생하자 독립군부대는 소만(蘇滿) 국경지대인 밀산을 거쳐 연해주로 이동하면서 각 단체를 통합하여 대한독립군단으로 재편되었다. 총재는 서일, 부총재는 홍범도, 그는 군사부장을 맡았다.

1921년 여름 그는 상해를 중심으로 홍콩과 광둥(廣東)을 오르내리며 독립운동 자금 마련에 진력하였다. 그해 8월 임시정부의 학무 총장에 선임되었지만 취임하지 않았다. 1922년에 북만주로 가서 김좌진·김규식과 함께 무장대를 조직하는 한편 대종교 활동에도 적극적으로 나섰다. 그해 4월 16일 참교가 된 그는 1924년 총본사 전리 대판(代辦)으로 제2회 교의회를 소집하여 홍범 규제를 수정하는 등 대종교 교의를 제정하는 데 큰 역할을 하였다. 사후 2년 뒤인 1950년 5월 8일 사교(司教)와 도형(道兄) 호가 추승되었다.

그는 임시정부 제11~16기 내각의 국무위원, 제15기 내각의 군무부장을 지냈다. 1935년 이후 그는 근 9년을 군정(軍政) 업무만 도맡았다. 1931년 임시의정원 의원, 1940년 한국독립당 중앙집행위원 등을 지냈으며, 1944년 10월에는 통수부 판공처(辦公處) 주임을 맡았다. 1945년 12월 2일 임시정부 요인 제2진으로 환국하여 대한민국 군사후원회 총재, 간도(間島) 협회 고문, 성균관 부총재 등을 역임했다.

그는 1948년 10월 7일 서울 종로6가 낙산장(駱山莊)에서 73세로 별세했다. 유해는 효창공원 임시정부 요인 묘역에 안장되었다.

1962년 건국훈장 대통령장이 추서되었다.

100 조소앙 (趙素昂, 1887~1958, 건국훈장 대한민국장)
'삼균주의' 주창한 임시정부 외무부장

조소앙은 1887년 4월 8일 경기도 교하(파주)에서 태어났다. 본관은 함안(咸安), 자는 경중(敬仲), 본명은 용은(鏞殷)이다. 호는 소앙(素昂), 아은(亞隱) 등이 있는데 '소앙'이 널리 이름으로 쓰이고 있다.

5세 때부터 조부에게 한학을 배우기 시작해 1902년까지 사서오경 등을 섭렵하였다. 1902년 7월 성균관에 최연소자로 입학하여 유교 경전과 역사서, 세계 지리, 산술, 작문 등을 배웠다.

1903년 정부에서 황무지 개간권을 일본에 넘기려고 하자 신채호·유인식 등과 함께 반대운동을 전개하였다. 1904년 2월 러일전쟁이 발발하자 성균관을 그만두었으며 이후 관료가 되겠다는 꿈을 접었다.

1904년 7월 황실 특파 유학생 선발시험에 합격해 그해 10월 일본으로 건너가 11월 도쿄 부립(府立) 제일중학교에 입학하였다. 1905년 12월 일본인 교장이 한국 학생들에 대해 고등교육이 무리라고 발언한 데 항의하여 동맹파업을 단행하고 퇴학하였다.

1907년 정칙(正則) 영어학교에서 영어를 배운 뒤 1908년 3월 명치(明治) 대학 법학부에 입학해 근대 법학 교육을 받았다. 재학 시절 도쿄 유학생 친목 단체인 공수(共修)학회, 대한흥학회 등에서 활동했다.

1909년 12월 일진회가 '합방성명서'를 발표하자 대한흥학회 명의로 일진회 성토문을 기초하였으며, 1910년 7월 대한흥학회 총무로 선출돼 '합방' 반대운동을 추진하였다. 또 '한일합방 성토문'을 작성해 국내의 윤치호·김규식 등에게 전달하고 비상대회 소집을 도모하였으나 좌절되었다. 이 일로 요시찰 대상이 되어 일본 경찰의 감시와 통제를 받게 되었다. 1912년 명치대 졸업 후 귀국하여 경신학교·양정의숙 등에서 잠시 교편을 잡았다.

1913년 상해로 망명하여 신규식이 조직한 동제사(同濟社)에 가입해 박은식·신채호·문일평 등과 함께 활동하였다. 1915년 국내외 동포들의 대동단결을 목적으로 '육성교(六聖教)'를 창안하였다. 이는 단군·예수·석가·마호메트·공자·소크라테스 등 6명의 성현을 일체화시켜 이를 민족의 단결을 위한 기본사상으로 삼았다. 1917년 7월 상해에서 신규식 등 14인 명의로 '대동단결선언'을 발표하였는데 이는 1919년 임시정부 수립의 이론적 토대가 되었다.

그는 1919년 2월 만주에서 발표된 대한독립선언서를 기초하였는데 이는 도쿄 2.8 독립선언과 3.1 독립선언의 이념적 바탕이 되었다. 그해 3월 그는 상해로 가 임시정부의 기본법인 헌법을 기초할 때 심사위원으로 선정돼 '대한민국 임시헌장'을 마련하였다. 4월 19일 회의에서 국무원 비서장으로 선출돼 정부 수립 업무를 담당하였다. 그해 5월 김규식과 함께 파리강화회의 참석차 유럽으로 갔으나 참석하진 못했다.

1921년 12월 말 상해로 돌아와 1922년 초 무정부주의 독립운동 정당인 '한살림'을 조직하고 '발해경(渤海經)'을 저술하였다. 그해 6월 임시의정원 경기도 의원으로 선출돼 임시정부에 다시 참여하였고, 얼마 뒤 외무총장직을 맡았다. 1924년 9월 '이승만 탄핵' 후 박은식 임시 대통령 체제에서 외무총장직을 사임하였다. 이후 그는 독립운동 세력의 통일을 위해 민족유일당 운동에 나섰으나 진영 간에 이념적 차이를 끝내 극복하지 못했다.

1930년 1월 안창호·이동녕·김구 등과 함께 우익 민족주의 세력을 결집하여 한국독립당을 창당할 때 발기인으로 참여하였다. 이때 한국독립당의 당의(黨義)·당강(黨綱) 기초위원이 된 그는 정치·경제·교육의 균등을 기초로 한 신 민주국가 건설을 주장하며 '삼균주의(三均主義)'에 입각한 독립운동 이념을 제시하였다. 그해 6월 임시정부 외무장으로 선출됐으며, 일제의 만주 침략에 대비해 중국 측과 함께 한중항일대동맹을 결성하였다. 1937년 8월 우익 민족주의 계열의 연합체인 한국광복운동단체연합회가 결성되자 이에 참여하였다.

1941년 5월 삼균주의 이념에 의거해 광복 후 신국가 건설계획을 체계화한 '대한민국 건국강령'을 기초하였는데 이는 그해 11월 28일 국무위원회 명의로 공식 선포되었다. 그는 1939년 10월부터 1945년 8월 해방될 때까지 임시정부 외무부장으로 독립외교를 실질적으로 이끌었다. 1943년 11월 카이로 회담 개최에 앞서 장개석을 통해 한국의 독립을 승인받기 위해 힘썼다. 1945년 12월 2일 임시정부 요인 2진으로 귀국한 그는 삼균주의 청년동맹, 삼균주의 학생동맹을 결성해 삼균주의 국가건설 작업을 추진하였다.

그가 대종교에 입교한 기록은 남아 있지 않지만, 그의 삼균주의(三均主義)가 대종교 사상에 기반했다는 점에서 그는 대종교와는 뗄 수 없는 관계다. 그의 상해 망명은 대종교 핵심 간부 신규식에 의한 것이었고, 신규식이 주도한 동제사에 가입해 활동했으며, 1919년 대종교가 주도한 대한독립선언서를 기초하였다. 중국 본토나 만주 시절 그는 늘 대종교인들과 함께 행동했다. 특히 그는 자신이 창안한 육성교 첫머리에 단군을 올렸으며, 환국 후에는 단군성적호유회(檀君聖蹟護維會)를 결성해 단군 유적 보존 운동에 나서기도 했다.

그는 6.25 전쟁 때 납북돼 1958년 9월 10일 평양에서 별세한 것으로 알려져 있다. 묘소는 평양시 교외 신미리 애국열사릉에 있으며, 서울 현충원 무후선열제단에 위패가 마련돼 있다.

1989년 건국훈장 대한민국장이 추서되었다.

[조완구-홍정식 부부]

101

조완구 (趙琬九, 1881~1952, 건국훈장 대통령장)

임정 내무·재무부장 지낸 임정 산증인

조완구는 1881년 3월 20일(음) 서울에서 태어났다. 본관은 풍양(豊壤), 자는 중담(仲淡), 호는 우천(藕泉)이다. 어려서 한학을 배웠으며 효릉(孝陵) 참봉, 중추원 의관을 거쳐 1902년 8월 대한제국 내부(內府) 주사에 임명되었다.

1905년 11월 17일 을사늑약이 체결 후 시종무관장 민영환(閔泳煥)의 자결(11.30) 소식을 듣고 조병세·심상훈 등과 을사늑약 반대 항의 시위를 한 후 관직에서 물러났다. 1907년 8월 양구군수로 임명되었으나 부임하지 않았다.

이후 그는 국권 회복을 위한 계몽운동에 나섰다. 1907년 1월 지석영(池錫永)

등과 함께 국문연구회 발기인으로 참여하였고, 이듬해 1월 계몽단체인 기호흥학회 창립에 참여해 평의원에 선출되었다. 1908년 8월 제국신문 찬성회를 조직해 구독 확대 운동을 벌였으며, 종로 청년회관에서 열린 국민연설회에 참석해 연설하기도 했다. 그가 구국 운동에 나서게 된 것은 상관인 민영환과 처남인 홍범식(洪範植) 금산군수의 자결이 계기가 되었다.

일제가 대동학회를 조직해 유림(儒林) 친일화 공작을 벌이자 이에 맞서 1909년 9월 박은식·장지연 등과 함께 대동교를 창건하여 전례부장(典禮部長)을 맡았다. 1909년 1월 나철이 대종교를 중광(重光) 하자 이에 참여하였는데 입교 당시 교명(教名)은 '조양(趙亮)'이었다. 1910년 대종교 시교사(施教師)와 대종교 규칙 기초위원으로 활동하였으며 1914년 대종교 총본사가 북간도로 이전하자 그도 함께 북간도로 떠났다. 1916년 나철이 구월산 삼성사에서 자결하자 총본사 부전리(副典理)로서 나철의 유해를 총본사로 옮겨 안장하였다.

1919년 2월 김교헌 등 대종교인이 주축이 돼 대한독립선언서를 발표할 때 그는 서명자 39인 중 한 사람으로 참여하였다. 그해 3월 상해로 가 신규식이 주도한 대종교 서이도본사에서 활동하면서 대한민국 임시정부 수립에도 참여하였다. 그해 4월 임시정부 국무위원에 선출되었으며 5월에는 임시의정원 경기도 의원으로 선출되었다. 1921년 임시정부 개편을 놓고 창조파와 개조파 등으로 나뉘어 논란을 벌일 때 그는 정부 옹호파의 일원으로 활동하였다. 이후 새로 구성된 내각에서 내무 차장에 임명되었다.

계속된 임시정부의 혼란과 만주의 3부(정의부·참의부·신민부) 통합마저 좌절되자 '이당치국(以黨治國)'의 원리에 입각한 민족유일당 운동이 일어났다. 이에 1927년 4월 한국 유일 독립당 상해촉성회 창립을 도왔는데 이마저도 무산되고 말았다. 이후 이동녕·안창호 등과 함께 민족주의 운동 전선을 통일한 대독립당 조직을 계획하고 1930년 1월 25일 한국독립당을 창당하였다. 조소앙 등과 함께 당강·당의 기초위원이 되었고 창당 후 총무 주임으로 활동하였다. 그해 11월 임시의정원에서 3년 임기가 만료된 국무위원을 개선할 때 국무위원에 선출돼 내무부장에 선임되었다.

1932년 4월 윤봉길 의거 이후 임시정부는 피난길에 올랐다. 1935년 11월 김구 등과 임시정부 여당으로 한국국민당을 창당하고 이사 겸 비서에 선임돼 이동 시기 임시정부와 여당 역할을 한 한국국민당의 중심인물로 활동하였다. 1940년 5월 한국국민당과 재건 한국독립당, 조선혁명당을 해체하고 새로이 한국독립당을 창당하고 중앙집행위원에 선출되었다. 1940년 10월 임시정부는 단일지도체제인 주석제를 채택하고 김구(金九)를 주석으로 선출했는데 그는 국무위원에 선출돼 내무장에 임명되었다.

1944년 4월에는 중국 관내 지역의 민족전선 좌우 진영의 합의로 '대한민국 임시헌장'이 공포되었는데 그는 임시의정원에서 국무위원 겸 재무부장에 선임되었다. 해방 후 그는 1945년 12월 2일 홍진·조성환 등과 함께 임정 요인 2진으로 귀국하였다.

이후 그는 김구와 함께 신탁통치에 반대하였으며, 남한만의 단독선거와 단독정부 수립에도 반대하였다. 그는 통일 정부 수립을 위해 1948년 4월 김구·김규식 등과 함께 평양에서 열린 남북연석회의에 참석하였다. 남한만의 단독선거인 1948년 5.10 총선거에는 불참하였다.

1909년 대종교 중광 초기에 입교한 그는 전반기 삶을 대종교를 위해 헌신했다. 1910년 시교사가 되었고, 1911년 1월 15일 참교가 되어 그해 윤 6월 24일에 지교로 승질되었다. 1914년 대종교 총본사가 북간도로 이전할 때 함께 따라가 그해 5월 5일에 상교로 승질되었다.

1916년 나철이 순국한 후 총본사 부전리로서 청파호에 나철의 유해를 안장하였다. 1922년 서이도본사 선리부령으로 임명되었으며, 1925년 1월 16일 제3회 교의회의 공선으로 사교와 대형(大兄) 호를 받았다. 해방 후 1950년 5월 1일에 제7차 교의회에서 대일각 전교로 취임하여 남2·3도 전교를 겸임하였다. 그달 5일에 도형(道兄) 호를 추가로 받았다.

그는 6.25 전쟁 때 납북돼 1954년 10월 27일 용성 중앙병원에서 사망한 것으로 알려졌다. 묘소는 평양시 교외 신미리 애국열사릉에 있으며, 서울 현충원 무후선열 제단에 위패가 마련돼 있다.

1989년 건국훈장 대통령장이 추서되었다.

102

홍정식 (洪貞植, 1881~1945)

'순절' 홍범식 누이, 용정 만세 시위 참가

홍정식은 1881년 태생이다. 본관은 풍산(豊山).

그는 이조참의, 병조참판, 궁내부 특진관 등을 지낸 홍승목(洪承穆)의 장녀로 태어났다. 15세 때인 1895년 동갑내기 조완구(趙琬九)와 결혼했다.

1914년 남편 조완구가 만주로 망명해 독립운동에 나서자 서울 계동의 집을 정리하여 독립운동가들의 해외 이주 자금으로 사용하였다.

그의 본가도 독립운동과 관련이 깊다. 10살 위의 오빠 홍범식(洪範植)은 금산군수로 재직 중 1910년 8월 경술국치를 당하자 유서와 함께 벽에 '국파군

망 불사하위(國破君亡 不死何爲)' 여덟 글자를 써놓고 자결하였다.

홍범식의 아들 홍명희(洪命熹)도 독립운동에 참여했었다. 홍명희는 오산학교, 휘문학교 등에서 교사를 지냈으며, 신규식·박은식과 함께 상해에서 동제사 활동에 참여했다. 또 〈시대일보〉 사장으로 재직 중 1927년 신간회 창립에 참여해 부회장으로 활동했다. 이같은 집안의 내력은 그에게도 큰 영향을 끼쳤다.

1917년 그는 당시 71세 시모와 세 자식을 데리고 용정으로 가서 남편을 만났다. 그러나 얼마 뒤 남편은 임시정부에 참여하기 위해 상해로 떠났다. 남편이 부재한 상황에서 그는 근 30년을 홀로 집안을 꾸렸다. 그는 판매원 등을 하며 모은 돈으로 '싱거 미싱' 한 대를 월부로 들여 삯 바느질을 하며 지냈다.

당시 그와 가족들은 용정에서 대종교인들과 함께 생활했다. 1919년 3.1혁명 후 용정에서 '3.13 만세 시위'가 일어났을 때 그의 가족은 대종교인들과 함께 태극기를 만들고 만세 시위에도 참여했다고 한다.

그의 대종교 입교일은 정확히 알 수 없으나 그는 1916년 4월 23일 참교, 1917년 3월 18일 지교로 승질하였다. 여성 가운데 지교(知敎)까지 오른 사람은 나철의 부인 기길(奇姞)을 포함해 총 다섯 명에 불과했다. 그의 여동생 홍근식(洪勤植)도 1917년 3월 18일 참교가 되었다.

1925년 그는 두 딸을 데리고 다시 고향으로 돌아왔다. 남편 조완구는 1945년 12월 2일 임시정부 요인 2진으로 귀국했다. 안타깝게도 그는 남편이 귀국하기 10개월, 해방을 불과 반년 앞둔 1945년 2월 6일 별세했다. 조완구는 아내의 마지막 운명을 지켜보지는 못했다.

그의 장례나 묘소에 대해서는 알려진 것이 없다.

현재 미서훈 상태다.

103

주시경 (周時經, 1876~1914, 건국훈장 대통령장)

국어국문 연구와 국어사전 편찬 공로

주시경은 1876년 12월 22일 황해도 평산(平山)에서 태어났다. 본관은 상주(尙州), 본명은 상호(商鎬), 호는 한흰샘, 백천(白泉) 한흰메, 태백산 등을 썼다.

12세 때인 1888년 남대문 시장에서 해륙물산 객주업을 하던 큰아버지의 양자가 되어 상경하였다. 15세 때 양반 자제들을 가르치는 서당에서 한문 공부에 회의를 느껴 17세 때에는 국어국문 연구에 뜻을 두기 시작했다. 19세 때인 1894년 8월 배재학당에 입학해 수학·영어·지리·역사 등 신문학을 공부하면서 국어국문 연구와 국어문법 짓기를 시작하였다.

1895년 7월 배재학당 재학 중에 갑오개혁 내각의 탁지부(度支部)에 의해 인천의 관립 이운(利運) 학교 생도로 선발돼 1896년 2월에 속성과를 졸업하였다. 1896년 2월 아관파천이 일어나 갑오개혁 내각이 붕괴되자 다시 배재학당으로 돌아와 신학기부터 만국지지(萬國地誌) 역사특별과에 재입학하였다. 그 무렵 미국서 귀국한 서재필이 배재학당 강사로 나오면서 그와 인연을 맺어 〈독립신문〉 창간에 참여하게 되어 회계사무 겸 교보원(校補員)을 맡았다.

1896년 5월 그는 독립신문사 안에 국문동식회(國文同式會)를 조직해 한글 상용화에 힘썼다. 이 모임은 〈독립신문〉 제작에 필요한 국문 '맞춤법통일'(同式)을 위해 조직된 연구회로서 근대한국 최초의 국문법 연구단체가 되어 1898년까지 존속하였다. 그는 〈독립신문〉에 주상호(周商鎬)라는 본명으로 두 편의 '국문론'을 발표하였다. 1896년 11월 배재학당 안에 협성회(協成會)가 창립되자 이에 가입하였다. 처음에는 전적(典籍) 겸 〈협성회회보〉 저술위원으로, 나중에는 제의(提議)라는 간부로 활동하였다.

22세 때인 1897년 12월 그는 독립협회 위원에 선출되었다. 1898년 말 친러내각이 독립협회와 만민공동회를 강제 해산하고 간부들을 체포하기 시작하자 황해도 봉산 친척댁에 은신하였다. 이후 독립협회가 해산되자 서울 상동의 사립학숙(私立學塾)에 국어문법과를 신설하여 국어문법을 가르쳤다.

1905년 을사늑약 강제 체결 후 애국계몽운동 차원의 국어국문 연구 활동으로서 1906년 〈대한국어문법〉을 발간하였다. 1907년 7월 학부(學部) 안에 국문연구소가 설치되자 그는 연구위원이 되었으며, 1908년 〈국어문전음학(國語文典音學)〉을 발간하였다.

이 무렵 그는 몸이 열 개라고 모자랄 정도로 국어 강의로 바쁘게 지냈다. 1907년 남대문 상동의 공옥(攻玉) 학교 부설로 조선어 강습원을, 1908년에는 상동 기독교청년회관에 하기 국어강습소를 설립하여 우리 말과 글을 가르쳤다. 그는 또 이화·명신·흥화·기호·숙명·진명·보성·중앙·융희·배재·경신·영창학교와 사립사범강습소 등 여러 학교에서 교사로 근무하면서 국어국문을 가르쳤다. 동지들의 요청으로 정주 오산(五山)학교와 평양 대성(大成)학교로 출장 강의를 다녀오기도 했다. 그는 휴일에도 큰 보자기에 책을 넣고 강의를 위해 동분서주하여 별명이 '주(周) 보따리'였다고 한다.

1908년 8월 서울 봉원사(奉元寺)에서 하기 국어강습소의 졸업생 및 동지들과 함께 국문연구회를 설립하였다. 1910년 나라가 망하자 광문회(光文會)에 가입해 〈훈몽자회〉 등 고전간행 및 보급에 힘썼다. 1913년 최초로 국어사전(國語辭典, 말모이)의 편찬 작업에 착수하였으며, 이듬해 〈말의 소리〉를 간행하여 국어 음운학의 과학적 기초를 세웠다. 이밖에도 신문화 보급은 물론 서우학회 협찬

원과 대한협회 교육 위원으로 활동하면서 애국 계몽잡지에 다수의 논설을 발표하기도 했다.

1910년 나라가 망하자 보성학교 교실에 조선어 강습원을 차리고 혼자서 강의를 시작했다. 우리 말글을 배우고자 하는 학생에게는 수강료 없이 가르쳤는데 전국에서 모여든 학생들로 조선어 강습원은 문전성시를 이뤘다. 일제의 식민 통치가 본격화되자 애국 동지들은 해외로 망명하였다. 그나마 국내에 남아 있던 동지들은 1911년 소위 '105인 사건'으로 대거 붙잡혀갔다.

그의 대종교 입교 일자는 분명치 않으나 대략 1910년 전후로 추정된다. 배재학당 졸업 당시 그는 예수교 세례를 받았는데 이후 대종교로 개종하였다. 그는 무력 침략보다 정신적 침략을 더 무서운 것으로 여겼으며 자신이 예수교인으로 있다는 것은 이미 정신적 침략을 받은 걸로 여겼다. 또한 우리 민족의 과거 사대사상이 종교침략의 결과임을 분명히 밝히면서 종래의 국교(國教)인 대종교로 개종한다고 천명했다. 그러면서 다른 종교인들을 상대로 대종교로 개종 운동을 벌이다가 비난과 욕을 먹기도 했다.

그는 우리 글의 이름을 '한글'로 명명한 주인공이다. 한글의 '한'은 '밝다' '크다'는 뜻으로 대종교의 '한배검'의 '한'과 같은 것이다. 일각에서는 대한제국의 '한'을 딴 것이라고 주장하는 데 이는 사실이 아니다. 그의 한글 운동 배경에는 대종교적 정서를 토대로 한 언어 민족주의가 자리 잡고 있었다. 그는 일제의 침략에 맞서 정신을 보존해야겠다는 결심으로 대종교로 개종까지 했다.

1914년 여름, 그는 해외로 망명하기로 결심하고 서울로 올라왔다. 그런데 뜻하지 않은 체증과 그간의 과로가 누적돼 1914년 7월 27일 39세의 이른 나이로 별세했다. 장례는 7월 31일 상동 예배당에서 치러졌다. 유해는 경기도 양주군 장현리 한글학회 묘지에 안장됐다. 이후 1981년 12월 서울 현충원 국가유공자 제3 묘역으로 이장되었다.

1980년 건국훈장 대통령장이 추서되었다.

104 지석영(池錫永, 1855~1935) 우두술 보급 및 근대 서양 의료 도입

지석영은 1855년 서울에서 태어났다. 본관은 충주(忠州), 자는 공윤(公胤), 호는 송촌(松村)이다.

어려서 부친의 친구인 박영선(朴永善)에게서 한문과 한의술을 배웠다. 박영선은 한의사이자 역관(譯官)이었다. 박영선은 1876년 병자수호조약 체결 당시 수신사 김기수(金綺秀)의 수행 의관(醫官) 겸 통역관으로 일본을 방문하게 되었다. 박영선은 도쿄 순천당의원(順天堂醫院) 의사한테서 약식으로 우두술(牛痘術)을 배우고 또 〈종두귀감(種痘龜鑑)〉을 구해서 귀국했다.

그는 박영선이 가져온 〈종두귀감〉을 읽고 우두술을 배우기로 작정했다. 1879년 9월 부산에 있는 일본 해군 소속의 현대식 병원인 제생의원에서 해군 군의관으로부터 두 달 동안 우두술을 익히고 두묘(痘苗·우두 원료)와 종두침(種痘針)을 얻었다. 그는 귀경길에 처가가 있는 충주에서 잠시 머물렀는데 거기서 어린 처남에게 우두를 시술하는 데 성공했다. 훗날 그는 이를 "과거 급제와 유배 해제보다 더 기뻤다"고 했다

1880년 6월 김홍집이 제2차 수신사로 방일하게 되자 그는 김옥균 등의 도움으로 수행원 자격으로 동행하였다. 이때 그는 일본 내무성 위생국의 우두종

계소(牛痘種繼所)를 방문해 제생의원에서 미처 배우지 못했던 우두술과 관련한 모든 지식과 기술을 습득하였다. 귀국 후 그는 1880년 10월 서울에 종두장(種痘場)을 차리고 본격적인 우두 접종 사업을 시작했다. 1882년 임오군란 때 그는 자기 밥그릇을 빼앗긴다고 생각한 무당들에 의해 종두장이 불탔다. 그는 급히 충주 처가로 피신하여 위기를 모면하였다.

한편 그 무렵 정부에서도 우두술 보급의 필요성을 인식하여 정책을 준비하고 있었다. 1883년 그는 전라도 어사 박영교(朴永教)의 초청으로 전주에 우두국을 설치하고 종두(種痘)를 실시하면서 종두법을 가르쳤다. 이듬해에는 충청도 어사 이용호(李容鎬)의 요청으로 공주에도 우두국을 만들었다. 그동안 쌓은 지식과 경험을 종합하여 1885년 〈우두신설(牛痘新說)〉을 펴냈는데 이 책은 우리나라 최초의 우두법 관련서로 꼽힌다. 1887년 정부의 실정을 비판하다가 전라도 강진 신지도(현 완도)로 유배됐는데 그곳에서도 우두법 보급에 힘썼다.

1894년 갑오개혁 이후 위생국에서 종두 업무를 관장하였다. 김홍집 내각에서 형조참의와 승지를 거쳐 동래부사를 지냈는데 임지에서도 우두를 실시하였다. 1899년 관립 의학교(醫學校)가 설립되자 초대 교장으로 임명되었다. 1902년 그의 제창으로 훈동(勳洞)에 의학교 부속병원이 설립되었으며 이듬해 의학교는 첫 졸업생 19명을 배출했다. 1907년 의학교가 폐지되고 대한의원 의육부(醫育部)로 개편됨과 함께 학감에 취임하였다. 1910년 사직할 때까지 그는 11년간 근대 서양 의료 도입과 의학교육에 크게 헌신하였다.

그는 일찍이 개화에 눈을 떴다. 1882년에 올린 상소에서 급속한 개화의 필요성을 역설하고 이를 위해 일종의 훈련원을 세우자고 주장하였다. 1898년 그는 독립협회에 가입해 활동했다. 그는 개화가 늦어지는 이유 가운데 하나는 어려운 한문을 쓰기 때문이라 보고 알기 쉬운 한글을 쓸 것을 주장하였다. 그는 주시경과 함께 한글 가로쓰기를 주장한 선구자이기도 하다.

1907년 1월 그는 조완구 등과 함께 국문연구회를 발족시켰다. 회장은 윤교정, 총무는 지석영, 연구원으로 주시경, 박은식 등이 참여하였다. 1908년 그는 한글로 한자를 해석한 최초의 옥편인 〈자전석요(字典釋要)〉를, 1909년에는 조선어 낱말사전 격인 〈언문〉을 펴냈다. 그는 의학교 학생 모집 때도 국문을 시험과목으로 채택했다. 고종은 그의 공을 인정하여 태극장(太極章)·팔괘장(八卦章) 등의 훈장을 내렸다.

1909년 1월 나철이 대종교를 중광(重光) 하자 김윤식·유근·주시경 등과 함께 참여하였다. 1910년 그는 대종교에 입교하였으며, 1914년 5월 13일 참교 교질을 받았다. 1914년 대종교 총본사가 만주로 떠난 후 이규환·주성호 등과 함께 서울에 남도 본사를 세울 때 크게 기여하였다. 그는 남도 분사의 중진으로 활동하면서 1921년 개천절 행사 때 사회를 맡기도 했다. 그와 함께 국문연구회 발족 때 참여했던 인사들도 모두 대종교에 입교했는데 이들은 나중에 대종교 내의 국문연구회 인맥을 형성하였다.

1910년 한일병탄 후 그는 모든 공직에서 물러나 은거하였다. 1914년 종로구 재동에 '유유당(幼幼堂)'이라는 소아진료소를 차려 아이들의 건강을 돌봤다. 뒤늦게 그가 이토 히로부미 추도식(1909.12.12.)에서 추도사를 읽었다는 사실이 알려지면서 친일 논란이 일기도 했다.

그는 1935년 2월 1일 서울 낙원동 자택에서 별세했다. 장례는 사회장으로 치러졌으며, 유해는 서울 망우리 공원묘지에 안장되었다.

[지운영-지성채 부자]

지운영 (池雲英, 1852~1935)

105 시서화에 재능, 고종 첫 사진 촬영

지운영은 1852년 서울에서 태어났다. 본관은 충주(忠州), 초명은 운영(運永), 호는 설봉(雪峰)·백련(白蓮)이다. 종두법의 선구자 지석영(池錫永)의 형이다.

그는 추사 김정희(金正喜)의 제자이자 개화사상가 강위(姜瑋)의 문하에서 시문 등을 배웠다. 강위는 1876년 일본과 강화도조약 체결 때 통역을 맡았다. 그는 강위를 맹주로 역관(譯官)·의관(醫官) 등 기술직 중인들의 시회(詩會) 모임인 '육교시사(六橋詩社)'의 동인으로도 활동했다.

그는 1882년 수신사 박영효(朴泳孝)의 수행원으로 일본에 건너갔다. 일본에서 처음으로 본 사진에 매료돼 귀국을 포기하고 혼자 남아서 사진을 배웠다. 1883년 민씨 집안 일족이자 서예가인 민영목(閔泳穆)의 소개로 통리군국사무아문의 주사(主事)로 임명돼 귀국하였다. 이듬해 서울 종로 마동(麻洞)에 개인 사진관을 열어 한국인 최초로 고종의 사진을 촬영하였다.

1886년 고종의 밀명을 받고 일본으로 건너가 갑신정변 주모자 김옥균을 암살하려고 시도했으나 미수에 그쳤다. 일본 경찰에 체포된 그는 강제로 귀국해 평안남도 영변으로 유배되었다. 1889년 유배에서 풀려나 황철(黃鐵)의 사진관에서 일하였으며, 1892년 청나라로 유학을 가 소주와 항주 등지를 여행하면서 그림 공부를 하였다.

1895년에는 상소문을 올려 재기를 꿈꾸었으나 실패하자 은둔하며 시와 그림에 몰두하였다. 이때 호를 설봉(雪峰)에서 백련(白蓮), 이름을 운영(運永)에서 운영(雲英)으로 고쳤다. 그 무렵 서예가 오세창(吳世昌)과 교류하던 그는 1921년 서화협회 정회원으로 제1회 서화협회전람회에 출품하였고, 1922년에는 제1회 조선미술전람회(선전)에 '산인탁족도(山人濯足圖)'를 출품하여 입선하였다. 이듬해 선전의 심사원 차별에 문제를 제기하고 이후부터는 불참하였다.

그는 유교·불교·도교에 모두 통달하였으며 시(詩)·서(書)·화(畵)에 능해 당대의 '삼절(三絶)'로 불렸다. 평소 옆으로 한 일(一) 자로 길게 누운 '일심보검(一心寶劍)'을 자주 그렸는데 이는 그가 연마한 무예와도 관련이 깊다.

그는 1910년 나철의 부탁으로 단군 영정을 모사한 인물로 알려져 있다. 그가 대종교에 입교한 날짜는 정확히 알 수 없으나 그는 1922년에 참교(參敎)의 교질을 받은 걸로 봐 그 이전에 입교한 걸로 보인다. 그의 아우 지석영은 1910년에 입교하였으며, 그의 3남인 화가 지성채도 대종교인으로 활동했다.

그는 1935년 6월 6일 서울 가회동 자택에서 숙환으로 별세했다. 영결식은 6월 10일 수송동 각황사에서 거행됐으며, 유해는 미아리에 안장됐다.

106 지성채 (池盛彩, 1899~1980)
단군 표준영정 그려 바친 화가

지성채는 1899년 2월 서울에서 태어났다. 본관은 충주(忠州), 호는 춘초(春草)이다. 사진가이자 화가 지운영(池雲英)의 3남이다.

서울 계산(桂山)학교와 오성(五星)중학교에서 신학문을

배웠다. 1917년 경성 서화 미술학교에 입학하면서 그림을 배웠으며, 1919년부터 소림(小琳) 조석진(趙錫晋)의 문하생으로 본격적인 화가의 길을 걸었다.

1923년 제2회 조선미술전람회 동양화부에 입선한 '미인침선(美人針線)'은 조선 황실에서 구입하였으며, 1925년 제4회 조선미술전람회에는 '삼산운경(杉山雲景)', 1926년 제5회에는 '야인효행(野人曉行)', 1927년 제6회에는 '무수옹(無愁翁)', 1928년 제7회에는 '중춘산촌(仲春山村)'이 각각 입선하였다.

1924년 11월부터 그는 〈조선일보〉에서 독자 투고 만화를 선정해 소개하는 '철필 사진'이란 고정란에 만화 '쥐띠와 개띠의 대화'가 처음 당선되었다. 1927년 1월 3일 〈동아일보〉에 그의 토끼 그림이 실렸으며, 그해 열린 제7회 서화협회전에도 출품하였다. 일제의 식민 탄압이 심해지자 붓을 내려놓고 이대창(李大昌)으로 개명하여 독립운동에 참여하였다고 한다.

이후 다시 붓을 잡고 1935년 제14회, 1936년 제15회 서화협회전에 출품하였으며, 1938년 제18회부터 1940년 제20회까지 조선미술전람회의 공예부에 3년 연속 입선하였다. 이 무렵 가회동에 경성칠공소(京城漆工所)를 개설해 동인들과 활동하였으며, 나전칠기 분야의 인간문화재 김봉룡(金奉龍)도 동인으로 활동했다. 1946년 11월 열린 제1회 조선미술가협회 전람회에 '정유원(庭遊園)'을 출품하였다. 1977년 3월 신문회관에서 최초의 개인전을 열었고, 이듬해 미도파백화점에서 팔순 기념 초대전을 열었다.

일제 당시 대종교 남도 본사 책임자 강우(姜虞)는 일제의 탄압을 피해 단군 영정을 자신의 집 다락 속에 깊이 감추어 보관해왔다. 그는 해방 후 1946년 강우가 보관해온 이 단군 영정을 모사해 대종교 총본사에 재봉안했다. 이는 1948년 정부 수립 후 국회의 동의를 얻어 단군 표준영정으로 확정되었다.

그의 대종교 입교 일자는 정확한 기록이 남아 있지 않다. 다만 그는 1946

년 3월 6일 지교(知敎)가 되어 이시열·김승학·신백우 등과 함께 경의원 참의로 활동했다.

그는 1980년 4월 19일 서울 신정동 자택에서 별세했다. 향년 88세. 장례는 4월 23일 발인하여 신세계공원묘지에 안장됐다.

107

채동선 (蔡東鮮, 1901~1953, 은관문화훈장)
민요채집·전통음악 발굴 앞장선 작곡가

채동선은 1901년 6월 11일 전남 보성에서 태어났다. 본관은 평강(平康)이다.

그는 순천 공립보통학교를 졸업 후 상경해 경성제일고보(경기고 전신)에 입학했다. 재학 중에 홍난파(洪蘭坡)의 바이올린 독주회에 참석해 감동을 받고 음악에 관심을 가져 1918년 무렵 홍난파에게 바이올린을 배웠다.

1919년 3.1 혁명 때 만세 시위에 참여했다가 일경의 감시를 받게 되자 이에 회의를 느껴 학교를 중퇴하였다. 이후 일본으로 건너가 1924년 와세다(早稻田)대학교 영문과를 졸업한 후 영문학과 경제학을 전공하기 위해 도미했다가 중도 포기하였다.

1924년 10월 20일 전선(全鮮) 남녀전문학교 연합음악회 때 출연한 후 본격적인 음악 공부를 위해 독일로 유학했다. 리하르트 하르처에게 바이올린을, 빌헬름 클라테에게 작곡을 배웠으며, 1926년 베를린의 슈테른센 음악원에 입학해 음악 공부를 계속하였다.

1929년 귀국해 연희전문학교에서 음악이론과 바이올린을 가르쳤다. 1929년 귀국독주회를 비롯해 1939년까지 모두 네 차례의 바이올린 독주회를 개최하였다. 1930년 2월에 창립된 조선음악가협회에도 참여하였으며, 그 해 최호영(제2 바이올린)·이혜구(비올라)·일본인 첼리스트와 함께 채동선실내악단을 조직했다. 당시 바이올린을 '들고서(提) 줄로 소리를 내는 악기'라고 해서 우리말로 제금(提琴)이라고 불렀다.

1932년 경성 하세가와(長谷川) 공회당에서 누이동생이자 성악가 채선엽(蔡善葉)의 독창으로 가곡 발표회를 열었고, 10월 이화여전 강당에서도 가곡 발표회를 개최했다. 그는 우리나라 최초의 현악 4중주단을 결성해 활동했으며, 국내 최초로 창작발표회를 가진 작곡가가 되었다. 1933년 작곡한 대표 가곡 '고향'은 시인 정지용(鄭芝溶)의 시에 곡을 붙인 것이다.

그는 일제 당시부터 우리 민요채집에 남다른 열정을 갖고 '별유천지(別有天地)' 등을 채보했다. 또 민요 편곡 및 전통음악 발굴에도 심혈을 기울여 '서울 아리랑' 등 많은 민요를 합창곡으로 편곡했다. 해방 후 그는 다시 작곡에 전념하면서 '선열추모가' '한글날' '3·1절' '개천절' '무궁화의 노래' 등을 창작했다. 그러나 이 노래들은 월북시인 정지용(鄭芝溶)과의 인연 등으로 한동안 금지곡으로 지정됐었다.

그가 대종교에 입교했는지 여부는 정확히 알 수 없다. 그러나 그는 개천절 노래에 이어 대종교의 교가(敎歌)인 신가(神歌), 가경가(嘉慶歌), 삼신가(三神歌), 개천가(開天歌) 등의 '한얼노래'를 작곡하였다. 특히 그는 해방 후 세 번째로 맞이하는 1947년 개천절을 앞두고 개천절 노래 가사를 직접 지었는데 〈대한일보〉 1947년 11월 2일자에 그 전문이 실려 있다. 이런 정황을 감안하면 적어도 그는 대종교와 친밀한 인사였음은 분명해 보인다.

8·15해방 후 그는 고려음악협회를 결성하여 회장으로 활동했다. 1946년 8월 그의 관현악곡 '조선'을 고려교향악단이 초연하였다. 1947년 고려작곡협회 회장을 맡았으며, 1948년에는 고려합창단을 조직했다. 그 밖에도 여러 음악 관련 단체에서 간부로 활동했다.

그는 한국전쟁 와중인 1953년 2월 2일 서울대병원에서 숙환으로 별세했다. 묘소는 망우리 그의 부모 묘소 아래에 마련됐다가 2012년 보성 부용산으로 이장됐다. 1983년 채동선기념사업회가 조직돼 매년 젊은 음악가에게 '채동선 음악상'을 수여하고 있다. 2007년 고향 보성에 '채동선 음악당'이 건립됐다.

1979년 은관문화훈장이 추서되었다.

108 최남선 (崔南善, 1890~1957)

신문화 보급 공로 크나 일제 말기 변절

최남선은 1890년 4월 26일 서울에서 태어났다. 본관은 동주(東州), 아명은 창흥(昌興), 자는 공육(公六)이다. 호는 육당(六堂)·한샘·남악주인(南嶽主人)·곡교인(曲橋人)·육당학인(六堂學人) 등이 있다.

어려서는 한학을 배웠으며 1902년 경성학당에서 일본어를 배웠다. 1904년 10월 대한제국 황실 유학생으로 선발돼 국비 유학생으로 일본에 건너갔다. 그해 11월 도쿄 부립 제1중학교에 입학했으나 12월에 중퇴하고 귀국했다. 1906년에 다시 도일하여 4월 와세다대학 고등사범학부 지리역사과에 입학했는데 3개월간 다니다 동맹 휴학으로 제적당했다가 복학하였다.

1907년 5월 귀국한 그는 신문화 운동을 일으키기 위해 그해 11월 이광수 등과 함께 잡지 〈소년(少年)〉을 창간하였다. 1908년 출판사업을 통한 민족의 계몽과 국권 회복을 목적으로 신문관(新文館)을 창설해 〈대한역사〉, 〈대한지지〉 등을 출판하였다.

1909년에는 도산 안창호와 함께 청년학우회를 결성하였으며, 1910년 10월 고문헌의 보존과 반포, 고문화 선양을 목적으로 조선광문회(朝鮮光文會)를 설립했다. 1914년 종합 계몽잡지 〈청춘(青春)〉을 발간해 새로운 지식의 보급과 민중 계몽에 나섰으나 1918년 강제 폐간되었다.

1919년 3·1운동 때 '기미독립선언문'을 기초하였다. 이 일로 징역 2년 8개월을 선고받고 복역한 뒤 1921년 10월 18일 가출옥하였다. 출옥 후 1922년 동명사(東明社)를 설립해 주간지 〈동명〉을 발행했으며, 1925년부터 〈동아일보〉에 사설을 썼다. 1926년 근대 최초의 창작 시조집 〈백팔번뇌〉를 출간했으며, 이후 '단군론' '불함문화론(不咸文化論)'을 발표하였다. 그는 '불함문화론'에서 동방 문화의 근원지를 단군 신화의 무대인 백두산이라고 주장했다.

출판과 여러 언론 매체를 통해 왕성한 문필활동을 해오던 그는 1927년 조선사편수회 위원이 되면서 친일의 길을 걸었다. 1937년 중추원 참의가 돼 1938년 3월까지 재임하였으며, 1938년 만주의 친일 신문 〈만몽일보(滿蒙日報)〉 고문을, 이듬해에는 만주국의 친일 관료 양성기관인 건국대학 교수로 부임해 조선사를 강의했다.

4년 7개월간의 만주 생활을 청산하고 1942년 11월 귀국한 그는 칩거하면서 집필에 전념했다. 그러나 그는 총독부의 부탁으로 〈매일신보〉 등에 학도병 지원 권유 글을 실었으며, 이광수와 함께 일본에 건너가 조선인 유학생들에게 학도병 지원 권유 연설을 하기도 했다.

해방 후 그는 우이동 자택에 칩거해 역사 논문 집필에 전념했다. 1948년 제헌국회에서 법률 3호로 제정한 반민법에 근거하여 반민특위가 구성되었다. 그는 1949년 2월 7일 반민특위에 체포돼 마포형무소에 수감되었다.

수감 중에 그는 '자열서(自列書)'라는 일종의 반성문을 써서 재판부에 제출했다. 이 글에서 그는 "대중은 나에게 지조를 붙잡아라 하거늘 나는 그 뜻을 휘뿌리고 학업을 붙잡으면서 다른 것을 버렸다. 대중의 나에 대한 분노가 여기서 시작하며 나오는 것을 잘 안다"고 썼다. 그는 지조와 학식은 별개라는 궤변을 늘어놓았다.

그의 대종교 입교 여부는 정확히 알 수 없다. 그러나 그는 대종교가 창립(중광)되던 1909년부터 관련을 맺은 것으로 보인다. 대종교는 그해 10월 3일(음) 처음으로 개천절을 기념식을 가졌는데 이때 그는 '단군절'이라는 창가를 지어 그가 창간한 잡지 〈소년〉에 실었다.

그가 대종교와 직접적인 인연을 맺게 된 것응 1910년에 그가 창립한 조선광문회(朝鮮光文會)를 통해서다. 이 단체는 대종교 공동체로 불렸는데 여기에 참여한 인사 가운데 박은식·유근·김교헌 등 대다수는 대종교인이었다. 그는 이들로부터 크게 영향을 받았으며, 또 이들을 스승으로 모시며 존경했다.

그는 1937년 만주 여행 중에 동경성에 있던 대종교 총본사를 방문해 3대 교주 윤세복(尹世復)을 만났다. 이때 그는 "저도 일찍 김무원(金茂園·김교헌) 종사(宗師)와 유석농(柳石儂·유근) 선생의 전통적 훈도(薰陶·감화)를 받은 대종교 숭봉자(崇奉者)"라며 자신이 대종교인임을 밝혔다.

그는 윤세복을 만난 자리에서 부복(仆伏·엎드림)하여 경외심을 나타냈으며, 자신의 변절에 대해 윤세복의 질책을 겸허히 받아들였다. 앞에서 거론했듯이

1919년 3.1혁명 당시 독립선언서를 기초한 그는 말년에 친일로 변절하였다.

그는 단군 연구 가장 심혈을 기울인 인물로 평가된다. 그는 단군의 의미를 조선 고대사 문제를 해결할 유일한 관건으로 보았으며, 단군이야말로 우리 과거의 응결체인 동시에 미래의 좌표라고 보았다. 그는 단군을 지칭하는 '대황조(大皇祖)'를 순수 우리말로 '한배'라고 풀이했다. 나철은 '한배'에 '임·웅·검'을 붙여 '한배님' '한배웅' '한배검'으로 불렀는데, 그는 세 아들의 이름을 한인, 한웅, 한검이라고 지었다.

그는 단군 신앙 운동에도 적극적으로 참여했다. 대종교 주최 강연회에 강사로 자주 참여하였고, 개천절을 기념하는 글을 여러 차례 발표하였으며, 단군 유적 성역화 작업에도 앞장섰다.

그는 1957년 10월 10일 서울 묘동 자택에서 숙환으로 별세했다. 장례는 10월 14일 가족장으로 치르고 경기도 양주군 온수리 선영에 안장하였다.

친일 경력으로 인해 서훈 대상에서 제외됐다.

109 최현배 (崔鉉培, 1894~1970, 건국훈장 독립장)

한글날 제정, 한글 전용 앞장선 한글학자

최현배는 1894년 10월 19일(음) 경남 울산에서 태어났다. 본관은 경주(慶州), 호는 외솔이다.

5세 때부터 서당에서 한문을 배운 뒤 14세 때 울산의 관립 일신(日新) 학교에 입학해 신식 교육을 받았다. 1910년 상경하여 관립 한성(漢城) 고등학교(경성고등보통학교 전신)에 입학하여 1915년 졸업하였다. 그해 4월 일본 히로시마(廣島)고등사범학교 일어한문과에 입학해 1919년 졸업하였다.

귀국 후 1920년 사립 동래 고등보통학교 교사로 근무하면서 〈우리말본〉 초고를 완성했다. 이듬해 12월 사직하고 1922년 다시 도일하여 그해 4월 교토(京都)제국대학 철학과에 입학해 교육학을 공부하고 1925년 동 대학원에서 1년간 수학하였다.

귀국 후 1926년 4월~1938년 9월까지 연희전문학교, 이화여전 교수로 근무하면서 우리 말과 글 연구에 몰두하였다. 이해에 조선어연구회(조선어학회 전신)의 회원이 되어 '한글날' 제정, 〈한글〉 창간 등에 참여하였다. 1926년 '조선민족 갱생의 도'를 동아일보에 66회 연재한 후 1930년 단행본으로 펴냈다. 1929년 조선어사전 편찬위원회 준비위원이 되었으며 1933년 '한글맞춤법통일안' 제정에 주도적으로 참여하였다. 1936년 〈중등 조선말본〉 〈시골말 캐기 잡책〉을, 1937년에는 〈우리말본〉 〈한글의 바른길〉을 펴냈다.

1938년 흥업구락부 사건으로 민족주의 계열 인사들이 대거 검거되면서 그도 체포되었고, 또 연희전문학교 교수직에서 쫓겨났다. 1941년 5월 연희전문학교 도서관 직원으로 복직하였으나, 그해 10월 소위 '조선어학회사건'으로 그를 비롯해 이극로·안재홍·이윤재 등의 한글학자들이 대거 검거돼 혹독한 고문을 받았다. 그는 징역 4년을 선고받고 함흥 형무소에 투옥됐는데 옥중에서도 두 청년에게 한글을 가르쳤다고 한다.

1945년 8.15 광복을 맞아 출옥한 그는 동지들과 한글학회를 재건하여 이사장을 맡았으며, 한글전용 촉진회를 조직하였다. 또 미군정청 문교부 편수국장으로 초빙돼 교과서 행정을 담당하였으며, 이때 〈중등 국어 독본〉 상·하 두 권과 일반 국민용 교재로 〈한글 첫걸음〉을 펴냈다. 1950년 6.25 전쟁 발발 후 피난지 부산에서 두 번째로 편수국장을 맡았다. 1954년 이승만 대통령이 '한글 표기법 간소화 공동안'을 일방적으로 발표하자 편수국장을 사임하고 이승만의 어문정책에 반대하는 성명을 발표했다.

1955년 연희대학교 교수로 부임해 문과대학 학장, 부총장을 맡았으며, 1956년 10월 세종대왕 기념사업회 창립하고 이사·부회장에 취임하였다. 이듬해에는 한글학회 이사장으로서 일제시대 조선어학회 때부터 추진돼 온 〈우리말 큰 사전〉 6권 편찬을 마무리했다. 1962년 3월부터 한글학회 부설 한글 기계화연구소 소장을 겸임했다. 1963년 〈나라 건지는 교육〉 〈한글 가로글씨 독본〉을 펴냈으며, 1966년에는 〈배달말과 한글의 승리〉를 펴냈다. 그는 대학에서 퇴임한 이후에도 한글 연구를 계속했다.

그의 한글 연구는 주시경(周時經)을 만나면서부터 시작됐다. 1910년부터 3년간 주시경이 개설한 조선어 강습원에서 한글과 문법을 배웠다. 1913년 그는 조선어 강습원을 수석으로 졸업하였다. 그는 주시경의 민족주의적 언어관인 '말-글-얼 일체론'에 영향을 받아 국어운동의 길에 들어섰다. 그는 우리 말과 글을 우리 민족의 정신적 산물의 총합체라고 여겼다.

주시경은 원래 기독교 신자였으나 대종교로 개종했다. 그는 그런 스승을 통해 자연스럽게 대종교를 접했다, 그는 나철을 직접 만나 1911년 대종교에 입교했는데 당시 경성고보 2학년이었다. 3학년 때인 1912년 일본인 담임선생이 그를 불러 대종교에 다니는 것을 그만두라고 했다. 그러나 그는 그 뒤에도 몰래 다니면서 〈신단실기(神檀實記)〉, 〈삼일신고(三一神誥)〉 등을 베껴서 읽었다. 이 두 책은 대종교의 핵심 교사(敎史)이자 교리 서적이다.

나철은 대종교를 중광하면서 '봉교과규(奉敎課規)'에서 교인들에게 '국문 해독'을 강조했다. 나철은 '국망도존(國亡道存)', 즉 '나라는 망해도 정신은 가히 존재한다'며 그 근본인 우리의 역사와 언어를 지켜야 한다고 했다, 그는 주시경과 나철의 가르침에 따라 한글 연구를 그 어떤 무장투쟁보다 치열한 독립투쟁으로 인식했다. 그는 원래 '한국의 페스탈로찌'가 되고자 했으나 주시경·나철과의 만남을 통해 한글 연구와 대종교인으로 평생을 살았다.

그는 1970년 3월 23일 숙환으로 세브란스병원에서 별세했다. 장례는 3월 27일 사회장으로 치르고 평소의 바람대로 스승인 주시경이 잠든 경기도 양주군 장현리 한글학회 묘지에 안장되었다. 장례식 때 국민훈장 무궁화장 추서되었고, 1주기를 맞아 백낙준 등이 서울 장충공원에 기념비를 세웠다.

이후 주시경은 1981년 서울 현충원으로, 그는 2000년 9월 대전현충원으로 각각 이장되었다.

1962년 건국훈장 독립장이 추서되었다.

110 한기욱 (韓基昱, 1867~1922, 건국훈장 애족장)
북만주 대종교 포교 앞장서다 가족 희생

한기욱은 1867년 9월 27일 함경북도 경원(慶源)에서 태어났다. 본관은 청주(清州), 자는 경화(景化), 호는 호정(湖亭)이다.

학력이나 성장 과정에 대해서는 알려져 있지 않다. 집안이 가난하여 16세 때 노령(露領) 연추(煙湫)로 이주하여 황무지를 개간하고 산업을 일으켰다.

1905년 을사늑약이 체결되자 만주로 망명한 이상설이 이동녕·여준·정순만·김우용 등이 간도 한인 2세 교육을 위해 1906년 서전서숙(瑞甸義塾)을 세웠다. 이 학교는 만주에 설립된 한국 최초의 신학문 민족 교육기관으로 그는 이곳에서 숙감(塾監)으로 근무하였다. 1907년 서전서숙이 폐교되자 집으로 돌아왔다. 이듬해 연추에 선흥의숙(鮮興義塾)을 세웠는데 이는 노령에 세워진 첫 한인 민족 학교였다.

1912년 대종교에 입교한 그는 북만주 지역 시교원(施教員)을 자청하고 길림성 의란도(依蘭道) 밀산(密山)으로 이주하였다. 1913년 영계와 참교 교질을 받고 그곳에 대종교 시교당(施教堂)과 한흥의숙(韓興義塾)을 세웠다. 그는 시교당 전무와 의숙(義塾) 숙장을 맡았는데 이는 북만주 일대의 첫 시교당이자 한인 학교였다.

1921년 상교로 승질하여 동일도본사 전리 대판(代辦·대리)을 맡았으며, 1922년에는 의란도(依蘭道) 전체와 연해주 일대의 교구를 관할하는 동이도 제3지사의 전사(典事)가 되었다. 그해 9월 7일(음) 중국·러시아의 토비(土匪) 500여 명이 밀산 동문 밖에 있던 제3지사 관할의 한일(韓一) 시교당을 습격하였다.

당시 상황을 전한 조선일보 기사(1923.1.2.)에 따르면, 토비들은 조선인들을 위협해 앞세우고는 이들을 인간(人干), 즉 인간방패로 삼아 밀산성을 함락시켰다고 한다. 이때 그는 선두에 서서 주민들을 보호하려다 목숨을 잃었다. 이 과정에서 그를 포함해 조선인 5명이 사망하고 25명이 중경상을 입었다.

이때 그의 일가족도 큰 화를 당했다. 그의 아내(유기임·참교)와 동생(한기중·지교), 동생의 두 아들(종범, 종근)은 중상을 입었으며, 기중의 아내(최기신·참교)와 시교당에 내왕하던 이섭(참교)은 목숨을 잃었다.

이후 전교의 공론으로 그에게 정교와 대형 호가 추증되었다. 그해 12월 24일 영고탑의 대종교 동이도본사에서 추도식을 열었다.

2009년 건국훈장 애족장이 추서되었다.

111

한징 (韓澄, 1886~1944, 건국훈장 독립장)

'조선어학회사건' 옥고 중 두 번째로 옥사

한징은 1886년 2월 20일 서울에서 태어났다. 본관은 청주(清州), 호는 효창(曉蒼)이다.

어려서 한학을 배워 15세 때 사서삼경을 독파했다고 한다. 그 외 학력이나 초반기 활동상은 자세히 알려진 것이 없다.

그는 1922년부터 1929년까지 최남선이 창간한 시대일보와 그 후신인 중외일보, 조선중앙일보 등에서 기자로 활동했다.

1918년 최남선·오세창·박승빈·이능화·문일평 등이 민중 계몽과 학술 연구를 목적으로 계명구락부를 조직했다. 1927년 최남선·정인보·이윤재·임규 등 계명구락부 요원은 주시경·이규영 등의 〈말모이〉 원고를 인수하여 〈조선어사전〉 편찬에 착수하였는데 이때 그도 참여해 주해(註解)를 맡았다. 1929년 계명구락부의 사전편찬 작업이 중단되자 그는 이윤재와 함께 탈퇴하였다.

1929년부터 조선어사전의 편찬위원으로 활동했으며, 1931년 조선어학회 회원이 된 후 조선어학회가 추진한 표준어 제정과 우리말 사전의 편찬에 참여했다. 1934년에는 조선어 표준어사정위원회 사정위원 30명 가운데 서울 출신으로 참여해 활동했다. 그는 또 조선어학회의 기관지 〈한글〉에 서울을 중심으로 우리말 땅이름을 연구해 '조선말 지명'이라는 글을 발표하였다. 1939년에는 순 한글로 '군수의 꿈'이라는 글을 통해 악질 군수를 비판하기도 했다.

1929년 10월 이극로·최현배·정열모 등이 조선교육협회에서 조선어사전 편찬회를 조직했는데 그도 여기에 참여하였다. 2년간 사전편찬 작업 때 그는 한문 계통의 어휘 정리를 담당했다. 1936년 3월 조선어학회는 조선어사전편찬회로부터 사전편찬 업무를 인계받았는데 그는 정인승·이윤재·이극로·이중화 등 4인과 함께 사전편찬 전임위원으로 활동했다. 당시 조선어학회가 주는 월급이 박봉이어서 그는 퇴근 후 부업으로 인쇄소에서 교정 일을 보았다.

그는 1923년 대종교에 입교했다고 알려져 있다. 조선어학회 회장으로 있던 이극로를 비롯해 최현배, 이윤재, 안호상, 정열모 등 핵심 회원 대다수가 대종교인이었다. 따라서 그 역시 자연스럽게 대종교에 입교한 것으로 보인다. 다만 그가 언제 입교했으며, 어떤 교질을 받았는지 등 구체적인 활동상에 대해서는 자세히 알려진 것이 없다.

1937년 중일전쟁 이후 일제는 우리 말과 글 사용을 금지하는 등 민족말살정책을 추진했다. 이런 상황에서 조선어사전 편찬은 그 자체로 독립투쟁이었다. 오랜 노력 끝에 16만 어휘와 삽화 3,000여 매로 구성된 조선어사전 원고가 마무리되었다. 조선어학회는 1940년 3월 7일 총독부 도서과에 〈조선어대사전〉 출판허가원을 제출했다. 상당 부분을 삭제와 정정을 조건으로 그달 12일 출판 허가를 받았으며, 그해 말까지는 최종원고를 인쇄소로 넘기기로 했다.

평소 조선어학회를 눈엣가시로 여기고 있던 일제는 1942년 10월 소위 '조선어학회사건'을 조작하여 조선어학회 회원 33명에게 치안유지법의 '내란죄'를 뒤집어씌웠다. 사전편찬 작업은 즉시 중단됐으며, 일제는 무려 일곱 차례에 걸친 수색을 통해 사전 원고와 서적들까지 전부 압수해 갔다. 이들에 대한 조사는 함경남도 홍원경찰서가 담당했는데 조사과정에 모진 고문과 악형을 가했다.

함흥지방법원 검사국은 1943년 9월 12일 33명 중 와병 중이거나 불기소 처분을 받은 5명을 제외한 28명을 함흥 형무소 구치소로 이감시켰다.

이후 검사국 심문에서 김윤경 등 12명은 기소유예로 풀려나고 나머지 16명은 모진 고문과 혹한을 감내해야만 했다. 재판은 1942년 10월 조선어학회 사건이 있은 지 2년여 만인 1944년 11월 말경부터 함흥지방법원에서 시작되었다. 그 과정에서 이윤재는 1943년 12월 8일, 그는 1944년 2월 22일 옥사하였다.

그의 유해는 부인이 함흥 형무소에서 수습하여 경기도 시흥군 사당리(현 과천)에 안장하였다. 이후 1992년 7월 대전현충원 애국지사묘역으로 이장하였다.

1962년 건국훈장 독립장이 추서되었다.

112 한흥 (韓興, 1888~1960, 건국훈장 독립장)
군자금 조달 차 잠입 활동 중 징역 5년 옥고

한흥은 1888년 12월 함경남도 신흥(新興)에서 태어났다. 별명은 일선(日仙)·준형(俊炯)이다. 초기 학력이나 성장 과정 등에 대해서는 알려지지 않았다.

1911년 보성전문학교 법과를 졸업한 뒤 1912년 만주로 망명하여 화룡현 동명(東明) 학교 강사로 근무하였다. 1913년에는 연해주 블라디보스토크에 가서 〈권업신문(勸業新聞)〉 통신원으로 활동하였다.

1917년 중국 상해에서 신규식 등이 발표한 '대동단결의 선언'에 이름을 올렸으며, 1918년에는 여준(呂準)과 함께 동삼성한족생계회(東三省韓族生計會)에 참여하였다. 이 단체는 간도 일대에서 활동한 항일 자치조직이었다.

1919년 2월 만주 길림에서 대종교 지도자 김교헌의 주도로 김동삼·조소앙·이동녕·신규식·여준·이범윤·이상룡·박은식·허혁 등이 '대한독립선언서'를 발표하였는데 그는 서명자 39인 가운데 유일한 국내파로 참여하였다.

1920년 서일(徐一) 등 대종교인이 주축이 돼 조직한 간북북부총판부(墾北北部總辦部)의 서기로 선임돼 활동하였다. 그는 군자금 조달차 국내로 들어와 경기·평남지역에서 활동하던 중 평양에서 일경에 체포돼 징역 5년을 선고받고 서대문 형무소에서 옥고를 치렀다.

출옥 후 1925년 신간회 상무 간사로 활약하다가 중국 북경으로 망명하여 선두자사(先頭者社)에 들어가 원세훈(元世勳) 등과 함께 활동하였다. 이때 그는 '중국 국민의 구국구족(救國救族) 운동에 당하여 우리 2천만 형제자매에게 고함'이라는 격문을 발표해 항일독립사상을 고취하였다.

1929년 귀국 후 함흥에서 중앙학원(中央學院) 및 유치원을 설립해 경영하였으며, 1931년 2월 경성 여자상업학교를 세워 설립자 대표 및 부교장에 취임하였다. 1938년에는 함흥 대흥상업학원(大興商業學院)을 설립했으며, 1942년 함흥 대동학원(大東學院) 원장으로 취임하였다. 1943년에는 숙명여자실업학원 원장 등 해방 때까지 육영사업에 진력하였다.

8.5해방 후 동양외국어전문학교 교장(1949), 경남 구포정양원(靜養院) 원장(1955), 서울학생정양원(靜養院) 원장(1956) 등을 역임했다. 1949년 3월에는 선거법규기초위원회 위원으로 위촉돼 활동했다.

그가 대종교에 입교한 날짜는 분명치 않다. 다만 그는 1912년 간도로 망명하여 화룡현 동명 학교 교사 시절 신채호·박은식와 함께 1913년 5월 25일 대종교 참교 교질을 받았다. 그는 정황상 동일도본사에 소속돼 활동한 것으로 보인다. 그의 별명 가운데 하나인 일선(日仙)은 대종교의 교명으로 판단된다.

그는 대종교인 신규식이 주도한 '대동단결의 선언'과 김교헌이 주도한 '대한독립선언서'에도 참여하였다. 그가 서기로 있던 간북북부총판부 역시 대종교 계열의 항일단체였다.

그는 1960년 12월 5일 72세로 별세했다. 1969년 10월 서울 현충원 애국지사묘역 안장되었다.

1968년 건국훈장 독립장(1963년 대통령 표창)이 추서되었다.

113 허혁 (許赫, 1851~1939, 건국훈장 애국장)

왕산 허위의 친형, 4형제 모두 항일투쟁가

허혁은 1851년 10월 23일 경상북도 선산(구미)에서 태어났다. 본관은 김해(金海), 본명 허겸(許兼)이다. 학력이나 성장 과정 등에 대해서는 자세히 알려져 있지 않다.

1907년 정미의병 때 경기도 연천에서 쓴 이름은 허환(許煥)이며, 만주에서 부민단을 조직할 당시에 쓴 이름은 허혁(許赫)이었다.

그의 4형제는 모두 항일투쟁가로 허훈(許薰·건국훈장 애국장)과 허신(許藎)은 그의 형이며, 13도 의병연합부대 군사장을 지낸 왕산(旺山) 허위(許蔿·건국훈장 대한민국장)는 그의 동생이다.

1905년 을사늑약 강제 체결되자 그는 반대 상소를 올렸으며, 이완용 등 을사오적을 처단할 계획을 세웠다가 일경에 체포되었다. 이후 동지 4백여 명을 규합해 경기도 연천 등지에서 의병을 일으켜 활동하였다.

동생 허위가 1908년 9월 27일 경성 감옥에서 순국하자 그는 1912년 허위의 유족을 데리고 만주로 망명하였다. 이후 경상도 출신의 김동삼·유인식 등과 함께 통화현에서 중어학원(中語學院)을 개설하여 만주로 이주한 한인의 현지 정착을 도왔다.

그는 또 통화현 합니하(哈泥河)에서 경학사(耕學社)를 계승한 한인자치기관인 부민단(扶民團)을 조직해 초대 단장을 맡아 활동했다. 부민단은 1919년까지 자활과 교육사업에 주력하여 수십만의 이주 교민을 보호하고 수천 명의 애국청년을 양성함으로써 독립운동의 기반을 다졌다.

1919년 2월 길림에서 김교헌·이탁·이상룡·김동삼·이동녕 등이 주도한 대한독립선언서의 39명의 서명자 가운데 한 사람으로 참여하였다. 1922년에는 부하 30여 명과 함께 국내에 들어와 군자금을 모집하다가 동대문경찰서 경찰에게 체포돼 옥고를 치렀으며, 출옥 후 다시 만주로 가 독립운동에 헌신하였다.

그의 대종교 관련 기록은 남아 있지 않다. 다만 그는 경학사·부민단·신흥강습소·동삼성한족생계회(한족회)·신흥무관학교·서로군정서로 이어지는 서일도본사의 대종교인들과 교류를 하면서 대종교인이 주축이 된 '대한독립선언서'에 참여한 것으로 보인다. 그는 대종교 서일도본사 소속 대종교인이거나 친대종교 성향의 인물로 파악된다.

그는 1939년 10월 21일 길림성 주하현 하동에서 별세했다. 1992년 중국에서 그의 유해를 봉환해 대전현충원에 안장하였다.

1991년 건국훈장 애국장(1968년 대통령 표창)이 추서되었다.

114 현익철 (玄益哲, 1890~1938, 건국훈장 독립장)

광한단 핵심 인물, '남목청 사건' 때 순국

현익철은 1890년 4월 27일 평안북도 박천에서 태어났다. 본관은 연주(延州), 호는 묵관(黙觀)이다. 학력이나 성장 과정에 대해서는 자세히 알 수 없다.

경술국치 후 1911년 서간도 지역으로 망명하여 동지 규합에 노력했으나 여의치 않자 귀국하였다. 군자금 모집을 위해 고심하던 중 일본 은행권을 위조하여 사용하려다 1912년 일경에 체포돼 통화 위조죄로 반년간 옥고를 겪었다. 출옥 후 1918년 중국 봉천성 흥경현(興京縣)으로 망명하여 그곳의 민족학교인 흥동(興東) 학교 교사로 근무하며 한인 2세들을 가르쳤다.

1919년 3.1혁명 후 북간도 지역으로 활동무대를 옮겨 김좌진이 이끈 대종교 계통의 독립운동 조직인 대한군정서에 참여하였다. 체계적인 군사교육의 필요성을 절감한 그는 서간도 통화현 합니하(哈泥河)에 세워진 신흥무관학교 분교에 입학하여 6개월간의 속성과정을 이수했다. 이후 그는 남만주지역의 한인 동포 자치기관인 한족회(韓族會)에 참가하는 한편 서간도 일대 독립운동의 중추적 영도기관인 서로군정서에도 가입해 독립운동에 나섰다.

그러나 서로군정서는 자체의 한계와 중국 군벌 및 일제 영사관의 압력으로 독립투쟁에 소극적이었다. 그는 1920년 봄 봉천성 관전현 향로구(香爐溝)에서 이시열·현정경·이호원 등과 함께 항일무장 조직인 광한단(光韓團)을 결성하였다. 광한단의 단원들은 한족회와 서로군정서, 대한독립단 등에서 활동하던 소장파들이었다. 1920년 당시 단원은 100여 명에 이르렀는데 단원의 70% 이상이 평안도 출신이었다. 또 이들의 80%는 2·30대 젊은이들이었다.

그가 대종교에 입교한 기록은 남아 있지 않다. 다만 그는 대종교 인물이 주도한 광한단(光韓團)에 핵심적인 인물로 활동한 데서 그 연관성을 찾을 수 있다. 광한단의 단원은 상해 대한민국 임시정부와 같이 공화주의를 지향하였으나 안창호·이승만과 같은 기독교 계통이 아니라 대종교 계통이 중심을 이루었다. 초대 단장을 맡은 이시열(李時說)은 대종교인으로 나중에 불교에 귀의하여 남양주 봉선사에서 입적한 운허 스님을 말한다.

광한단의 활동은 일제의 식민지 착취기관과 친일 주구 습격과 처단, 독립운동 자금 모집 등이 주목적이었다. 1921년 4월 그는 김준경(金俊京) 등 9명의 단원을 국내로 파견해 평안북도 정주(定州) 일대에서 군자금 모집 작전을 전개하였다. 이 과정에서 이들이 체포되면서 이 일로 그도 경북 안동에서 일경에게 체포돼 징역 3년 형을 선고받고 옥고를 치렀다. 1924년 출옥 후 다시 남만주로 건너가 통의부(統義府)에 가담해 외무위원장을 맡아 중국 관헌들과의 교섭 및 임시정부와의 연락업무를 담당하였다.

1925년 1월 남만주 지방의 독립운동단체가 통합해 정의부(正義府)로 개편되자 중앙집행위원 겸 재무부장을 맡아 정의부의 재정운영과 한인 동포들의 생활 안정을 도모하였다. 특히 흥업단(興業團)을 설득하여 정의부로 합류시켰으며, 백두산 부근 동포 자제들의 교육과 도서 보급을 통해 민족 교육에도 진력했다. 특히 그는 통화현에서 '상조계'라는 친일 조직을 만들어 독립운동을 방해한 한의사 신한철(申漢喆) 등 악질 친일파 숙청에도 앞장섰다.

1928년 9월 정의부 주류파 등이 '민족유일당조직동맹'을 결성하고 통일된 자치정부와 민족유일당을 구성하려 할 때 그는 김이대(金履大)와 함께 민족유일당조직동맹의 대표로 선출되었다. 1929년 3월 정의부 대표로서 이동림·고이허·이탁 등과 함께 남만주 지방의 통합 독립운동 조직인 국민부(國民府) 조직에 참여하였다. 그해 5월 국민부의 중앙집행위원회가 구성되자 중앙집행위원장에 선출되었으며, 1930년에는 조선혁명당 중앙집행위원장도 겸하게 되었다.

1931년 7월 조선혁명당 중앙집행위원장 겸 조선혁명군 총사령을 겸직한 그는 요녕성의 중심지 심양(瀋陽)에 가서 지방정권의 실세에게 한중 연합 투쟁을 제의하였다. 몇 차례 회의를 마치고 나오던 중 한인 밀정의 밀고로 일본영사관 경찰에 체포돼 징역 7년 형을 받고 신의주 형무소에서 옥고를 치렀다. 1936년 병보석으로 출옥한 뒤 1936년 말 다시 상해로 망명하였다. 당시 임시정부는 피난 중이었는데 그는 부인 방순희(方順熙·임시의정원 의원)와 어린 아들을 데리고 호남성 장사(長沙)에 도착하였다.

1938년 5월 7일 조선혁명당·한국국민당·한국독립당은 3당 통합문제를 협의하기 위해 그는 조선혁명당 사무실이 있는 남목청(楠木廳)에 김구·지청천·유동열 등과 함께 모여 연회를 열었다. 그런데 이때 조선혁명당원으로 남경에서 상해로 특무공작을 가고 싶다고 해서 김구가 자금을 지원하기도 했던 이운환(李雲煥)이 갑자기 돌입하여 권총을 난사하였다. 첫발은 김구가 맞았고, 그는 두 번째 총탄을 맞았다. 그는 중상을 입어 병원으로 옮겼으나 병원에 도착하자마자 절명하였다. 이때 유동열도 중상을, 지청천은 경상을 입었다.

수차례 감옥을 드나들며 20여 년간 독립운동에 매진한 그는 소위 '남목청 사건'으로 뜻하지 않게 별세하였다. 임시정부에서는 국장(國葬)으로 장례를 치르고 장사의 악록산(岳麓山)에 안장하였다. 1973년 10월 서울 현충원 애국지사 묘역으로 이장되었다.

1962년 건국훈장 독립장이 추서되었다.

115 **현천묵** (玄天默, 1862~1928, 건국훈장 독립장)

3부 통합에 앞장선 대한군정서 부총재

현천묵은 1862년 2월 16일 함경북도 경성(鏡城)에서 태어났다. 본관은 수원(水原), 호는 백취(白醉)이다.

10세 때부터 사숙(私塾)에 입학해 22세 때까지 한문을 수학하였다.

1906년 대한협회 경성지회가 운영한 사립 보성(普成)학교 학감을 맡아 근무하다가 1909년에 교장이 되었다. 1909년 2월~6월 경성군 향교 직원(直員)을 지내면서 경성향교와 보성학교를 이끌었다. 1908년 7월 그는 대한협회 경성지회장에 선출됐다. 대한협회는 대한자강회가 강제 해산당한 뒤 그 후신으로 1907년 11월 서울에서 결성되었다. 그는 지회장으로 활동하면서 경성 의병에게 군자금을 지원하는 등 긴밀한 관계를 맺었다.

1910년 경술국치 후 함경도에서 애국계몽운동을 할 수 없게 되자 만주로 망명하였다. 그가 만주로 망명한 또 다른 이유는 북간도 지역 대종교 포교 활동에 동조한 것으로 보인다. 대종교는 1910년 10월 북간도 삼도구에 시교사를 설립하였고, 이듬해 7월에는 윤세복이 환인현에 시교당을 설치하는 등 만주 지역 포교에 적극적으로 나섰다.

일제의 탄압으로 국내 포교가 어렵게 되자 대종교는 1914년에 총본사를 아예 북만주 화룡현으로 옮겼다. 이런 상황에서 함경도 유지 출신의 그는 대종교 포교에 큰 도움이 되었으며 실지로 그는 김정규(金鼎奎) 등에게 전도하였다.

나철은 1909년 2월 5일(음 1.15) 서울 재동에서 대종교를 중광했다. 그가 중광 제례에 참석하지는 않았으나 그 무렵 서울에 머무르면서 대종교에 입교하였다. 그의 대종교 입교는 강우(姜虞)와 밀접한 관련이 있다. 강우는 1895년부터 1904년까지 9년간 함경도 감리(監理)를 지내면서 이 지역 인사들과 교류하였다. 그는 강우를 통해 대종교를 받아들인 것으로 보인다. 그는 경성(鏡城) 시절에 교류한 서일(徐一)에게 대종교를 전파한 걸로 추정된다. 그는 서일보다 19세 연상으로 서일의 후원자 격이었다.

1911년 3월 서일 등 대종교 세력이 주축이 돼 독립투쟁 단체 중광단(重光團)을 조직하였는데 이때 그도 참여하였다. 1912년 대종교에서 화룡현 이도구에 동일학교(東一學校)를, 삼도구에 있던 청일학교(靑一學校)를 세웠는데 그는 교장을 맡아 북간도 지역 한인 2세 교육에 진력했다. 1919년 3.1혁명이 일어나자 그는 북간도 지역 동포들과 함께 만세 시위에 가담했다. 이후 항일무장투쟁의 필요성을 절감해 1919년 5월경 대한정의단(大韓正義團)을 결성했는데 그해 12월 대한군정서로 개칭하였다.

그는 대한군정서의 서일 총재 밑에서 부총재를 맡아 김좌진 사령관과 함께 군사를 양성하고 군자금을 모집하고 무기를 구입하여 독립전쟁을 준비했다. 1920년 6월 홍범도 부대가 봉오동전투에서 승리한 후 대한군정서도 삼도구 청산리로 이동하였다. 이에 일본군이 대병력을 동원해 추격하자 홍범도 부대 등과 연합하여 그해 10월 청산리에서 대승을 거뒀다. 경신참변 후 독립운동단체들은 연해주로 이동하면서 대한독립군단으로 재편하였는데 이때 총재는 서일, 그는 부총재를 맡았다.

1921년 6월 러시아 자유시에서 발생한 참변으로 막대한 타격을 입은 독립군은 밀산에서 재기를 도모하며 군사훈련을 하였다. 그러던 중 그해 8월 26일(음) 밀산 당벽진에 수백 명의 토비(土匪)들이 야습하여 진중이 초토화되고 많은 청년 병사들이 희생당하였다. 이튿날 서일은 모든 책임을 지고 자결하였다. 서일의 죽음은 너무나 큰 충격이어서 한때 대한군정서 해산을 검토하기도

했다. 그는 대한군정서를 재정비하고 서일의 후임으로 총재에 선출되었다.

이후 그는 대한군정서 총본부를 대종교 본당이 있는 영고탑으로 이전하였다. 그는 대한군정서의 흥망이 대종교의 흥망과 직결된 것으로 보고 군정서원들로 하여금 각지 동포들에게 대종교 창기문(創起文)을 배포하게 하였다. 1924년 고려혁명군 총사령관 김규식과 교섭하여 두 단체의 통일을 모색했다. 1925년 3월 북만주 독립운동 단체의 통일조직인 신민부가 조직되자 대한군정서의 본부를 신민부 본거지로 결정된 영안현으로 옮겼다. 그는 신민부의 중앙집행위원과 사법기관인 검사원의 검사원장을 맡아 신민부의 핵심으로 활동했다.

1925년 9월, 1926년 10월 두 차례 임시정부 국무원에 선임되었다. 그러나 그는 만주 지역 독립운동단체 통일을 최우선으로 삼고 이에 응하지 않았다. 이후에도 그는 정의부·참의부·신민부 3부 통합을 위해 힘썼다. 그는 대한군정서 본부 안에 수도실을 마련해 기도를 생활화하였다. 1909년 2월 입교 이래 1911년 1월 15일 참교, 1913년 4월 6일 지교, 1917년 5월 27일 상교, 1927년 1월 16일 정교와 대형(大兄) 호를 받았다.

1926년 말부터 투병하던 그는 1928년 영안현에서 66세로 별세했다. 그의 오랜 지인이자 동지인 강우는 그간 그가 대종교와 독립운동에서의 업적을 기리며 추도문을 올렸다. 그의 장례와 묘소에 대해서는 알려진 바 없다. 서울현충원 무후선열 제단에 위패가 마련돼 있다.

1963년 건국훈장 독립장이 추서되었다.

116 **홍범도** (洪範圖, 1868~1943, 건국훈장 대한민국장)

봉오동·청산리대첩 거둔 '산포수 의병'

홍범도는 1868년 8월 27일 평안남도 평양에서 태어났다. 본관은 남양(南陽), 호는 여천(汝千)이다.

그는 일찍 부모를 여의고 꼴머슴과 떠돌이로 어린 시절을 보냈다. 1883년 가난을 벗어나고자 평양주둔 청국 군대에 나팔수로 입대했으나 얼마 뒤 그만두었다. 그때 배운 군사훈련과 사격술은 훗날 항일투쟁 때 밑거름이 되었다.

1886~7년부터 황해도 수안(遂安)의 한지(韓紙) 제조공장에서 3년간 일하다가 임금 문제로 주인과 다투고는 그만두었다. 1891년부터 금강산 신계사에서 지담(止潭) 대사의 상좌로 1년여 승려 생활을 하였다. 그곳에서 이순신 장군과 승병장 서산·사명대사의 이야기를 듣고 항일의식을 키웠다.

1891년경 그는 함경남도 단천으로 가서 광산노동자로 일하다가 1893년경 삼수(三水)의 산포수대(山砲手隊)에 들어가 사냥을 하며 지냈다. 이후 북청으로 이사하여 산포수 조합에 들어가 생활하다가 얼마 뒤 이들의 우두머리 격인 포연대장(捕捐大將)에 뽑혔다. 그는 관청에서 부과하는 세금의 부담을 덜기 위해 분투하였다. 이 무렵 그는 첫 번째 부인 단양 이씨를 만나 두 아들을 얻었다.

1907년 8월 일제의 군대 해산으로 민간인들은 총을 소지할 수 없게 되었다. 그러자 그는 산포수들에게 의병을 일으키자고 설득해 함경도와 평안도 일대의 산포수 및 청년 2백여 명을 규합하였다. 그해 11월 그는 태양욱·차도선 등과 함께 의병 부대를 조직하여 포수들을 집결시켰다. 이들은 북청의 후치령(厚峙嶺)을 근거지로 일본군을 공격하거나 군용화물차를 습격하기도 했다. '날

으는 홍범도'라는 별명은 이때 일본군이 붙인 것이다.

일제는 대규모 병력을 동원해 독립군 섬멸에 나섰으나 맞대응이 어려워지자 귀순 공작에 나섰다. 1908년 3월 차도선(車道善)이 직계 부하들을 이끌고 귀순하였으며, 태양욱(太陽郁)도 함정에 걸려 체포당하였다. 일제는 홍범도 귀순 공작을 세우고 그의 가족을 붙잡아갔다. 이 과정에서 그는 아내와 두 아들을 잃었다. 이후 탄약이 고갈되자 그는 1910년 3월경 소수의 부하들을 데리고 간도(間島)로 갔다. 1913년 그는 연해주로 망명하여 노동회를 조직하고 군자금을 비축하며 때를 기다렸다.

그는 1919년 5월 북간도에서 의병과 산포수들을 규합해 대한독립군(大韓獨立軍)을 창설하였다. 그해 8월 혜산진 일본군 수비대를 공격에 섬멸했는데 이는 3.1혁명 후 독립군부대의 첫 국내 진입 작전이었다. 이를 계기로 간도와 노령 일대에서 독립군단이 속출하였고 무장투쟁이 독립운동의 주류를 이루게 되었다. 그해 겨울이 돼 두만강과 압록강이 얼어붙자 독립군부대들은 이듬해 봄까지 끊임없이 국내로 진입하여 일본군을 기습 공격하였다.

그의 대종교 입교 여부 등을 확인할만한 공식자료는 남아 있지 않다. 다만 그는 1910년대 후반 윤세복(尹世復)과 함께 남만주에서 포수단을 조직하였으며, 서일(徐一)이 관할하던 대종교 동이도본사 소속으로 연해주 일대에서 이범윤, 정광, 김익형 등과 함께 활동한 걸로 나와 있다.

1919년 12월 그의 부대는 안무(安武)가 지휘하는 국민회군(國民會軍)과 협력하였다. 1920년 5월에는 국민회군 및 최진동 지휘하는 군무도독부(軍務都督府)와 연합해서 대한북로독군부(大韓北路督軍府)를 편성했다. 총사령관 격인 독군부장은 최진동이 맡고 그는 군사 지휘권을 가진 북로사령부장을 맡았다. 이로써 그는 약 1천 명의 독립군을 지휘하게 되었다. 이 부대는 1920년 6월 7일 봉오동전투에서 일본군과 싸워 큰 전과를 올렸다.

봉오동전투에서 참패한 일본군은 대병력을 투입하여 독립군을 공격하였다. 이에 독립군은 중국 측과 타협하여 산악 밀림 지대로 이동하였다. 대한독립군은 이도구 어랑촌 부근으로, 김좌진의 북로군정서는 삼도구 청산리 부근으로 이동하였다. 1920년 10월 21일 청산리 백운평에서 첫 전투를 시작으로 6일간 10여 차례의 전투에서 독립군 연합부대는 일본군 1천200여 명을 사살하는 대승을 거뒀다.

청산리전투 참패 후 일본군의 보복으로 수많은 간도 한인들이 희생당했다. 독립군부대는 1920년 12월 소만 국경지대인 밀산(密山)으로 이동하였다. 이듬해 6월 다시 러시아령 이만으로 갔다가 일부는 자유시(自由市·스보보드니)에서 이른바 '자유시참변'으로 큰 피해를 입었다. 당시 김좌진 부대는 자유시로 가지 않고 밀산으로 되돌아와 다행히 화를 면했다.

그는 러시아 연해주에 새로운 근거지를 마련하였다. 레닌을 직접 만나 지원을 요청했으며, 고려공산당에 가입하여 극동인민대표회의에 김규식·여운형 등과 함께 한국 대표로 참석하기도 했다. 1937년 스탈린은 연해주 일대에 거주하는 한국인을 모두 중앙아시아로 강제 이주시켰다. 이때 그도 강제 이주하여 집단농장 관리와 극장 경비원으로 일하며 여생을 보냈다.

그는 1943년 10월 25일 카자흐스탄 크즐오르다에서 별세했으며, 현지에 안장됐다. 2021년 유해를 국내로 봉환해 대전현충원에 이장하였다.

1962년 건국훈장 대통령장, 2021년 건국훈장 대한민국장이 추서되었다.

117

홍충희 (洪忠喜, 1878~1946, 건국훈장 독립장)

청산리대첩 참전, 신민부 군사부 위원

홍충희는 1878년 서울에서 태어났다. 호는 우봉(禹峰)이다.

1903년 대한제국 무관학교 보병과를 졸업하고 육군 부위(副尉·중위)를 지냈다. 1919년 3·1혁명 때 민족대표 33인 가운데의 한 사람인 권동진(權東鎭)을 도와 참여한 뒤 김규식·김찬수 등과 함께 북간도로 망명하였다.

1920년 만주 길림성 왕청현에서 서일·현천묵·김좌진·김규식·이범석·조성환·김찬수 등과 중광단(重光團)의 후신인 대한정의단을 북로군정서로 개편할 때 이에 참여하였으며, 총사령관 김좌진 휘하에서 보병 중대장으로 활동하였다.

1920년 10월 북로군정서와 홍범도의 대한독립군, 안무의 국민회군, 최진동의 군무도독부 등이 연합하여 일본군과 맞서 화룡현 삼도구 청산리 일대에서 대대적인 전투를 벌였는데 그는 북로군정서의 대대장 서리 겸 제2중대장으로 참전해 독립군이 대승을 거두는데 기여했다.

1923년 11월 강국모·계화·김병우·김정의·김혁·김규식·이범윤·이장녕·이범석 등 20여 명의 발기로 독립단체 통일을 추진할 때 이에 참여하였으며, 1925년 6월 신민부가 새로 진용을 짤 때 김찬수 등과 함께 군사부 위원으로 선임되었다.

그의 대종교 관련 자료는 남아 있지 않으나 대종교인임은 분명하다. 1934년 3월 대종교 3대 교주 윤세복은 관동군 측과 협상하여 하얼빈 안평가(安平街)에 대종교선도회(大倧教善道會)를 설치하였는데 그는 김영숙·김서종 등과 함께 이

일에 참여하였다. 1942년 11월 소위 '임오교변(壬午教變)'으로 윤세복 등 대종교 간부 25명이 국내외에서 체포되었다. 이때 그는 피신하여 해방 때까지 지하 생활을 하면서 지냈다.

1945년 8월 하얼빈에서 광복을 맞이한 그는 한국으로 귀환한 후 1946년 1월 18일 68세로 별세했다. 유해는 경기도 고양시 일산동 선산에 안장했으며, 2월 25일 동지들이 서울 대종교 남도본사에서 추도식을 열었다. 1977년 건국훈장 독립장이 추서되었으며, 1991년 6월 대전현충원 애국지사묘역에 묘소가 마련되었다.

118 황상규 (黃尙奎, 1890~1931, 건국훈장 독립장)
의열단 결성 참여, 신간회 서기장 역임

황상규는 1891년 4월 19일 경상남도 밀양에서 태어났다. 본관은 창원(昌原), 호는 백민(白民)이며, 관운장(關雲長)·허옥(許鈺)·허택(許鐸) 등의 별명이 있다.

그는 1906년경부터 밀양의 진성(進成) 학교를 다니다가 1908년 중학 과정의 동화(同和)학교가 개교하자 바로 입학해 다닌 것으로 보인다.

1908년 7월 밀양 읍내에 밀흥(密興) 야학교가 개설됐는데 1909년 10월 추첨으로 이곳의 체조 교사를 맡게 되었었다. 이후 군내 상동면 고명(高明)학교, 모교인 동화학교 등에서 교사로 근무하였다. 고명학교에서는 〈동국사감(東國史鑑)〉이라는 역사교재를 저술해 가르쳤다고 한다. 동화학교 교사 시절의 제자가 김원봉·최수봉·김상윤 등인데 그는 김원봉(金元鳳)의 고모부가 된다.

경술국치 후 1913년 윤치형(尹致衡)과 밀양과 대구·마산의 청년들을 규합하여 일합사(一合社)를 조직하였다. 이 단체는 항일 비밀결사체 겉으로는 친목 단체로 위장하였다. 그는 1913년에 결성된 광복단을 거쳐 1915년 박상진의 대한광복회 등 국내 비밀결사체에 가입해 활동했다. 이후 일제의 탄압으로 활동이 어렵게 되자 1918년 초 중국 길림으로 망명하였다.

1918년 2월 24일 그는 길림성 북문 밖 여준(呂準)의 집에서 박찬익·조소앙·김좌진·손일민 등 12명이 만나 향후의 독립투쟁 방략을 논의하였다. 이들은 2월 27일 다시 만나 대한독립의군부를 결성하고 여준을 총재로 추대하였는데 그는 이때 재무 담당을 맡게 되었다. 그해 2월 대종교인 김교헌이 중심이 돼 김동삼·김좌진·여준·유동열·조소앙 등이 대한독립선언서를 발표할 때 서명자 39인 중 한 사람으로 참여하였다.

그해 4월 대한독립의군부는 향후 무장투쟁에 대비해 군정사(軍政司) 주비원(籌備院)을 설치했다가 이를 다시 조선독립군정사(일명 길림군정사)로 재편했는데 이때 그는 재무국 회계과장을 맡았다. 5월에는 서일(徐一)이 조직한 중광단의 후신인 대한정의단과 합쳐 대한군정부가 성립되었는데 그해 12월 임시정부 산하의 대한군정서로 개명하였다. 그는 동양척식주식회사의 관리원 양인보(梁仁甫)를 설득해 경남 창녕의 1년 치 소작료 수납 곡물 매각대금 전액을 임시정부에 보내도록 했다고 한다.

1919년 11월 그는 김원봉(金元鳳)과 함께 신흥무관학교 졸업생과 밀양 출신 청년들을 규합하여 의열단(義烈團)을 결성을 주도하였다. 의열단은 일제 기관의 파괴와 침략자 및 매국노의 암살 등을 꾀하였다. 이를 위해 김원봉·이성우 등은 중국 상해에서 필요한 폭탄과 권총 등을 구입하였다. 그는 1920년 5월 13

일 곽재기(郭在驥) 등과 함께 서울에 잠입해 거사 대상을 물색하였다.

그러던 중 거사 계획이 경기도 경찰부에 탐지돼 6월 21일 서울 내수동 은신처에서 체포되었다. 소위 '밀양 폭탄 사건'으로 불리는 이 사건으로 그는 1921년 3월 기소되었고, 6월 21일 경성지방법원에서 제령 및 폭발물취체벌칙 위반죄로 징역 7년을 선고받고 마포의 경성(京城) 형무소에서 옥고를 치렀다.

1926년 4월 24일 만기 출옥한 그는 한동안 요양하며 건강을 챙겼다. 이듬해 3월 밀양청년회 정기총회에서 윤치형·윤세주와 함께 신임 집행위원으로 선출되었으며, 10월 총회에서 집행위원장으로 선출되었으나 사임하였다. 대신 그는 지역의 교육 현안 해결이나 개선에 힘썼다. 1927년 11월 신간회 밀양지회 창립 준비위원으로 선출되었으며, 1929년 7월 서울 중앙청년회관에서 열린 신간회 중앙집행위원회 회의에서 압도적 득표로 서기장에 당선되었다.

그 무렵인 1929년 9월 백산 안희제(安熙濟)가 〈중외(中外)일보〉를 인수해 항일언론으로 키우고자 할 때 그는 주주로 참여해 힘을 실어주었다. 또 그해 10월 31일 한글 창제 기념일을 맞아 조선교육협회에서 개최된 조선어사전편찬회 발기총회에 108명의 발기인 중 1인으로 참석했다. 그는 문화투쟁의 일환으로 항일언론 육성과 한글 보전 운동에도 적극 참여하였다.

그의 대종교 입교 빛 활동 관련 자료는 남아 있지 않다. 다만 그는 만주 길림으로 망명한 후 1918년 초 여준(呂準)의 집에서 박찬익·조소앙·김좌진·손일민·김동삼 등 대종교인들과 함께 독립투쟁 방략에 대해 논의하였다. 또 여준·박찬익·김좌진 등 대종교인들이 주도한 대한독립선언서에 서명자로 참여하였으며, 대한독립군정사에서 회계과장을 맡아 재무를 담당하였다. 그는 원래 기독교인이었으나 대종교인들과의 잦은 교류를 통해 자연스럽게 대종교에 입교한 것으로 보인다.

1929년 12월 그는 건강 악화로 서울 생활을 접고 밀양으로 내려왔다. 자택에서 요양 중이던 그는 1931년 9월 2일 42세로 별세했다. 장례는 9월 6일 밀양의 13개 사회단체 연합장(葬)으로 치러졌으며, 밀양 부북면 용지리 선영에 안장되었다.

1963년 건국훈장 독립장이 추서되었다.

119 황학수 (黃學秀, 1877~1953, 건국훈장 독립장)

대한제국 군인-독립군-광복군의 한평생

황학수는 1877년 7월 20일 서울에서 태어났다. 본관은 창원(昌原), 자는 필옥(弼玉), 호는 몽호(夢乎)이다. 만주에서 활동할 때 이국현(李國賢)이란 가명을 사용하기도 했다.

어려서 서당에서 한학을 공부하였다. 1898년 대한제국 육군무관학교에 입교하여 1900년 1월 제1기생으로 졸업하였다. 1900년 1월 육군 참위(參尉·소위)로 임관해 1907년 8월 군대 해산 때까지 복무하였다. 군대 해산 때 일본 유학을 권유받았으나 거절하고 제천으로 내려가 보명(溥明)학교를 설립해 청년 교육에 힘썼다.

1919년 3·1혁명이 일어나자 압록강을 건너 만주로 망명했다가 그해 11월 다시 상해로 갔다. 그곳에서 임시정부 군무부 참사로 선임된 그는 육군무관학교를 설립하여 교관을 맡아 생도들의 교육과 훈련을 담당하였다. 1920년 1월 대한민국 임시의정원에서 충청도 의원으로 선출돼 활동하기도 했다.

1921년 초 무관학교 동기생 김학소(김혁)가 만주 무송현에서 흥업단(興業團)을 조직해 활동하고 있다는 소식을 듣고 만주로 향했다. 그해 5월 길림성 화전현에 도착해 서간도 지역 독립군 지도자 이상룡(李相龍)을 만나 서로군정서에 합류하여 참모장과 군무부장을 겸임하였다. 그는 한인 청년들을 대상으로 노동 야학을 열고 장정들을 군적(軍籍)에 편입시키는 등 서로군정서를 재건하기 위해 힘썼다. 이때 그가 서로군정서 총사령관으로 추천했던 박용만의 변절 소문이 들고 자신도 의심을 받게 되자 참모장직을 사직하고 북만주로 떠났다.

1926년 중동선(中東線) 이도하자(二道河子)에서 김학소를 만났다. 당시 김학소는 자유시참변을 겪고 다시 북만주로 돌아와 신민부를 조직하고 중앙집행위원장을 맡고 있었다. 그는 신민부 참모부의 위원으로 임명돼 신민부의 군구(軍區)를 개척하고 병력 확대 사업을 추진하였다. 그는 서로군정서에서처럼 관할 구역을 돌아다니며 군사 강연과 노동 야학 등을 실시하고 장정들을 군적에 편입시켰다. 한편으론 별동대를 조직해 지방의 치안을 담당하도록 하였다. 그 결과 신민부의 관할지역은 동만주 일대로 확대되었다.

1927년 2월 김학소가 체포된 뒤 일경과 중국 경찰이 신민부 본부를 습격하여 간부 12명을 체포하였다. 이 사건을 수습하고 향후 활동 방향을 논의하는 과정에서 신민부가 군정파와 민정파로 양분되었다. 이때 그는 김좌진과 더불어 군정파에 가담해 김좌진과 함께 신민부를 재편하고 참모부 위원장을 맡았다.

1928년 5월부터 정의부·참의부·신민부 3부 통합운동이 시작되자 그는 김좌진 등과 함께 신민부 대표로 참여하였다. 1928년 12월 3부 통합운동이 결렬되자 신민부 군정파와 참의부 등이 연합하여 혁신의회(革新議會)를 결성했다. 이때 그는 민사위원장 김승학과 더불어 군사위원장에 선출되었다. 혁신의회를 토대로 군정부(軍政部)를 설립하려고 했으나 끝내 성사되지 못했다.

1929년 봄 오상현에서 홍진·김좌진·지청천 등과 생육사(生育社)를 조직하고 중앙 상무원을 맡았다. 생육사는 북만주 일대에 이주해 있던 한인들의 생활기반을 안정시키고 군자금 마련과 독립군 양성을 추진하기 위해 설립했다. 1930년 1월 김좌진이 공산주의자에게 암살당한 것을 계기로 민족주의 세력이 결집해 그해 7월 위하현에서 한국독립당을 창당했는데 이때 그는 부위원장에 선출되었다. 1931년 9월 만주사변이 일어나자 한국독립당은 당군(黨軍)으로 한국독립군을 편성하였다. 총사령은 지청천, 그는 부사령을 맡았다.

1933년 10월 사천성 사하자(沙河子)에서 모병 활동을 하던 중 중국군의 기습으로 한국독립군이 와해되자 중국 관내에서 도피 생활을 하던 중 1938년 2월 호남성 장사(長沙)에서 임시정부와 만나 합류하였다. 1938년 7월 군사위원회 위원에 선임되었으나 전란을 피해 다니느라 제대로 업무를 볼 수가 없었다. 기강(綦江)에 도착한 후 비로소 광복군을 편성하고 모병 활동을 전개하였다. 1939년 10월 군사특파단 위원으로 선임돼 섬서성 서안(西安)으로 가서 초모(招募) 활동을 하였는데 이는 한국광복군 창설을 위한 기초작업이었다.

1940년 9월 17일 한국광복군이 창설되면서 총사령부 부관 처장에 임명되었다. 1940년 11월 총사령부가 서안으로 이전하자 그는 총사령 대리로 임명돼 광복군 지휘를 총괄하였다. 1942년 11월 임시정부 국무위원에 선출돼 생계부장(生計部長)에 임명되었다. 1945년 7월 한국독립당 전당대회에서 중앙감찰위원장으로 선임돼 활동하다가 8.15해방을 맞았다.

그는 1922년 10월 3일 대종교에 입교하였으며, 이듬해 3월 15일 영계 및 참교의 질을 받았다. 해방 후인 1946년 2월 23일 지교, 그해 12월 29일에 상교로 승질하고 경의원 참모에 임명되었다. 1950년 3월 27일 정교와 대형 호를 받았으며, 그해 4월 29일 제7회 교의회 의장으로 선임되었다. 그 외에도 단군전봉건회(檀君殿奉建會) 고문, 단군귀일회(檀君歸一會) 부총재 등을 지냈다.

대한제국 군인으로 시작해 독립군을 거쳐 광복군에 이르기까지 평생을 군인으로 항일투쟁 최전선에 섰던 그는 6·25전쟁 때 제천으로 피난을 갔다가 1953년 3월 12일 75세로 별세했다. 장례는 3월 20일 사회장으로 치러졌다. 유해는 제천읍 근교에 안장되었다가 1994년 4월 서울 현충원 임정 요인 묘역으로 이장되었다.

1962년 건국훈장 독립장이 추서되었다.